생태해방신학

생태해방신학: 구원과 정치적 생태론

지은이/ 대니얼 카스티요
옮긴이/ 안재형
펴낸이/ 홍인식
초판 1쇄 펴낸날/ 2021년 7월 30일
펴낸곳/ 한국기독교연구소
등록번호/ 제8-195호(1996년 9월 3일)
경기도 고양시 일산동구 고봉로 32-9, 양우 331호 (우 10364)
전화 031-929-5731, 5732(Fax)
E-mail: honestjesus@hanmail.net
Homepage: http://www.historicaljesus.co.kr.
표지와 장정/ 디자인명작
인쇄와 제본/ 조명문화사

An Ecological Theology of Liberation: Salvation and Political Ecology
Copyright ⓒ 2019 by Daniel P. Castillo.
All rights reserved. Korean Translation copyright ⓒ 2021 by Korean Institute of the Christian Studies. The Korean translation right arranged with the author c/o Orbis Books. Printed in Seoul, Korea.

이 책의 한국어판 저작권은 Orbis Books사와의 독점계약으로 한국어 판권을 한국기독교연구소가 소유합니다. 저작권법에 따라 국내에서 보호받는 저작물이므로 무단전재와 무단복제를 금합니다.

ISBN 978-89-97339-73-0 94230

ISBN 978-89-97339-55-6 94230 (세트)

값 16,000원

카이로스 시리즈 02

생태해방신학

구원과 정치적 생태론

대니얼 카스티요 지음
안재형 옮김

한국기독교연구소

An Ecological Theology of Liberation

Salvation and Political Ecology

by

Daniel P. Castillo

Maryknoll, New York: Orbis Books, 2019.

Korean Translation by Ahn Jae-Hyong

이 책은 경동교회(담임 채수일 목사)의
문서선교비 후원으로 간행되었습니다.

Korean Institute of the Christian Studies

나의 자녀 프랜시스와 마틴에게

너희들의 삶이 무너지는 것을 나는 결코 바라지 않아
(웬델 베리의 시에서)

믿음, 소망, 사랑이 언제나 너희에게 위로이기를.

"네가 종들을 보내어서
나 주를 조롱하며 말하였다.
'내가 수많은 병거를 몰아,
높은 산 이 꼭대기에서
저 꼭대기까지,
레바논의 막다른 곳까지
깊숙히 들어가서,
키 큰 백향목과
아름다운 잣나무를 베어 버리고,
울창한 숲 속 깊숙히 들어가서,
그 끝간 데까지 들어갔고,
그리고는 땅을 파서
다른 나라의 물을 마시며,
발바닥으로 밟기만 하고서도,
이집트의 모든 강물을 말렸다.'"
— 이사야 37:24-25

목차

감사의 말 / 8
약어 / 11
서문 (구스타보 구띠에레즈) / 12
서론 / 15

제1부 생태해방운동 담론의 구성 / 35
1장. 생태해방신학을 향해 / 37
2장. 통합생태론 / 94

제2부 하느님의 말씀 해석 / 137
3장. 정치-생태론적 관점에서 창세기 읽기 / 139
4장. 해방의 희년 / 197

제3부 세계화되는 세상 속에서 그리스도인들의 실천 / 259
5장. 전 지구적 비상사태의 발생과 지속 / 261
6장. 인도적인 세상 증언하기 / 336

맺음말 / 381

감사의 말

이 책은 통찰력 있는 많은 학자들과 친구들의 식견과 관대함의 혜택을 많이 입었다. 우선 초기의 반복되는 논의 과정에 방향을 잡아 준 매슈 애슐리의 우정어린 조언에 감사한다. 또한 그 과정 내내 비판적 질문으로 도움을 준 제리 맥케니, 실리아 딘-드러몬드, 오마르 리자르도에게도 감사한다. 특히 나의 글에 커다란 영향을 끼친 자신의 글뿐만 아니라 이 프로젝트 내내 나의 글을 위해서도 열정과 격려를 아끼지 않은 구스타보 구띠에레즈에게 감사한다.

시간을 내어 이 책의 일부분을 읽고 건설적인 피드백을 준 모두에게 깊이 감사한다. 이런 점에서 석사 과정 첫 학기 때 만난 후로 언제나 친절하고, 격려를 아끼지 않고, 내 글에 도움이 되는 비판을 해 준 리처드 레넌에게 특히 감사한다. 원고에 논평을 적어 준 엘리자베스 앤투스, 짐 버클리, 데이비드 캐리, 크리스토퍼 카터, 레슬리 디프란치스코, 존 도허티, 존 피츠제럴드, 스티브 파울, 브라이언 해밀턴, 윌리스 젠킨스, 카일 램벨렛, 케빈 맥케이브, 브랜던 피터슨, 트렌트 폼플런, 앤드루 프레봇, 니콜 라이베, 네토 발리엔테, 매슈 웰런 등에게 감사한다. 시간을 내어 원고 전체를 읽어 준 로베르토 고이주에타에게 특히 감사한다.

2018 ACHTUS 콜로퀴엄에서 이 책의 1장 일부를 발표할 수 있도록 초대해 준 재클린 이달고에게 감사하고 내 글을 읽고 논평해 준 ACHTUS 회원들에게 감사한다.

수많은 사람들이 자신의 시간을 내주어 나의 아이디어를 떠오르게 해 주었고 수년에 걸쳐 나의 주장을 다듬도록 도와주었다. 스티브 배틴, 프리츠 바우어쉬미트, 에린 로시스 비비아노, 윌리엄 브라운, 브랜던 브루닝, 돈 보거트, 피터 카사렐라, 윌리엄 케버너, 제시카 코블렌츠, 제레미 크루즈, 로레인 커드백, 일리아 델리오, 메리 도크, 헤더 뒤부아, 데니스 에드워즈, 레베카 에클룬드, 줄리아 페더, 페터 프리츠, 엘리자베스 그로프, 메리 캐서린 힐커트, 댄 호런, 나탈리아 임테라토리-리, 존 키스, 데이비드 란티구아, 마이클 리, 팀 마토비나, 에드 맥코맥, 클레어 매슈 매기니스, 빈스 밀러, 케빈 오브라이언, 팻 파라치니 마지 페일, 폴 셔즈, 대니얼 스미스, 루이스 베라, 톰 워드, 제프리 윅스, 토비아스 윈라이트, 라울 제가라, 크리스티아나 제너 등 수많은 위대한 대화 상대가 있다는 것에 감사한다. 수년간 내 수업을 들으며 내 통찰력을 날카롭게 만들어 준 학생들에게도 감사한다.

나는 노터데임 대학교의 GLOBES 프로그램, 조앤 로드리게스와 히스패닉 신학 학회(Hispanic Theological Initiative), 메릴랜드 로욜라 대학교 등의 지원에 감사한다. 이들 모두가 지난 수십 년간 나의 연구를 가능하게 했고, 격려해 주었고, 물심양면으로 지원해 주었다.

루이빌 연구소(Louisville Institute)의 지원이 없었더라면 이 프로젝트를 끝내지 못했을 것이다. 내가 메릴랜드 로욜라 대학교에 있는 동안 이 대학의 소수민족 학자를 위한 첫 번째 책 보조금을 받아 1년 동안 연구 안식년을 떠날 수 있었다. 루이빌의 사역을 후원해

준 에드워드 아폰테, 팸 콜린스, 케리 릭티, 돈 릭터에게 감사한다. 또한 루이빌의 겨울 세미나 동료로서 피드백을 준 랜들 발머, 캔디 캔, 셰릴 타운센드 질크스, 레오 과르다도, 네이선 제레미-브링크, 멜라니 존스, 앤드루 크링스, A. G. 밀러, 코트니 브라이언트 프린스 등에게도 감사한다.

나는 지칠 줄 모르는 오비스 북스(Orbis Books) 직원들에게도 엄청나게 감사한다. 특히 초기 단계에 이 프로젝트의 유망함을 알아봐 준 제임스 킨과 로버트 엘스버그에게 감사하고, 질 브레넌 오브라이언의 인내심과 사려 깊은 피드백, 날카로운 편집자의 시각 등에 감사한다.

마지막으로 내가 석사 과정을 시작하기 일주일 전에 나와 결혼해 준 에리카에게 감사한다. 나의 연구 기간 내내 보여준 에리카의 우정에 감사하고, 에리카의 피조물을 향한 사랑, 지성, 유머감각 등에도 감사한다. 여보 고마워.

약어

이 책에 인용된 구스타보 구띠에레즈의 저술들

DoP	*Density of the Present: Selected Writings*, Eng. trans. Maryknoll, NY: Orbis Books, 1999.
GoL	*The God of Life*. Eng. trans. by Matthew J. O'Connell. Maryknoll, NY: Orbis Books, 1991.
LC	*Las Casas: In Search of the Poor of Jesus Christ*. Maryknoll, NY: Orbis Books, 1995.
OJ	*On Job: God-Talk and the Suffering of the Innocent*. Eng. trans. by Matthew J. O'Connell. Maryknoll, NY: Orbis Books, 1987.
PPH	*The Power of the Poor in History*. Maryknoll, NY: Orbis Books, 1983.
TL	*A Theology of Liberation*. Eng. trans. Maryknoll, NY: Orbis Books, 1973.
TSMYF	*The Truth Shall Make You Free: Confrontations*. Eng. trans. Maryknoll, NY: Orbis Books, 1990.
WDFOOW	*We Drink from Our Own Wells: The Spiritual Journal of a People*. Eng. trans. Maryknoll, NY: Orbis Books, 1984.

서문

구스타보 구띠에레즈

오늘날 세계는 생태학적 비상사태를 맞고 있다. 특히 세계의 가난한 이들이 이 비상사태를 맞고 있다. 이 비상사태는 너무나 많은 사람들의 생계와 목숨을 위협하고, 불의와 소외가 짓누르는 무게로 이미 허덕이고 있는 사람들에게 더욱 큰 압력을 행사한다. 이것이 생태해방신학의 중심 질문을 야기한다. "구원과 해방과 창조세계 돌보기(the care of creation)는 무슨 관련이 있는가?" 구원과 해방과 창조세계 돌보기의 관계에 대한 이런 질문은 교회가 세상과 연대하여 오늘날 시급히 씨름해야 할 문제이다. 대니얼 카스티요는 창의적인 주장을 통해 우리가 생각에서도 행동에서도 어떻게 이 질문에 대한 답을 시작하면 좋을지 생각하게 만드는 통찰력을 제공하고 있다. 나는 카스티요의 글을 세 가지 면에서 강조하고자 한다.

첫째, 나는 카스티요가 해방신학에서 매우 중요한 개념인 총체적 해방(integral liberation)의 의미를 잘 파악했다고 본다. 카스티요는 해방을 깊이 이해하는 데서 영적인 가난, 그리고 친교(communion)라는 어려운 목표가 수행하는 중요한 역할을 제대로 강조하였다. 인간이 충분히 자유롭게 되면 언제나 이웃을 사랑하여 섬기는 쪽으로 향하게 된다. 물론 그런 섬김이 때로 충돌을 일으키기도 한다. 바울에게 그리스도인들은 자유로워야 한다. 왜냐하면 "예수가 우리를 해방시켰기" 때문이다(갈 5:1). 그리고 바울은 덧붙인다. "사랑으로 서로 섬기십시오"(갈 5:13). 카스티요는 또 해방신학과 회칙 『찬미받으소서』(*Laudato Si*)에 담긴 프란치스코 교황의 신학을 연결하는 중요한 일도 해낸다. 이 책은 통합생태론(integral ecology)이 해방의 한 개념으로 여겨질 수 있다는 것을 훌륭하게 보여주고 있으며, 또 지구(땅)와 가난한 이들에게로 회개/전환(conversion)하는 과업이 세상을 통합생태론으로 움직이도록 하는 일에서 핵심이라는 것을 정확하게 강조하고 있다. 해방신학이 처음부터 의심했던 "개발"과 "근대화"라는 개념이 이제 "지속 가능한 개발"과 "생태적 근대화"라는 개념으로 나타나고 있다는 점은 주목할 만하다. 이들 용어들과 이들이 보여주는 실체는 좀더 살펴봐야 한다.

둘째, 나는 이 책의 성경 해석을 매우 높게 평가한다. 성경은 언제나 교회의 삶에 기초가 되어왔다. "성경 연구는 신학의 생명과도 같은 것이어야 한다"(『계시헌장』 *Dei Verbum*, 24항). 여기서 카스티요는 구원과 해방과 창조세계 돌보기 사이의 매우 밀접한 관계 전반에 걸쳐 드러나는 구원 역사에 대한 통찰력 있는 읽기를 제공한다. 특히 "동산지기(gardener)"라는 상징은 해방으로의 부름과 친교로의 부름 모두의 관점에서 인간과 하느님, 이웃, 지구의 관계를 생각하는 데 중요한 이미지를 제공한다. 이와 비슷한 방식으로 예수의 하느님의 통치 선포와 희년을 연결시키는 카스티요의 작업은 북반구가 남반구에게 지고 있는 "생태적 빚(ecological debt)"을 고려해야 하는 시대에 매우 도움이 된다. 만약 폴 리쾨르의 말처럼 "상징이 생각을 불러일으킨다"면, 이 책은 독자들로 하여금 지구에 대한 우선적 선택(the preferential option for the earth)과 가난한 이들에 대한 우선적 선택(the preferential option for the poor)을 서로 분리시킬 수 없는 세상에서 어떻게 하느님의 사랑을 화육(성육신)하도록 할 수 있을지 충분히 생각하도록 도울 것이다.

마지막으로, 이 책은 남미 해방신학의 관심사와 미국을 비롯한 여러 지역의 흑인해방신학의 관심사를 뜻깊게 연결한다. 인종차별주의의 끔찍한 현실과 문화의 타락은 우리가 어떤 문제를 더 중시해야 하는지 생각할 때 언제나 직면하게 되는 핵심 주제이다. 카스티요가 기술관료 체계(technocratic paradigm), 시장사회, 생태적 빚, 인종차별주의 사이에서 끌어내는 관계는 중요하다. 이들 관계는 계속 분석할 가치가 있다.

이 책은 날카로운 통찰력으로 오늘날 신학의 과제를 위한 해방의 언어를 복구하여, 하느님의 부르심에 대한 교회의 응답이 시급히 지구와 가난한 이들에게로 전환되어야 함을 보여준다. 현재 우리가 처한 상황에서 우리는 "가난한 이들의 환경운동"을 실천해야 하고, 동시에 자연은 하느님으로부터 무상으로 선물로 받은 것이라고 이해하는 법을 배워야 한다. 하느님은 모든 피조물이 생명의 풍성함에 참여하기를 바라는 분이시다. 이것은 그리스도인들의 제자도(discipleship)에 반드시 필요한 것이다.

서론

세계은행의 수석 이코노미스트 로런스 서머스는 1991년 12월, 은행 내부 회람용 보고서를 승인했다.[1] 이 보고서는 "환경오염 산업들을 세계 최저개발 국가들로 이전"할 것을 주장했고, "유독성 폐기물을 비용이 저렴한 국가들에 폐기하는 것에 대한 경제 논리는 나무랄 데 없고, 우리는 그것을 인정해야 한다"고 주장했다. 이 보고서는 더 나아가 아프리카에서 덜 오염된 나라들을 "저오염 국가들"로 선정했고, 또한 아프리카 대륙에 환경 비용을 효율적으로 전가하기가 어렵다는 것을 안타까워했다. 이런 비용 전가가 "세계의 복지를 증진시키는" 것이라고 이 보고서는 주장했다. 서머스의 보고서가 유독성 폐기물을 세계에서 가장 가난한 나라의 사람들과 땅으로 내보내는 것의 도덕성에 의문을 품는 감시자들로부터 논란과 비난을 야기했다는 점은 전혀 놀랍지 않다. 서머스는 그 보고서가 본질적으로 "냉소적인" 것이었다면서 정책적 선택 가능성으로 의도한 게 아니었다고 주장했다.[2] 하지만 제임스 스웨이니가 지적했듯이, 그 보

---

1) Daniel M. Hausman and Michael S. McPherson, *Economic Analysis, Moral Philosophy, and Public Policy* (New York: Cambridge University Press, 2006), 12-13쪽을 보라.
2) James A. Swaney, "So What's Wrong with Dumping on Africa?" *Journal of Economic Issues* 28, no. 2 (1994): 367.

고서의 권고는 서머스가 지지하는 경제 논리와 일치한다. 냉소적이든 아니든 간에, 그 보고서는 세계의 음흉한 힘을 폭로한다.

서머스의 보고서에 표현된 입장에 대해 나는 세 가지를 비판하겠다. 첫째, 그 보고서의 권고는 미래에 대해 모호한 판단을 내린다. 보고서는 오염물질을 거래하는 것이 저개발 국가들에게 경제적 이익을 가져다준다는 가정 아래 세계의 쓰레기 수출을 정당화하려고 한다. 아마도 저개발 국가들은 세계의 "환경오염 산업"을 자기 영토에 유치하면서 대가를 받을 것이다. 하지만 이디스 브라운 와이스가 주장하듯이, 장기간의 환경오염은 우리 생태계의 건강을 해치고 … 미래의 경제적 경쟁력에 장애물이 된다."[3] 이런 관점에서 그 보고서의 정책은 세계 최저개발 국가들을 (아니면 적어도 이들 국가 안의 해당 구역들을) 환경 "희생 지역"—생태학적 경제적 건강 모두가 영원히 손상되는 구역—으로 만들 위험이 있다.[4]

---

3) Edith Brown Weiss, "Environmentally Sustainable Competitiveness: A Comment," *Yale Law Journal* 102, no. 8 (1993): 2126. 스웨이니도 이와 비슷하게 그 보고서가 저개발 국가들이 축적한 부 때문에 "오늘날의 위험한 폐기물의 여파가 별것 아닌 것으로" 여겨질 것이라는 가정을 하고 있다고 본다. Swaney, "So What's Wrong with Dumping on Africa?" 368쪽을 보라. 이런 가정을 하는 주장들은 흔히 "환경 쿠즈네츠 곡선(environmental Kuznets curve)" 개념을 거론하면서 경제성장이 초기에는 환경에 해를 끼치지만 성장이 지속되면서 그 해가 뒤집히게 된다고 주장한다. 환경 쿠즈네츠 곡선은 공공 정책의 선택 가능성들을 고려할 때 의심스러운 가치를 지닌 보잘 것 없는 것으로 밝혀졌다. 이에 관해서는 Leigh Raymond, "Economic Growth and Environmental Policy? Reconsidering the Environmental Kuznets Curve," *Journal of Public Policy* 24, no. 3 (2004): 327-48을 보라. 스웨이니도 그 보고서의 권고대로 시행되었다면 "친환경" 기술 개발이 장려되지 못했을 것이라고 말한다.
4) 나는 "희생 지역"이라는 용어를 스티브 러너의 책에서 빌려왔다. 이 책은 미국의 담장 위원회(fenceline community, 역자주: 유해물질을 내뿜는 회사 담장 주변에 사는 사람들이 이에 대응하기 위해 구성한 모임)들이 환경 정의를

둘째, 만약 그 보고서의 주장이 미래의 잠재적 위험을 무시한다면, 과거의 역사도 무시하는 것이다. 특히 "인구가 적은" 아프리카 국가들이 세계의 공해를 더 많이 가져가야 한다는 은연중의 권고는 많은 아프리카 국가들이 "덜 개발되고" 또 "인구도 적게 된" 역사적 배경을 무시하는 것이다. 이 역사는 복잡하고, 따라서 하나의 원인으로 줄일 수 없다. 그럼에도 많은 현대 아프리카 국가들이 상대적으로 인구가 적고 경제성장률이 낮은 것은 식민지 시대의 노예무역과 대규모 인간 사냥이 아프리카 사회에 끼친 파괴적인 영향 등에 그 뿌리가 있다는 것을 인식하는 것이 중요하다.[5] 노예무역은 아프리카 대륙 전반의 많은 부분을 철저하게 불안정하게 만들어 결국 대륙 전체에 걸쳐 인구가 희박한 지역을 형성하게 했다. 이런 관점에서 보면, 서머스 보고서의 권고는 특히 혐오스러워 보인다. 식민지 시대 노예화라는 잔학행위에 대한 배상으로 발암물질을 준다는 것은 너무 악랄하다. 식민지 체제의 인종차별주의 역사에 대해 그 보고서가 무지하다는 것은 결국 그 보고서가 신(neo)식민주의의 산물이라는 것을 드러낸다. 서머스 보고서의 "나무랄 데 없는" 경제 논리는 인종차별주의자의 식민지 착취 논리 안에 있는 것이다.

위해 투쟁한 이야기를 담고 있다. 러너는 "'희생 지역'이라는 말은 국립 희생 지역에서 온 것이고, 이 말은 이전에 우라늄을 채굴해 핵무기로 만든 결과로 오염되었던 지역을 일컫기 위해 정부 관료들이 만든 전체주의식(Orwellian) 용어이다"라고 설명한다. Steve Lerner, *Sacrifice Zones: The Front Lines of Toxic Chemical Exposure in the United States* (Cambridge, MA: MIT Press, 2010), 2쪽을 보라.

5) Herbert S. Klein, *The Atlantic Slave Trade*, 2nd ed. (Cambridge: Cambridge University Press, 2010), 128-130쪽. 또한 Nathan Nunn, "Long-Term Effects of Africa's Slave Trades," *Quarterly Journal of Economics* (February 2008): 139-76쪽도 보라.

셋째, 롭 닉슨(Rob Nixon)의 논평처럼, 서머스 보고서는 세계가 "환경 관련 실천과 관심사"를 가진 다양한 문화로 구성되게 된 방식에 대해 무지하다.[6] 그 보고서의 권고는 독특한 공리주의 논리, 즉 창조세계의 각 요소의 가치를 그 도구적 가치로 환원시키는 논리를 세상에 부과할 것을 요구한다. 그 보고서의 권고가 합리적으로 보이도록 하기 위해 그 보고서의 근간이 되는 논리는 세계 문화의 복잡하고 다양한 가치체계를 그 보고서 자체의 논리에 예속시켜야 한다. 이런 식으로 "세계의 복지 증진"은 경제성장을 최적화하는 것과 엄격히 동일시된다. 바벨탑을 쌓았던 사람들이 한 가지 언어를 사용해 세상을 조직화하려고 했던 것처럼, 서머스 보고서는 자신의 경제적 합리성에 부합하지 않는 도덕 논쟁과 이성적 활동을 거부한다.[7]

실제로 오늘의 세상은 획일적인 것과는 거리가 멀고, '도구적 이성'을 절대화하는 것에 대해 저항하는 다양한 도덕적 틀과 세계관이 많이 존재한다. 그렇지만 서머스 보고서의 근간이 되는 논리는 현재 진행 중인 신자유주의적 세계화 프로젝트의 구조와 절차를 정하는 "건설자들"이 자신들의 지리적 위치에 대한 교만에 사로잡혀 있다는 사실은 인정해야 한다. 교황이 회칙 『찬미받으소서』(*Laudato Si*)에

---

6) Rob Nixon, *Slow Violence and the Environmentalism of the Poor* (Cambridge, MA: Harvard University Press, 2011), 2쪽.
7) 보고서는 "저개발 국가에 더 많은 오염물질을 보내라는 이 모든 제안에 반하는 모든 주장과 관련된 문제는(특정 상품에 대한 고유한 권리, 도덕적 이유, 사회적 관심, 적절한 시장 부족 등은) 호전될 수 있고 자유화를 위한 세계은행의 일련의 제안들 각각에 대항해 어느 정도 효과적으로 사용할 수 있다"고 말한다. Hausman and McPherson, *Economic Analysis*, 13쪽을 보라. 바벨탑을 쌓았던 이들의 프로젝트에 관한 참고자료는 Gustavo Gutiérrez, "Theological Language: The Fullness of Silence," in *The Density of the Present: Selected Writings* (Maryknoll, NY: Orbis Books, 1999), 특히 194-98쪽을 보라.

쓴 것처럼, 세계는 이익을 위해 자유롭게 조작할 수 있는 대상으로 피조물을 환원시키는 "기술 관료 체계"의 세계화를 목도하고 있다. 이런 체계에 대해, 그리고 이 체계가 점점 더 널리 퍼지는 방식으로 조직화하는 세계에 대해 살펴볼 필요가 있다.

세계의 현재 상황: 지구 전체의 비상사태

거슬리는 발언과 의심스런 논리 외에도 서머스 보고서는 역사적 현실, 즉 인간이 경제적 및 환경적 비용과 재화 분배를 통해 사회적 지형만이 아니라 생태학적 지형도 변형시켰다는 역사적 현실을 분명히 보여준다. 최근 몇 세기 동안 인간은 세계의 생태학적-사회적 상황을 전 지구적 차원에서 중대한 방식으로 구성해 왔다.[8] 실제로 그 보고서는 인간의 이러한 능력을 상정하고 있다. 하지만 인간이 환경을 형성한 방식을 제대로 알기 위해서는 우리의 시야를 그 보고서 너머로 넓혀, 현재 세계의 역사적 현실을 특징짓는 생태계 붕괴와 경제적 불평등이라는 비상사태가 확산되는 것을 고려해야 한다.

생태학적 비상사태

지구의 생명계(biosphere)는 본래 불안정한 영역이다. 인간이 지구의 자연사를 측정하는 데 사용하는 지질학적 시대는 완전히 다른 환경으로 구성되어 있다. 대륙의 이동, 빙하기와 해빙기, 지구 대기에 산소 출현, 대규모 멸종, 폭발적인 종 분화, 전염병 등 모든 것이

---

8) J. R. McNeill, *Something New under the Sun: An Environmental History of the Twentieth-Century World* (New York: W. W. Norton, 2000)를 보라.

다양한 사례로 지구 표현을 엄청나게 재형성했고, 때로는 거의 알아볼 수 없을 정도로 한 시대에서 다른 시대로 지구를 바꿔놓았다.

이렇게 오랜 기간 급격한 변동과 차이를 이뤄온 배경에 비춰볼 때, 가장 최근의 지질학적 시대인 충적세(Holocene, 대략 11,700년 전에 시작)는 매우 안정적으로 보인다. 충적세의 특징인 안정성 덕분에 복잡한 인간 사회가 출현할 수 있었고, 또한 이전에는 불가능했던 인류가 번성하는 일이 가능해졌다. 한편 대기과학자 폴 크뤼천과 윌 스테판이 충적세가 가고 이들이 인류세(Anthropocene)라고 명명한 새로운 시대가 왔음을 발견한 것은 주목할 만하다.[9] 이름에서 알 수 있듯이, 인류세라는 지질학적 시대는 지구상에 인류가 존재하고 활동하는 것에 의해 정의된다. 인류세 동안 인류는 지구의 생태 변화에 주요한 원인이 되었다.[10]

크뤼천과 스테판에 따르면, 인류세의 씨앗은 석탄 난로, 증기기관의 출현과 그에 따른 경제 생산성의 향상으로 일어난 산업혁명 동안 발아했다. 하지만 이 시대가 본격적으로 열매를 맺은 것은 2차 세계대전이 끝난 후의 몇 십 년 동안이었다. 바로 이 수십 년 동안에 지구에 대한 인간의 영향이 "매우 가속화되었다."[11] 댐을 설치한 강의 수가 늘어난 것에서부터 비료 사용량과 종이 소비와 어획량의

---

9) Will Steffen, P. J. Crutzen, and J. R. McNeill, "The Anthropocene: Are Humans Now Overwhelming the Great Forces of Nature?" *Ambio* 36, no 8 (December 2007): 614-21.
10) 세계를 특징짓는 극심한 경제적 불평등의 견해에서 보면 인간은 매우 다양한 방식으로 이 시대에 기여했다. 이 점은 5장에서 좀더 자세히 다룰 예정이다.
11) Steffen, Crutzen, and McNeill, "Anthropocene." 또한 J. R. McNeill and Peter Engelke, *The Great Acceleration: An Environmental History of the Anthropocene since 1945* (Cambridge, MA: Belknap Press of Harvard University Press, 2014)를 보라.

증가에 이르기까지 여러 범주와 지표에 걸쳐 매우 가속화되었다.[12]

이런 가속화의 영향을 자세히 알아보기 위해 대기 중 이산화탄소(CO_2) 농도의 역사를 살펴보자. 충적세의 처음 만 천 년 동안 대기 중 CO_2 농도는 대략 220ppm 정도에서 꽤 안정된 상태를 유지했다. 산업혁명이 시작되고 두 세기 동안 CO_2 농도는 산업혁명 이전 지수에서 1950년에는 311ppm까지 빠르게 상승했다. 대기 중 CO_2 농도가 이렇게 상승한 것이 놀랍기는 하지만, 더 가파른 상승이 2차 세계대전 후 몇 십 년 동안 일어났다. 최근 70년 동안(급가속 시기) CO_2 농도는 406ppm 이상으로 치솟았다.[13] 이것은 강조할 필요가 있다. CO_2 농도는 11,000년 동안 꽤 안정을 유지하다가 최근 3세기 동안 85% 상승했고, 최근 75년 동안에는 급격히 증가했다.[14] (2021년 6월 현재 420ppm이며, 매년 평균 2.3ppm씩 증가한다. 현재 지구 평균온도는 산업혁명 전보다 1.2도 상승했고, 10년마다 0.2도씩 상승하기 때문에, 파리협약의 제한 목표인 1.5도 상승은 2036년이다. 그러나 세계기상기구(WMO)는 450ppm에 도달할 2036년에 섭씨 2도 상승을 예상한다. 1.5도 상승까지 탄소 예산은 7년 남았다).[15]

잘 알려진 것처럼 대기 중 CO_2 농도가 크게 증가함으로써 충적세의 안정성이 위협받게 되었다. 요한 록스트롬에 따르면, 지구 생명계가 충적세 때와 비슷한 조건을 유지하기 위해서는 인간 사회가

---

12) 예, Steffen, Crutzen, and McNeill, "Anthropocene," 617, 그림 2를 보라.
13) https://climate.nasa.gov에서 "The Relentless Rise of Carbon Dioxide"라는 제목의 그래프를 보라.
14) 엄밀히 따지면 이미 많이 상승한 1950년에서 "30% 이상" 증가한 것이다.
15) 편집자주: Michael E. Mann, *The Fight to Take Back: The New Climate War* (New York, NY: PublicAffairs, 2021), 213쪽. 섭씨 1.5도 상승하면 산호초의 70-90%가 죽지만, 2도 상승하면 99%가 죽게 된다.

아홉 가지 "지구 위험 한계(planetary boundaries)"(CO_2 농도 한계 포함)를 넘지 말아야 한다.[16] 록스트롬의 분석에 기초하여 존 벨라미 포스터는 이들 한계가 "임계점들(tipping points)"로 기능한다고 주장했다. 한계를 넘을 경우, "지구의 안정을 위협하게 될 엄청난 질적 변화를 생태계에 일으킬 수 있다."[17] 기후변화에 대한 대중의 걱정은 대기 중 탄소 농도의 위험 한계에 관심의 초점이 모아지지만, 아홉 가지 한계 각각이 잠재적인 전 지구적 생태계 위기를 나타낸다. 이런 이유로 많은 과학자들은 인류세가 생명계 안에서 과거 12,000년 동안 목격한 것보다 훨씬 큰 불안정성을 지닌 시대를 예고한다고 걱정한다. 이런 불안정성은 인간뿐만 아니라 충적세 동안 번성한 다양한 형태의 생명체들에게도 심각한 위협이다. 이미 우리는 여섯 번째 대멸종 과정 속에 있다.[18] 21세기 이후 기후변화, 가뭄 증가, 해양 산성화의 위협은 (특히 2010년, 세계 곡물생산량 감소로 인한 중동지방의 동시다발적 식량 폭동과 정권 교체처럼)[19] 엄청난 정치

---

16) Johan Rockström et al., "A Safe Operating Space for Humanity," *Nature* 461 (September 24, 2009): 472. 록스트롬은 아홉 가지 한계를 "기후변화", "해양 산성화", "성층권 오존 감소", "질소/인의 순환", "생물의 종 다양성 감소", "전 지구적 담수 사용", "토지용도 변경", "대기 에어졸 하중", "화학적 오염"으로 설명한다. 록스트롬은 에어졸 하중과 화학적 오염을 범주로 구분하긴 했지만 록스트롬이나 동료들이나 아직 이들 범주에 실험에 의거한 한계를 부여하지는 않았다. Jeffrey D. Sachs, *The Age of Sustainable Development* (New York: Columbia University Press, 2015), 181-217쪽도 보라.

17) 이것이 사회학자 존 벨라미 포스터와 동료들의 요점이다. John Bellamy Foster et al., *The Ecological Rift: Capitalism's War on the Earth* (New York: Monthly Review Press, 2010), 14쪽을 보라.

18) Elizabeth Kolbert, *The Sixth Extinction: An Unnatural History* (New York: Henry Holt, 2014)를 보라.

19) 편집자주: 섭씨 1도 오를수록 옥수수는 수확량이 17%씩 줄어든다. Lester Brown, *The Great Transition* (New York, NY: W. W. Norton, 2015), 6쪽.

사회적 격변을 일으킬 것이고, 전쟁, 대규모 사회적 혼란과 난민, 전 세계적으로 인류가 고통받게 될 가능성을 높일 것이다.[20] (최근에 제러미 리프킨은 기후 파국까지 "면도날만큼의 시간만 남았다"고, 즉 임계점들이 매우 가까이 임박했음을 날카롭게 지적했다).[21]

물질적 빈곤과 경제적 불평등의 비상사태

인간 사회에서는 급가속 시기 동안 경제적 부와 불평등도 함께 매우 가속화되었다. 20세기의 하반기 동안 세계총생산(GWP)은 약 9.2조 달러에서 63조 달러 이상으로 증가했다.[22] 하지만 경제적 부의 이러한 폭발적 증가에도 불구하고 20세기 말에 유엔 사회개발연

벼는 개화기 때 한 시간 이상 섭씨 35도 이상에 노출되면 수분에 문제가 생겨 흉작이 된다. 안보 전문가들은 가뭄으로 인해 2020년대부터 미국 중부와 멕시코 남부의 많은 지역에서 농업이 "실질적으로 붕괴하기 시작할 것"으로 예상한다. Gwynne Dyer, *Climate Wars* (Oxford: Oneworld Publications, 2010), 47, 159쪽. 그래서 나오미 오레스케스는 2040년대에는 "북반구 대도시들에서 식량폭동이 동시다발적으로 발생할 것"으로 예상한다. Naomi Oreskes and Erik M. Conway, *The Collapse of Western Civilization* (New York, NY: Columbia University Press, 2014), 25쪽. 한편 2019년 한국의 식량자급률은 45.8%, 곡물자급률은 21%이며, 쌀 자급률은 90%이다(농축유통신문, 2021년 3월 30일). 농촌경제연구원은 기후변화로 인해 2050년 쌀 자급률이 47.3%까지 떨어질 것으로 예측했다(영남일보, 2015년 5월 2일).

20) Sachs, *Age of Sustainable Development*, 406-14; 459-74. 기후변화와 전쟁 사이의 연관성에 대해서는 Solomon M. Hsiang et al., "Quantifying the Influence of Climate on Human Conflict," *Science* 341, no. 6151 (2013): 1190-1212쪽을 보라.

21) 편집자주: 〈2021 경향포럼: 기후위기의 시대 – 생존 가능한 지구로 가는 길〉에서였다. 경향신문, 2021년 6월 24일.

22) https://ourworldindata.org에 있는 Oxford Martin Programme on Global Development and the Leverhulme Center for Demographic Science at Nuffield College의 "Our World in Data" 중 "World GDP over the last two millennia"를 보라.

구소(UNRISD)는 하루에 1달러 이하로 살아가는 사람의 수가 12억 명이 넘는 것으로 추산했다. 그러니 같은 기간 동안 세계에서 가장 부유한 사람들과 가장 가난한 사람들 사이의 경제적 불평등 수준이 크게 확대되었다는 사실이 전혀 놀랍지 않다. UNRISD가 2000년에 발표한 것처럼, "가난해지는 경우가 증가했다. 세계가 전반적으로 가난해졌기 때문이 아니라 성장의 유익이 불평등하게 분배되었기 때문이다. 불평등이 놀라울 만큼 크게 증가했다."[23] 실제로 "가장 부유한 나라들과 가장 가난한 나라들 사이의 소득 격차가 1820년 3 대 1, 1950년 35 대 1, 1973년 44 대 1, 1992년 72 대 1이었다"는 점은 주목할 만하다.[24] UNRISD가 전 세계적 부의 격차를 기술하자 UN은 성장 이데올로기에 근거한 전 지구적 시장사회의 정당성에 대해 의문을 갖기 시작했다. 유엔개발계획(UNDP)은 2000년 보고서에서 이렇게 말한다. "경제성장이 아무리 빨라도 부유한 사람들에게 너무 많은 소득이 쏠리는 문제를 극복할 수 없다. 소득은 물방울 떨어지듯 아래로 떨어지지 않고, 상류층 사이에서 순환할 뿐이다."[25]

그런데 최근 세계 불평등의 속도가 느려지면서 완전히 반대가 되는 징후가 나타나고 있다.[26] 제프리 삭스에 따르면, 이런 전환은 예측된 것이었다. 이 반전의 일부 요인은 경제적으로 부유한 나라들

---

23) UNRISD, *Visible Hands: Taking Responsibility for Social Development* (Geneva: UNRISD, 2000), 11쪽, www.unrisd.org.
24) UNDP, *Human Rights and Human Development* (New York: UNDP, 2000), 6.
25) UNDP, *UNDP Poverty Report, 2000: Overcoming Human Poverty* (New York: UNDP, 2000), 43.
26) 세계 불평등 경향 분석을 보라. Christoph Lakner, "Global Inequality," in *After Piketty: The Agenda for Economics and Inequality*, ed. Heather Boushey et al., (Cambridge, MA: Harvard University Press, 2017), 259-79.

로부터 경제적으로 가난한 나라들로 기술이 보급되었기 때문이다. 이런 기술 보급 덕분에 가난한 나라들 가운데 "따라잡기" 성장이 빠르게 일어날 수 있었다.[27] 21세기 초에는 따라잡기 성장과 세계총생산의 계속된 증가(2015년 108조에 도달)가 맞물리며 10억 명 이상이 극심한 빈곤에서 벗어날 수 있었다.[28] 게다가, 부유한 나라들과 가난한 나라들에서, (가난한 사람들이) 경제적 부를 따라잡는 경향이 21세기에도 계속될 것이라는 기대가 있다.

그럼에도 불구하고 여전히 물질적 빈곤의 위기에 대해 걱정해야 할 이유가 있고, UNDP 보고서에 나타난 우려를 공유해야 할 이유가 있다. 10억 명 이상이 여전히 극심한 빈곤 상태에 머물러 있다는 것은 급박한 관심과 행동을 계속해서 요구한다. 이렇게 명백한 부분 말고도 경제적 불균형은 계속해서 현재 세계의 상황에서 치명적이고 복잡한 방식으로 그 모습을 드러내고 있다. 가장 눈에 띄는 것은 세계 불평등의 전반적인 감소를 향하는 현재의 추세가 초부유층(hyperwealth)의 증가라는 상쇄하는 추세로 이어지고 있다는 점이다. 옥스팜(Oxfam)의 최근 연구는 세계 8대 부자들(모두 남자다)이 통제하는 부의 규모가 전 세계 하위 50%의 부의 규모와 맞먹는다는 것을 발견했다.[29] 따라서 예를 들어, 미국과 중국 간의 평균 소득 격차는 줄고 있지만, 세계 "상위 1%"가 통제하는 부(전 세계 부의 50% 이

---

27) Sachs, *Age of Sustainable Development*, 80-81.
28) 경제적 불균형 안에서의 이러한 긍정적 경향에는 정치-문화적 제국주의의 위협이 뒤따랐다. 이런 유형의 비평으로는 Vandana Shiva, *Earth Democracy: Justice, Sustainability, and Peace* (Boston: South End, 2005)를 보라. 시바의 비평 같은 것이 중요하긴 하지만 이런 것들을 단순히 따라잡기 성장이 물질적 가난을 감소시키는 데 끼친 영향을 일축하기 위해 사용해서는 안 된다.
29) OXFAM 보고서인 "An Economy for the 99%"의 요약본은 https://www.oxfamamerica.org를 보라.

상)와 나머지(99%)의 격차는 계속 크게 증가하고 있다. 초부유층의 문제 외에도, 생태학적 위기가 완전한 파국으로까지 악화되지 않고 세계 경제성장률이 유지될 수 있을지에 대한 우려도 있다. 성장률이 유지될 수 없다면, 세계 경제의 불평등 수준이 계속 감소할 수 있을지 의문이다. 이 부분은 5장에서 다시 다룰 예정이다.

정치, 적법성, 그리고 신학의 과제

서머스 보고서와 생태적 및 경제적 비상사태의 역사적 발전에 대한 앞에서의 관찰을 통해 이런 비상사태들이 정치에 뿌리박고 있다는 것을 알 수 있다. 제데다이아 퍼디가 쓴 것처럼, "두 가지 유형의 위기 모두 … 똑같은 곤경을 반영한다. 우리가 사회적으로도 자연적으로도 지속 가능한 세상을 원한다면, 우리는 그런 세상을 구축하고 보존해야 한다." 퍼디는 계속 말한다. "공유하는 거처를 의도적으로 구축하는 유일한 방법은 정치를 통하는 것이다. 집단적이고 구속력 있는 결정을 통해 우리는 우리가 의도하는 세상을 형성할 수 있다."[30] 퍼디가 볼 때 세계의 사회경제적, 생태적 형태와 그 안에 내포된 비상사태는 정치의 개입과 책임 있는 실천을 요구한다.

사회경제적 비상사태와 생태적 비상사태가 마치 서로 독립적으로 존재하는 것처럼 그 둘을 분리하는 것은 잘못이다. 이렇게 분리하는 것은 자연과 인간 삶의 영역("사회", "역사", "문화" 등)을 개념상 구분하는 근대 세계관의 오류를 확장하는 것이다. 그런 분리를

---

30) Jedediah Purdy, *After Nature: A Politics for the Anthropocene* (Cambridge, MA: Harvard University Press, 2015), 18-19.

장려하는 근대 세계관은 근대든 아니든 역사 속 어느 순간과도 실제로 부합한 적이 한 번도 없었다. 브뤼노 라투르가 주장하듯이, 인간 문화가 출현한 후 자연이 온전히 문화 밖에서 존재한 적은 없었다. 문화도 온전히 자연과 동떨어져 존재한 적이 없었다. 인간의 사회적 상상의 틀은 언제나 자연과 문화를 적절히 혼합한(hybridized) 공간을 만들어냈다.[31] 라투르 생각에는 우리가 자연을 "두드러진 범주(marked category)," 즉 문화의 동력을 형성하고 또 문화의 동력에 의해 형성되기도 하는, 두드러진 범주로 인식하는 것이 필요하다.[32]

라투르가 말하는 그 혼합(자연과 문화의 혼합)은 또한 인간 사회를 구성하는 물질 처리 과정(material process)의 특징이기도 하다. 이 점은 서머스 보고서의 주장에 분명히 드러나 있다. 왜냐하면 "환경오염 산업들"을 가난한 나라들에게 수출하는 것은 자연과 사회 모두에 심각한 영향을 끼치기 때문이다. 마찬가지로 인류세라는 개념 자체에 세상의 "인간화"가 지구의 물리적 환경을 변화시키는 영향을 끼친다는 생각이 포함되어 있다. 데이비드 하비는 자연과 사회 사이의 물질적 상호연결성을 생각하며 이렇게 썼다. "모든 생태 프로젝트(그리고 주장들)는 동시에 정치경제적 프로젝트이고(그리고 주장들이고) 그 역도 마찬가지다."[33] 그렇다면 물질적 빈곤과 불균형이라는 사회적 위기는 생태적 붕괴라는 다차원적 위기와 복잡하고 밀

---

31) Bruno Latour, *We Have Never Been Modern* (Cambridge, MA: Harvard University Press, 1993), 특히 130-45.

32) Bruno Latour, *The Politics of Nature: How to Bring Science into Democracy* (Cambridge, MA: Harvard University Press, 2004), 48-49.

33) David Harvey, "The Nature of Environments: The Dialectics of Social and Environmental Change," in *Real Problems, False Solutions*, ed. Ralph Miliband and Leo Panitch (London: Merlin, 1993), 25.

접하게 관련되어 있는 것이다.[34]

제임스 콘은 환경적 인종차별주의에 관한 선견지명적인 글에서 사회적 영역과 생태적 영역이 서로 연결된 성격이라는 것을 말한다. 그런 식으로 헌신의 영역을 분리하려는 경향을 비난하면서 콘은 이렇게 썼다. "정의를 위한 투쟁은 어떤 형태로든 생명을 위한 투쟁과 분리되어서는 안 되고 오히려 통합되어야 한다."[35] 콘의 생각을 반영하듯, 프란치스코 교황은 생태 영역과 사회경제적 영역 사이의 연결성을 이해할 필요가 있다고 말한다. 프란치스코 교황은 이렇게 말한다. "우리는 환경 위기와 사회 위기라는 별도의 두 위기가 아니라, 사회적인 동시에 환경적인 하나의 복합적인 위기에 당면한 것입니다."(『찬미받으소서』, 139). 우리의 상황에 필요한 정치는 그 비전 안에서 생태 위기와 사회경제적 위기를 통합하여 이러한 복합적인 지구 비상사태에 대응할 포괄적인 방법을 찾을 수 있어야 한다.

전 세계의 생태-사회적 비상사태가 근본적으로 정치의 비상사태라는 것을 인정하는 것은 '적법성' 문제를 제기하는 것이다. 정치라는 것이 근본적으로 세상을 신뢰할 만하게 구성하는 것이라면 오늘의 생태-사회적 비상사태는 우리의 정치를 호출하여 질문한다. 대규모 생태계 붕괴와 경제적 불균형 현실은 우리의 정치 구조와 신념의 타당성 및 이들 구조와 신념이 세상을 형성해 온 방식에 대해 질문하게 만든다.[36] 현재의 세계화 프로젝트를 야기한 전 세계 권력

---

34) 실제로 이 내용이 서머스 보고서 초기 분석의 여러 대목에 암시되어 있다.
35) James Cone, "Whose Earth Is It Anyway?" *Cross Currents* 50, no. 1-2 (2000): 36-46.
36) 편집자주: 자본주의 종주국 미국에서조차 2019년 5월 갤럽조사에서 미국인 43%가 사회주의 형태를 요구하며, 18-24세 연령층에서는 61%가 사회주의를 긍정적으로 볼 정도로 새로운 체제에 대한 욕구가 분출하고 있다. Fareed

네트워크는 복합적인 생태-사회적 위기에 제대로 대응하고 있는가? 퍼디의 표현처럼, 이들은 "지속 가능한 세상을 구축하고 있는가?"

신학과 생태해방신학의 필요성

적법성에 대한 질문은 또 우리를 그리스도교 신학이라는 주제로 돌려놓는다. 신학은 내가 이 책에서 나의 주장을 펼쳐 나가는 분야이다. 기본적으로 신학은 "신에 대한 말," 또는 "신-담론(God-talk)"을 제시하는 것으로 이해할 수 있다.[37] 그리스도교 신학은 하느님이 친히 자신을 세상에 드러냈기 때문에 하느님에 대한 언어가 가능하다는 믿음을 기초로 한다.[38] 실제로 우리가 하느님의 신비에 대해 어떤 유형이든 확신을 가지고 정확히 말할 수 있다는 소망을 가질 수 있는 것은 오로지 하느님의 계시적인 자기개방 덕분이다.[39] 하지만 이러한 확신이 오만함으로 넘어가는 것을 방지하기 위해, 신학은 그

Zakaria, *Ten Lessons for a Post-Pandemic World* (New York, NY: W. W. Norton & Co., 2020), 57쪽; William I. Robinson, *The Global Police State* (London: Pluto Press, 2020), 132쪽.

37) 이 두 정의 모두 단어 자체의 어원을 반영한다. (Theology에서) *Theos*는 "신"을 뜻하고 *logos*는 "말"을 뜻한다.

38) *Dei Verbum*, 1-6항.

39) 구띠에레즈가 설명하듯이 이 확신은 하느님의 궁극적인 형언불가능성(ineffability)을 인정하고 하느님에 대한 예언자적 담론이 "명상의 언어"에 의해 방해받는 것을 허용함으로써 오만함을 피할 수 있다고 소망하게 한다. 이 점에 대해서는 Gustavo Gutiérrez, *On Job: God-Talk and the Suffering of the Innocent* (Maryknoll, NY: Orbis Books, 1987), 51-103; Gustavo Gutiérrez, *The God of Life* (Maryknoll, NY: Orbis Books, 1991), 145-63; Gutiérrez, *Density of the Present: Selected Writings*, 135-207쪽을 보라.

담론이 언제나 미완성이며 단편적이라는 점을 인식해야 한다. 하느님의 신비는 궁극적으로 이해 불가능하며, 유한한 인간의 언어로 다 말할 수 없는 것이다. 이것이 모든 정통 그리스도교의 하느님에 대한 언어에서 기본 신조이다.

신학적 담론에서의 한계라는 문제는 하느님의 무한성뿐만 아니라 그 담론 자체의 상황적 성격도 가리킨다. 하느님의 자기개방에 대한 응답으로 나타나는 인간의 하느님에 대한 언어는 언제나 특정 시간과 공간에 자리한 언어이고, 특정 사람으로부터 오는 언어이다. 이는 또한 보편적으로 적용할 수 있는 언어라기보다는 그 상황과 사람들의 특수성이 특징인 언어다.[40] 따라서 신학은 드러난 하느님의 신비를 주어진 상황 속에서 이해할 수 있고 그 상황에 적합한 방식으로 설명하고자 한다. 리넬 케이디는 이렇게 썼다. "신학자는 … 특정 시간과 공간에 가장 적절하게 전통을 해석함으로써 그 전통을 확장하는 사람이다."[41] 신학의 핵심 과제는 하느님의 자기개방을 세상에(아니면 적어도 세상의 특정 상황에) 알리는 것이다. 그러므로 하느님에 대해 제대로 말하려면 우리는 하느님이 누구신지, 하느님이 세상과 관련하여 무엇을 원하시는지 의미 있게 말해야 한다.

이제 우리는 지금까지 그 내용을 전개해 온 처음의 분석으로 되돌아가야 한다. 오늘날 (확실히 사회적 위치가 서로 다른) 인류는 생태적 붕괴와 물질적 가난이 복합적으로 상호 연관된 현실을 특징

---

40) 이 말은 각각의 특정 상황에서 나오는 언어가 다른 상황에서는 이해할 수 없다는 것이 아니라 새로운 상황으로 "수용되고" "번역되어야" 한다는 것이다.
41) Linell Elizabeth Cady, "Identity, Feminist Theory, and Theology," in *Horizons in Feminist Theology: Identity, Tradition, and Norms*, ed. Rebecca S. Chopp and Sheila Greeve Daveney (Minneapolis: Fortress Press, 1977), 29.

으로 하는 세상 속에서 살아가고 있다. 이러한 사실은 몇 가지 신학적 질문을 수면 위로 떠오르게 한다. "우리는 생태-사회적 위기 속에서 하느님에 대해 어떻게 말해야 할까?" "인류세의 복합적인 위기 앞에서 세상을 향한 하느님의 자기개방인 계시를 우리는 어떻게 해석해야 할까?" 또는 조금 다른 어조로, "오늘날 세상 속에서 하느님 앞에 책임 있게 살기 위해 우리는 어떤 부름을 받았는가?" 이런 질문들에 대답하기 위해서는 두 가지 방향의 질문이 필요하다. 한편으로는 하느님이 누구신지, 세상을 집어삼키는 전 지구적 비상사태와 관련하여 하느님이 무엇을 원하시는지에 대한 주장을 전개하기 위해 하느님의 자기개방에 대한 우리의 자료들에 대해 질문할 필요가 있다. 다른 한편으로는 세상을 좀더 자세히 살펴보며, 특히 세계화 프로젝트가 세상을 구성하는 방식에 대해 살펴보면서 계속해서 "시대의 징조를 읽을" 필요가 있다. 이 두 가지 과제를 함께 수행하는 중에 우리는 은혜와 죄의 동력이 오늘날 세상에서 작동하는 방식을 (언제나 부분적이긴 하지만) 좀더 명확히 명명할 수 있게 된다.

여기까지 읽으면서 예상할 수 있었겠지만, 이 책이 가정하고 있는 것은 현재의 전 지구적 상황이 내가 "생태해방신학"이라고 명명한 것을 요구한다는 것이다. 가장 근본적으로 이 신학은 하느님이 누구신지, 하느님이 무엇을 원하시는지에 대해 고백하는 데서 지구와 가난한 이들 모두를 위한 우선적 선택(the preferential options for both the Earth and the poor)에 근거한 담론의 한 방법으로 이해할 수 있다. 또한 이 신학은 세상 속에서 이들 우선적 선택을 드러내는 실천 형태들을 설명하고 격려하기 위해 애쓴다. 이어지는 장들의 과제는 이 신학의 의미를 더욱 명확히 하고 그 근거를 설명하는 것이다.

논의의 구조

이 책은 서로 맞물린 세 부로 나뉘고 각 부는 두 장으로 구성된다. 제1부 "생태해방운동 담론의 구성"은 생태해방운동에 적합한 신학적 방법론과 구원의 문법(a grammar of salvation)을 설명하고자 한다. 1장 "생태해방신학을 향해"는 "생태해방신학"이라는 용어에 대한 정의에서 미묘한 이해 차이를 설명하고, 그런 신학을 전개하기 위한 방법론적 결단을 밝힌다. 이를 위해 해방신학과 구원론에 관한 구스타보 구띠에레즈의 역작을 돌아보고, 어떻게 구띠에레즈의 식견을 확장하여 정치-생태적 비상사태로 특징지어지는 상황에 포괄적으로 대처할지를 분석한다.

2장 "통합생태론: 해방운동의 개념"은 1장에서 약술한 구원의 문법을 추가로 설명한다. 구원, 해방, 창조세계 돌보기 사이의 연관성을 명확히 하기 위해 현대 가톨릭신학의 총체/통합주의(integralist) 전통 위에 덧대어 그림으로써 이를 설명한다. 특히 구띠에레즈의 총체적 해방(integral liberation) 개념과 프란치스코 교황의 통합생태론(integral ecology) 개념을 돌아보면서 인간이 인간을 소외로부터 "땅과 땅에서 나오는 모든 것들"과의 친교(communion)로 이동시키기 위해 인간 삶의 문화적/심리적 차원과 사회구조적 차원을 주도적으로 변화시키는 것을 통해 어떻게 죄로부터의 해방(이것이 구원이다)을 증언할 수 있는지 설명한다.

제2부 "하느님의 말씀 해석"은 제1부에서 약술한 구원의 비전을 이야기 식으로 발전시킨다. 이를 위해 구원 역사를 생태해방운동식 해석으로 제시한다. 3장 "정치-생태론적 관점에서 창세기 읽기"는

창세기에 대한 신학적 읽기를 제공한다. 이는 생태해방운동 해석학에 주요한 몇 가지 신학적 상징을 수면 위로 떠오르게 한다. 그중 가장 눈에 띄는 것은 "동산지기(gardner)"라는 상징적 소명으로서(창 2:15), 이 소명에 지당한 실천이 하느님, 이웃, 땅(earth)에 대한 세 겹의 사랑으로 구성된다는 것을 보여준다. 동산지기라는 소명에 올바르게 응답하려면 인간은 하느님의 지혜 안에 거해야 하고, 또한 하느님, 이웃, 땅과의 친교를 발전시켜야 한다. 이에 상응하여 이 장에서는 창세기에서 죄가, 올바르게 사랑할 수 있는 인간의 능력을 해치고 또한 인간 창조의 목적인 그 삼중적인 친교(the tripartite communion)를 방해한다는 점을 보여준다. 그런 다음 이 장에서는 인간의 소명에 대한 이러한 이해와 죄와 은혜의 동력이 창세기의 다음 이야기 내내 작동하는 방식을 검토한다.

4장 "해방의 희년"은 3장에서 발전시킨 인간의 소명을 그 삼중적인 관계로 이해함으로써 구원사의 핵심 상징과 주제를 해석한다. 이 장에서는 하느님이 이집트의 혼란한 정치적 환경으로부터 하느님의 백성을 해방하셔서 이 백성이 집단으로 동산지기라는 소명을 다시 살아내도록 하신다고 주장한다. 이에 상응하여 구원과 속죄에 대한 약속이 "동산지기의 도시," 즉 그 정치적 생태론(political ecology)이 하느님의 지혜에 부합하도록 구성되는 동산지기의 도시로 상징된다. 그런 다음 구원 약속과 관련하여 예언자들의 기능을 살펴보고, 예수가 인간의 소명과 이 약속 모두의 성취라고 선포되는 방식을 분석함으로써 마무리한다.

제3부 "세계화되는 세상 속에서 그리스도인들의 실천"은 프란치스코 교황이 오늘날의 "세계 체제"(global system, 『찬미받으소서』, 111항)라고 부른 것의 구조와 동력을 비판적으로 분석한다. 이 마지막

부분에서는 현재 상황 속에서 그리스도인 제자도의 요구사항을 살펴본다. 5장 "전 지구적 비상사태의 발생과 지속"은 『찬미받으소서』에서 언급된 다양한 차원의 세계 체제를 살펴보고, 특히 기술관료적 패러다임, 생태적 빚, 소비문화 등이 이 체제를 형성하는 데 얼마나 중요한 역할을 했는지에 초점을 맞춘다. 또한 지속 가능한 개발과 생태적 근대화 개념이 세계화 프로젝트의 구조와 동력을 정당화하는 방식을 비판적으로 살펴보면서, (환경적으로도 경제적으로도) "윈-윈"하는 시나리오에 대한 전망에 뿌리내린 지속 가능한 개발 형태가 지구와 가난한 이들의 탄식에 적절히 응답할 수 있을지에 대한 질문을 던진다. 이 분석은 특히 경제성장이 어느 정도가 되어야 생태적 영향을 완화시킬 수 있는지에 대해 초점을 맞춘다. 5장에서는 또한 신자유주의 세계화 프로젝트—나의 경우엔 세계 체제와 같은 것이다—가 결국 장기적으로 세계적인 형평성(equity)을 만들어낼 수 있을지 의문을 제기한다. 그리고 이 프로젝트의 좀더 가능성이 높은 결과는 현재 구조화되어 있는 것과 같이 세계적인 불균형이 종적으로 증가하는 것이고, 초부유층의 이익을 보호하는 데 초점을 맞춘 억압적인 정치 세력이 등장하는 것이라고 주장한다.

6장 "인도적인 세상 증언하기"는 (5장에서 논의했던) 세계화 프로젝트를 이 책의 제2부에서 다루었던 하느님의 말씀을 해석하는 입장에서 비판적으로 살펴본다. 그런 다음 이러한 판단의 관점에서 올바른 그리스도인들의 실천 가능성을 따져본다. 마지막으로, 그리스도들의 생태해방의 영성, 즉 오늘날 세상 속에서 그리스도인들의 생태해방운동 실천에 생기를 주고 격려해 주는 영성의 윤곽을 그림으로써 마무리한다.

제1부

생태해방운동 담론의 구성

제1부에서는 그리스도교 생태해방신학의 기본적인 방법론적, 신학적 결단에 대해 소개한다. 여기에서는 그리스도교 계시의 역할, 인간중심주의(anthropocentrism)의 문제, 생태 해석학과 관련된 문제 등을 고려한다. 제1부의 후반부는 특별히 구스타보 구띠에레즈와 프란치스코 교황의 저술에 의지하여 총체/통합주의의 틀(integralist framework) 안에서 구원과 해방과 창조세계 돌보기 사이의 연관성을 개념화한다.

1장

생태해방신학을 향해

이 책의 목표는 그리스도교 생태해방신학의 토대를 만드는 것이다. 서론에서 언급한 것처럼, 이 신학은 두 가지 방향을 갖고 있다. 첫째, 이 신학은 하느님이 누구신지, 하느님이 원하시는 것이 무엇인지를 고백하는 데서 지구와 가난한 이들에게 우선적 선택을 둔다. 둘째, 이 신학은 세상 속에서 이런 우선적 선택을 드러내는 실천의 형태를 설명하고 격려한다. 이 신학의 토대를 만드는 광범위한 목표를 이루는 데서, 1장의 과제는 그리스도교 생태해방운동 담론을 위한 접근 방법을 수립하고, 또 이 신학을 잘 이해할 수 있도록 명확하게 정의하는 것이다.

1장의 첫 부분에서 나는 그리스도교 생태해방운동을 위한 세 가지 기본적인 방법론적 결단을 명확히 함으로써 나의 과제를 시작한다. (1) 생태적 우주론(ecological cosmology) 담론보다 정치적 생태론(political ecology) 담론에 특전을 준다. (2) 적절한 형태의 인간중심주의를 긍정한다. (3) 계시의 원천으로서 "자연이라는 책"보다 "경전이라는 책"을 우선시한다. 이 세 가지 기본적 결단은 이제 내가 설명하는 것처럼 네 번째 결단, 즉 그리스도교 생태해방신학은 지구를 위한 우선적 선택과 가난한 이들을 위한 우선적 선택 사이의 관계를 명확히 하고, 예수 그리스도 안에서, 그리고 예수를 통한 구원의 신비를 명확히 한다는 결단을 내보인다. 네 번째 결단을 하면서 나는 1장의 두 번째 부분에서 초기 해방신학의 주요 인물인 구스타보 구띠에레즈의 신학을 살펴볼 것이다. 구띠에레즈의 사상은 분명히 구원론에 관한 질문에 관심이 많고, 구띠에레즈의 신학적 방법론은 생태해방신학을 구성하는 틀의 역할을 할 수 있다. 따라서 1장은 구띠에레즈의 구원론적 주장을 분석하여 생태해방운동에 그 주장을 도입하고 확장하는 방법을 제시하는 것으로 마무리한다.

그리스도교 생태해방운동 담론을 위한 방법론적 결단

위에서 말한 것처럼, 이 책의 주장은 그리스도교 생태해방운동 담론이 (생태적 우주론 담론보다) 정치적 생태론 담론과의 씨름에 우선권을 두고, 적절한 의도의 인간중심주의를 긍정하고, (자연이라는 책보다) 경전이라는 책에 우위를 두어야 한다는 신념 위에서 진행한다. 이와 같은 방법 각각이 어느 정도 논란의 소지가 있기 때문에 그 배경에 있는 이유를 살펴보는 것이 중요하다. 나는 정치적 생태론 담론과 생태적 우주론 담론부터 시작할 것이며, 우선 후자를 비판적으로 검토한 뒤 전자로 넘어갈 것이다.

정치적 생태론에 특전 부여

특히 미국에서 생태적 우주론 담론과 통찰력은 예수회 고생물학자인 떼이야르 샤르댕과 토마스 베리의 작업에 큰 영향을 받았다.[1]

이 연구에서 특히 주목할 점은, 떼이야르와 베리의 영향력이 가난한 사람들에 대한 해방운동의 관심을 환경윤리에 대한 논의와 연결하는 데 가장 밀접한 관련이 있는 두 사상가인 레오나르도 보프와 이본 게바라의 작업에서 분명히 드러난다는 점이다.[2] 대체로 생태적 우주론은 우주의 진화 역사를 살피는 분석 방법을 말한다.[3] 이러한 틀 안에서 이 담론은 또한 지구상에 생명이 출현하여 수십억 년 동안 진화해 온 방식을 살핀다. 따라서 널리 알려진 보프의 저서 『지구의 울부짖음, 가난한 이들의 울부짖음』(Cry of the Earth, Cry of the Poor)에 있는 접근법이 생태적 우주론 이야기의 특징이다. 보프는 "우주의 생성"으로부터 지구가 초개체(superorganism)로 출현하기까지 우주가 진화한 이야기를 들려준다. 여기서 지구라는 초개체의 체계는 그 초개체를 지탱할 뿐만 아니라 더 복잡한 형태의 생명이 출현하도록 생명을 '진보'시키기도 한다.[4]

우주 이야기를 들려줄 때, 생태적 우주론의 종교 버전은 진화의

---

1) Pierre Teilhard de Chardin, *The Divine Milieu* (Brighton: Sussex Academic, 2004)를 보라. 또한 Thomas Berry and Brian Swimme, *The Universe Story: From the Primordial Flaring Forth to the Ecozoic Era – A Celebration of the Unfolding of the Cosmos* (New York: Harper Collins, 1992)도 보라.
2) Leonardo Boff, *Cry of the Earth, Cry of the Poor* (Maryknoll, NY: Orbis Books, 1997); *Ecology and Liberation: A New Paradigm* (Maryknoll, NY: Orbis Books, 1995)을 보라. 또한 Ivone Gebara, *Longing for Running Water: Ecofeminism and Liberation* (Minneapolis: Fortress, 1999)을 보라.
3) 이 담론에 대한 탁월한 비판적 평가를 보려면 Lisa Sideris, *Consecrating Science: Wonder, Knowledge, and the Natural World* (Oakland: University of California Press, 2017), 특히 116-45쪽을 보라.
4) Boff, *Cry of the Earth*, 1-63쪽을 보라. 게바라도 *Longing for Running Water*에서 비슷한 호소를 한다. 하지만 게바라는 보프가 수용하는 진보주의에 대해 회의적이다.

영적 차원과 우주의 신성한 성격을 강조한다. 이런 관점에서 모든 생명은, 사실 모든 물질은 경건한 경탄을 받을 만하다. 따라서 보프와 게바라는 떼이야르를 따라 우주를 "신의 영역(a divine milieu)"이라고 기술한다.[5] 우주적 상황의 이런 신성한 성격은 우주와 우주를 이루는 복합적 부분들에 대해 인간의 경외심을 끌어낼 뿐만 아니라 실천의 변화를 요구한다. 인간은 보프가 "통전적인 생태학적 입장(holistic ecological stance)"이라고 부르는 것을 인간 삶의 양식에 도입해야 한다.[6] 신의 영역 내의 "모든 관계성(omnirelatedness)과 모두의 연결성(connectedness of everything)"은 인간이 인간중심주의적인 자기 관심이라는 좁은 형태를 뛰어넘어 지구와 우주와의 연대 속에서 살아갈 것을 요구한다.[7] 게바라의 말처럼, 인간은 "모든 순간 모든 존재가 자신의 독특성을 유지하며, 이런 상황에서 모든 존재는 자기 존재의 충만함을 살 가치가 있다"는 것을 인정해야 한다.[8] 보프에게 이것은 다름 아닌 "존재하고 살아있는 모든 것에 대한 무한 책임"의 윤리를 요구하는 것이다.[9]

나는 생태적 우주론이 지지하는 여러 견해들을 반대하지 않는

---

5) Boff, *Cry of the Earth*, 175; Gebara, *Longing for Running Water*, 124. 보프가 이 환경을 명시적인 그리스도교 신학의 용어로 기술하는 반면 게바라는 일반화된 범재신론(panentheism)의 용어로 기운다. 심지어 그리스도교 신학적 담론의 상징을 명시적으로 참조할 때도 그렇다.

6) Boff, *Cry of the Earth*, 34.

7) 위의 책. 보프는 이렇게 말한다. "우리는 전체 우주와의 공동 작용 속에 있고, 우리를 통해 우주는 자신을 선포하고, 나아가고, 이전에 시도한 적 없는 새로운 것들에 열려 있고, 인간에게 불가능한 영역에 위치한 신비의 장막 뒤에 숨겨진 실재를 향해 간다."

8) Gebara, *Longing for Running Water*, 129.

9) Boff, *Cry of the Earth*, 136.

다. 사실 이 책의 주장은 창조세계의 선함을 긍정하고, 인간이 우주의 유일한 척도라고 가정하는 모든 세계관에 맞서고자 한다. 분명한 그리스도교 용어로 표현된 생태적 우주론의 형태와 관련하여 이 책은 창조세계를 거룩하게 여기는 견해와 그리스도교 신학의 우주론 모두를 지지하는 데 도움이 되는 지혜로운 그리스도론이 필요하다는 것을 긍정한다.[10] 그럼에도 불구하고 생태적 우주론 담론에는 생태해방신학의 목표를 지원하는 능력에서 중대한 한계가 있다. 이들 한계는 이 담론의 두 가지 일반적 특성을 중심으로 구체화된다.

첫째, 생태적 우주론은 역사적 현실을 구성하는 복합적이고 때로 대립적인 관계를 판단하거나 수면 위로 떠올리기에 충분하지 않다. 우리가 살펴본 것처럼, 생태적 우주론은 우주에 대해 광범위하게 통합적 견해를 제시한다. 하지만 메리 미질리의 말처럼, "일단 우리가 이 새로운 견해를 가지게 되면, 그것을 많이 서로 다르게 해석할 수 있고, 수많은 드라마가 떠오르고, 수많은 방향으로 우리를 이끌게 된다. 그 많은 방향 가운데서 합리적으로 항해할 수 있도록 우리를 이끌 방향을 분별하는 것은 상당히 어렵다."[11] 미질리는 꽤나 인상적이게도 생태적 우주론이 그 자체로는 윤리와 실천에 대해 불충분한 결정을 내릴 수밖에 없다는 점을 지적한다.[12]

---

10) 보프는 *Cry of the Earth*의 마지막(158-86쪽)에서 이런 주장을 한다. 게바라는 우주적 그리스도를 주장하는 것은 제국주의의 특징이라며 이런 주장을 거부한다. 게바라에게 우주의 신성함은 상호연결성 그 자체에서 발견할 수 있는 것이다. Gebara, *Longing for Running Water*, 137-71쪽을 보라. 현대의 우주 지식에 부합하는 그리스도론을 보려면 Celia Deane-Drummond, *Christ and Evolution: Wonder and Wisdom* (Minneapolis: Fortress, 2009); 그리고 Denis Edwards, *Jesus the Wisdom of God: An Ecological Theology* (Maryknoll, NY: Orbis Books, 1995)를 보라.

11) Mary Midgley, *Science and Poetry* (New York: Routledge, 2001), 36.

우주가 "신의 영역"이고 지구가 "거룩한 몸"이라는 것을 긍정하는 것은 인간중심주의의 악한 형태를 잘라내는 효과가 "있을 수도" 있는데, 딱 거기까지 뿐이다. 직설적으로 말하자면, 흔히 언급되는 "모든 것이 우주 먼지(stardust)로 구성되어 있다"는 관찰이 우리가 지구와 연결되어 있다는 느낌을 현대 서구 사회에 주기는 하지만 그것이 역사 속 가스실과 채찍, 에볼라 바이러스, 핵무기, 증가하는 대기 중 이산화탄소 농도 등에 직면했을 때 어떻게 응답해야 할지에 대해서는 아무런 도움이 되지 못한다. 따지고 보면, 이 모든 것들 역시 태양의 먼지로 구성된 것이기 때문이다. 이와 같은 견해의 불확정성 속에서 리사 시데리스는 생태적 우주론의 이야기가 "경이로움을 표현하도록 격려하지만, 환경에 해로운 태도와 행동 양식을 비판하거나 수정하는 데 아무 힘이 없다"는 것을 발견한다.[13] 생태적 우주론의 무익한 성격에 대한 시데리스의 설명은 환경윤리에 대해서만이 아니라 사회윤리에 대해서도 참이며, 나아가 이 둘이 서로 연관되는 복합적인 방식에 대해서도 참이다. 따라서 피터 스콧의 말처럼, 생태적 우주론의 의도는 인간을 세계로 향하도록 이끄는 것이었지만, "세계와 씨름하는 데는 어려움을 겪었다." 실제로 그 의도와 상관없이 생태적 우주론은 "이상하게도 다른 세계(other-worldly)를 지향하는 것처럼 보인다."[14] 결국 이런 비현실성은 지구와 가난한

---

12) 이는 윌리스 젠킨스의 지적이기도 하다. 그는 이렇게 말한다. "가능한 모든 행동이 자연의 이야기 속에 기록될 수 있다면 그런 우주론은 실천 윤리를 위한 규범으로서의 위치를 점하지 못한다." Willis Jenkins, "Does Evolutionary Cosmology Matter for Ecological Ethics? The Case of Geoengineering," Yale Living Cosmology 학회용 초고 논문, November 9, 2016을 보라.
13) Sideris, *Consecrating Science*, 118.
14) Peter Scott, *A Political Theology of Nature* (Cambridge: Cambridge University, 2003), 85.

이들의 울부짖음을 잠재우는 불가피한 효과를 초래하거나, 생태적 우주론의 이야기 틀 안에서 그런 울부짖음을 이해 불가능한 것으로 만든다.[15]

생태적 우주론이 이처럼 윤리적 결정을 내릴 수 없다는 미확정성보다 더 문제인 것은 이 담론이 지구와 가난한 이들을 위한 우선적 선택으로부터 우리가 멀어지도록 적극 이끄는 경향이 있다는 점이다.[16] 다시 말해, 생태적 우주론이 윤리적 결정권을 갖는 정도까지, 그 권고는 생태해방신학의 결단에 실제로 반하는 것이다. 왜냐하면 생태적 우주론은 너무나 자주 요한 밥티스트 메츠가 "대용 형이상학(ersatz metaphysics)"이라고 부르는 것에 의해 특징지어지기 때문이다.[17] 즉 생태적 우주론 담론에서 이야기하는 "우주 이야기"는 복잡화(물질이 생명이 되고, 생명이 더 복잡한 형태의 생명이 되는)가 우주 역사의 불가피하고 자연스런 목적인 것으로 기술하는 경향이 있다. 이에 따라 고등생물은 우주의 진화 과정을 통해 이들보다 먼저 존재했던 하등생물의 멸종을 정당화하는 방식으로 가차 없이 등장한다. 따라서 지구상의 생명의 경우, 대량멸종을 포함해 생물종

---

15) 나는 생태적 우주론 이야기가 지구와의 연대에 대한 인상적인 증언을 생성하지 못했다고 말하는 것이 아니다. 당연히 그렇게 했다.(Sarah McFarland Taylor, *Green Sisters: A Spiritual Ecology* [Cambridge, MA: Harvard University Press, 2009]를 보라.) 내 요점은 이런 증언들이 종종 그 증언을 뒷받침하고 증언에 활력을 불어넣는 이론적 설명에 이상하게 연결된다는 것이다.
16) 시데리스도 비슷한 내용을 관찰하고는 생태적 우주론 이야기가 종종 인간의 창의성과 기술 진보에 관한 프로메테우스의 이야기를 옹호하도록 이끈다고 주장한다. 그렇기 때문에 시데리스는 생태적 우주론을 앞장서 지지하는 사람들이 인류세에 대한 자신들의 견해에 대해 신기하게도 낙천적이라는 것을 발견한다. Sideris, *Consecrating Science*, 129–45쪽을 보라.
17) Johann Baptist Metz, *Faith in History and Society: Toward a Practical Fundamental Theology* (New York: Herder and Herder, 2007), 158.

전체에 걸쳐 경험하게 되는 고통과 이루 말할 수 없는 비극은 이들의 비극을 통해 고등생물이 출현하게 된다는 설명으로 퉁쳐지게 된다.[18] 결과적으로 우주 역사에 대한 이러한 해석은 역사의 승리를 기뻐하는 승리주의자의 의견이 된다.[19]

아이러니하게도 우주 진화의 과정에 대한 이야기들이 생태해방운동의 결단에 제기하는 문제는 보프의 주장 속에서 가장 뚜렷하게 드러났다. 앞에서 말했듯이 보프는 해방신학의 관심과 생태신학의 관심을 연결하기 위해 생태적 우주론의 통찰력에 크게 의지하고 있다. 하지만 지구와 가난한 이들의 "울부짖음"을 듣고 이에 응답하고

---

18) 매슈 애슐리는 베리와 스윔의 『우주 이야기』에 나오는 우주의 역사에 대한 우려를 표하며 이렇게 썼다. "이런 이야기 때문에 스윔과 베리는 바다 생물 95%, 육지 생물 70% 이상이 멸종된 페름기 대멸종을 비교적 차분하게 바라볼 수 있다. 이들에게는 다른 것과 마찬가지로 이 대멸종도 생물학적 혁신의 다음 폭발을 위한 무대를 갖추는 것으로 이해할 수 있고, 또 그렇게 이해해야 한다. 책의 앞부분에서 스윔과 베리는 초기 세포들의 자기주장이 지구 대기를 산소로 과포화시킨 과정에 대해 이야기한다. 이를 통해 초기 세포들은 죽게 되었지만 한편으로 산소로 대사 작용을 할 수 있는 박테리아가 생겨나는 창조적인 진전을 일으켰다. 종합적인 이야기 틀에서 보자면, 다음 세기에 인구 과잉 때문에 일어날 생태 붕괴를 마찬가지로 차분하게 바라보지 못할 이유가 없다. 우리는 현대 기술 사회의 위험한 자기주장을 좀더 평온하게 바라보면 안 되는 것인가?" J. Matthew Ashley, "Reading the Universe Story Theologically: The Contribution of a Biblical Narrative Imagination," *Theological Studies* 71, no. 4 (2010): 887쪽을 보라.
19) 실리아 딘-드러몬드는 우주 역사에 대한 이런 설명을 "서사시"라고 설명한다. 실리아는 한스 우르스 폰 발타자르에 의지하여 우주 역사를 서사시로 읽는 것과 테오드라마로(theodramatic) 읽는 것을 대조시킨다. 딘-드러몬드가 볼 때 진화는 우주 역사를 우발성과 모호성에 좀더 열려있는 테오드라마로 읽는 것이 필요하다. Celia Deane-Drummond, *Christ and Evolution: Wonder and Wisdom* (Minneapolis: Fortress, 2009)을 보라. 글 전체에 걸쳐 딘-드러몬드는 자연의 모호성 가운데서 도덕적 분별을 위해 지혜라는 덕목을 발전시키는 것의 중요성에 대해 강조한다. 예를 들어 Celia Deane-Drummond, *The Ethics of Nature* (Malden, MA: Blackwell, 2004), 특히 214-37쪽을 보라.

자 하는 보프의 열망은 그 자신의 주장에 의해 잘리고 말았다. 보프는 우주 진화의 파괴적 요소들에 대해 살펴본 뒤 분명하게 썼다. "진화 과정에서 … 추락도 있지만, 이 추락은 올라가기 위한 것이다. 혼돈(chaos)이 등장한다는 것은 더 복잡하고 풍성한 형태의 생명체들이 등장할 기회라는 것을 뜻한다."[20] 여기서 보프는 우주의 (그리고 지구의) 역사를 특징짓는 다양한 형태의 파멸, 죽음, 고통을 그저 끊임없이 진행하며 복잡화를 이루기 위한 수단으로 정당화한다. 하지만 이 말이 옳다면, 모든 "추락"이 "올라가기 위한" 추락일 뿐이라면, 여섯 번째 대멸종에 대해, 또는 그에 못지않게 중요한 인류의 (또는 인류 중 "가장 적합하지 않은" 종의) 소멸에 대해 걱정할 이유가 무엇인가? 어쨌든 보프의 견해에 의하면, 저들의 파멸이 좀더 의식이 심화된 형태가 출현하는 것을 재촉하지 않겠는가? 이런 관점에서는 지구와 가난한 이들의 울부짖음에 대해 돌봄이나 염려로 대응하면 안 되고 무관심이나 차분한 냉소로 대응해야 한다.[21]

이런 두 가지 이유로 생태적 우주론은 생태해방신학의 주장과 어울릴 수 없다. (기초적인 방식에서도 분명 아니다.) 생태적 우주론의 주장과 관련하여 제기된 첫 번째 문제의 경우, 좀더 도움이 되는 담론은 정치적 생태론이다. 분석의 한 방법으로서 정치적 생태론은 (분산된 권력이든, 정치권력이든, 경제권력이든, 신진대사력이

---

20) Boff, *Cry of the Earth*, 83쪽.
21) 분명 이것이 보프의 바람은 아니다. 보프의 의도 역시 지구와 가난한 이들의 울부짖음을 듣고 응답해야 한다는 것이 명백하고 종종 이를 힘주어 말하고 있다. 실제로 *Cry of the Earth*의 뒷부분에서(특히 3-5장) 좀더 정치-생태론적으로 돌아서서 자신이 표명한 목표를 향해 발언한다. 여기서 내 요점은 보프의 의도와 보프가 근본적으로 생태적 우주론을 수용하는 방식 사이에 마찰이 생긴다는 것이다.

든) 그 힘을 조직하고 행사하는 것이 어떻게 한 사회체제와 그 체제와 관련된 생태계 사이의 공생/혼종 관계를 형성하는지를 연구한다. 더욱이 이러한 분석 방법은 주어진 생태-사회적 구조 패턴을 형성하고 지속하는 데에 내재되어 있는 사회적 갈등과 생태학적 갈등에 특별한 관심을 둔다.[22] 예를 들어, 호안 마르티네스-알리에는 정치적 생태론 분야의 획기적 연구를 통해 다국적기업들과 그들의 동맹인 정부의 정치경제적 이익이 남반구의 가난한 이들과 소외된 공동체의 생태-사회적 상황을 재구성하고 때로 격하시키는 방식을 분석한다. 마르티네스-알리에의 연구는 또한 "가난한 이들의 환경보호 운동"이 생태-사회적 구조의 이런 지배적인 형태들에 대해 이의를 제기하는 방식을 강조한다.[23]

생태해방신학을 개발하는 과제에서 정치적 생태론 담론이 생태적 우주론 담론보다 훨씬 유용하다. 그 이유는 정치적 생태론이 원리상 창조 질서의 신성함을 긍정할 가능성에 대해 개방적이기 때문에 역사적 현실의 혼란스러움을 탐구하는 데에 예민한 관심을 갖고 있기 때문이다. 생태적 우주론에 관한 스콧의 관찰과 달리 정치적 생태론 담론은 그 지향점을 단호하게 이 세상에(*this*-worldly) 둔다. 세계의 생태-사회적 형태들의 대립적인 성격을 강조할 때 정치-생태론적 접근법은 세계 속에 구체적으로 존재하는 권력 남용 또는 이

---

22) 정치적 생태론은 단일한 정의나 방법론은 어떤 것이라도 거부한다. 다르시 테트로는 정치적 생태론이 물질주의 또는 구성주의 분석 방법을 도입하거나 이 둘 사이를 중재하는 제3의 방법을 개발할 수 있다고 주장한다. Darcy Tetrault, "Three Forms of Political Ecology," *Ethics and the Environment* 22, no. 2 (2017): 1-23을 보라.

23) Joan Martinez-Alier, *The Environmentalism of the Poor: A Study of Ecological Conflicts and Valuation* (Northampton, MA: Edward Elgar, 2002)을 보라.

를 지향하는 모습을 밝히는 데 도움이 된다. 정치적 생태론은 또한 죄가 세상 속에 분명하게 드러남에 따라 신학이 죄(또는 이에 상응하여 변증법적으로 존재하는 하느님의 구원하시는 은혜)의 생태학적 성격에 이름을 붙이는 데도 도움을 준다. 같은 선상에서 정치적 생태론의 분석 방법은 역사적 현실에서 가난한 이들을 위한 우선적 선택과 지구를 위한 우선적 선택의 외형과 내용 모두를 구체화하는 데도 필요하다. 독자들은 이 책의 서론이 세계의 현재 상황을 정치적 생태론의 틀 안에서 기술하는 것으로 시작했다는 것을 주목할 수 있다. 그런데 나는 정치적 생태론 자체의 한계를 지적해야겠다. 비록 이 담론이 지구와 가난한 이들을 위한 우선적 선택을 어떻게 명확하게 할 수 있는지를 기술하는 데 필요하긴 하지만, 정치적 생태론 자체는 그런 우선적 선택을 하기 위한 추진력을 제공하지는 않는다.[24] 그 추진력의 확실한 근거를 어디에 두어야 할지에 대한 질문은 차차 다루게 될 주제이다. 그 전에 나는 인간중심주의를 다루어야 한다.

적절한 형태의 인간중심주의 긍정

앞부분에서 간단히 언급한 바 있는 인간중심주의에 대한 종교 환경윤리의 현대적 관심사가 무엇인지는 린 화이트 주니어의 논문, "우리의 생태학적 위기의 역사적 뿌리"에서 중요한 출발을 발견할 수 있다.[25] 1967년에 출판된 이 논문에서 화이트는 현재 진행 중인

---

24) 정치적 생태론은 일반적으로 권력이 세상을 구성하는 생태-사회적 관계망을 형성하는 방식을 이해하는 데 목적을 둔다. 이들 관계에 대한 정치적 생태론의 판단은 일치하지 않는다. 다시 말해 정치적 생태론이 지구와 가난한 이들을 위한 우선적 선택을 주장하는 도구로 기능할 수 있지만, 동시에 기술이 지구를 지배하고 가난한 이들을 억압하는 일을 정당화하는 데에도 사용될 수 있다.

생태위기의 기원이 유대-그리스도교 세계관 속에 있다고 주장했다. 화이트는 이렇게 말했다. "그리스도교는 역사상 가장 인간 중심적인 종교이다." 그리스도교의 종교적 기풍은 "인간이 적절한 목적을 위해 자연을 개발하는 것이 하느님의 뜻이라고 주장해 왔다."[26] 따라서 화이트는 그리스도교가 그리스도교의 영향 아래 작동하는 문화적 상상 속에서 자연세계를 비신성화(desacralize)해 왔다는 것을 발견했다. 이러한 비신성화 과정은 결과적으로 자연을 개발하고 지배하는 일을 인정하고 촉진했고 그 결과가 현재의 생태위기이다.[27]

지난 50년 동안 신학자들이 화이트의 이런 주장을 놓고 다양한 방식으로 씨름하게 되면서, 화이트의 비판은 그리스도교 신학과 환경윤리에 중대한 영향을 끼쳤다.[28] 나는 여기서 화이트의 주장의 신학적 또는 역사적 정확성에 대해서는 판단하지 않을 생각이다.[29] 대

---

25) Lynn White Jr., "The Historical Roots of Our Ecologic Crisis," *Science* 155 (1967).
26) 위의 책, 1205쪽. 그리스도교의 세계관이 오랜 전통 내내 남성 중심적이었기 때문에 나는 성차별적 언어를 그대로 남겨두었다.
27) 위의 책, 1203-7쪽. 여기서는 "현재의"라는 말을 느슨하게 이해해야 한다. 50년 전에 쓸 때만 해도 화이트가 이해한 위기가 오늘날 과학자들이 이해하는 것과는 달랐을 것이다. 또한 그에 못지않게 중요한 사실은, 위기가 그때와 똑같지도 않다.
28) 화이트의 신학적 업적에 대한 비판적 평가에 대해서는 Willis Jenkins, "After Lynn White: Religious Ethics and Environmental Problems," *Journal of Religious Ethics* 37, no. 2 (2009): 283-309쪽을 보라. 젠킨스는 화이트의 비판과 그에 따른 반응 때문에 담론이 방향이 지나치게 우주론에 대한 강조에 의해 결정되게 되었다고 주장한다. 이에 맞서 젠킨스는 실용적인 접근을 주장한다. 이 책에서 나의 주장은 젠킨스의 권고와 젠킨스가 비판한 대상의 중간 정도를 추구한다. 차차 분명해지겠지만, 나는 통합적 우주론에 대한 실천적 응답을 개발해야 함을 주장할 것이다.
29) 화이트의 주장이 수용된 방식에 대한 개괄로는 Kevin Mongrain, "The Burden of Guilt and the Imperative of Reform: Pope Francis and Patriarch

신에 나는 화이트의 비판의 핵심에 인간중심주의에 대한 날카로운 비판이 담겨 있다는 점만 언급하겠다. 이 비판으로 화이트 이후에 수많은 신학적 반성이 일어날 수 있었다. 화이트가 유대-그리스도교 세계관을 비판한 것의 여파로 생태신학과 환경윤리의 다양한 가닥 안에서 모든 형태의 인간중심주의에 대한 광범위한 비난을 퍼붓는 것이 일종의 유행이 되었다.[30]

"인간중심주의(anthropocentrism)"라는 용어가 피조물들 가운데서 오직 인간만이 타고난 가치를 부여받았다는 세계관을 가리킨다면 이는 완전히 거부해야 한다. 마찬가지로 이 세계관에 흔히 수반되는 견해, 즉 인간의 고유한 부르심은 인간이 아닌 피조물을 다스리는 것이라는 견해 역시 폐기되어야 한다.(내가 앞부분에서 주장한 요점들이다.) 그럼에도 불구하고 인간중심주의를 무비판적으로 전부 폐기하는 것은 비현실적이면서 동시에 문제가 된다. 먼저 어떤 주어진 사고체계 안에서 단지 인간을 중심에서 제거하는 것만으로 그 체계가 지구와 가난한 이들의 울부짖음을 듣고 응답하는 데 도움이 될지는 의심스럽다. 모든 것이 중심인 세계관, 또는 지구 중심의 세계관은 생물 보존 윤리를 긍정하는 것만큼이나 인공지능과 기술적으로 진보한 다양한 기계들이 지구의 생명체들을 대체하는 기술만능(technophilic) 시대를 끌어안을 가능성이 있다. 모든 물질이 신성하다

Bartholomew Take Up the Challenge of Re-Spiritualizing Christianity in the Anthropocene Age," *Horizons* 44 (2017), 특히 80-85쪽을 보라.

30) 20세기 하반기 동안 환경윤리 분야에서 등장한 반 인간중심주의 입장에 대한 유용한 비판적인 요약으로 Richard Watson, "A Critique of Anti-Anthropocentric Biocentrism," *Environmental Ethics: An Interdisciplinary Journal Dedicated to the Philosophical Aspects of Environmental Problems* 5 (1983) 245-56쪽을 보라.

면, 합성물보다 유기체들을 선호해야 할 이유가 무엇인가? 실제로 내가 앞부분의 분석에서 주장한 것처럼, 기술만능으로 기우는 경향이 생태적 우주론의 통전적인 접근에서 고질적으로 나타난다.(적어도 이 담론의 일부 전형적인 발언에서 그렇다.)

하지만 더 문제가 되는 것은 인간이 다른 피조물들에게 가져야 하는 책임을 최소화하기 위해 인간중심주의를 반대하여 비판하는 경향이다. 인간중심주의를 반대하는 비판의 몇 가지 버전에 따르면 무엇이 지구를 위해 좋은 것인지를 인간이 판단할 수 있다고 생각하는 것은 오만한 것이라는 주장이다.[31] 물론 이런 견해가 교만한 인간의 평가에 대한 확신을 막는 울타리 역할을 하는 한 가치가 없는 것은 아니다. 어쨌든 인간은 하느님이 아니니까 말이다. 인간이 오만해질 가능성에 대해 조심한다면 우리는 잘할 수 있다. 그럼에도 불구하고 이런 비판들이 위험한 것은 인간을 온갖 윤리적 책임으로부터 해방시킨다는 점이다. 지구와 가난한 이들의 울부짖음을 듣고 이에 응답해야 할 책임에 대한 부담을 줄이려고 인간중심주의에 반대하는 주장들은 아이러니하게도 인간이 족쇄 풀린 자아도취에 자유롭게 빠지도록 길을 열었다. 매슈 애슐리는 말한다.

"반론을 제기하자면, 계몽주의가 합리성과 책임을 이해한 방식

---

31) 매슈 애슐리의 말처럼 이런 경향은 "가슴의 탈근대주의"에 의해 정의되는 광범위한 문화적 경향과 함께 간다. 탈근대성은 (가끔은 제대로) '차이'를 강조하면서 연대하여 행동할 것을 호소하는 근대주의의 기반을 약화시킨다. 그 결과 현대의 환경은 인간이 아이러니하게도 타자에 대한 책임이 없는 것으로 보일 수 있는, 엄격히 정의된 "최적의 장소"로 물러날 것을 권고한다. J. Matthew Ashley, "Environmental Concern and the New Political Theology", in *Missing God? Cultural Amnesia and Political Theology*, ed. John K. Downey et al. (Berlin: LitVerlag, 2006), 특히 141-48쪽을 보라.

때문에 높아진 요구사항에 이미 지쳐버린 사람들은 인간이 자연의 나머지와 별로 다를 게 없다는 견해를 환영하지 않을까? 역사의 짐은 역사의 미시적/거시적 주제들(유전자, 가이아 즉 "자연")이 지도록 내버려 두고, 인간은 우리 공통 역사 속에서 의미와 고통에 대한 광범위한 질문으로 인해 고통받지 않는 개인적 운명을 개척할 '최적의 장소'를 찾도록 하면 어떨까?"[32]

인간의 독특한 도덕적 능력을 최대한 무시함으로써 인간중심주의에 반대하는 주장들은 인간이 자신에 대한 관심과 무질서한 자기 사랑을 무비판적으로 형성하도록 길을 열었다.[33] 이런 굴복은 애슐리의 주장처럼, 탈근대적 문화 환경, 즉 "사람들이 점점 타자들의 고통에 무감각해지고, 현대적 의미에서 주체가 되는 것에 따르는 이성적이며 도덕적 책임을 값비싸게 지불하며 행사하자는 호소에 지쳐가는" 탈근대적 문화 환경을 조장한다.[34]

인간으로서의 윤리적 책임성의 필요를 약화시키거나 심지어 거부하는 반(anti)인간중심주의적 발언은, 오늘날 세계에 만연한 해로

---

32) 위의 책, 184쪽.
33) 메츠의 생각을 비슷하게 따르는 애슐리의 분석은 데이비드 하비가 전반적으로 탈근대성의 조건을 겨냥하는 비판과 일치한다. 메츠는 반대되는 모든 주장에도 불구하고 근대성의 프로젝트들이 계몽주의 주체의 자기주장 성향을 현실을 형성하는 지배적인 세력으로서 그대로 남겨두었다고 우려한다. 탈근대성이 차이를 고양하는 와중에 공유성에 대한 전망을 약화시켰고, 그 결과로 다른 사람들과의 연대 또한 약화시켰다. 하비 역시 탈근대성의 조건이 탈포드주의식 자본주의에 의해 물질적 연대의 전망을 약화시키는 방식으로 형성되었다는 것을 발견하면서 비슷한 견해를 취한다. David Harvey, *The Condition of Postmodernity: An Inquiry into the Origins of Cultural Change* (Malden, MA: Blackwell, 1990)를 보라.
34) Ashley, "Environmental Concern and the New Political Theology," 147.

운 형태의 인간중심주의를 반대하는 데 필요한 도덕적 명령을 낳지 못한다.[35] 그런 발언은 생태해방운동의 관심사에 비우호적인 지형을 형성한다. 이런 점에 비추어 애슐리는 말한다. "오해를 감수하면서라도 나는 우리가 현재 당면한 문제가 인간중심주의가 너무 과해서가 아니라 충분하지 않기 때문이라고 말하고 싶다. 적어도 그리스도교 서사(Christian narratives)와 제자도 실천에 의해 형성되는 주체에 대한 이해에서 비롯되는 형태에서는 그렇다."[36] 인간이 하느님은 아니지만 인간은 하느님 앞에 책임 있게 서야 한다. 제임스 구스타프슨의 구별을 따르자면, 인간은 만물의 척도(measure)가 아니지만 여전히 만물을 측량하는 존재(measurers)이다.[37] 그리스도교 신학의 틀 안에서 이것은 지구와 가난한 이들의 울부짖음을 듣고 그에 응답하는 데 필요한 적절한 형태의 인간중심주의이다. 그렇다면 생태해방운동의 관점에서 인간 공동체가 성령과 협력하여, 세상에서 작동하고 있는 죄와 은혜 모두의 실재를 정확히 규정하는 능력을 새

---

35) 따라서 베르톨트 브레히트의 글을 바꾸어 표현한 메츠의 논평은 세계화 프로젝트에 의해 반포된 문화 환경을 여전히 정확히 기술하는 것이다. "잔학행위가 벌어질 때는 마치 비가 내리는 것과 같다. 아무도 '그만!'이라고 소리치지 않는다." Metz, *Faith in History and Society*, 157. 또한 Bertolt Brecht, "When Evil-Doing Comes Like Falling Rain," in *Poems* 1913-1956, ed. John Willett and Ralph Manheim (New York: Routledge, 1987), 247쪽도 보라.

36) Ashley, "Environmental Concern and the New Political Theology," 148.

37) James Gustafson, *Ethics from a Theocentric Perspective*, vol. 1: *Theology and Ethics* (Chicago: University of Chicago Press, 1981), 82. 구스타프슨이 볼 때 인간이 만물을 측량하는 존재라는 개념은 불가피한 진리다. 실제로 우리는 인간의 판단과 주체적(agential) 역량을 깡그리 무시하는 주장은 부조리에 빠질 수밖에 없다는 것을 인정해야 한다. 이러한 무시는 그 자체가 특정 형태의 실천으로 향하도록 하는 일종의 판단이다(쓸모없는 것일 가능성이 많지만).

롭게 하고 그런 다음 그러한 판단에 일치하도록 행동하는 것이 필요하다. 가차 없이 세상을 착취하는 권력의 전 지구적 네트워크에 대해 이의를 제기하기 위해 생태해방신학은 그 담론의 중심을 하느님의 말씀을 아는 자와 행하는 자로서의 인간, 즉 현실을 직면하고 그 무게를 견디면서 그 현실을 변화시킬 수 있는 주체, 그리고 그 인간의 가능성에 두어야 한다.[38]

계시의 두 "책": 하느님의 말씀에 비추어 시대의 징조 읽기

세상을 알고 세상을 형성하는 인간의 도덕적 책임을 주장하는 데서, 위에서 애슐리가 주장한 내용을 강조하는 것이 의미가 있다. 오늘날 적어도 그리스도교 생태해방운동의 관점에서 필요한 인간 중심 담론의 유형은 그리스도교 서사와 제자도 실천을 통해 인간을 형성하는 일에 잘 작동하는 담론이다. 이 점을 기억하면서 내 입장에서 확신하는 것은 그리스도인들의 정체성을 형성하는 서사를 해석할 때 인간이 지구와 가난한 이들의 울부짖음을 듣고 이에 응답하도록 이끄는 방식으로 해석할 수 있고 또 그렇게 해야 한다는 것이다. 그런데 여기서 좀더 생각해야 할 다른 질문들이 떠오른다. "무엇이 계시를 구성하는가?" "무엇이 하느님 앞에 책임 있는 주체로서 그리스도인(그리고 그리스도교 공동체)을 형성하는 서사를 만드는가?" 더 나아가 "하느님 앞에서 인간의 책임이 지구와 가난한 이들 모두의 필요에 응답하는 것에 우선적 선택을 두는 것으로 번역되도

---

38) 이 용어는 이그나시오 엘라꾸리아에게서 가져왔다. 엘라꾸리아가 현실에 대한 인간의 책임을 어떻게 이해했는지 잘 정리한 것으로 Michael Lee, *Bearing the Weight of Salvation: The Soteriology of Ignacio Ellacuría* (New York: Herder and Herder, 2009), 48-50쪽을 보라.

록 하기 위해 하느님의 자기개방을 어떻게 해석할 수 있을까?"

이들 질문에 답하기 위해 우리는 가톨릭 전통이 오랜 기간 경전과 자연이라는 두 "책"을 계시의 권위로 인정해 왔다는 점을 언급하는 것으로 시작할 수 있겠다. 여기서 경전은 성경만을 가리키는 것이 아니고 신앙을 전수해 온 교리와 전통도 가리킨다.[39] 두 번째 책인 자연이라는 책은 피조물을 가리킨다. 이 견해에 의하면, 피조물은 그 모든 경이로운 복잡함을 통해 창조주에 대한 "말씀"을 전하는 것으로 이해하게 된다. 마치 글을 통해 저자의 성격이 드러날 수 있는 것처럼 말이다.[40] 따라서 프란치스코 교황이 회칙 『찬미받으소서』(*Laudato Si*)에서 단언한 것처럼, 자연을 하느님에 대한 통찰력을 얻는 책으로 읽을 수 있는 것이다.[41] 그렇다면 이들 두 책은 각각 하느님 말씀의 일부를 구성하는 것이고, 하느님이 누구신지, 하느님이 원하시는 것이 무엇인지를 드러내고, 또한 예수 그리스도에 대해 증언한다. 그리스도는 말씀이며 모든 것이 그를 통해 만들어졌다. 그렇다면 이런 관점에서 경전과 자연이라는 두 책은 함께 계시를 구성하고, 나아가 그리스도인이라는 정체성을 형성하는 서사를 만든다.

그리스도교 전통은 관례적으로 자연이라는 책보다 경전이라는

---

39) 이들 계시의 원천들 사이의 관계에 대해서는 『계시헌장』(*Dei Verbum*), 9-10항을 보라. 경전(book of scripture)을 단수로 썼다고 해서 그 원천이 하나뿐이라는 의미는 절대 아니다. 성경과 그리스도교 전승 모두가 다양한 관점들, 때로는 서로 긴장 관계인 관점들을 위한 장소를 제공한다.
40) 자연이 가진 계시의 능력에 대한 평가 전통을 조사한 것으로 Jame Schaefer, *Theological Foundations for Environmental Ethics: Reconstructing Patristic and Medieval Concepts* (Washington, DC: Georgetown University Press, 2009)를 보라.
41) 『찬미받으소서』(*Laudato Si*), 12항 (이후로는 *LS*).

책에 계시의 권위를 더 두었다. 다시 말해 자연보다 경전이 하느님과 하느님의 뜻에 대해 훨씬 분명하고 깊은 통찰을 준다고 단언했다. 전통적으로 자연이라는 책은 경전이라는 책의 빛 안에서 경전을 통해 읽어야 한다고 이해했다. 그런데 화이트가 그리스도교를 비판한 것의 여파로 일부 현대 생태신학과 환경윤리 분파들은 경전이라는 책을 의심의 해석학(a hermeneutics of suspicion)을 통해 보게 되었다.[42] 이러한 의심의 결과, 환경에 관심 있는 신학 담론 안에서 이 두 책의 전통적인 우선순위를 뒤집고, 자연이라는 책에 최고 권위를 두려는 경향이 생겼다. 이러한 전복이 보프와 게바라의 생각의 특징이다. 이들은 다양한 방식으로 자신의 주장 속에서 경전이라는 책을 소홀히 여긴다.[43] 그런데 이런 움직임은 경전이라는 책에 대한 견해도 문제지만 자연을 해석하는 방식도 문제다.

시데리스는 자연이라는 책에 최고 권위를 두면서 신학자들과 환경윤리학자들이 종종 그런 결정의 근거로 생태학을 거론한다고 주장한다. 이처럼 생태학에 호소하면서 생태신학과 환경윤리 담론은 보통 자연의 다양한 부분이 전체로서 서로 어울리는 방식을 강조하는 방법으로 "생태 공동체" 개념을 내세운다.[44] 그런 다음 생태신학

---

42) 이것이 아이러니인 것은 전통적으로 경전이 자연을 하느님의 선함을 드러내는 책으로 보도록 하는 보증 역할을 했기 때문이다. 적어도 경전에 대해 무비판적인 의심의 태도를 취하는 것에는 의문을 가져야 한다(적어도 환경에 대한 관심사와 관련하여).

43) 보프는 이들 두 책이 서로 모순될 수는 없지만 "피조물 중심의 신학은 모든 종교 기관과 교회 기관을 앞지를 필요가 있다. 이들 두 책은 우주를 드러내는 데 사용되어야 하고, 모든 것에 적용되어야 한다"고 주장하며 이러한 전복을 분명히 한다. Boff, *Cry of the Earth*, 151쪽을 보라. 게바라는 *Longing for Running Water*에서 이들 두 책에 대해 분명하게 언급하지 않지만 이 책의 전반적인 주장을 통해 보프보다 두드러지게 반 성경본문 검색주의(anti-retrievalist) 입장을 채택한다.

은 이 공동체가 공동체 전체를 지탱하는 방법으로 상호의존, 협력, 구성원들의 공동생활 등을 특징으로 한다는 것을 강조한다. 자연 질서의 이런 특징으로부터 나타나는 것은 자연이 대개 상서롭게 보이고 또한 가능한 한 가장 좋은 세상을 만드는 것으로 보인다는 견해라고 시데리스는 말한다.[45] 이런 관점에서, 자연이라는 책은 인간이 거주하는 세상을 괴롭히는 위기와 해악을 찾아내고 치료하는 일에 우리의 안내자 역할을 할 수 있을 것으로 보인다. "우주 이야기(the universe story)"까지는 아니더라도 "지구 이야기(the earth story)"가 인간의 의향과 실천을 적절하게 지도할 수 있다. 도덕적 책임감을 가지는 주체는 그저 자신을 자연의 방식에 조화시키면 된다. 애슐리가

---

44) Lisa Sideris, *Environmental Ethics, Ecological Theology, and Natural Selection* (New York: Columbia University Press, 2003), 5-6쪽, 25-27쪽. 여기서 공동체와 공동체가 야기하는 안정감의 의미에 대한 지그문트 바우만의 분석 역시 흥미롭다. 바우만의 관심이 생태적인 것이 아니고 사회적인 것이긴 하지만 바우만의 분석은 "생태 공동체"라는 용어의 매력을 설명하는 데 도움이 된다. Zygmunt Bauman, *Seeking Safety in an Insecure World* (Malden, MA: Blackwell, 2001)를 보라.
45) Sideris, *Environmental Ethics*, 45-90. 비록 자연을 낭만적으로 묘사하려는 생태신학의 경향을 비판하기는 하지만, 시데리스는 경전이 지지하는 유형의 환경윤리에 대해서도 미온적이다. 오히려 시데리스는 제임스 구스타프슨의 "신 중심 모델"(경전에 의해 최소한으로 결정되는 모델)을 환경윤리를 실천하는 데 도움이 되는 적절한 틀로서 찬양한다. 시데리스의 권고는 환경윤리를 자연을 있는 그대로 명상하며 수용하는 쪽으로 이끄는 데 도움이 된다. 마찬가지로 시데리스가 요구하는 모델은 자연의 복잡함과 신비에 대한 감탄을 개발할 필요를 강조하는 데 도움이 된다. 하지만 이 모델이 가난한 이들, 또는 그에 못지않게 중요한 지구에 우선적 선택을 해야 하는 적당한 근거를 제공하지는 않는다. 이 모델은 세상의 정치-생태론적 양식의 전환을 요구하는 공표와 비판의 예언자적 언어를 충분히 불러일으키지 않는다. 예언자의 언어는 경전의 핵심 요소이며 지구와 가난한 이들을 위한 우선적 선택을 명확히 하고 장려하는 과업에 필수이다. 이런 이유로 구스타프슨의 신 중심 모델은 그 자체로는 생태해방운동 담론에 충분하지 않다.

요구하는 그리스도인의 정체성은 전적으로는 아니더라도 대체적으로 자연의 이치에 따라 형성될 수 있다. 이 정체성에 대한 정보를 제공하는 이야기와 실천 내용은 자연이라는 책에 의해 효과적으로 드러날 수 있다.

그런데 내가 여기서 열거한 주장들은 불완전한 전제를 기반으로 하고 있어서, 오해할 경우 자연이라는 책에 대한 찬양을 완전히 무색하게 만들 수도 있다. 자연이라는 책을 계시에 대한 우월한 자료로 우대하는 것은 지구와 가난한 이들에게 우선적 선택을 부여하는 일의 기초를 매우 불안정하게 만들 수 있다. 왜냐하면 자연이란 것이 생태신학과 환경윤리 담론에서 흔히 수용되는 것보다 훨씬 더 모호하기 때문이다. 시데리스도 생태신학이 자연에 대한 낭만적인 견해를 제공하려는 경향에 대해 매우 비판적이다. 이런 의미에서 시데리스는 비록 자연의 특징이 다양한 면에서 협력, 상호의존, 상호주의 등이라는 것이 사실이지만, 이런 특징들이 자연계의 또 다른 특징인 결핍, 약탈, 고통, 황폐, 낭비, 경쟁 등의 현실을 축소시키지 않는다고 말한다.[46] 생태학의 원리를 고려한다 해도 자연 질서는 여전히 "인정사정 볼 것 없이 무자비한(red in claw and tooth)" 상태로 남는다. 다시 말해 다윈의 "적자생존" 원리와 자연 선택설이 생태공동체의 본질적 특성으로 남아 있다. 자연이 우리의 유일한 또는 주된 윤리적 지침으로 기능한다면, 사회적 다윈주의(social Darwinism)의 망령을 막을 수 있는 것은 거의 없는 것 같다.[47] 우리가 이미

---

46) 사데리스는 "생태학" 개념이 진화와 관련된 자연 질서의 잔혹한 요소를 반박하기 위한 방편으로 자연을 기술하는 데 (종종 부적절하게) 사용한 방식을 추적한다. Saderis, *Environmental Ethics*, 21-31쪽을 보라. 또한 같은 책 45-60쪽에 있는 로즈매리 래드퍼드 루서에 대한 비판도 보라.

47) 결국, 상호 연결성이 서로 돌보는 공동체의 기반이지만, 이런 특징은 포식

관찰한 것처럼, 진화론적 진보 개념이 종이나 집단의 멸종을 무심히 정당화하도록 기능할 수 있다는 점에서 특히 우려되는 것이다.

생태신학 담론에서 자연이라는 책에 대해 호소하는 것은 자연 질서에 내재되어 있는 폭력을 무시하는 경향이 있을 뿐만 아니라 자연세계를 기본적으로 평형 상태(equilibrium)의 관점에서 기술하는 낡은 과학적 견해에 자주 의존한다. 이런 관점에서 보면, 자연은 이런 균형점으로부터 인간의 간섭에 의해 한정 가능한 정체 상태(stasis)로 기운다. 데이비드 로지와 크리스토퍼 햄린이 주장하듯이, 이와 같은 묘사는 실제로는 끊임없는 변화 상태로 존재하는 자연 질서의 특성을 잘못 말하는 것이다. 로지와 햄린은 지구의 생태학을 "유동의 생태학(ecology of flux)"으로 생각하는 것이 더 정확하다고 본다. 생태계 안의 수많은 유형의 관계가 계속 변화하기 때문이다. 로지와 햄린이 인정하듯이 "이 새로운 생태학이 무서운 것은 우리의 표준 체계의 부적절함을 드러내기 때문이다."[48] 다시 말해 자연은 끊임없이 유동적이기 때문에 사회윤리 또는 환경윤리에 관해 명확한 "당위(ought)"를 제공하지 않는다.[49]

자/먹이 관계에서도 필수이다.

48) David Lodge and Christopher Hamlin, eds., *Religion and the New Ecology: Environmental Responsibility in a World of Flux* (Notre Dame, IN: Notre Dame University, 2006), 9.

49) 위의 책 4-9쪽. 같은 맥락에서 윌리스 젠킨스는 이렇게 썼다. "생태학의 실천으로부터 도덕적 틀을 끄집어내는 것은 어렵다는 것이 드러났다. 연구자들은 생물 공동체의 조직 원리를 수립하는 것이 어렵다는 것을 알게 되었다. 그러니 안정성, 무결성, 아름다움, 균형 등 평가하는 개념에 대해서는 말할 것도 없다. 유동과 혼돈이 생태계 안에 존재하는 것으로 보이기 때문에, 변화를 예견하기가 쉽지 않고 자연의 표준 상태를 수립하는 것이 불가능하다. 실제로 과학자들은 생태학이 생태계가 어떻게 작동하는지를 예견할 수 있는 법칙을 만들 수 있을지에 대해 논쟁하고 있다. 생태학은 도덕적 기초를 제공할 수 없다."

자연의 불투명성과 지속적인 유동성의 측면에서 로지와 햄린이 발견한 것은 이렇다. "그렇다면 자연의 방식으로 행하는 것이 중요한 것이 아니다. 우리가 수립하고, 유지하고, 복구하고, 변화시키려는 것이 자연의 어떤 방식이나 형식인지를 결정하는 것이 중요하다."[50] 자연은 명확한 윤리 규범이나, 바른 실천/정행(orthopraxis)을 통해 펼쳐질 똑바른 길 같은 것은 제공하지 않는다. 생태해방신학에서 가장 중요한 것인 가난한 이들에 대한 우선적 선택이나 지구에 대한 우선적 선택 같은 것은 자연이라는 책에 새겨져 있지 않다. 자연은 수많은 길을 제시하기 때문에 윤리적 실천 가능성을 판단하기 위해서는 각각의 길을 세심하게 관찰하고 평가해야 한다.

Willis Jenkins, *The Future of Ethics: Sustainability, Social Justice, and Religious Creativity* (Washington, DC: Georgetown University, 2013), 151-52. 로지, 햄린, 젠킨스의 일치하는 견해가 자연에는 인간이 존중해야 하는 "문법"이 있다는 베네딕토 교황과 프란치스코 교황의 확언을 배제할 필요가 없다는 점에 유의하라.(예, 『진리 안의 사랑』 [*Caritas in Veritate*] 48항에 있는 베네딕토 16세의 설명을 보라.) 로버트 쉬라이터가 놈 촘스키의 언어학 작업에 기초하여 주장한 것처럼 문법 자체는 불완전하고, 확정되지 않았고, 언제나 진화하고 있다(Robert Schreiter, *Constructing Local Theologies* [Maryknoll, NY: Orbis Books, 1985], 113-17쪽을 보라.) 그런 이유로 자연의 문법을 구성하는 생태학적 진화론적 패턴은 유동 상태로 남고, 언제나 진화하면서 재공식화하게 된다. 그러므로 우리는 자연에 문법이 있지만 이 문법이 윤리 규범을 위한 기초를 궁극적으로 결정하지는 않는다고 말할 수 있다. 분명히 해 둘 것은, 문법의 이런 특징이 경전이라는 책에 최고 권위를 둠으로써 나타나는 신앙의 문법에도 똑같이 적용된다는 것이다. 내가 주장하려는 것은 생태해방신학을 주장할 때 경전이라는 책이 자명하거나 논쟁의 여지가 없이 나아가는 방식을 제시한다는 것이 아니다. 그 반대로 내가 여기서 주장하는 것은 경전이라는 책이 (자연이라는 책과 비교했을 때) 지구와 가난한 이들에게 우선적 선택을 두고 활성화하기 위해 상대적으로 잘 정의되고 안정된 기초를 제공한다는 것이다. 왜냐하면 경전이라는 책을 통해 우리는 자연을 "피조물"로 (즉 하느님이 창조자와 구원자의 사랑으로 자연과 관계를 맺고 계시다고) 인식하게 되기 때문이다.

50) Lodge and Hamlin, *Religion and the New Ecology*, 7.

자연의 극단적인 모호성이라는 측면에서 본다면, 그리스도교 생태해방신학은 경전이라는 책보다 자연이라는 책을 우선시하려는 움직임에 대해 경계해야 한다. 이 책의 주장은 경전이 지구와 가난한 이들에 대한 우선적 선택을 해야 하는 매우 분명한 근거를 제시한다는 견해로부터 비롯된다. 그러므로 경전이 그리스도인들의 정체성을 구성하는 이야기와 실천에 대해 알려주는 계시의 원천으로서 최고 권위를 가져야 한다. 이런 주장은 20세기 말과 21세기 초에 의심의 해석학으로 경전에 접근하는 것에 길들여진, 환경에 관심을 기울이는 수많은 윤리학자들과 신학자들에게 의심스럽게 여겨질 수 있다. 분명히 해 둘 것은, 나는 경전 그 자체에 아무런 모호함이 없다고 주장하는 것이 아니다. 그리고 경전의 내용이 신앙인이나 신앙 공동체의 해석 작업 없이 어떻게든 이해 가능하다고 주장하는 것은 더더욱 아니다. 생태해방신학을 위한 토대로서 완벽하게 안정되거나 논쟁의 여지가 없는 것은 없다. 그렇지만 경전은 피조물이 선하신 하느님의 선물이고, 하느님은 우리가 다 이해할 수 없어도 고통과 죄의 참상으로부터 세상을 구하기 위해 일하시는 분이라는 것을 일관되게 선언한다. 다시 말해, 경전은 우리가 하느님의 창조하고 구원하시는 사랑의 드라마 안에서 세상을 볼 수 있게 한다. 경전은 자연과는 다른 방식으로 이런 견해를 나타낸다. 이것이 중요한 이유는 우리가 지구와 가난한 이들에 대한 우선적 선택을 해야 하는 궁극적인 이유는 하느님의 선하심과 신실하심에 대한 우리의 신뢰와 소망이기 때문이다. 피조물의 소용돌이 한가운데서 자연은 쟁기와 전지용 낫보다는 칼과 방패를 찬양하는 것을 권고하기가 쉽다. 반면에 경전은 제자도의 길과 지배가 아닌 섬김으로의 부르심을 신뢰하면서 우리가 궁극적으로 쟁기와 전지용 낫을 선택하도록 요구한다.

우리는 제2부에서 이러한 요구를 더욱 구체화할 것이다. 우선은 경전을 우선시하는 움직임의 중요한 영향에 대해 살펴보겠다.

구원: 경전을 조직하는 주제로 돌아가기

경전을 우선시하는 그리스도교 생태해방운동 담론은 예수 그리스도 안에서의 구원의 신비를 그 신학적 성찰의 중심 위치에 두어야 한다. 그 이유는 자명하다. 그리스도 안에서의 구원이 그리스도교 신앙의 근본적인 신비이기 때문이다. 이러한 신비가 경전의 핵심에 놓여있고, 모든 그리스도교 신학 담론은 이러한 구원의 복음에 궁극적으로 기초하고 있고, 또한 이 복음에 의해 이해 가능하도록 표현된다. (그리스도 안에서 하느님의 더할 나위 없는 구원 행위의 절정인) 부활에 대한 핌 퍼킨스의 주장은 일반적인 구원의 범주로 확장할 수 있다. "그것[부활]은 그리스도교의 발언이 등장하기 위한 조건이다."[51] 따라서 그리스도교적 성격의 하느님 이야기는 구원론에 명확한 근거를 두어야 한다. 내가 사용하고 있는 은유를 확장해 보면, 구원의 신비는 경전 속의 한 쪽이나 한 장이 아니라 모든 쪽이 연결되어야 하는 책의 척추이다. 그러므로 지구와 가난한 이들의 "울부짖음"에 대한 생태해방운동의 관심을 그리스도인들의 성찰과 행동의 중심으로 이해하려면 이러한 관심들과 구원의 신비 사이의

---

51) Pheme Perkins, *The Resurrection: New Testament Witness and Contemporary Reflection* (New York: Doubleday, 1984), 18. 이 점에 관해 Brian D. Robinette, *Grammars of Resurrection: A Christian Theology of Presence and Absense* (New York: Herder & Herder, 2009)의 서론도 보라.

관계가 분명해져야 한다.

구원론을 끌어안는 것은 위에서 언급한 방법론적 결단이 논쟁적으로 보일 수 있다는 것과 많은 부분에서 같은 이유로 생태신학과 환경윤리 안에서 논란의 여지가 있다. 생태신학은 종종 하느님 이야기에 구원론을 끌어안는 것의 가능성에 대해 상반된 입장을 보여왔다. 이렇게 주저하는 것은 그리스도교의 인간 중심성에 대한 화이트의 비판의 유산으로 이해할 수 있다. 인간중심주의에 대한 비판은 특히 구원에 대한 생태신학 담론에서 적어도 두 가지 언급할 가치가 있는 어려움을 낳았다. 첫째, 그리스도교 구원론은 그 성격상 필연적으로 인간 중심이다. 구원이라는 것이 인간만이 유일하게 행할 수 있는 죄로부터 구하는 것이므로 구원론은 하느님이 인간을 죄로부터 구하기 위해 행하시는 방식에 초점을 맞춘다. 둘째, 구원에 대한 이야기가 자칫 하느님에 대한 내세적, 초역사적 경험으로 흐를 수 있기 때문에 생태신학이 구원론을 회의적으로 볼 가능성이 있다. 따라서 내세적인 것을 가치 있게 여기는 와중에 구원에 대한 이야기가 현세의 것의 가치를 떨어뜨리고 생태학적 관심과 결단의 가능성을 암시적으로 죽게 만드는 부수 효과가 있을 수 있다.

구원론이 생태신학에 야기하는 어려움의 결과로서 젠킨스는 구원이라는 주제에 대한 그리스도교 생태신학의 응답이 종종 "왜곡된다"고 주장한다. "은혜의 형식을 따르거나 구원의 상징에 이르기 위해" 노력하는 중에도 생태신학은 구원론 담론의 중요성을 소극적으로 다루려는 경향이 있다.[52] 하지만 우리가 관찰한 것처럼, 생태신학에서 구원론을 소외시키는 것의 문제는 그 소외가 생태신학의 그

---

52) Willis Jenkins, *Ecologies of Grace: Environmental Ethics and Christian Theology* (New York: Oxford University Press, 2008), 12.

리스도교적인 성격 역시 약화시킨다는 것이다. 이런 움직임은 그리스도교가 생태학적 관심사에 적대적이라는 화이트의 견해를 사실상 암묵적으로 지지하는 것이다. 우리는 생태학적 관심사를 끌어안거나, 아니면 그리스도교 신앙을 끌어안거나 둘 중 하나를 선택해야 하는 것 같다.[53]

젠킨스는 이런 이분법에 만족하지 못했고 그래서 다른 접근법을 제안했다. 젠킨스는 이렇게 썼다. "그리스도교 윤리학자들은 … 화이트에 대한 입장이 무엇이든, 화이트의 그리스도교 비판에 동의하든 말든, 공통의 과제를 공유하고 있다는 것을 안다. 그 과제란 구원의 나쁜 결과들에 도전하고 자연을 재평가하는 것이다. 그런데 왜 구원론과 씨름해서 그 일을 하지 않을까?"[54] 젠킨스는 생태신학이 구원론이라는 주제를 피하려 하지 말고 생태학적 관심을 그리스도교의 핵심에 위치시킬 수 있는 구원론의 문법을 되찾거나 회복시킴으로써 이 주제를 직면하라고 권고한다.[55]

---

53) 화이트는 그리스도교가 생태학적 관심사를 끌어안도록 개조할 수 있다고 믿었다. 하지만 이러한 개조의 기반이 될 수 있는 모범으로서 성 프란체스코를 지목한 것 외에는 생태학에 민감한 그리스도교 신앙을 구성하는 요소로 구체화한 것이 거의 없다. 여기서 내가 강조하는 요점은 젠킨스의 주장처럼 화이트가 요구하는 신앙의 재해석에는 그리스도교 구원론이 분명히 필요하다는 것이다.
54) Jenkins, *Ecologies of Grace*, 13쪽.
55) 위의 책. 최근의 책에서 젠킨스는 *Ecologies of Grace*의 특징인 구원론에 초점을 두는 것에서 벗어나 (구원론 주위로 정돈된 그리스도교 세계관을 포함하여) 세계관의 가치에 중요성을 훨씬 덜 두는 실용적인 환경윤리의 틀을 수용하는 것을 옹호한다. 젠킨스는 이러한 전환을 바른 실천이 바른 교리에서 나온다는 것에 대한 회의 때문인 것도 있다고 설명한다. 그렇지만 자신의 후기 작업의 특징인 이와 같은 회의에도 불구하고 젠킨스는 세계관과 그 세계관이 특징짓는 문화에 실천을 활성화하고 환경에 비판적인 의식을 불어넣는 힘이 있다는 것을 인정한다. 따라서 젠킨스는 '생태학'의 중요성을 완전히 일축하지 않는다. Willis Jenkins, *The Future of Ethics: Sustainability, Social Justice, and*

생태해방운동 담론을 포함하여 생태신학은, "구원의 나쁜 결과"와도 씨름해야 했던 초기 형태의 그리스도교 해방신학으로부터 배울 수 있다. 생태신학과 마찬가지로 해방신학도 구원의 내세 개념 문제와 맞닥뜨렸다. 해방운동에 특히 문제가 되었던 것은 그런 내세 개념이 신의 정의와 구원을 종말까지 완전히 연기함으로써, 해방하고 변혁하는 인간의 실천 가능성을 잠재우는 데 기여했다는 점이다. 하지만 이렇게 세상을 부정하는 구원론들을 마주했을 때 해방운동 담론은 하느님에 대해 말하면서 그리스도 안에 있는 구원의 신비를 소외시키지 않는 경향이었다. 그와는 반대로 해방신학은 젠킨스의 권고를 따라 그리스도교 구원론을 재구축하여 정의를 위한 역사 속 투쟁을 구원론 구조의 중심에 두려고 하였다.[56] 이런 움직임 덕분에 해방운동가들은 역사 속에서 해방을 위한 실천에 헌신하는 일을 그리스도인들의 정체성의 중심에 둘 수 있었다.

이제 우리는 해방운동의 관심과 생태학의 관심 모두가 그리스도교 신앙에 필수적이라고 인정하는 신학을 주장하기 위한 노력에서 앞으로 나아가는 길을 찾을 수 있게 되었다. 그리스도교 생태해방신학을 구성하는 데서 먼저 해방운동의 구원론을 가져온 뒤, 그 구원론 구조의 범위를 확대함으로써 생태학의 관심을 그 안에 포함시키

Religious Creativity (Washington, DC: Georgetown University Press, 2013)를 보라. 특히 3장과 4장을 보라. 사실 내 책의 주장은 젠킨스의 첫 번째 책과 두 번째 책의 중간에 있는 길을 기록하려고 노력한 것이다. 나는 구원론으로 규정된 그리스도교 세계관의 영감을 받은, 실천적으로 응답하는 신학을 개발하기 위해 노력했다.

56) 딘 브래클리는 20세기 가톨릭 신학의 폭넓은 경향과 함께 발전한 구원론에 대해 해방운동가들이 생각한 방식에 대해 유용한 설명을 제공한다. Dean Brackley, *Divine Revolution: Salvation and Liberation in Catholic Thought* (Maryknoll, NY: Orbis Books, 1996)를 보라.

는 것이 가능하다. 사실 이것은 (생태신학이 구원론과 직접 씨름해야 한다는) 젠킨스의 권고를 해방신학과의 연계를 통해 수행하는 것이다. 이런 방법을 통해 지구와 가난한 이들의 울부짖음을 듣고 이에 응답해야 하는 의무를 그리스도인들의 신앙과 삶의 중심에 두는 것이 가능해진다.

이런 맥락에서 생태해방운동 담론을 내세우기 위해 특별히 좋아 보이는 길을 라틴아메리카 해방신학 최고의 해설자인 구스타보 구띠에레즈의 작업으로부터 찾을 수 있다. 구띠에레즈의 사상은 그 전형적인 특징뿐만 아니라 그리스도교 신학의 구원을 주장하는 미묘하면서도 예리한 방식 때문에도 여기서 유용하다. 요약하자면 구띠에레즈의 해방신학을 건설적으로 가져오면, 그리스도교 생태해방신학에 적절한 구조를 세우기 위한 기초가 될 수 있다.[57]

이 장의 남은 부분에서 나는 구띠에레즈의 사상을 조사하여 그가 어떻게 해방신학을 정의하는지, 역사 속 해방의 과정과 그리스도인의 삶 사이의 관계에 대해 어떻게 이해하는지 등을 설명하고 이 관계의 구원론적 함의를 강조할 것이다. 이러한 분석을 통해 나는 "생태해방신학"을 온전히 정의할 수 있게 하는 몇 가지 점을 드러낼 것이다. 이렇게 함으로써 우리는 구원론을 축으로 생태해방신학을 어떻게 구축할지 좀더 명확히 알게 된다. 구띠에레즈의 사상을 검토하면 생태학적 관심과 관련하여 구띠에레즈의 구원론의 한계도 알 수 있다. 나는 프란치스코 교황의 회칙 『찬미받으소서: 공동의 집

---

[57] 다음 부분에서 구띠에레즈의 사상을 언급할 때 나는 주로 『해방신학』(*A Theology of Liberation*, 이후로는 TL)을 참조했다. 동시에 내가 구띠에레즈와 연관된 것은 『해방신학』에만 국한되지 않는다. 나는 구띠에레즈가 그 획기적인 글에서 제시한 기본적인 구원론적 주장을 명확히 하고 더욱 다듬기 위해 구띠에레즈의 후속작들을 활용했다.

을 돌보는 것에 관하여』에서 그런 한계를 다룰 자료를 제공하는 방식에 대해 살펴보며 마칠 것이다.

구띠에레즈의 사상에서 본 해방신학의 기초와 상황

구띠에레즈는 자신의 획기적인 저서 『해방신학』에서 이렇게 썼다. "해방신학을 말하는 것은 이렇게 묻는 것이다: 구원과 역사 속 인간 해방의 과정 사이에 어떤 연관이 있는가?"[58] 물론 구띠에레즈가 이렇게 물은 것은 구원과 인간 해방 사이의 적극적인 관계를 원했기 때문이다. 이렇게 적극적인 관계를 수립하기 위해 구띠에레즈는 세 가지 독특한 방법을 시행한다. (1) 역사의 단일성(the oneness of history)을 주장한다. (2) 그리스도인들의 실천의 구성요소로 가난한 이들을 위한 우선적 선택을 주장한다. (3) 그리스도인들이 가난한 이들과의 연대를 실천하는 것을 기술하는 방식으로 (개발주의 이데올로기에 반대하여) 해방의 언어를 끌어안는다. 각각의 방법에 대해 좀더 살펴볼 필요가 있다.

역사는 하나다

구띠에레즈는 구원 역사를 인간 역사라는 넓은 지평에서 분리할 수 없다는 확신을 갖고 있다.[59] 죄와 은혜의 동력은 정치, 경제, 문화, 마음 등 인간 삶의 모든 구조 안에 짜여 있다. 구띠에레즈는 이렇게 썼다. "죄는 사후에 얻을 구원에 장애가 되는 것만이 아니다.

---

58) Gutiérrez, TL, 29.
59) 위의 책, 34-57.

죄가 하느님과의 단절을 이루는 한, 죄는 역사적 실체이며 사람들 사이의 친교를 해치는 것이고 개인이 다양한 측면에서 다른 사람들로부터 물러나 자기 자신에게로 향하는 것이다."[60] 그러므로 죄로부터 구원받아 그리스도교 신앙의 삶에 참여하게 되는 드라마는 세상으로부터 나가는 것이 아니라 세상으로 향하는 것이다. 우리가 '우리를 위해(pro nobis)' 일하시는 하느님을 만나는 것은 결국 세상 속에서다.

이런 견해를 견지하면서 구띠에레즈는 자신이 신앙의 삶을 향한 "유심론적(idealist or spiritualist)" 접근이라고 명한 것을 거부한다.[61] 이러한 접근은 역사의 일시적이고 유한하며 우발적인 현실을 하느님으로부터 분리시킨다. 유심론의 견해에서 역사 속의 투쟁과 인간 삶의 정치적 성격은 기껏해야 구원 역사, 성별된 삶, 하느님의 사랑 등에 겨우 접할 뿐이다. 그러니 유심론 계열의 사상에서 하느님의 초월성은 하느님을 찾는 사람을 세상으로부터 멀어지게 한다. 구띠에레즈가 보기에 이것은 신의 초월성을 허접하게 이해한 것으로서 신앙의 삶과 세상 모두에 비극적인 결과를 가져온다. 구띠에레즈는 이러한 접근 때문에 인간과 교회 공동체가 하느님과 이웃에 대한 책임을 회피하게 된다고 생각했다. 실제로 구띠에레즈는 유심론적 접근이 신앙의 삶을 비정치적으로 해석하는 것 같지만, 사실은 완전히 정치적이라고 여긴다. 세상의 정치로부터 물러나는 것을 지지함으로써 유심론적 견해는 기존질서(status quo)를 유지하는 기능을 한다. 구띠에레즈가 볼 때 결국 유심론식 접근은 "가혹하고 엄격한 현실을 회피하는 방법일 뿐이다."—이러한 접근은 죄가 세상을 타락시

---

60) 위의 책, 85.
61) 위의 책, 25.

키는 방식, 그리고 하느님의 은혜가 교회 공동체에게 이러한 타락에 맞서고 비판하라고 요구하는 방식 모두를 직면하기를 회피한다.[62]

그리스도인들의 신앙의 삶에 대한 유심론식 견해를 거부하면서 구띠에레즈는 교회 공동체를 구원의 성사/성례전(a sacrament)이자 세상의 종이라 부르는 제2차 바티칸 공의회의 기본 방향(『만민에게』[Ad Gentes], 1, 그리고 『기쁨과 희망』[Gaudium et Spes] 1을 보라)을 따른다. 제2차 바티칸 공의회는 교회 공동체가 이러한 과제를 담당하도록 당부하면서 이렇게 선언한다(GS, 1).

"기쁨과 희망, 슬픔과 고뇌, 현대인들 특히 가난하고 고통 받는 모든 사람의 그것은 바로 그리스도의 제자들의 기쁨과 희망이며 슬픔과 고뇌이다. 그리스도의 제자들의 공동체가 인간들로 이루어져 있기 때문이다.… 따라서 그리스도의 제자들의 공동체는 인류와 인류 역사에 긴밀하게 결합되어 있음을 체험한다."

그 공의회의 관점에서 볼 때, 신앙의 삶은 우리에게 세상을 마주하고 인류와의 연대를 실천하는 데에 헌신하기를 요구한다.

구띠에레즈는 교회 공동체와 세상 사이의 결합의 깊이를 매우 강력한 언어로 표현한다. 하느님 사랑과 이웃 사랑 사이의 관계를 설명하면서 구띠에레즈는 하느님 사랑과 이웃 사랑이 매우 밀접하게 관련되어 있다는 말로는 부족하다고 주장한다. 구띠에레즈는 하느님 사랑이 이웃 사랑을 통해 표현된다고 말한다.[63] 역사의 단일성 안에서 인간은—성령의 움직임에 응답하여—다른 인간을 사랑하여

---

62) 위의 책.
63) 위의 책, 114-15.

연대하는 삶을 통해 하느님과의 친교 안으로 더욱 깊이 들어가게 된다. 이렇게 별개이면서도 밀접하게 상호 연관된 형태의 (하느님과 이웃과의) 사랑의 친교가 역사 속에서 구원을 체험하도록 한다.[64] 구띠에레즈에게는 세상의 투쟁과 고통에 대한 하느님의 백성의 응답이 그리스도인들의 신앙의 삶과 구원 역사에서 필수적이다. 구띠에레즈의 말처럼 "역사는 하나다."[65]

가난한 이들을 위한 우선적 선택

역사 속에서 하느님 사랑이 이웃 사랑을 통해 표현되는 것이라면 "누가 나의 이웃인가?" 하는 질문이 매우 중요해진다. 그리스도교 공동체 안에서 이 질문은 적어도 '율법학자'가 예수에게 질문하는 내용이 담긴 누가복음만큼 오래된 것이다. 누가복음에서 예수는 "선한 사마리아인" 이야기를 들려주는 것으로 답한다(10:29-37).[66] 여기서 나는 이 유명한 얘기를 되풀이하지는 않을 것이지만, 다만 예수의 답변에서 이웃은 길가에 죽도록 버려진 강도 피해자와 그 사람이 살아나도록 도와준, 문화적으로 악마 취급을 받는 사마리아인 모두라는 점만 짚고 넘어가겠다.[67] 그러므로 누가복음에서 예수

---

64) 구띠에레즈에게 하느님 사랑은 이웃 사랑으로 환원될 수도 없고 완전히 동일시될 수도 없다. 그리고 이웃 사랑으로부터 분리될 수도 없다.
65) *TL*, 86. 이런 맥락에서 구띠에레즈는 계속해서 이렇게 말한다. "세속적인 역사와 성스러운 역사가 나란히 놓이거나 밀접하게 연관되는 식으로 역사가 둘인 것이 아니다. 역사의 주인인 그리스도께서 취하신 단 하나의 인간 운명이 있을 따름이다. 그리스도의 구원 사역은 인간 실존의 전 영역에 걸친 것이며, 그 모든 것을 완성시키는 것이다. 구원 역사는 인간 역사의 핵심이다."
66) 구띠에레즈는 가난한 이들을 위한 우선적 선택에 대해 논의하며 이 성경 이야기를 언급한다. Gustavo Gutiérrez, *The Power of the Poor in History* (Maryknoll, NY: Orbis Books, 1983), 44-48쪽을 보라.
67) 이 이야기에서 무력화된 피해자는 사마리아인이 보여준 이웃 사랑의 대상

는 우리의 이웃이 범죄 피해를 입은 사람과, 버림받는 사람의 현실을 규정하는 사회적 상상 때문에 멸시받고 버림받는 사람 모두라고 말하는 것이다. 예수의 답변은 그리스도인들의 실천에 기반이 되는 원리를 짚어준다. 예측 불가능하고 모호한 역사 속에서 이웃 사랑을 어떻게 분명하게 드러내야 할지를 분별하는 데서 그리스도교 공동체는 "가난한 이들을 위한 우선적 선택"을 행사할 것을 요청받는다.

가난한 이들을 위한 우선적 선택이라는 개념은 구띠에레즈 사상의 핵심이다.[68] 가장 기본적으로 이 개념은 살인적인 가난으로 고통받는 사람들, 즉 물질적으로 가난에 빠졌거나 문화적으로 소외당하는 사람들의 "울부짖음"과 "고통"(출 3:7)이 그리스도교 공동체의 삶에 특별한 요청을 한다고 주장한다.[69] 따라서 하느님 사랑이 이웃

이다. 그렇다면 돌봄이 필요한 "이웃"은 취약한 사람이다. 동시에 이웃답게 행동한 사람은 예수의 문화에서 보통 적대시되던 사마리아인이다. 사마리아인을 이 이야기의 주인공으로 발탁함으로써 예수가 청중들에게 도전하는 것은 가난한 약자들뿐만 아니라 원수로 여겨지는 사람들도 이웃으로 여기라는 것이다. 다른 차원에서 선한 사마리아인 이야기는 가난한 이들의 주체성(agency)이라는 난처한 문제를 제기한다. 언급한 것처럼 이야기에서 강도 피해자는 무력하게 되었다. 이 사람은 말 그대로 주체성(agency)이 없다. 가난한 이들을 위한 우선적 선택에 대한 논의가 종종 비판받는 것은 가난한 이들의 주체적(agential) 역량에 대해 적절한 설명이 없기 때문이다. 구띠에레즈는 가난한 이들의 주체성을 강력하게 지지하며 이렇게 말한다. "가난한 이들은 (하느님의 해방의 영과 함께 일하는) 자기들 스스로의 운명의 주인(agent)이다." 이 점에 대해서는 *TL*, xxi, xxix, 91쪽, 155쪽을 보라.

68) 가난한 이들을 위한 우선적 선택이라는 주제는 구띠에레즈의 주요 작품 전체에서 반복적으로 되풀이된다. 이 주제를 좀더 명확하고 길게 다룬 것으로 Gustavo Gutiérrez, "Option for the Poor," in *Mysterium Liberationis: Fundamental Concepts of Liberation Theology*, ed. Ignacio Ellacuría and Jon Sobrino (Maryknoll, NY: Orbis Books, 1993), 235-50쪽을 보라.

69) 구띠에레즈는 이렇게 썼다. "우리의 주님과의 만남은 인간들과의 만남, 특히 압제와 착취와 소외로 그 형상이 일그러진 인간들과의 만남에서 이루어진다. … 우리가 그들에게 취하는 태도, 더 정확히 말하면 그들을 위한 우리의 현

사랑을 통해 표현된다는 구띠에레즈의 주장은 율법학자의 질문에 대한 예수의 답변의 다음과 같은 질적 차원을 수반한다. "우리의 이웃은 주로 이 세상의 권력이 "비인간(nonperson)"의 상태로 끌어내리려고 하는 사람들이다.[70] 아마도 이것이 가난한 이들을 위한 우선적 선택 개념의 기본적인 의미는 포착하겠지만, 그 우선적 선택에 대한 구띠에레즈의 이해를 완전히 담지는 못한다. 가난한 이들을 위한 우선적 선택에 대한 구띠에레즈의 해석을 좀더 제대로 이해하려면, 이 선택이 하느님과 관련되는 방식, 그리고 이 선택의 상충하는 성격 모두를 고려하는 것이 필요하다.[71]

구띠에레즈에게 가난한 이들을 위한 우선적 선택은 그 성격상 신 중심이며 하느님과의 언약에 뿌리내리고 있다.[72] 하느님의 백성들이 의존하는 대상인 야훼는 고엘(Go'el), 즉 가난한 이들의 해방자이자 보호자이다.[73] 그러므로 스스로 야훼에게 의존하면서 하느님의 백성들은 스스로 가난한 이들을 돌보고 해방하는 일을 실천하는

실 참여가 곧 우리가 아버지 하느님의 뜻에 우리의 실존을 부합시키고 있느냐 않느냐를 드러낸다. … 마태복음에서 그리스도께서 당신과 불쌍한 사람들을 동일시한 그 본문이 계시하는 내용도 바로 이것이다. 아직도 더 연구되어야 하는 '이웃 신학'은 여기에 토대를 두고 정립되어야 하리라고 본다." *TL*, 116쪽 (『해방신학』 230쪽).

70) 구띠에레즈는 "비인간"을 "다양한 영역에서 생명권, 자유권 등부터 해서 모든 권리를 온전히 갖춘 인간으로 여겨지지 않는 사람들"로 기술한다. Gutiérrez, *TL*, xxix를 보라.

71) 가난한 이들을 위한 우선적 선택의 투쟁적 차원을 강조하는 것은 역사 속에 죄가 존재함을 심각하게 받아들이는 것이다. 하지만 그렇다고 이 우선적 선택에 대한 해방적 해석이 폭력의 존재론에 뿌리를 둘 필요는 없다. 물론 아우구스티누스를 따르는 사람은 여전히 죄가 근본적으로 결핍이라고 주장할 것이다.

72) Gustavo Gutiérrez, *The God of Life* (Maryknoll, NY: Orbis Books, 1991) (이후로는 *GoL*), 특히 33-47쪽을 보라.

73) 위의 책.

데 헌신하는 것이다. 다른 말로 하면, 언약을 통해 하느님의 백성들은 해방자이신 하느님을 닮는 역사적 과업에 서약하는 것이다. "그 마음에 내 법을 새겨주어, 나는 그들의 하느님이 되고 그들은 내 백성이 될 것이다"(렘 31:33).[74] 그렇다면 가난한 이들을 위한 우선적 선택은 하느님이 누구신지, 하느님이 원하시는 것이 무엇인지에 대해 충실히 확인함으로써 도출될 수 있는 것이고, 구띠에레즈가 바르톨로메 데 라스 카사스를 인용하여 말한 것처럼, "하느님은 가장 작은 자들과 가장 잊혀진 자들을 아주 생생하게 기억하신다."[75]

가난한 이들을 위한 우선적 선택이 신 중심의 선택이라면 구띠

---

74) 구띠에레즈의 작업은 종종 펠라기우스주의라고 비난받는다(Brackley, *Divine Revolution*, 87-89쪽을 보라.) 물론 구띠에레즈의 글에 그런 식으로 해석될 수 있는 것들이 있다. 그렇지만 구띠에레즈는 자기 글을 그렇게 성격짓는 것을 거부한다. 자신은 언제나 하느님의 구원의 무상성(無償性)을 지지했다는 것이다. 이 점에 대해 구띠에레즈는 이렇게 썼다. "구원은 역사 속에서 하느님이 무상으로 제공하는 행위이다. 하느님은 이 역사를 역사 너머로까지 이끄신다. 구원은 우리가 공동체를 구축해야 할 역사 속에서 하느님의 자녀에게 하느님이 선물로 주는 완전한 생명이다. 부모 자식 관계와 친구 관계는 은혜이기도 하고 우리가 수행해야 할 과제이기도 하다. 이 두 가지는 구분하되 분리하지 말아야 하는 것이다. 마치 칼케돈 공의회에서 그리스도의 신성과 인성을 구분하되 둘을 분리하지 않는다고 고백한 교회의 믿음처럼 말이다"(Gutiérrez, *TL*, xxxix를 보라.) 구띠에레즈의 사상에서 중요한 개념이 "영적인 가난"이며, 이 개념은 구띠에레즈의 사상을 펠라기우스의 틀 안에 두려는 시도를 반박하는 역할을 한다. 구띠에레즈에게 해방의 핵심인 영적 가난은 "자기 만족과 오만과 반대된다." Gutiérrez, *TL*, 169.

75) Gustavo Gutiérrez, "Memory and Prophecy," in *The Option for the Poor in Christian Theology*, ed. Daniel G. Groody (Notre Dame, IN: Notre Dame University, 2007), 19. 구띠에레즈는 후기 저작들에서 우리가 하느님에 대한 우리 지식의 한계를 언제나 인식해야 한다고 말했다. 이런 면에서 예언의 언어는 명상의 언어와 일치해야 한다. Gustavo Gutiérrez, *On Job: God-Talk and the Suffering of the Innocent* (Maryknoll, NY: Orbis Books, 1987) (이후로는 *OJ*)를 보라. 또한 *Density of the Present: Selected Writings* (Maryknoll, NY: Orbis Books, 1999) (이후로는 *DoP*)를 보라.

에레즈에게 이는 그리스도 중심의 선택이기도 하다. 이언 맥팔랜드는 해방신학과의 대화에서 이렇게 말한다. 그리스도인들의 상상 속에서 가난한 이들을 위한 우선적 선택은 궁극적으로 "하느님의 결정을 언급함으로써 정당화되고, 하느님의 화육(성육신) 안에서 결정적으로 실현되어 … 가난한 이들 안에서, 또한 가난한 이들을 통해 인류 전체를 만나기 위한 것이다."[76] 그리스도인 공동체에게 그리스도는 하느님의 성품을 온전히 고엘(Go'el)로서 드러낸다. 예수 그리스도는 하느님의 통치를 선포하고, 시행하고, 구체화함으로써 가난한 이들에게 기쁜 소식을, 불의와 압제에 사로잡힌 사람들에게 희망을 제시한다. 마태복음에서 예수는 분명하게 자신을 가난한 이들과 압제받는 자들과 동일시하며 제자들에게 이렇게 말한다. "너희가 여기 있는 형제 중에 가장 보잘것없는 사람 하나에게 해준 것이 바로 나에게 해준 것이다"(마태 25:40).[77] 그러므로 그리스도인 제자도의 핵심 목표는 그리스도의 사명에 적극적으로 응답함으로써 하느님의 통치와 세상 속 현존이라는 복음을 증언하는 것이다. 따라서 구띠에레즈는 이렇게 말한다. "가난한 이들을 위한 우선적 선택은 그리스도에 대한 믿음에서 비롯된다."[78]

---

76) Ian McFarland, *The Divine Image: Envisioning the Invisible God* (Minneapolis: T&T Clark, 2005), 71.
77) 구띠에레즈의 말처럼 "하느님 나라 선포는 마음이 가난한 이들에게 주어지는 약속으로 시작하고 물질적으로 가난한 이들을 돕는 자들에게 하느님 나라를 선물로 주는 것으로 끝난다. 제자들은 굶주린 자들에게 음식을 주고 목마른 자들에게 마실 것을 주고 헐벗은 자들에게 입을 것을 주고 감옥에 갇힌 자를 찾아갔기 때문에 복을 받았다는 말을 듣는다. 다시 말해 구체적인 행동 때문인 것이다. 이런 방식으로 제자들은 하느님 나라를 선포하고 그리로 들어간다." Gutiérrez, *GoL*, 132.
78) Gustavo Gutiérrez, "The Option for the Poor Arises from Faith in Christ," *Theological Studies* 70, no. 2 (2009): 317-26.

구띠에레즈는 가난한 이들을 위한 우선적 선택을 회개(metanoia)의 경험과도 밀접하게 연결시킨다. 구띠에레즈에게 가난한 이들을 위한 우선적 선택은 진심 어린 회개가 지속될 것을 요구한다. 이는 곧 개인 또는 공동체가 계승해 온 삶 전체의 방향을 새롭게 할 것을 요구하는 것이다.[79] 회개에 대한 이와 같은 강조를 간과해서는 안 된다. 로한 커노우는 20세기 말과 21세기 초에 가톨릭 그리스도교 담론 안에 가난한 이들을 위한 우선적 선택과 그 개인적 사회적 영향에 대해 두 가지 서로 다른 이해가 나타났다고 주장한다. 첫째, 해방신학이 하느님의 백성들과 더 넓은 세상의 (때로는 과격한) 변화의 필요성을 강조하는 가난한 이들을 위한 우선적 선택 개념을 꾸준히 주장했다. 둘째, 커노우가 보기에 바티칸은 회개의 필요성을 비교적 적게 강조하는, 가난한 이들을 위한 우선적 선택에 대해 서로 다른 견해를 나타내는 경향이 있었다. 이 두 번째 견해는 우리가 계승한 삶과 역사의 틀 안에서 가난한 이들을 위한 우선적 선택을 살아낼 수 있는 가능성이 있었기 때문에 좀더 편하게 받아들일 수 있었다.[80] 구띠에레즈가 볼 때 가난한 이들을 위한 우선적 선택이 요구하는 변화와 기존질서에 대한 중단 요구는 이 개념에 필수 요

---

79) 브래클리는 구띠에레즈의 신학이 죄와 은혜 사이의 아우구스티누스식 변증법의 영향을 깊게 받았다고 주장했다.(Brackley, *Divine Revolution*, 71쪽을 보라.) 바로 이 변증법이 역사 속에 등장하게 되면서 회개가 필요한 것이 되었다. 아우구스티누스와 마찬가지로 구띠에레즈에게 죄는 우리를 하느님과 이웃으로부터 멀어지도록 하는 파괴적인 자기 사랑으로 표현된다. 반대로 하느님 사랑과 이웃 사랑은 죄로부터 해방된 은혜 체험의 표현이다.

80) Rohan M. Curnow, "Which Preferential Option for the Poor? A History of the Doctrine's Bifurcation," *Modern Theology* 31 (2015): 27-59. (라틴 아메리카 출신이자 로마의 주교인) 프란치스코 교황이 회개의 필요성을 꾸준히 강조하는 것을 보면 첫째 개념을 기반으로 움직인다는 것에 주목해야 한다. 2장에서 프란치스코 교황의 "통합적 생태론" 개념에 대한 나의 분석을 보라.

소이다. 가난한 이들을 위한 우선적 선택에는 투쟁적 차원이 있어서, 우리를 소외된 자들로부터 멀어지게 하고 비인간이라고 불리는 이들의 곤경에 냉담하도록 만드는 다양한 심리적, 정치적, 문화적, 경제적 힘들과 투쟁할 것을 요구한다.

가난한 이들을 위한 우선적 선택이 회개를 요구하기는 하지만 이러한 회개를 지나치게 개인적인 것으로 해석하면 안 된다. 구띠에레즈의 경우 두 가지 점에서 그러하다. 첫째로, 그리고 가장 기본적으로, 구띠에레즈는 신앙의 삶이 다른 신자들과의 친교 안에서 사는 것이라고 여긴다. 따라서 거룩한 삶(여기서는 가난한 이들을 위한 우선적 선택으로 이해)으로 그리스도인을 부르심은 "함께 부르심(convocation)"이다.[81] 회개에 대한 요청은 공동체를 향한 것으로서 공동체가 함께 그리스도 안에서 한 몸으로서 가난한 이들을 위한 우선적 선택을 살아내라는 것이다. 둘째로, 그리고 위와 관련하여, 가난한 이들을 위한 우선적 선택을 살아내는 과제는 자선과 자비의 행동을 실천하는 것을 수반하는 데서 그치지 않고, 신앙 공동체 및 함께 하는 다른 공동체들이 세상의 구조 변화를 위해 일할 것을 요구한다. 다시 말해서, 구띠에레즈에게 공동체는 불의, 물질적 가난, 압제 등을 만드는 세상의 사회경제적, 정치적, 문화적 형태에 맞서 이를 변화시키도록 부름받은 것이다. 그렇다면 가난한 이들을 위한 우선적 선택은 역사 속에서 인간을 비인간의 상태로 축소하려는 사회문화적 형태들을 바꾸려는 노력을 통해서도 드러나게 된다.[82]

---

81) *TL*, 45, 153.
82) 물론 구조적 문화적 형태를 바꾸려는 인간의 노력은 인간의 지속적인 회개를 통해 세상의 고통받는 자들에게 관심을 두고 연대하는 것에 냉담한 태도로부터 멀어지는 것을 전제로 한다.

요약하자면 구띠에레즈에게 하느님 사랑은 특별히 가난한 이들을 위한 우선적 선택을 통해 표현된다. 이 선택은 예수 그리스도의 인격을 통해 가장 온전히 드러난, 하느님의 해방하시는 사랑에 대한 신실한 응답이다. 게다가 가난한 이들을 위한 우선적 선택에 반드시 필요한 것이 회개이다. 그러므로 구띠에레즈의 가난한 이들을 위한 우선적 선택 개념은 개인과 공동체의 삶이 세상을 변화시키는 섬김으로 방향을 전환할 것을 요청한다. 가난한 이들을 위한 우선적 선택과 관련하여 마지막 항목인 회개는 구띠에레즈가 채택한 해방 언어의 핵심 차원으로 우리를 안내한다.

이데올로기 비판과 임박한 기대감으로서의 해방의 언어

현대 신학 담론 안에서 '해방'이라는 용어는 어디서나 볼 수 있지만 그 정의가 명확하지는 않다. 이 용어는 인간의 번영을 촉진하는 사건이나 현상을 가리키는 데 두루 사용되고 있다. 물론 이런 용례가 구띠에레즈 같은 신학자들이 채택한 것과 같은 해방의 성격을 일부 담고 있기는 하지만, 그 성격을 온전히 담고 있지는 못하다. 어째서 그런 것인지 알아보려면, 그리고 초기 라틴아메리카 해방운동가들이 처음 채택했던 해방의 의미를 제대로 이해하려면, 지난 500년 동안의 식민지 프로젝트와 신식민지 프로젝트의 배경에 대항하는 해방의 언어를 이해할 필요가 있다.

서구 식민주의의 복잡한 유산과 때로 끔찍한 현실은 당시 라틴아메리카와 현대 세계 전체에 깊은 영향을 끼쳤다. 식민 프로젝트에 고질적인 모든 공포의 기저에는 '강탈'이라는 현상이 있다.[83] 다양한

---

83) 나는 이 용어를 타-네히시 코츠에게서 차용해 왔다. 코츠는, 연관된 상황에서, 미국 내 백인 미국인의 부는 흑인의 몸을 강탈함으로써 얻어진 것이라고 말

수단을 통해 유럽의 식민세력들은 지리적으로 식민체제의 주변부에 위치한 영역(즉 현재 라틴아메리카라고 알려진 지역을 포함해 식민화된 공간)의 부와 자원을 착취하여 자신들의 정치경제적 위치를 보장하고 향상시켰다. 남반구에 대한 강탈은 그 자체가 본질적으로 폭력적 행동이며 그 강탈을 지속하기 위해 다양한 형태의 폭력을 필요로 했다. 폭력적 탄압과 전체 국민에 대한 지배가 종종 강탈 현상에 수반되었다.[84] 더욱이 서구의 식민지 프로젝트는 그 폭력을 애매하게 만들거나 합법화하는 능력에도 의존했다. 이그나시오 엘라꾸리아가 제대로 짚은 것처럼, 라틴아메리카에 대한 북반구의 견해는 "근본적으로 지배하고 억압하는 현실을, 단지 가면(a mask)일 뿐인 사랑스런 이념(ideological) 커튼으로 덮어버리는 특성이 있다."[85] 식민주의 지배세력들은 인종차별주의, 여성혐오, 문화적 우월성에 대한 주장, 진보에 관한 신화(이 모든 것이 그리스도교 신학 사상에 호소함으로써 다양한 방식으로 인정되었다)라는 이념적 무기를 채용함으로써, 자기들 프로젝트의 잔인무도함을 물타기 하거나 정당화하고 이를 통해 식민주의의 생명을 유지하려고 하였다.[86]

했다. 그러한 강탈의 동력은 종종 복잡한 문화적 구조적 형태를 통해 합법화되고 보장되고 유지되었다. Ta-Nehisi Coates, "When Plunder Becomes a Form of Governance," in *The Atlantic*, https://www.theatlantic.com을 보라.

84) 예를 들어 Gustavo Gutiérrez, *Las Casas: In Search of the Poor of Jesus Christ* (Maryknoll, NY: Orbis Books, 1995), 특히 2부, 3부, 4부를 보라(이후로는 *LC*).

85) Ignacio Ellacuría, "The Latin American Quincentenary: Discovery or Cover-up?" in *Ignacio Ellacuría: Essays on History, Liberation, and Salvation*, ed. Michael E. Lee (Maryknoll, NY: Orbis Books, 2013), 29쪽.

86) 이와 관련한 여러 부분들에 대해 Willie James Jennings, *The Christian Imagination: Theology and the Origins of Race* (New Haven, CT: Yale University Press, 2011), 특히 2장을 보라.

제2차 세계대전이 끝나면서, 그러니까 식민지 프로젝트가 시작되고 450년 정도가 지난 뒤에야 이 프로젝트가 지속될 수 없다는 것이 분명해졌다. 남반구 전체에서 대개는 식민주의의 붕괴를 환영했지만, 그 붕괴로 인해 불확실성의 시대가 열리기도 했다. 어떤 유형의 지정학적 프로젝트가 나타나 남반구와 북반구 사이의 관계를 구성하게 될지 명확하지 않았다. 식민지 프로젝트가 더 이상 온전히 남아있을 수 없다는 것은 분명했다. 극적으로 변동하는 상황은 새로운 패러다임을 요구했다. 하지만 이 패러다임의 정확한 윤곽이 정의되고 구축될 필요가 있었다.

식민지 프로젝트의 몰락으로 초래된 지정학적 공백에 대해 미국 대통령 해리 트루먼은 미국이 "우리의 과학적 진보와 산업 발전의 혜택을 저개발 지역의 개선과 성장에 이용할 수 있도록 하는 과감한 새로운 프로그램에 착수할 것"을 요구함으로써 (경제)개발주의 시대를 열었다. 미국은 다음과 같은 트루먼의 비전을 구현하는 데 선두주자 역할을 했다.

> 미국은 산업과 과학기술 개발에서 탁월한 위치에 있습니다. 다른 사람들을 돕기 위해 우리가 조달할 수 있는 물질 자원은 제한되어 있습니다. 하지만 기술지식이라는 헤아릴 수 없는 자원은 꾸준히 늘어나고 있으며 고갈되지도 않습니다. 나는 우리가 평화를 사랑하는 민족들에게 우리의 기술지식 창고의 혜택을 베풂으로써 저들이 더 나은 삶이라는 열망을 실현하도록 도와야 한다고 믿습니다. 그리고 다른 나라들과의 협력을 통해 개발을 필요로 하는 지역에 자본 투자를 촉진해야 합니다.[87]

UN이 1960년대를 "개발의 10년"으로 선포하면서 트루먼의 권고는 곧 북반구 서구 민족국가들 사이에서 반향을 일으켰다.[88] 그렇게 개발 프로젝트가 주도권을 쥐게 되었다.

트루먼의 언어가 시사하는 것처럼, 개발 프로젝트가 식민지 프로젝트와의 단절인 것처럼 세상에 알려졌다는 것은 중요하다. 마치 식민 규정이라는 압제적인 정치적 굴레와 강탈의 결과로 가난을 겪어야 했던 사람들이 부와 자유의 측면에서 모두 유익을 얻을 수 있도록 해줌으로써 식민주의의 병폐를 바로잡을 것처럼 말이다. 하지만 초기 라틴아메리카 해방운동가들은 개발 프로젝트에 대해 매우 회의적이었다. 구띠에레즈가 보기에 개발 프로젝트는 식민주의의 쇠퇴나 그 효과의 역전을 예측하지 못했다. 오히려 개발 프로젝트는 다양한 규칙과 정책을 통해 전 세계의 정치경제적 힘의 차이라는 기존상태를 영속화하려고 했다. 다시 말해, 해방운동가들이 볼 때 개발 프로젝트는 북반구가 남반구를 강탈하는 일이 계속되는, 그렇게 라틴아메리카 대부분 지역에 오랫동안 만연한 "가난한 상태"와

---

87) Harry Truman, "Inaugural Address: January 20, 1949," American Presidency Project (http://www.presidency.ucsb.edu)를 보라. 트루먼의 연설에서도 제안하듯이 식민지 프로젝트를 바로잡기 위한 개발 프로젝트의 수단은 식민주의 하에 발생한 부의 불공정한 집중을 배상하거나 재분배하는 것이 아닌 주로 기술 지식을 살포하여 진보하는 것을 통해 이루는 것이었다. 따라서 식민지 프로젝트의 승자에게 개발 프로젝트로의 회귀는 그다지 어려운 일이 아니었다. 경제적 기술적 개발과 근대화는 전세계의 지정학적 지형에서 모든 배를 띄울 수 있는 경제적 밀물을 만들어낼 수 있었던 것이다. 또한 개발 프로젝트는 식민주의의 특징인 문화적 제국주의라는 맥락을 계속 유지했다. 결국 개발 프로젝트 안에서 보급할 가치가 있다고 간주되고 고무되었던 것은 서구 권력들의 가치와 기술적 세련됨이었다.

88) http://www.unhistory.org에서 UN Intellectual History Project Briefing Note 7, "The UN and Development Policies" (2010)를 보라.

억압적 폭력을 유지하고 한편으로 이 지역이 북반구(특히 미국)의 정치적 패권 아래에 남도록 하는 신식민주의 시대를 열었다.[89]

해방운동가들이 주장한 것처럼, 개발 프로젝트의 정치경제의 특징인 불평등이 관찰 가능하고 입증 가능하긴 했지만, 개발이라는 개념(아울러 근대화 개념)은 개발 프로젝트의 진정한 성격에 혼란을 일으키는 데 근본적으로 일조하기도 했다. 개발과 근대화의 언어는 개발 프로젝트가 실은 식민주의로 야기된 병폐에 치료제가 된다고 주장함으로써 개발 프로젝트에 합법성을 부여했다. 구띠에레즈 같은 해방운동가들은 '개발'과 '근대화' 같은 개념들이 이념의 기능을 수행했다는 것을 발견했다. 이들 개념은 현실을 반대로 해석하여 소통하는 역할을 했다.[90] 개발 프로젝트는 그 주장과는 달리 남반구

---

89) 실제로 해방운동가들이 개발과 근대화의 언어에 포함된 약속을 의심할 만한 이유는 충분했다. 그 중 하나로 트루먼의 취임사가 있기 몇 개월 전에 국무부 차관인 조지 케넌은 미국의 외교 정책의 목표를 다음과 같이 기술한 문서를 작성했다.

"우리의 인구는 세계의 6.3%에 불과하지만 부는 세계의 50% 정도를 차지하고 있다. 이러한 불평등은 우리와 아시아 사람들 사이에서 특히 심하다. 이런 상황에서는 질투와 분노의 대상이 되지 않을 수가 없다. 다가오는 시대에 우리의 실제 과제는 우리의 국가 안보에 명백한 손실 없이 지금과 같은 불평등의 위치를 유지하도록 해 주는 관계 형태를 고안하는 것이다. … 우리는 우리가 오늘날 이타심과 세계를 향한 자선 행위라는 사치를 감당할 수 있다고 우리 자신을 속일 필요가 없다."

https://history.state.gov에서 *Foreign Relations of The United States*, vol. 1 (Washington, DC: United States Government Printing Office, 1948)의 "Review of Current Trends in US Foreign Policy"의 Section VII을 보라. 강조는 내가 한 것이다. 케넌이 아시아에서의 미국의 이익에 특히 관련하여 이 진술을 작성했다는 점에 주목해야 한다. 그럼에도 이 진술이 미국의 세계 속 지위를 고려하고 있고 민주적으로 선출된 지도자에 반대하는 쿠데타를 획책하고 독재와 억압적인 군부 정권을 지지하는 것을 통해 라틴아메리카에 개입해 온 미국의 역사라는 맥락에서 작성되었다는 점에서 케넌의 진술은 20세기 하반기 동안 미국과 라틴아메리카의 관계를 이해하는 데 유익하다.

의 '저개발 상태(underdevelopment)'가 지속되도록 만들었다.[91] 따라서 개발주의와 근대화라는 개념은 신식민주의 질서의 불의를 지속하는 데 필요한 "은폐(cover-up)"를 영속화하는 역할을 했다.[92]

---

90) 칼 마르크스가 이념은 실체를 완전히 뒤어서 외관상으로는 실체를 잘못 전달하는 카메라 옵스쿠라처럼 기능한다고 말한 것은 잘 알려져 있다. 이러한 뒤집기는 지배 계층의 이익을 위한 하위 실체를 섬기는 데에 수행된다. Karl Marx, with Friedrich Engels, *The German Ideology* (Amherst: Prometheus, 1998)를 보라.

91) 라틴아메리카의 사회경제적 상황을 이런 식으로 특징짓는 것은 안드레 군더 프랑크가 주장했지만, 오랜 기간 신뢰를 얻지 못했던 내용과 매우 밀접하게 관련되어 있다. André Gunder Frank, "The Development of Underdevelopment," *Monthly Review* 18 (September): 17-31쪽을 보라. 이어진 해방운동의 담론은 버릴 필요가 있는 종속에 관한 이론과 남반구의 살인적인 가난의 상황을 특징으로 하는 종속에 관한 사실 사이를 구분하려는 경향을 띤다. 예를 들어 Arthur F. McGovern, *Liberation Theology and Its Critics: Toward an Assessment* (Maryknoll, NY: Orbis Books, 1989) 특히 164-76쪽을 보라. 나아가 군더 프랑크가 처음 고안한 종속 이론이 거부되기는 했지만 사회학의 영역에서는 후속 작업이 계속 이어져 좀더 다듬어진 이론화를 통해 종속 개념을 회복시켰다. 실제로 군더 프랑크의 최종 출판물은 환경적인 관심사에도 민감한 방식을 통해 그러한 회복을 시도하고 있다. André Gunder Frank, "Entropy Generation and Displacement: The Nineteenth-Century Multilateral Network of World Trade," in *The World System and the Earth System: Global Socioenvironmental Change and Sustainability since the Neolithic*, ed. Alf Hornborg and Carole Crumley (Walnut Creek, CA: Left Coast Press, 2006)을 보라.

92) 여기서 주목할 것은 서구 권력들이 냉전 기간 동안 어떻게 이념의 무기로서 "쿠즈네츠 곡선"을 보급해 왔는지에 대한 토마 피케티의 논의이다. 20세기 중반에 사이먼 쿠즈네츠라는 경제학자가 자본주의 사회에서는 불평등이 극적으로 증가한 뒤 평평해졌다가 반대가 될 것이라는 이론을 제시했다.(그러니까 그래프로 그리자면 시간에 따라 불평등 수준은 "뒤집힌 U자" 모양이 될 것이다.) 쿠즈네츠는 자기 이론이 별거 아닌 것으로 여겼지만, 정치가들과 경제학자들은 냉전 기간 동안 남반구 전체의 불평등 상황을 설명하고 정당화하는 데 이 이론을 활용했다. 오늘날, 피케티는 쿠즈네츠 곡선이 실재라기보다는 "동화"에 가깝다고 주장한다. Thomas Piketty, *Capital in the Twenty-First Century* (Cambridge, MA: Belknap Press of Harvard University Press,

해방의 언어를 가장 잘 이해할 수 있는 것은 개발 프로젝트 및 그 합법화 구조와 대조시켰을 때다. 구띠에레즈에 따르면 "기존질서와의 철저한 단절," 즉 개발주의 구조로부터 근본적 전환이 있어야만 식민지 프로젝트의 잔인무도함을 바로잡는 데 필요한 변화를 가져올 수 있다. 구띠에레즈의 견해에 따르면, 해방의 언어가 이러한 단절의 긴급성과 극적인 성격을 가장 잘 짚어낼 수 있다. 구띠에레즈의 설명처럼, "실제로 해방은 개발이라는 용어의 일반적 용례와는 다른 극적 변화의 피할 수 없는 순간을 표현한다. 오직 그러한 절차의 상황 속에서만 개발 정책이 효과적으로 구현될 수 있고, 진정한 의미를 가질 수 있고, 오해를 살 만한 표현을 피할 수 있다."[93] 따라서 구띠에레즈는 두 가지 중요한 이유로 해방의 언어를 채택한다. 첫째, 구띠에레즈는 개발과 근대화라는 말이 가진 애매하게 만들고 진정시키는 의도를 드러내기 위해 그렇게 한다. 개발과 근대화는 "소극적 조치와 동의어이면서, 실제로 장기적으로는 효과가 없고 실제 변화를 이루기에는 비생산적인" 프로젝트를 합법화하기 때문이다.[94] 둘째, 구띠에레즈는 개발 프로젝트의 사회정치적, 문화적 구조로부터 조직적 전환을 요구하기 위해 해방의 언어를 채택한다.[95]

2014), 11-15쪽을 보라.
93) *TL*, 17쪽.
94) 위의 책.
95) 해방을 요청하면서 구띠에레즈가 개발의 방향에 반대하지 않았다는 점은 강조되어야 한다. 오히려 구띠에레즈는 개발의 가능성에 대한 조건을 확립할 것을 요청했다. 동시에 구띠에레즈는 이러한 조건에 특유한 것이 서구의 문화적 가치를 라틴아메리카와 남반구 사람들에게 부과하는 것으로부터 단절함으로써 서로 다른 사람들이 개발의 의미를 자신들의 상황 속에서 자유롭게 밝힐 수 있도록 하는 것이라고 주장했다. 이 마지막 부분에 대해서는 바벨탑 설화에 대한 구띠에레즈의 묵상이 흥미롭다. *DoP*, 188-207쪽을 보라.

이런 점을 고려할 때 나는 구띠에레즈가 '해방'이라는 용어를 사용한 것이 임박한 기대감도 나타내는 것이라고 강조해야겠다. 그 전환을 위한 시간은 먼 미래로 연기될 수 없다. 반면 세상의 극적인 변화에 대한 필요는 현재의 긴박한 요구다.[96] 이런 점들을 함께 고려한다면 해방의 언어가 가진 미묘한 의미 차이를 잘 짚을 수 있다.

생태해방운동 담론을 향한 구띠에레즈의 비전의 한계와 약속

이제 우리는 구원과 해방의 관계를 묻는 질문에 대한 구띠에레즈의 답변을 요약할 단계에 왔다. 첫째, 구띠에레즈가 볼 때 모든 역사에는 하느님의 구원하시는 은혜의 동력이 세상의 삶에 넘쳐나는 구원론적 밀집(a soteriological density) 상태가 있다. 구원은 단순히 내세의 실재만이 아니라 역사 자체를 구성하는 요소로 경험되는 것이다. 역사의 단일성 안에서 하느님과의 친교, 죄로부터의 해방―구띠에레즈에게는 이것이 분명한 구원이다―등은 이웃과의 친교와 연대 체험을 통해 미리 실현된다.

둘째, 구띠에레즈가 볼 때 기준인 '이웃'은 특히 가난하고 압제받는 자들을 의미한다. 그러므로 제대로 처방된 하느님 사랑은 특히 "여기 있는 가장 보잘것없는 사람"에 대한 사랑으로 표현된다. 이와 같은 맥락으로, 역사 속에서 하느님과의 친교는 특히 세상이 비인간의 상태로 끌어내린 사람들과의 친교와 연대를 통해 표현된다. 이는 가난한 이들을 위한 우선적 선택이 역사의 잊혀진 희생자들에 대한

---

96) 이 부분을 캐서린 켈러가 최근 글에서 '카이로스' 개념에 대해 논한 것과 연관지어 생각해 보라. Catherine Keller, *A Political Theology of the Earth: Our Planetary Emergency and the Struggle for a New Public* (New York: Columbia University Press, 2018), 1-20쪽을 보라.

하느님 자신의 친절함, 관심, 동일시 등을 반영하는 것이라는 견해와 일치한다.

셋째, 구띠에레즈가 볼 때 가난한 이들과 연대한다는 것은 가난과 정치적 탄압이라는 살인적인 현실을 만드는 문화 형태와 사회 구조를 변화시키는 일을 인간이 해야 한다는 것이다. 하느님의 구원하시는 은혜는 신자의 공동체에게 세상 속의 죄라는 문화적 구조적 현실에 직면하여 그 현실의 살인적인 성격을 드러내고 비판하며, 또한 세상에 새로운 삶의 방식이 도래할 것을 선언할 것을 요구한다. 이것이 구띠에레즈가 생각하는 해방의 언어로서 필수사항인 사회문화적 회개(sociocultural metanoia)의 성격을 가장 잘 짚어낸다. 죄로부터의 해방과 하느님과의 친교는 가난한 이들을 위한 우선적 선택이 역사 속에서 화육(성육신)할 수 있도록 악한 구조와 그러한 구조에 내재된 혼란으로부터의 해방을 요구한다. 바로 이러한 방식으로 구띠에레즈는 그리스도 안에서의 구원의 신비가 역사 속에서 해방의 과제와 확실히 연결된다는 것을 보여준다.

구띠에레즈의 사고를 어떻게 재구성하여 생태해방신학의 틀을 짤 수 있을지 생각해 보기 전에, 생태학적 관심사와 관련한 구띠에레즈의 견해를 살펴볼 가치가 있다. 먼저 환경윤리의 중심 관심사들은 구띠에레즈의 주장, 특히 초기 작업의 주장의 전면에 드러나지 않았다는 점을 인정해야 한다. 그의 사상 일부는 생태신학의 민감한 부분들에 반하는 부분이 있다. 이것이 가장 분명히 드러나는 곳은 아마도 『해방신학』일 것이다. 이 책에서 그는 인간과 땅의 관계를 기술하면서 지배의 언어를 규범처럼 여겼다. 예를 들면, 이렇다.

유대인들이 이집트에서 당하던 노예살이와 착취를 거부하는 이유는 그것이 창세기의 명령(1:26; 2:15)에 위배되기 때문이다.[97] 인간은 하느님의 모습대로, 하느님과 비슷하게 지음받았고 땅을 다스리도록 정해졌다. 인간은 자연을 변모시키고 타인들과 관계를 맺음으로써 자신을 완성하게 되어 있다.[98]

인간의 소명이 "땅을 다스리는" 것이라는 주장으로 구띠에레즈는 화이트가 유대-그리스도교 세계관을 비평하면서 비난했던 바로 그 언어 유형을 채택한 것이다.[99] 아울러 구띠에레즈의 설명은 인간 해방의 과업이 지구를 멋대로 개발함으로써 실현된다고 주장하는

---

[97] 여기서 구띠에레즈는 1:26에 나오는 "창세기의 명령"을 2:15의 명령과 합치면서 후자가 전자에 포함되도록 하였다. 앞으로 2장과 3장에서 보겠지만 이런 식으로 합치는 것은 문제가 있기 때문에 거부하거나 되돌려놓아야 한다.

[98] *TL*, 168쪽(『해방신학』, 327쪽). (강조는 구띠에레즈가 한 것이다.) 다른 곳에서도 위의 글과 같은 맥락에서 구띠에레즈는 이렇게 썼다. "정치적 해방 – 경제적 기초구조도 포함된다 – 이라는 개념은 인류 역사의 갈등적 측면을 상기시킨다. 인류의 역사에는 자연을 파악하고 정복하려는 움직임만 있었던 것이 아니다. 역사는 인간 노동의 결실을 약탈하는 불의와, 인간에 의한 인간의 착취와 비참으로 점철되어 있다. 이러한 상황은 역사적 조류에 영향을 주기도 하고 또 그 영향을 받기도 한다. 역사는 사회적 계급들 간의 투쟁으로 일관되어 왔고, 인간이 인간답게 살며 스스로 자기 운명을 개척하는 것을 방해하는 압제로부터 벗어나려는 해방의 노력이 줄기차게 흐르고 있다." *TL*, 102쪽(『해방신학』, 203쪽). 원래 스페인어로 구띠에레즈는 인간의 소명을 논할 때 "dominar" 동사를 썼다. Gustavo Gutiérrez, *Teología de la Liberacion: Perspectivas* (Salamanca: Ediciones Sígueme, 1975), 374쪽을 보라.

[99] 구띠에레즈에게 반론의 기회를 주자면 20세기 중반에 이들 용어로 인간과 지구의 관계를 해석한 사람은 구띠에레즈 혼자가 아니었다. 실제로 신학 자료든 일반 자료든 구띠에레즈가 원천으로 삼은 자료들은 이런 유형의 언어를 채택했다. 예를 들어 Marie-Dominique Chenu, *Theology of Work: An Exploration* (Chicago: H. Regnery, 1963); 교황 회칙 『민족들의 발전』 (*Populorum Progressio*); Herbert Marcuse, *The One-Dimensional Man: Studies in the Ideology of Advanced Industrial Society* (Boston: Beacon, 1966) 등을 보라.

것이다. 이렇게 놓고 보면, 가난한 이들을 위한 우선적 선택과 땅을 위한 우선적 선택은 서로 반대편에 놓인 것으로 보인다.

『해방신학』 후반부에서 구띠에레즈는 피조물이 역사 속에서 죄와 은혜의 드라마에 매여 있다고 인정한다. 하지만 그는 곧바로 이러한 우려를 자신의 주제로부터 멀어지게 한다. "'피조물들,' 즉 우주는 죄의 결과로 말미암아 진통을 겪고 있다. 그런 뜻에서 로마서 8장을 인용하면 흥미도 있고 우리의 시야도 넓어질 것이다. 그러나 이 구절은 당면문제에 직접 해당되지는 않는다."[100] 그의 구원론 안에서, 최소한 『해방신학』 속의 발언에서, 그는 땅의 울부짖음을 가난한 이들의 울부짖음과 구분한다. 물론 이 점 때문에 생태해방신학을 구원론과 아울러 발전시키는 데 구띠에레즈를 사용하는 어려움이 있다. 이 어려움은 위에 인용한 인간과 땅의 관계에 대한 구띠에레즈의 기술로 야기된 것이다. 그러므로 그의 사고를 생태해방운동 담론의 굳건한 발언에 필요한 "전통으로 삼기"가 쉽지만은 않다. 어떤 사람들은 구띠에레즈 사상의 이런 요소들 때문에 구띠에레즈를 생태해방운동에서 사용하는 게 부적절하다고 주장하기도 한다.

하지만 후속작에서 구띠에레즈의 견해는 인간과 땅의 관계에 대해 현저히 달라졌고, 그에 따라 그의 구원론의 폭도 달라졌다.[101] 구띠에레즈는 『해방신학』에 나오는 '다스림/지배'(domination)의 언어를 자신이 채택했다는 점을 간접적으로 부인한다. 그 증거는 『욥

---

100) *TL*, 101쪽(『해방신학』, 201쪽). 강조는 내가 한 것이다.
101) 구띠에레즈 사상의 이러한 발전을 강조한 사람 중 하나는 더글라스 로리다. Douglas G. Lawrie, "Gustavo Gutiérrez: From Gratuitousness to Community," in *Creation and Salvation*, vol. 2: *A Companion on Recent Theological Movement*, ed. Ernst Conradie (Zurich: LIT Verlag, 2012)를 보라.

에 관하여』에 나온다. 여기서 그는 욥이 하느님에게 던지는 유명한 주장에 대해 주석한다. 피조물에 대한 하느님의 의도를 욥이 이해할 수 없음을 언급하면서 구띠에레즈는 묻는다. "자연 세계에 존재하는 모든 것이 정말로 인간에게 길들여지고 인간을 섬기라는 의도였을까?" 구띠에레즈는 계속 주장한다.

> 하느님의 말씀들은 피조물들을 보는 순전히 인간중심적 시각을 강력하게 배격하고 있다. 존재하는 모든 것이 인간에게 직접 소용되도록 만들어진 것은 아니다. 따라서 인간은 만물을 자기들의 관점으로 판단해서는 안 된다. 자연계는 피조물들 안에서의 하느님의 자유와 기쁨을 표현하고 있다. 자연계는 원인-결과의 관계라는 협소한 울타리 안에 갇히기를 거절한다.[102]

구띠에레즈는 『해방신학』에서 두드러졌던 피조물을 도구화하는 설명을 분명하게 거부한다.

『생명이신 하느님』에서 구띠에레즈는 이런 맥락에서 땅의 울부짖음과 가난한 이들의 울부짖음 사이에 더 큰 연결 관계가 있다는 것을 구원론의 모체(matrix) 안에서 인식하게 된다. 그는 하느님이 역사 속에서 발견되는 다양한 형태의 압제와 불의에 대항하시고 그렇게 함으로써 생명을 해방하시는 방식에 대해 길게 논한다. 그는 이렇게 말한다.

> 생명에 대해서 언급할 때, 나는 그야말로 모든 생명을 겨냥하고

---

102) *OJ*, 74쪽(『욥에 관하여』, 179쪽).

있다. 홍수 뒤에 맞게 된 창조계의 새로운 시작의 때에 하느님은 노아와 그의 가족에게 계약을 맺어주시면서 이렇게 말씀하셨다. "이제 나는 너희와 너희 후손과 너와 함께 있는 모든 짐승과도 계약을 세운다.… 이것이 땅 위에 있는 모든 창조물들과 나 사이에 세워진 계약의 표이다"(창세 9:9-10:17). 이 계약은 모두가 하느님으로부터 온 각양각색의 생명체와 더불어 체결된 계약이다. 우리가 사는 이 시대에 생태계에 관심을 가지고 이를 돌보아야 하는 것은 참으로 중요하고도 절박한 일인데, … 이를 위한 확고하고도 충분한 토대를 성경에서 찾아볼 수 있다. 만일 우리가 생태계에 대한 전적으로 인간중심적인 해석을 극복할 수만 있다고 한다면 말이다. … 인간 존재들은 "하느님의 모습대로 하느님의 닮은꼴로" 만들어졌다. 그렇기에 이들은 살아 있는 것들 가운데서 특권적인 위치를 차지하고 있고, 또한 하느님과 충만한 친교를 누릴 은총에로 불리었다. 그러나 바울로는 우리에게 창조계 전체가 하느님의 자녀들을 통하여 자체의 해방을 맞을 수 있기를 기다리고 있다는 점을 일깨워주고 있다(로마 8:21-22).[103]

구띠에레즈는 이 대목에서 인간 존재의 존엄성을 제대로 주장하면서 또한 하느님의 구원 행위가 모든 피조물을 끌어안는 언약의 행위라는 것도 인정한다. 아울러 지구와 가난한 이들의 해방은 서로 밀접한 관련이 있다고 주장하는데, 이는 과거에 이 두 가지 주제를 구분하고자 했던 태도에서 달라졌음을 말해주는 것이다. 『욥에 관

---

103) *GoL*, 81-82쪽(『생명이신 하느님』, 168-69쪽).

하여』와 『생명이신 하느님』에서는 구띠에레즈가 일찌감치 생태학적 관심으로 돌아선다. 비록 이러한 관심이 구띠에레즈의 신학에서는 덜 발전한 상태로 남아있지만, 생태학적 관심에 따라 우리가 위에서 살펴본 구띠에레즈의 구원론의 전반적인 변화가 재조정된다면 장차 명확히 진보할 수 있다.

생태해방신학: 질문 던지기, 용어 정의하기

구띠에레즈의 신학을 살펴봄으로써 이제 우리는 그리스도교 생태해방신학의 의미가 무엇이고 무엇이 요구되는지 좀더 잘 이해할 수 있게 되었고, 이 신학을 설명하는 방식에 대해서도 기술할 수 있게 되었다. 이들 두 관련된 주제 중에서 첫 번째는 간단하다. 생태해방신학을 이야기하는 것은 질문을 던지는 것이다. "구원의 신비, 해방, 창조세계 돌보기 사이에는 어떤 연관이 있는가?"[104] 그리스도교 생태해방운동 담론은 문제가 되는 그 세 용어 사이의 적극적인 관계를 보여주어야 한다.

이 중심적 질문의 표현은 구띠에레즈가 『해방신학』에서 던진 핵심 질문에서 따온 것이다. 그렇다면 구원과 해방과 창조세계 돌보기 사이의 적극적인 관계를 설명하려면 우리가 구띠에레즈의 논증의 윤곽을 따르되 그 주장의 폭을 적절히 수정하면 된다고 말하는 것이 합리적이다. 그래서 이런 방향으로 가려면 앞에서 설명한 세

---

104) "창조세계 돌보기"라는 용어는 일부 생태신학자들 사이에서는 의심쩍게 여길 수밖에 없을 것이다. 그렇지만 이 용어는 내가 위에서 주장한 인간의 책임에 대한 견해와 일치한다.

가지 기본 움직임을 따라야 한다. 첫째, 생태해방신학은 역사의 단일성(one)을 긍정해야만 하고, 역사와 자연 사이에도 단일성(unity)이 깔려있다는 점도 긍정해야 한다. 역사를 이렇게 생태-사회적 현상으로 이해하게 되면 해방운동이 가진 인간 이해도 근본적으로 재고하게 된다. 해방신학은 전통적으로 인간을 관계-속-인간(a person-in-relation)으로 이해했다. 인간을 이렇게 관계로 이해하는 것은 해방운동이 사회적 죄 개념을 가지고 있다는 것을 인정하는 것이다. 인간은 자신이 속한 사회적 역사적 관계에 의해 구성되기 때문에 개인적 죄도 사회적 역사적 성격을 가진다. 생태해방운동의 인간 개념은 인간이 관계-속-인간이라는 점을 인정해야 한다. 하지만 이 경우 인간의 관계적 성격이 사회적 모체(a social matrix)에서 생태 사회적 모체(an eco-social matrix)로 확장된다. 다시 말해서, 역사와 인간 모두 그 생태 사회적 성격에 의해 정의된다. (독자들이 이미 알고 있듯이 역사와 인간에 대한 이러한 개념은 이 책의 서론에서부터 언급되었고, 정치-생태론적 분석을 진행해야 한다는 이 장의 요청을 통해 주장되었고, 이 책에서 앞으로도 계속 다루게 될 것이다.)

둘째, 그리스도교 생태해방운동 담론은 가난한 이들을 위한 우선적 선택과 지구를 위한 우선적 선택이 서로 연관되고, 하느님의 구원하시는 은혜에 대한 신실한 응답에 뿌리를 두는 방식에 대해 설명할 필요가 있다. 이들 우선적 선택이 예수 그리스도의 하느님에 대한 신실한 응답에서 나온다는 것을 설명해야 하는 것이다. 다른 말로 하면, 생태해방신학은 하느님 사랑이 서로 연관된 이웃 사랑과 지구 사랑을 통해 표현된다는 견해를 그리스도교가 지지할 수 있는 방법을 수립해야 한다. 이 설명은 중요한 구원론적 의미를 지닌다. 하느님 사랑이 우리를 죄로부터 멀어져 하느님과의 친교로 이끌기 때문에(이것이 구원 체험이다), 하느님 사랑이 이웃과 지구 사랑으로 표현된다는 설명은 이웃과 지구를 사랑하는 것이 하느님의 구원 사역을 화육(성육신)적으로 증언하는 것이고, 이를 미리 체험하는 것이라는 사실을 우리가 인정하도록 만든다.

셋째, 오늘날의 생태-사회적 상황에서 해방의 언어를 회복해야 할 이유를 수립하는 것이 생태해방신학의 의무이다. 다시 말해서, 종말론적이고 변증법적인 틀을 활용하여, 해방운동의 표현을 사용하는 것이 교회 공동체와 인간 공동체들이 오늘날 세상에서 지구와 가난한 이들을 위한 우선적 선택을 표명하도록 요구받게 된 과정을 명확히 설명하는 데 왜 적합한지를 설명할 필요가 있다. '지속 가능한 개발'과 '생태학적 근대화'라는 용어가 오늘날 채택된 이유가 당대의 세계화 프로젝트를 정당화하기 위한 것이라는 점은 주목할 만하다. 이들 용어는 구띠에레즈가 개발주의 체제로부터의 해방을 요구하며 비판했던 '개발'과 '근대화'라는 용어와 확실히 닮았다. 따라서 이어지는 장들의 분석은 세계화 프로젝트와 '지속 가능한 개발,' '생태학적 근대화' 등 합법화를 위한 용어들의 기능에 대해 자세히 들여다볼 것이다. 그런 다음 이 프로젝트로부터의 '철저한 단절'이 얼마나 필요한지를 살펴볼 것이다.[105]

---

105) 그러므로 이 책에서 생태학적 관심사와 관련된 활동에 있어 해방의 언어를 회복하려고 시도하는 방식은 시데리스의 비판에 해당되지 않는다. 시데리스는 생태신학이 종종 "생명 해방"을 요청하는 것과 같은 모호한 태도를 비판했다. 시데리스는 이러한 요청은 불충분한 결정이라며 이렇게 썼다. "'해방'과 '압제'는 너무나 자주 그저 서로를 참고하여 정의된다. … 생명이 **전반적으로** 어떤 점에서 압제로부터의 해방이 필요한지 분명하지 않다." Sideris, *Environmental Ethics*, 113쪽을 보라(강조는 시데리스가 한 것이다.) 현재의 주장은 세계화 프로젝트를 질문의 대상으로 삼고 이 프로젝트를 합법화하는 데 일조하는 지속 가능한 개발과 생태학적 근대화의 언어에 질문함으로써 "해

결론

구띠에레즈의 신학은 생태해방신학을 주장하는 데서 앞으로 나아가기 위한 개요를 제공해 준다. 이와 동시에 실제로 그 길로 나아가려면 구띠에레즈의 사상을 넓히고 전통화(traditioning)할 필요도 있다. 전통화 작업을 위해서는 구원과 해방과 창조세계 돌보기가 서로 적극적으로 관련되어 있는 방식을 명확하게 해 줄 몇몇 대화 상대가 있다. 특히 프란치스코 교황의 비전, 특별히 회칙 『찬미받으소서』(*Laudato Si*)에서 언급한 내용은 이 당면 과제의 틀을 짜고 활력을 불어넣는 데 도움이 된다. 『찬미받으소서』가 여러 담론에서 흔히 프란치스코 교황의 "환경회칙"으로 기술되고 있지만, 사실 이런 기술은 교황의 주장을 제대로 반영하지 못한 것이다. 내가 이 책 서론에서 이미 언급한 것처럼, 이 회칙은 세상을 돌보는 데서 서로 연관된 생태학적 사회경제학적 함의를 반영하는 것으로 이해해야 한다. 회칙 『찬미받으소서』의 비전은 그 성격상 정치-생태론적이다.[106]

프란치스코 교황은 생태해방신학의 발전에서 출발점이 되어야 할 자연과 사회 사이의 밑에 놓여 있는 단일성을 지적한 것뿐만 아니라 회칙 전반에 걸쳐 세상에 대한 돌봄을 제대로 실천하려면 지구의 울부짖음과 가난한 이들의 울부짖음 모두에 응답해야 한다고

방"이 생태학적 관심사에 적절하다는 것을 구체화하는 역할을 한다.
106) 『찬미받으소서』의 관심사의 범위는 "공동의 집을 돌보는 것에 관하여"라는 부제에 살짝 내포되어 있다. 경제학과 생태학 토론 모두에서 자주 언급되는 내용인데 "집"에 해당하는 라틴어 단어는 *oikos*고, 여기서 "생태학(ecology)"과 "경제학(economy)"이라는 말이 나왔다.

분명히 말한다. 우리가 앞으로 보게 되겠지만 프란치스코 교황은 이 응답의 뿌리를 하느님에 대한 신실함에 둔다. 더 나아가 이 회칙은 철저한 사회문화적 변화의 시급한 필요를 주장한다는 점에서 구띠에레즈의 글과 비슷하다. 그러므로 『찬미받으소서』는 생태해방신학을 주장하기 위해 구띠에레즈의 사상을 확장하는 과업에 유용하다. 이러한 공통점은 이 회칙이 근대 가톨릭 신학 전통인 총체(통합)주의—구띠에레즈 역시 중요하게 관여한 전통—을 생태-사회적 정서에 따라 발전시킨 방식과 관련하여 특히 그러하다.[107] 그러므로 다음 장의 논의는, 구띠에레즈와 프란치스코 교황을 살펴보는 것부터 시작하여, 총체(통합)주의 전통으로 향하게 되고 구원과 해방과 창조세계 돌보기 사이의 관계를 명확히 하려고 한다.

---

107) 여기서 나는 자크 마리탱의 "완전한 인본주의"와 함께 출현하여 이후 교황 바오로 4세와 그 후대 교황들이 활용한 총체주의 전통을 말하는 것이다. Jacques Maritain, *Integral Humanism: Temporal and Spiritual Problems of a New Christendom*, Joseph W. Evans 번역 (New York: Scribner, 1968)과 http://w2.vatican.va에 있는 바오로 4세의 『민족들의 발전』(*Populorum Progressio*)을 보라. 일반적으로 프란치스코 교황의 총체주의 개념은 세속 정치 질서의 진실성을 존중하고자 하면서도 구원 역사와 세속 역사를 통합하려고 시도한다. 그러므로 그리스도교 세상을 다시 설립하려고 했고 파시스트 경향을 보였던 19세기와 20세기의 초기 총체주의 형태와는 구분되어야 한다.

2장

통합생태론

해방운동의 개념

    1장에서 구스타보 구띠에레즈의 글을 다루면서 나는 생태해방신학을 말하는 것은 "구원과 해방과 창조세계 돌보기 사이의 관계는 무엇인가?" 하는 질문을 던지는 것이라고 말했다. 이 질문에 어떻게 대답할지를 생각하면서 나는 구띠에레즈와 프란치스코 교황 각자의 사상을 한데 모아 문제가 되는 그 세 용어 사이의 적극적인 관계를 설명하고자 했다. 이 장의 기본 과제는 구띠에레즈의 (『해방신학』에서 매우 중요한) 총체적 해방(integral liberation)과 프란치스코 교황의 (『찬미받으소서』의 핵심인) 통합생태론(integral ecology) 개념에 초점을 맞추어 이 담론을 만들어내는 것이다. 이들 개념이 한데 어우러지면 구원과 해방과 창조세계 돌보기가 밀접하게 관련되는 방식을 설명하는 틀을 수립할 수 있다.

    앞으로 보게 되겠지만 프란치스코 교황은 통합생태론 개념을 통해 죄와 은혜의 동력을 정치-생태론적 관점에서 파악한다. 다시 말해서 통합생태론은 죄의 소외시키는 결과를 (아울러 암묵적이긴 하지만 은혜의 구원하는 힘을) 하느님, 이웃, 지구와 인간의 관계라는 관점에서 제시한다. 더 나아가 이들 관계가 서로 밀접하게 연결된 것으로 이해한다. 통합생태론 개념은 또한 죄와 은혜가 어떻게 세상 속에서 작동하면서 역사적 현실의 정치-생태론적 성격을 형성하는지를 규명하는 데 도움을 준다.[1]) 앞으로 설명하겠지만 통합생태론 개념은 그 자체로 해방운동 개념으로 이해할 수 있다. 하느님의 구원하시는 뜻과 일치하도록 당대의 세계화 프로젝트를 철저히 변화시키도록 요구하는 개념인 것이다.

이쯤이면 독자들도 추측할 수 있을 것 같은데, 회칙 『찬미받으소서』 보다 40년 정도 앞선 구띠에레즈의 총체적 해방 개념은 죄와 은혜와 역사의 동력을 (인간의 하느님과 이웃과의 관계에 초점을 맞추어) 주로 정치경제적 관점에서 제시한다. 그러니까 통합생태론은 총체적 해방 안에서 작동하는 틀을 확장한 셈이다. 그렇다면 그리스도교 생태해방운동 담론을 발전시키기 위한 출발점으로 통합생태론 개념을 이해하는 데 굳이 구띠에레즈의 개념을 알아야 할까 하는 생각이 들 수도 있다. 하지만 그런 생각은 현명하지 못하다. 왜냐하면 회칙 『찬미받으소서』가 통합생태론 개념에 주의를 기울이도록 하는 내용들에 대해 이 회칙은 그 개념을 간단하게 정의하지도 않고 그 구조와 동력을 명확하게 설명하지도 않기 때문이다. 따라서 이 회칙의 중심에 자리한 통합생태론은 불투명하다는 문제가 있고, 모호하게 긍정하거나 완전히 오해할 위험이 있다. 이런 어려움을 고려한다면, 구띠에레즈의 총체적 해방 개념은 복잡한 통합생태론 개념을 이해하는 데 중요한 역할을 할 수 있다. 우리는 지난

---

1) 따라서 통합생태론 개념은 역사의 단일성을 전제할 뿐만 아니라 지구의 생태학적 형성 과정을 역사와 구분할 수 없다고 전제한다.

수십 년간 좀더 명확히 정의된 구띠에레즈의 개념을 분석하여 (구띠에레즈가 총체적 해방의 세 단계로 묘사한) 총체주의의 "수직적" 구조와 이 구조 안에서 작동하는 동력을 설명할 수 있다. 구띠에레즈의 개념 안에서 작동하는 구조와 동력을 이해하게 되면 구띠에레즈가 어떻게 역사와 구원 역사 사이의 단일성을 생각하는지를 좀더 잘 이해할 수 있다. 그렇게 되면 우리는 프란치스코 교황이 총체주의를 정치-생태론적으로 어떻게 해석하는지를 도표로 나타낼 수 있는 개념의 틀을 얻게 된다. 통합생태론 개념이 창조세계 돌보기를 추가함으로써 총체주의 담론의 초점을 확장하는 반면, 구띠에레즈는 프란치스코 교황이 사용한 개념의 구성과 동력을 이해하는 방법을 제공한다.

정리하자면 이 장은 (1) 총체적 해방을 구성하는 해방의 세 단계를 설명하고, (2) 이 세 단계가 서로 관련되는 방식을 설명하고, (3) 프란치스코 교황의 통합생태론 개념이 총체적 해방의 구조 위로 도표화되는 과정을 보여주고, (4) 프란치스코 교황의 통합생태론 개념이 역사적 현실의 철저한 변화를 요청하는 데서 구띠에레즈의 개념과 제휴하는 방식을 설명한다.

총체적 해방

구띠에레즈에 따르면 해방은 인간 삶의 세 가지 서로 다르지만 "상호 침투하는" 단계 또는 차원에서 실현된다.[2] 나는 이들을 (1) 사

---

2) Gustavo Gutiérrez, *A Theology of Liberation* (Maryknoll, NY: Orbis Books, 1973), 24쪽. (이후로는 *TL*)

회구조적 단계, (2) 문화적/심리적 단계, (3) 신학적 단계로 정의한다.[3] 구띠에레즈에게 사회구조적 단계는 제도와 정책이 사회를(특별히 사회의 경제적 물질적 자원을) 조직하고 구성하는 인간 삶의 차원을 말한다. 따라서 사회구조적 차원은 사회의 양적이고 경험적으로 측정 가능한 요소를 나타낸다. 그러므로 이 단계에서의 해방은 불의한 사회 구조, 억압적인 정치 체제, 불의를 구성하고 지지하는 기관과 법률 등을 변화시킴으로써 실현된다.[4]

사회구조적 단계가 특별히 사회의 양적 요소를 말한다면, 문화적/심리적 단계는 인간 삶의 좀더 질적인 차원을 말한다. 이 두 번

---

[3] 『해방신학』에서 구띠에레즈는 두 번째 단계를 "역사 속에서 인간이 되는 단계"로 설명한다. 하지만 이렇게 불분명한 명명 때문에 이 용어가 무엇을 나타내는지에 대해 커다란 혼선이 빚어졌다. 따라서 나는 두 번째 차원을 좀더 명확히 기술하기 위해 '문화적/심리적'이라는 용어를 쓰기로 했다. *TL*, 17-22, 24-25쪽에 있는 논의를 보라. 구띠에레즈의 개념에 대해 도움이 되는 논의로 Miguel Manzanera, *Teología, salvación en la obra de Gustavo Gutiérrez: Exposición analíca, situación teórico-práctica y valoración crítica* (Bilbao: Universidad de Deusto: Mensajero, 1978); Dean Brackley, *Divine Revolution: Salvation and Liberation in Catholic Thought* (Eugene, OR: Wipf and Stock, 1996) 특히 72-77쪽; James Nickoloff, "Church of the Poor: The Ecclesiology of Gustavo Gutiérrez," *Theological Studies* 54 (1993): 512-35쪽을 보라.

[4] 사회구조적 단계가 무엇을 의미하는지 명확히 하기 위해 미국의 역사 속 상황과 현재 상황에서 구체적 사례를 들 수 있다. 1934년부터 1968년까지 연방주택국(FHA)은 미국 내 흑인들에게 대출 보증 서기를 거부했다. 이런 인종차별 정책은 계속해서 흑인 공동체에 해로운 영향을 끼쳤고, 흑인들은 20세기 대부분의 기간 동안 미국에서 부를 축적하기 위한 가장 안정된 경로를 택할 수 없었다. FHA의 정책과 그것이 사회에 끼친 명백한 영향은 역사적 현실의 사회구조적 차원의 한 가지 사례이다. 이 사례와 관련하여 해방과 정의 수립은 정책을 뒤집는 데서 그칠 것이 아니라 체제가 부를 강탈해간 것에 대한 배상도 포함되어야 한다. 이 영향에 대한 날카로우면서도 이해하기 쉬운 논의를 보려면 https://www.theatlantic.com에 있는 Ta-Nehisi Coates, "The Case for Reparations," *Atlantic*, June 2014를 보라.

째 단계에서 특별한 질문의 대상이 되는 것은 가치체계, 세계관, 인간 개인과 공동체의 정체성 등이다. 따라서 문화적/심리적 단계에서의 해방은, 비인간화하고 비하하는 자기이해, 상상, 가치체계 등으로부터 멀어지도록 인간 개인과 공동체의 생각을 변화시키는 것이다.[5]

마지막으로, 구띠에레즈의 도식 안에서 해방 경험은 현실의 신학적 단계에서 가장 깊은 표현을 발견하게 된다. 이 단계에서 해방은 구원을 의미한다. 즉 죄로부터의 해방과 하느님과 이웃과의 친교를 의미한다.[6] 이 대목의 중요성을 이해하려면 우리는 현실의 신학적 단계를 좀더 자세히 설명해야 한다. 구띠에레즈가 볼 때 신학적 단계는 이중 의미로 이해할 수 있다. 한편으로 현실의 신학적 차원은 인간 경험 전체를 아우른다(즉 현실의 사회구조적 단계와 문화적/심리적 단계). 왜냐하면, 1장에서 설명한 것처럼, 모든 역사는 은혜와 죄의 동력 안에 포함되고 그 관계에 의해 형성되기 때문이다.

---

[5] 각주 4에서 사용한 사례를 통해 보자면 FHA의 인종차별 정책(그리고 이 정책이 사회를 구성해온 방식)은 흑인에 대한 인종차별주의라는 일반적인 문화환경과 밀접한 관련이 있다는 것을 고려해야 한다. 이 사례를 통해 볼 때 해방의 두 번째 단계는 이 문화의 인종차별주의 경향으로부터 단절할 필요가 있다. 구띠에레즈가 문화적 비하의 대상인 사람들은 이런 압제를 내재화하고 그것과 동일시할 수 있다고 강조했다는 것은 중요하다. 다시 말해 인간은 비인간으로의 정체성 변화를 내재화할 수 있다는 것이다. 그러므로 두 번째 단계에서의 해방은 악하게 타락한 문화적 가치를 자행하고 그로부터 유익을 얻는 특권층에게만 필요한 것이 아니라 그들 때문에 타락하게 된 개인과 단체에게도 필요하다.

[6] 구띠에레즈가 쓴 것처럼, "구세주 그리스도는 인간 우애의 유린과 불의와 모든 압제의 근본 원인인 죄에서 인간을 해방시킨다. 그리스도는 인간이 참으로 자유로운 몸이 되게 만든다. 다시 말해서 인간이 그리스도 당신과 상통하여 살 수 있게 하신다. 이 상통이야말로 모든 형제애의 토대가 된다."(*TL*, 25쪽. 『해방신학』, 58쪽)

죄로부터의 해방(구원)은 정확히 삶의 사회구조적 차원과 문화적/심리적 차원에서의 해방 활동을 통해 실현된다.[7] 어떤 의미에서는 죄로부터의 해방이 역사 속에서 익명으로 일어날 수 있다.[8]

하지만 다른 한편으로 인간 삶의 신학적 차원은 또 인간 개인과 신앙 공동체가 하느님, 그리고 세상에 대한 하느님의 관련성에 대해 갖고 있는 명백한 인식, 언어, 경험도 뜻한다.[9] 이 두 번째 의미에서 인간 경험의 신학적 차원은 그리스도교 계시의 원천을 통해 주제별로 드러나고, 교회 공동체의 이야기, 상징, 기도, 의식을 통해 매개

---

7) 이런 맥락에서 구띠에레즈는 이렇게 썼다. "압제적 구조, 인간에 의한 인간의 착취, 민족들과 인종들 사이에 또 사회계급 사이의 지배와 노예제도 속에 죄는 엄연히 현존한다. 그러므로 죄는 근본적 인간 소외이며, 불의와 착취라는 상충의 근본 원인이 되고 있다. 죄가 그 자체로 포착되는 일은 없으며 반드시 구체적 순간에 특정한 소외에서 포착된다"(*TL*, 103쪽. 『해방신학』, 205쪽).

8) 구띠에레즈는 조금은 불확실하게 칼 라너와 가장 밀접하게 관련된 개념인 "익명의 그리스도교" 개념을 언급한다(*TL*, 45쪽을 보라.) 몇 가지 이유로 라너의 개념이 여전히 논쟁의 소지가 있긴 하지만 프랜시스 카포니는 은혜의 비동일시(nonidentification of grace)와 절대적 계시를 주장함으로써 최소한 잠재적으로 은혜의 동력이 우주적으로 작동한다는 것을 긍정하되 그리스도교의 정체성은 절대적 계시와 밀접한 관련이 있도록 함으로써 이 개념을 비판적으로 전유할 수 있는 길을 제시했다. Francis J. Caponi, "A Speechless Grace: Karl Rahner on Language," *International Journal of Systematic Theology* 9, no. 2 (2007): 200-201쪽을 보라. 카포니가 옹호하는 이 구분은 구띠에레즈가 『해방신학』에서 설명하는 신학적 비전 안에서 은연중에 작동하는 것으로 보인다.

9) 여기서 로저 해이트의 주장이 도움이 된다. 해이트는 인간 경험의 신학적 차원이 "엄밀한 의미에서 세상에 대해 새로운 지식을 추가하지 않는다. 하지만 그리스도교의 상징은 유한한 현실에 대한 우리의 일상적이거나 과학적 지식을 변화시키는 초월을 경험하도록 매개한다."라고 주장한다. Roger Haight, *Dynamics of Theology* (Maryknoll, NY: Orbis Books, 2001), 1-2쪽을 보라. 각주 4와 5에서 다루었던 사례를 통해 보자면 신학적 단계는 우리가 인종차별 환경과 인종차별 정책을 악하다고 명명하도록 (그래서 그렇게 체험하도록) 해준다. 또한 우리가 인종차별과 인종차별 정책으로부터의 해방 경험을 하느님의 구원하시는 은혜 체험으로 명명하도록 해준다.

된다.¹⁰⁾ 계시는 은혜, 평화, 하느님 사랑 등을 설명하고 명백히 하며, 그렇게 함으로써 성령의 권능과 역사를 통해 우리를 하느님과의 친교로 더욱 가까이 이끈다.

현실의 신학적 차원의 이 두 번째 의미 안에서 구원 경험은 구띠에레즈가 영적 가난으로 설명한 것과 밀접한 관련이 있다. 영적 가난은 인간이 자신을 (그리고 자신의 죄로 물든 개념과 욕망을) 하느님께 맡기고 하느님의 뜻을 알고 그 뜻에 따르는 데에 좀더 열린 태도를 취하는 자기비움 과정(kenotic process)을 말한다.¹¹⁾ 이와 같은

---

10) 구띠에레즈는 이렇게 썼다. "교회의 최우선의 과제는 그리스도의 죽음과 부활을 통해서 인류 안에 행하신 하느님의 구원프로젝트를 기쁘게 경축하는 일이다. 이것이 곧 성찬이다. 기념제이자 감사제인 성찬이다. 성찬은 그리스도의 기념제이다. 그분 생애의 의미, 곧 타인들을 위한 전적인 헌신을 항상 새롭게 받아들이는 기념제이다. 아울러 성찬은 그리스도교 사건에서 드러난 하느님의 사랑에 사례하는 감사제이다"(*TL*, 148쪽, 『해방신학』, 295쪽). 메리 캐서린 힐커트의 "신앙으로 해석된 경험"은 총체적 해방 안에서 신학적 차원의 기능을 적절히 기술해준다. 요컨대 총체주의의 신학적 차원은 우리가 역사 속에서 경험하는 죄와 하느님의 구원하시는 은혜를 명명할 용어를 우리에게 제공해준다. 힐커트는 이렇게 썼다. "인간의 경험은 해석된다. 우리는 이해나 인식을 위한 틀 같은 것 없이 인간의 경험을 날것으로 얻지 않는다. 우리는 전통의 맥락 안에서 우리의 삶을 해석한다. … 우리에게는 언어가 주어졌다. 언어는 우리가 만든 것이 아니다. 따라서 인간 경험의 심연이나 한계에서 하느님이나 은혜를 인식함을 말할 때 우리는 우리 경험의 더욱 깊은 차원에 대해 경고하고 그 차원을 명명할 언어를 주는 신앙 전통의 틀 안에서 말하는 것이다." Mary Catherine Hilkert, "Naming Grace: A Theology of Proclamation," *Worship* 60, no. 5 (1986): 444쪽을 보라.

11) *TL*, 169-71쪽(『해방신학』, 328-332쪽). 그리고 Gustavo Gutiérrez, *We Drink from Our Own Wells: The Spiritual Journal of a People* (Maryknoll, NY: Orbis Books, 1984), 126-27쪽 (이후로는 *WDFOOW*). 겸손의 덕이 무비판적으로 채택되었을 때에 대한 발레리 세이빙(Valerie Saiving)의 고전적인 비평에 따라 페미니즘 신학자들은 자기비움과 영적 가난 같은 개념에 대해 타당한 의구심을 표현해 왔다. 결국 이들 개념은 피지배민들에게 지배를 수용하도록 안내하는 데 기여할 수 있다. 하지만 구띠에레즈가 영적 가난을 재소환한 것은 이런 우려를 극복한 것이다. 실제로 구띠에레즈의 재소환은 이 개념을

지속적 과정을 거쳐 우리의 생각은 그리스도의 마음에 좀더 온전히 부합하게 된다(고전 2:16). 그리스도의 마음은 예수의 하느님 통치 선포, 실행, 구현 등을 통해 가장 분명하게 드러나고, 하느님의 "가장 잊혀진 자들에 대한 매우 생생하며 따끈따끈한 기억"을 드러낸다.[12] 구띠에레즈가 강조하는 것처럼, 우리가 하느님의 뜻에 자신을 더 깊이 열수록 성령은 우리를 역사 속 해방 작업으로 더욱 이끈다.[13] 그는 이렇게 썼다. "하느님을 아는 것은 정의를 행하는 것이다."[14]

이렇게 악용하는 것을 직면하여 해체한다. 영적 가난 개념을 재소환하면서 그의 근본 우려 중 하나는 소외된 사람이 비인간이라는 정체성을 내면화할 수 있다는 것이었다. 세상이 어떤 사람을 온전한 인간보다 열등하게, 혹은 "비인간"으로 취급할 때, 그 사람이 그런 압제적인 취급을 믿고서 마음속에 내면화할 수 있다. 압제를 내면화하게 되면 불의한 상황을 수용하는 것으로 이어진다. ("내가 비인간이라면 나는 그런 취급 받아도 싸다.") 따라서 하느님께 맡긴다는 것은 삶을 부정하는 정체성 모두를 맡긴다는 것이고, 그렇게 세상에서 작동하는 다양한 지배체제에 저항하고 이를 변화시키는 사고와 주체적 역량을 해방하는 것이다. 이것이 그가 가난한 이들이 자기 운명의 주인이 될 가능성을 주장한 이유이다. *TL*, 14, 91쪽; Gustavo Gutiérrez, *The Power of the Poor in History* (Maryknoll, NY: Orbis Books, 1983), (이후로는 *PPH*) 37쪽.

12) 구띠에레즈는 주님과의 은혜로운 만남이 우리를 그리스도의 마음에 부합하도록 허락하는 만남이지만 우리는 결코 하느님의 신비에 침투할 수 없다고 분명히 말한다. 이 점에 대해 구띠에레즈는 아퀴나스를 인용하거나 다음처럼 풀어쓰기를 좋아한다. "우리가 하느님에 대해 모르는 것이 우리가 아는 것보다 훨씬 크다." Gustavo Gutiérrez, *Density of the Present: Selected Writings* (Maryknoll, NY: Orbis Books, 1999), 145쪽; 그리고 Gustavo Gutiérrez, "Memory and Prophecy," in *The Option for the Poor in Christian Theology*, ed. Daniel Groody (Notre Dame, IN: University of Notre Dame Press, 2007), 19쪽을 보라.

13) 이런 맥락에서 구띠에레즈는 이렇게 썼다. "해방하시고 정의를 실행하시는 하느님께 바쳐드리는 기도는 우리를 역사 과정으로부터 물러나게 만들지 않는다. 오히려 그것은 우리로 하여금 그 속에 깊이 잠겨 들어서 우리 자신이 책임 있게 가난하고 억압받는 사람들과 연대를 이루도록 촉구하는 것이다." Gustavo Gutiérrez, *The God of Life* (Maryknoll, NY: Orbis Books, 1991), (이후로는 *GoL*) 47쪽(『생명이신 하느님』, 109쪽).

총체적 해방의 내부 동력

총체적 해방 개념을 소개하면서 나는 구띠에레즈가 총체적 해방의 단계를 "상호 침투하는" 것으로 기술했다고 설명했다. 단계들 간의 관계를 이런 식으로 기술함으로써 구띠에레즈는 현실의 한 단계의 해방이 다른 두 단계의 해방을 형성하고 그것들에 의해 형성된다고 설명하는 것이다.[15] 따라서 구띠에레즈는 총체적 해방을 "단일하고 복잡미묘한 과정"이라고 기술한다.[16] 실제로 내가 방금 언급한 것처럼 현실의 사회구조적 차원과 문화적/심리적 차원이 신학적 차원에 참여한다. 하지만 여기서는 총체적 해방의 세 단계 사이의 관계의 복잡미묘함을 다 다루지는 않을 것이다. 구띠에레즈 해석가들은 종종 이 과정의 미묘한 차이를 간과하거나 오해했다. 따라서 구띠에레즈가 해방의 세 단계 사이의 관계를 이해하는 방식에 주의를 기울이는 것은 중요하다. 이 과정의 동력을 더 잘 이해하기 위해서 나는 먼저 총체적 해방의 첫 번째와 두 번째 단계 사이의 관계를 간단히 살펴보려고 한다.

초기 해방운동가들이 사회를 분석할 때 문화가 단지 사회경제적 구조의 상부구조일 뿐이라는 마르크스의 입장을 받아들였다는 것은 잘 알려져 있다. 이 입장에 따르면, 총체주의의 첫째 단계인 사회경제적 형태가 실제로 세상에 질서를 부여하는 것이고 둘째 단계인 문화적 형태는 그저 부수현상일 뿐이다. 또는 피터 버크가 비유적인 용어로 표현한 것처럼 사회경제적 형태는 '케이크'를 구성하는 것이

---

14) Gutiérrez, *TL*, 110쪽.
15) 구띠에레즈는 이렇게 썼다. "이들 서로 다른 단계는 깊이 연관되어 있다. 다른 단계 없이 어떤 단계가 일어나지 않는다." (위의 책, 137쪽)
16) 위의 책, 25쪽.

고 문화적 형태는 '크림'을 구성하는 것이다.[17] 현실을 이렇게 해석한다면, 의미 있고 지속되는 모든 사회적 변화는 현실의 사회경제적 단계에서 일어나는 것이다. 문화적 변화는 해방의 과정에서 부차적이거나 사소한 것으로 여겨진다.

대니얼 벨 주니어는 경제학에 대해 고전적인 마르크스주의 개념을 채용한 이론가들과 학자들은 흔히들 정치 행위를 "정치적 수완(statecraft)" 정도로 축소시키는 문제가 있었다는 점을 발견했다.[18] 이들 마르크스 지지자들에게 정치적 해방을 위한 투쟁은 강압적 힘(즉 국가와 합법적 권한들에 의해 행사되는 합법적 권력)을 사용하여 사회의 사회경제적 구조를 변화시키려는 노력과 완전히 동일시된다. 벨에 따르면, 여기서 문제가 되는 것은 고전 마르크스주의자들의 경제학과 정치에 대한 해석이 잘못 되었다는 것이다. 사회 구조는 단지 강압적인 힘을 사용하는 것으로 만들어지고 유지되는 것이 아니다. 도시의 질서는—인간 개인과 공동체의 가치와 욕망을 정리하는—"목회적 힘(pastoral power)"에 의해 형성되고 합법화되는 것이다.[19] 벨은 이 두 번째 형태의 힘이 도시의 생성과 유지에 필수라

---

17) Peter Burke, *History and Social Theory*, 2nd ed. (Ithaca, NY: Cornell University Press, 2005).
18) 위의 책, 116쪽. 벨은 구띠에레즈의 정치 개념도 마찬가지라고 했다. Daniel Bell, Jr., *Liberation Theology after the End of History: The Refusal to Cease Suffering* (London: Routledge, 2001)과 Daniel Bell Jr., "'Men of Stone and Children of Struggle': Latin American Liberationists at the End of History," *Modern Theology* 14 (1998)에서 구띠에레즈의 사상에 대한 벨의 설명을 보라.
19) 그래서 벨은 이렇게 썼다. "문화와 정치는 … 경제적 현실을 단순히 반영하는 것이 아니다. 도리어 경제를 생산하고 재생산한다. 마찬가지로 생산의 경제적 힘은 단순히 문화적 형태를 … 결정하는 것이 아니다. 도리어 생산의 경제적 힘이 곧 문화/정치적 형태이다"(Bell, "Men of Stone," 125쪽). 강조는 벨

고 주장한다. 따라서 벨은 정치적 힘이 현실의 사회구조적 차원 위에서 기능하는 방식을 설명하지 못하는 해방운동가들은 해방의 정치, 곧 사회를 진짜로 변화시킬 수 있는 정치를 효과적으로 생각해내는 자신들의 능력을 발휘하지 못하는 것이라고 주장한다.[20]

전통적 마르크스주의의 정치경제학 해석에 대한 벨의 비평(미셸 푸코와 질 들뢰즈의 사상에서 도출한 비평)에 비추어 볼 때 구띠에레즈가 사회를 전통적 마르크스주의의 의미로 생각하지 않았다는 점을 언급하는 것이 중요하다. 구띠에레즈가 볼 때 문화 형성은 세상의 사회경제적 형성에서 지엽적인 것이 아니고, 나아가 해방의 과정에서도 그렇다. 구띠에레즈에 따르면, 오히려 역사적 현실의 사회구조적 차원에서의 변화는 문화적 가치 변화 및 인간 욕망의 재정리(즉 둘째 단계의 해방과)와 밀접한 관련이 있다. 후자 없이는 전자 역시 언제나 제한되는 문제가 있다. 구띠에레즈는 마태복음의 세금 이야기에 대한 해석을 통해 이러한 평가에 대해 생생하게 설명한다. 이 유명한 이야기에서 바리새파 사람들이 예수에게 다가와 카이사르에게 세금을 바치는 것이 합법인지를 묻는다. 예수는 바리새파 사람들이 자기를 떠보려는 걸 알고서 이렇게 답한다. "이 위선자들아, 어찌하여 나의 속을 떠보느냐? 세금으로 바치는 돈을 나에게 보여라.⋯ 이 초상과 글자는 누구의 것이냐?" 바리새파 사람들이 카이사르의 것이라고 답하자 예수는 이렇게 답한다. "그러면 카이사르

이 한 것이다. 벨은 이 견해를 *The Economy of Desire: Christianity and Capitalism in a Postmodern World* (Grand Rapids, MI: Baker Academic, 2012)에서 발전시킨다.

[20] 벨은 이렇게 썼다. "세계화 시대에 해방운동가들을 자본주의 질서로 이끄는 것은 정확히 이러한 [정치를 정치적 수완으로 여기는] 몰입(commitment)이다." Bell, "Men of Stone," 115쪽.

의 것은 카이사르에게 돌리고 하느님의 것은 하느님께 돌려라"(마태 22:15-21). 이 본문에 대해 구띠에레즈는 이렇게 설명한다.

> 동전에는 그 소유주의 초상이 새겨져 있다. 돈은 로마의 억압 세력에 속해 있는 것으로서, 되돌려주어야만 한다. 이 문제는 중요하다. 왜냐하면 만일 바리사이의 질문이 세금을 바치지 않을 수 있는 가능성을 시사하는 것이라면, 여기에는 또한 그 돈을 그대로 간직할 수 있는 가능성이 시사되고 있는 것이기 때문이다. 이들의 콧대 높은 민족주의도 이들로 하여금 돈을 포기하도록 만들 정도에까지는 이르지 못하였다. 그런데 예수께서는 문제의 근본 뿌리에로 내달으신다. 곧 돈에 대한 일체의 의존이 근절되지 않으면 안 된다는 말이다. 외국의 정치적 지배를 내던져버리는 것으로는 결코 충분치가 않다. 그들은 돈에 대해 집착함으로써 야기되는 억압과 그런 집착이 만들어낼 수 있는 다른 사람들에 대한 착취 가능성들을 떨쳐버리지 않으면 안 되는 것이다. 예수께서 그들에게 하시는 말씀은 이런 것이다. 즉, 황제에게 돈을 되돌려주라고, 그러면 여러분 자신은 재물, 맘몬에 의해 행사되는 세력으로부터 자유로워질 것이라고. 그리고 그렇게 되면 여러분은 참된 하느님을 예배하고 하느님께 속한 것을 하느님께 드릴 수 있게 될 것이라고.[21]

구띠에레즈는 해방에는 단순히 강압적인 힘을 행사하는 능력 이상의 것이 필요하다고 분명히 말한다. 총체적 해방을 경험하려면 압

---

[21] *GoL*, 60쪽(『생명이신 하느님』, 131-32쪽). 강조는 내가 한 것이다.

제적인 구조를 발생시키는 욕망과 가치를 변화시킬 수 있는 목회적 힘 역시 필요하다. 실제로 구띠에레즈는 초기에 『해방신학』에서 "집단적 차원 또는 역사적 차원의 해방이라는 개념 속에 반드시 심리적 해방까지 포괄되어 있지는 않다"라고 탄식하면서 이런 견해를 피력했다.[22] 역사적 해방이 심리적 해방의 반대편에 위치할 수는 없다고 주장하면서 구띠에레즈는 이전의 혁명이 실패한 주된 이유가 개개인의 관심사를 계급투쟁으로 묶어내지 못한 무능력 때문이라고 주장한 데이비드 쿠퍼를 인용한다. 쿠퍼는 이렇게 결론짓는다. "우리가 오늘날 혁명을 이야기한다 해도 거시사회와 미시사회 사이, '내부 현실'과 '외부 현실' 사이에 통합을 이뤄내지 못한다면 우리의 이야기는 아무 의미가 없게 된다."[23] 그런 다음 구띠에레즈는 심리적 변화와 인간의 내적 해방(의식화[concientización] 과정)을 "영구적인 문화적 혁명"의 필요성에 대한 자신의 주장과 연결시키는 것으로 나아간다.[24]

정치를 정치적 수완으로 축소시키는 개념을 뛰어넘어 구띠에레즈는 문화적/심리적 해방이 사회경제적 해방을 이루는 데 중요하다고 주장한다. 결국 인간이 세상의 사회경제적, 물질적 구조가 구성될 수 있고 구성되어야 한다는 가치를 품게 되는 것은 문화적/심리적 차원이다. 문화적/심리적 차원의 해방은 유토피아적 상상력을 불러일으킨다. 이러한 상상력은 왜곡된 가치체계와 압제적인 사회 질서를 발생시키고 유지하는 욕망의 형태를 반대하는 동시에 삶의

---

22) *TL*, 20쪽(『해방신학』, 49쪽).
23) David Cooper, introduction to *To Free a Generation: The Dialectics of Liberation*, ed. David Cooper (New York: Collier, 1967), 9-10쪽.
24) Gutiérrez, *TL*, 21쪽. 강조는 구띠에레즈가 한 것이다. 여기서 구띠에레즈는 벨과는 반대로 두 번째 단계의 해방을 정치적 해방의 형태로 여긴다.

사회구조적 차원과 문화적/심리적 차원 모두에서 세상을 재정리할 수 있는 새로운 사회의 사상과 가치를 알린다.[25] 이런 식으로 해방의 문화적/심리적 영역이 사회구조적 영역으로 침투하여 그 영역을 형성하게 된다.

심리적/문화적 단계의 해방이 사회구조적 단계의 해방과 밀접하게 얽혀있다면 이런 질문이 떠오른다. "사회와 인간 개인의 바람직한 심리적/문화적 형태를 형성하는 것은 무엇인가?" 혹은 다른 말로 하자면, "유토피아적 상상력을 올바르게 정리하는 것은 무엇인가?" 구띠에레즈는 분명하게 수많은 인문학적 사회과학적 자료들이 건강하고 인간적인 비판적 양심에 공헌할 수 있다고 주장한다.(구띠에레즈의 사상과 관련해서 호세 마리아 아구에다스[Jose María Arguedas], 안토니오 그람시[Antonio Gramsci], 프란츠 파농[Frantz Fanon] 등이 떠오른다.)[26] 하지만 구띠에레즈가 볼 때 유토피아적 상상력을 정리하는 것은 구띠에레즈의 총체주의 개념의 신학적 단계에 적합한 그리스도교 계시에 가장 생생히 나타나 있다. 위에서 언급했듯이 해방적 가치와 하느님이 통치하시는 정치를 드러내는 것은 총체적 해방의 신학적 차원이다. 아울러 신학적 단계는 회개가 요구되는 소외와 압제에 대한 인간 경험의 뿌리에 죄가 자리한 방식을 드러낸다. 그러므로 구띠에레즈가 볼 때 총체주의의 신학적 차원은 특히 하느님의 통치 선포에서 명백해지는 하느님의 사랑을 드러낼 뿐만 아니라 현

---

25) *TL*, 135-40쪽과 Gustavo Gutiérrez, *The Truth Shall Make You Free: Confrontations* (Maryknoll, NY: Orbis Books, 1990) (이후로는 *TSMYF*), 134-35쪽을 보라. 첫째 단계와 둘째 단계의 관계는 완전히 상호적이어서 세상의 사회경제적 구조가 그 구조의 질서에 내재된 가치체계를 인간 개인과 문화에 전달하기 위해 활발히 활동한다는 점을 인식해야 한다.

26) 이들 저자의 이름은 구띠에레즈가 『해방신학』에서 인용하고 있다.

실의 문화적/심리적 단계에서 작동하는 왜곡된 가치와 욕망에 도전하고 이를 변화시킬 잠재력을 가진 가치체계를 드러낸다. 그러므로 여기서 총체주의의 신학적 영역은 개인과 공동체의 계승된 가치를 변화시키는 문화적/심리적 영역으로 들어간다.

이 지점에서 총체적 해방 과정에서 교회 공동체의 역할이 주목받게 된다. 구띠에레즈가 볼 때, 교회는 그리스도의 마음을 매개하고 공동체 구성원과 세상에 하느님 통치의 가치를 드러내는 과제의 책임을 맡은 사회 기구이다.[27] 구띠에레즈가 떼이야르 샤르댕을 효과적으로 인용하며 쓴 것처럼, 교회 공동체는 "세상 가운데서 반성을 거쳐 그리스도화한 몫"이다.[28] 구띠에레즈가 교회의 전례 기도와 성찬 수행의 기능을 언급하면서 일반적인 유토피아에 대한 상상의 기능에도 적용했던 "고발(denunciation)"과 "예보(annunciation)"의 행동이라는 용어로 자세히 기술한 것은 우연이 아니다.[29] 구띠에레즈

---

27) 이러한 구띠에레즈의 견해는 존 밀뱅크, 윌리엄 캐버너, 토머스 루이스 등의 각각의 구띠에레즈 사상 해석과 대조된다. 밀뱅크와 캐버너는 구띠에레즈가 총체적 해방 개념으로 "초자연을 자연화하고," 그 때문에 교회가 세상에 흡수될지도 모를 취약한 상태로 둔다고 염려한다. John Milbank, *Theology and Social Theory: Beyond Secular Reason* (Malden, MA: Blackwell, 2006), 206-56쪽과 William Canavaugh, *Torture and the Eucharist: Theology, Politics, and the Body of Christ* (Oxford: Blackwell, 1998), 179쪽을 보라. 찰스 테일러가 개발한 범주를 이용하여 루이스는 구띠에레즈의 사상을 "윤리 표현주의(expressivist)"로 특징짓는다. 그러면서 루이스는 정체성에 대한 구띠에레즈의 이해는 주로 행동으로 정의되며 공동의 전승이나 이야기는 사소한 역할만 할 뿐이라고 주장한다. 결국 구띠에레즈의 사상에 대한 루이스의 설명은 "하느님 말씀"에 대한 구띠에레즈의 염려를 최소화한다. Thomas A. Lewis, "Actions as the Tie that Binds: Love, Praxis, and Community in the Thought of Gustavo Gutiérrez," *Journal of Religious Ethics* 33, no. 3 (2005): 539-67쪽을 보라.

28) *TL*, 147쪽(『해방신학』, 293쪽).

29) 위의 책, 148-56쪽. Gutiérrez, "Memory and Prophecy," 19-25쪽.

에게 눈에 보이는 교회 공동체의 이야기, 상징, 기도, 의식 등은 기존질서를 전체적으로 비판하고, 공동체의 유토피아적 상상력이 하느님의 마음에 좀더 깊이 부합하게 하는 성사/성례전 도구들(the sacramental tools)을 제공한다.[30] 그러므로 의식화(concientización) 과정은 근본적으로 신비 설명(mystagogical)인 것이다.[31] 마찬가지로 총체적 해방 개념은 그리스도 중심적일 뿐만 아니라 교회 공동체가 구원의 성사가 되어야 한다는 부르심을 충실히 수행하는 한, 교회 공동체의 불가피한 필요성을 긍정한다.[32] 구띠에레즈의 개념은 역사적 현실의 신학적 차원이 (교회 공동체의 매개를 통해) 문화적/심리적 차원과 사회구조적 차원에 정보를 제공하면서 동시에 이를 변화시키기도 한다. 구띠에레즈에게 그리스도교 계시와 복음을 선포하고 시행하는 교회 공동체는 총체적 해방 과정의 핵심이다.

하지만 주의가 필요하다. 구띠에레즈가 신학적 단계와 문화적/

---

[30] 구띠에레즈는 언제나 하느님의 마음을 알 가능성을 높게 본다. 자신을 세상에 개방한 하느님에 대해 뭔가를 알게 되면 공동체는 예언적으로 말할 수 있게 된다. 하지만 "예언의 언어"는 언제나 하느님에 관한 발언의 한계를 인식하는 "명상의 언어"에 의해 교정되어야 한다. Gustavo Gutiérrez, *On Job: God-Talk and the Suffering of the Innocent*, Matthew J. O'Connell의 영역본. (Maryknoll, NY: Orbis Books, 1987) (이후로는 *OJ*)을 보라. 구띠에레즈 사상 속 명상의 언어에 대해 잘 다룬 것으로 Gaspar Martinez, *Confronting the Mystery of God: Political, Liberation, and Public Theologies* (New York: Continuum, 2002), 139-50쪽을 보라.

[31] 캐버너는 구띠에레즈의 의식화(concientización) 개념이 세속화와 밀접한 관련이 있다고 우려한다. 하지만 이 과정이 영적 가난과 관련되어 고려될 때는 해당되지 않는다. William Cavanaugh, "The Ecclesiologies of Medellín and the Lessons of the Base Communities," Cross Currents 44, no. 1 (1994): 72-73쪽을 보라.

[32] 따라서 총체적 해방에 대한 구띠에레즈의 개념 안에서 교회는 세상 속에 흡수되지 않는다. 오히려 교회가 그 소명을 이행하는 한 교회는 세상의 악한 형태에 반하여 증언한다.

심리적 단계의 관계를 완전히 상호적인 것으로 이해했다는 것을 명심할 필요가 있다. 지금까지 나는 총체적 해방을 향한 원동력이 그리스도교 계시에 의해 드러나고 이야기, 기호, 성사, 공동체 신앙의 실천 등을 통해 매개되는 하느님 신앙으로부터 근본적으로 발산되는 방식을 강조했다. 이것은 그 동력에 대한 공정하지만 완전하지는 않은 설명이다. 문화적/심리적 단계와 신학적 단계가 서로 주고받는 관계이기 때문에 단순히 후자가 전자를 교정하는 것이 아니다. 신학적 차원을 통해 전달된 가치 역시 사회의 문화적/심리적 차원에 적합한 가치에 도전받고 그 가치에 의해 교정될 수도 있다. 이 점을 명심하는 것이 중요한 이유는 교회 공동체가 하느님의 통치와 동일시될 수 없기 때문이다. 실제로 최근에 윌리 제닝스 등이 주장한 것처럼 그리스도교 신앙의 삶은 근대 내내 "병든 사회적 상상력"에 의해 정보를 제공받았다.[33]

그리스도교의 상상력은 그 역사 속 실체가 병들어 있기 때문에 치유와 변화가 필요하다. 치유의 일부는 분명 외부에서 와야 한다. 역사 속에서 그리스도의 몸과 그 몸에 생기를 불어넣는 상상력의

---

33) Willie James Jennings, *The Christian Imagination: Theology and the Origins of Race* (New Haven, CT: Yale University Press, 2010), 9쪽. 제닝스의 구체적 관심은 그리스도교의 사상이 인종차별적 식민주의 사상 구축에 기여한 방식에 있다. 제닝스는 타당한 분석을 통해 내가 각주 4, 5, 9에서 언급한 사례를 복잡하게 만들 필요성을 지적한다. 신학적 차원의 **어둠**(*scotosis*)은 문화적 사상의 다른/확장된 통찰력에 의해 교정될 수 있다. 인간 삶의 신학적 차원은 죄의 영향에서 결코 자유롭지 않다. 교회의 하느님 이야기와 거기에 얽혀 있는 사상과 실천 역시 귀신 축출과 회개를 요구한다. 이런 맥락에서 우리는 현대 그리스도교의 사회적 사상 역시 피조물의 질병 개념으로 고통 받았다는 점을 인정할 수 있다. 마지막으로 제닝스는 서구 근대성 안에서 그리스도교 사상에 초점을 맞췄지만 가부장제를 아는 우리는 그리스도교의 사상 안에 있는 왜곡이 근대성보다 앞선다고 인정할 수 있다.

구성 요소인 어둠(*scotosis*)을 문제 삼기 위해서는 철저히 "신학적인" 영역 바깥의 수많은 원천들로부터 나오는 비판적 생각이 필요하다. 동시에 그리스도교의 상상력은 진단과 치유을 위한 자체 자원도 제공하여 그리스도교인 삶의 "심층 구조"가 예언적이면서 동시에 복음에 충실한 방식으로 전달될 수 있도록 한다. 그러므로 치유를 위해서는 현실의 문화적/심리적 차원으로의 전환이 필요하고, 신학적 차원으로 (재)전환하여 그리스도교의 계시가 드러내는 것을 재사용하고 재해석해야 한다.[34]

총체적 해방과 총체적 친교

프란치스코 교황의 통합생태론 개념으로 전환하기 전에 구띠에레즈의 사상에 대한 스탠리 하우어워스의 비판을 살펴볼 필요가 있다. 하우어워스의 비판을 살펴보고 반박함으로써 구띠에레즈의 개념적 틀에 대한 중요하면서도 최종적인 설명을 할 수 있다. 그리고 이러한 설명을 통해 통합생태론 개념의 미묘한 의미 차이를 좀더 잘 이해하게 된다.

구띠에레즈와 동시대 인물이자 탁월한 그리스도교 윤리학자인 하우어워스는 총체적 해방 개념에 매우 비판적이다. 하우어워스는 총체적 해방 개념이 "해방에 대한 매우 적그리스도적인 설명"을 지지한다고 주장한다.[35] 하우어워스에 따르면, 해방(그리고 총체적 해

---

[34] 여기서 활동 중인 동력의 이중적 성격은 신앙 공동체들이 자신들의 **하느님의 형상**(*imago Dei*) 개념을 성자들의 모임과 가난한 이들을 위한 우선적 선택이라는 긴장 관계에 호소하는 것으로 구체화하라는 이언 맥팔랜드의 권고와 비슷하다고 볼 수 있다. Ian McFarland, *The Divine Image: Envisioning the Invisible God* (Minneapolis: T&T Clark, 2005), 51-74쪽을 보라.

[35] Stanley Hauerwas, "Some Theological Reflections on Gutiérrez's Use of

방의 개념 속에 해방이 사용된 방식)에 대한 구띠에레즈의 이해는 모든 형태의 예속과 감독으로부터의 해방이라는 칸트의 이상과 공명한다. 그래서 하우어워스는 총체적 해방 과정에서 나타나는 인간형이 하느님에게도 이웃에게도 매이지 않은 사람이 될까봐 우려한다.[36] 하우어워스에 따르면, 이런 방식으로 해방된 사람은 "자유롭게 고통을 받거나 자유롭게 섬기는" 사람이 아니라 그 반대로 그저 자유롭게 남들에게 권력을 행사하는 사람이다.[37] 따라서 하우어워스는 "전체적 해방"(구띠에레즈가 "총체적 해방"과 호환되게 사용하는 용어)이 뜻하는 자유의 형태는 그리스도보다는 루시퍼의 특징을 더욱 가까이 흉내낸 것이라고 주장한다.[38]

하우어워스는 계속해서 구띠에레즈의 개념이 가진 문제의 뿌리는 바울이 주장한 "~로부터의 자유"와 "~를 위한 자유"(갈 5:1, 13-15)라는 성경의 구분을 따를 수 없다는 것이다.[39] 따라서 하우어워스의 논지를 따른다면, 구띠에레즈가 자기 사상에서 이러한 구분을 발전시키지 못한 결과로 왜곡된 "해방" 개념이 구원의 유일한 비유로 홀로 남게 되었다.[40] 그러므로 하우어워스가 읽기에 총체적 해방 개념은 인간 해방과 그리스도교의 구원의 신비 사이의 적극적인 관계를

'Liberation' as a Theological Concept," *Modern Theology* 3, no. 1 (1986): 69쪽을 보라.
36) 위의 책.
37) 위의 책.
38) 위의 책, 70쪽. 하우어워스에게 반론의 기회를 준다면 하우어워스는 이런 비교를 의도하지 않았다고 할 것이다. 하지만 이런 항의는 하우어워스의 발언이나 주장과 반대된다.
39) 위의 책, 75쪽. 이러한 구분이 덕 윤리(virtue ethics) 전통에서는 "무관심할 자유"와 "탁월할 자유"를 구분하는 것으로 변형된 형태로 깊이 심어져 있다.
40) 위의 책, 71쪽.

보여주는 대신에 그리스도교의 상상력에 자유에 대한 왜곡된 이해를 더 많이 가져왔다.[41]

솔직히 말하자면, 하우어워스는 구띠에레즈를 심하게 오독했다. 먼저 구띠에레즈가 해방 과정에서 영적 가난의 중요성을 강조했다는 점이 하우어워스의 주장을 즉각 약화시킨다. 구띠에레즈는 해방이란 인간이 어떤 형태로든 예속이나 감독 상태에 있지 않아야 한다는 견해를 지지하지 않는다. 구띠에레즈는 영적 가난을 설명하면서 근본적으로 해방은 하느님과 하느님의 뜻에 더 깊이 개방되는 것을 의미한다고 분명히 말한다. 해방이란 바로 하느님과 이웃(특히 가난한 이들)을 섬기는 자유이다.

구띠에레즈의 해방 개념에 대한 하우어워스의 주장은 해방이 바로 친교를 위한 것이라는(내가 이 책에서 줄곧 설명한 점이다) 구띠에레즈의 분명한 주장에 의해 강력하게 반박된다. 하우어워스는 없다고 했지만 분명히 구띠에레즈는 "~로부터의 자유"와 "~를 위한 자유"를 확실히 구분했다. 간단히 말해 구띠에레즈는 자신의 글 내내 구원은 죄로부터의 해방이며 하느님과 이웃(특히 가난한 이들)과의 친교를 위한 해방이라고 주장한다.[42] 이 내용은 아마도 일찌기 『해

---

[41] 데이비드 카미츠카는 구띠에레즈에 대한 하우어워스의 불평을 다음과 같이 잘 정리했다. "해방에 대해 정확한 성경적 이해가 없으면 해방을 섬김을 위한 수단이 아닌 지배를 위한 수단으로 이해하게 될 수 있다." David Kamitsuka, *Theology and Contemporary Culture: Liberation, Post-Liberal, and Revisionary Perspectives* (Cambridge: Cambridge University Press, 1999), 164쪽을 보라. 하지만 카미츠카가 하우어워스의 구띠에레즈 비판을 납득하는 것은 아니다. 카미츠카는 구띠에레즈의 주된 대상이 주체성과 존엄성이 체계적으로 억눌린 비인간이라는 사실을 하우어워스가 설명하지 못했다고 주장한다. 카미츠카의 이런 논점이 분명 중요하긴 하지만, 우리는 구띠에레즈에 대한 하우어워스의 비판이 카미츠카가 주목한 것보다 훨씬 근본적인 단계에서 결함이 있다는 것을 살펴볼 것이다.

방신학』에서 가장 분명하게 주장된 것 같다. 이 책에서 구띠에레즈는, 하우어워스가 말하는 구띠에레즈와는 다르게 이렇게 썼다. "우리가 자유로 부름받은 것은 스스로의 밖으로 나아가 우리의 이기심과 그런 이기심을 지지하는 온갖 구조를 깨부술 것을 요구한다." 구띠에레즈는 또 이렇게 썼다. "그리스도의 선물인 해방의 풍성함은 하느님 및 다른 사람들과의 친교이다."[43] 실제로 하우어워스가 분노하게 된 핵심 역할을 한 용어인 "전체적 해방(total liberation)"은 구띠에레즈가 구원을 하느님 및 다른 사람들과의 "전체적 친교(total communion)"라고 기술한 데서 그 완벽한 의미상의 짝을 찾을 수 있다.[44] 그렇다면 총체적 해방 개념은 친교의 목적과 소망과 분리해서

---

[42] 실제로 TL 초판에서 구띠에레즈는 친교 개념을 40번 넘게 직접 언급한다. 이 점은 조이스 머리가 발견했는데, 머리는 구띠에레즈의 구원 신학에서 해방과 친교의 밀접한 관계를 설명하려 하였다. 머리는 이 관계에 대한 구띠에레즈의 견해를 이렇게 요약한다. "그리스도가 온 것은 우리를 해방시키고 풍성한 삶을 주기 위해서이다(요 10:10), 하지만 이 해방과 삶의 궁극 목표는 사랑 안에서의 친교이다. 이렇게 서로 다른 차원이 동시에 존재한다. 이생에서 부분적으로, 종말에 온전하게." Joyce Murray, "Liberation for Communion in the Soteriology of Gustavo Gutiérrez," *Theological Studies* 59 (1998): 54쪽.

[43] TL, 24쪽. 구띠에레즈는 이런 주장을 그리스도교 영성에 대해 종합적으로 진술한 *We Drink from Our Own Wells*(『우리의 우물에서 생수를 마시련다』)에서 더욱 강력하게 피력한다. 구띠에레즈는 이 책의 마지막 30% 정도를 그리스도를 만나고 성령을 따라 사는 것이 역사 속 인간을 해방하여 그리스도의 삶과 죽음과 부활을 통해 드러난 자신을 주는 사랑을 표현하도록 하는 방식을 설명하는 데 할애한다. 실제로 이 책의 마지막 부분인 '사랑하기 위한 자유'에서 구띠에레즈는 "나는 어느 누구에게도 매여 있지 않는 자유인이지만 … 스스로 모든 사람의 종이 되었습니다"(고전 9:19)라는 바울의 선언이 "해방 과정의 온전한 의미"를 보여준다고 분명히 밝힌다. Gutiérrez, *WDFOOW*, 3부: "사랑하기 위한 자유"를 보라. 해방과 섬김은 같은 동전의 양쪽 면이다.

[44] TL, 155쪽. 구띠에레즈가 말하는 "친교(communion)"는 "화해(reconciliation)"를 의미하지 않는다. 적어도 화해가 종종 그리스도인의 설익은 사랑의 표지로 여겨지곤 하는 그런 방식으로는 아니다. "친교"는 제닝스가 말하는 "친

는 생각할 수 없는 것이다. 총체적 해방 과정은 필연적으로 인간을 섬김으로의 부르심을 통해 하느님 및 이웃과의 성실한 친밀함으로 이끌게 된다.[45]

총체적 해방: 하느님의 말씀에 뿌리를 둔 역동적 과정

우리는 이제 구띠에레즈의 총체주의의 성격과 동력을 요약해야 할 지점에 와 있다. 구띠에레즈에게 총체적 해방 개념은 역사의 단일성과 역사적 해방이 그리스도교 구원의 신비와 적극적으로 관련되는 방식을 이해하기 위해 반드시 필요하다. 좀더 구체적으로 말하자면, 이 개념은 신앙 공동체로 하여금 (역사적 현실의 신학적 차원 안에서 드러난) 죄와 은혜의 동력이 어떻게 인간 삶의 구조적 차원과 문화적/심리적 차원 안에서 작동하는지를 이해하도록 해 준다.

구띠에레즈의 사상 안에서 총체적 해방 과정은 하느님과의 만남에 기초하고 있다. 하느님을 만나는 사람, 적어도 하느님을 만나는 그리스도인은 이러한 만남을 통해 비법 전수(mystagogy)와 의식화

밀"로 이해해야 한다. 하지만 구띠에레즈에게 해방은 언제나 궁극적으로 사랑의 가능성을 더욱 깊고 풍성하게 하고 연대의 끈을 더 깊게 하는 역할을 의미한다는 점은 여전히 중요한 것으로 남는다. Jennings, *Christian Imagination*, 9-10쪽.

45) 여기에 중요한 경고가 추가되어야 한다. 구띠에레즈의 사상 속에서는 해방과 정의가 친교보다 우선순위에 있다. 그리스도인의 친교와 친밀은 친교로 부름받은 사람들의 진정한 자유와 화해 위에서만 수립될 수 있다. 예를 들어 구띠에레즈는 이렇게 썼다. "'평화의 일꾼'이 된다고 해서 이러한 [정치적] 갈등을 피할 수 있는 것이 아니고, 오히려 그 갈등에 개입하여 갈등을 뿌리째 뽑아내야 한다. 정의 없이는 평화도 없다. 이러한 갈등 상황을 보고 싶지 않은 사람들 또는 치료제보다 진통제를 선호하는 사람들에게 이것은 어렵고 불편한 진실이다. 마찬가지로 세상의 모든 좋은 뜻을 다 가지고 보편적인 사랑과 거짓 조화를 혼동하는 사람들에게도 어려운 일이다"(Gutiérrez, *PPH*, 48쪽).

(conscientization)가 계속 진행되도록 촉진된다. 문화적/심리적 단계와 신학적 단계에서 해방 경험을 기술하는 이런 비법 전수와 의식화 과정을 통해 성령이 역사하여 인간 안에서 비판적 의식을 형성하게 되고 인간의 욕망을 재형성하게 된다. 이러한 의식은 복음에, 그리고 하느님의 뜻을 분별하는 일에 조율되고, 아울러 병든 문화적 가치를 비판하고 역사 속에서 새롭게 생각하고 행동하는 방식을 선언한다. 나아가 인간의 생각이 변화함으로써 사회구조적 단계에서 현실의 압제적이고 살인적인 요소를 변화시키는 연대 작업에 헌신하도록 한다. 이 모든 것을 통해 우리는 하느님의 해방하시는 은혜를 경험함으로써 인간이 역사 속 해방의 과제에 헌신하게 된다는 것을 발견하게 된다. 나아가 이렇게 삶으로 담아낸 헌신이 하느님의 구원하시는 사랑을 삶으로 증언하게 됨으로써 구띠에레즈는 역사 속 해방을 통해 구원이 부분적으로, 그리고 미리 표현되는 것이라고 주장하게 되었다.

총체적 해방 과정의 올바른 목표는 하느님과 이웃과의 친교이다. 총체적 해방은 총체적 친교 과정과 분리될 수 없다. 이 두 용어는 궁극적으로 동일한 역동적 과정, 즉 하느님의 말씀에 뿌리를 두고 지속적으로 그 말씀에로 돌아가는 과정을 가리킨다. 총체적 해방 개념을 이와 같이 이해할 때 우리는 프란치스코 교황의 통합생태론 개념을 파악할 수 있다. 따라서 우리는 구띠에레즈의 총체주의의 구조, 동력, 교회적 특성 등을 유지하면서 하느님 사랑과 이웃 사랑이라는 틀을 하느님 사랑, 이웃 사랑, 인간이 아닌 피조물 사랑으로 확장할 수 있다.

통합생태론 개념의 의미

내가 1장과 이 장의 처음 부분에서 언급했던 것처럼 프란치스코 교황은 『찬미받으소서』에서 역사/사회와 자연 사이의 근저에 있는 단일성을 주장하는 세계관을 선보였다. 교황은 이와 같은 단일성을 "생태론"에 대한 정의, 즉 역사적 현실을 구성하는 정치경제적 관계의 광범위한 복합체를 나타내는 데 사용하는 "생태론"에 대한 정의를 통해, 그리고 "우리는 환경 위기와 사회 위기라는 별도의 두 위기가 아니라, 사회적인 동시에 환경적인 하나의 복합적인 위기에 당면한 것입니다"(139항)라는 인식을 통해 증언한다. 프란치스코 교황에게 "자연 세상"에서 "인간 세상"을 괄호 안에 넣을 가능성은 없다. 우리는 역사 속에서 모든 것이 연결되어 있다는 것을 인정해야 한다(16항).

프란치스코 교황은 통합생태론 개념을 역사적 현실이 통합되었다는 자신의 이해에 따라 발전시켰다. 이러한 개념을 가지고 프란치스코 교황의 담론은 기술(descriptive)에서 규범(prescriptive)으로 나아간다. 다시 말해 교황은 통합생태론 개념을 사용하여 세상의 정치적 생태론을 올바르게 정리함으로써 공동선을 최대한 잘 섬기고자 하는 비전을 설명한다(23-26항, 156-158항). 프란치스코 교황이 보기에 통합생태론은 지구와 가난한 이들을 위한 우선적 선택을 분명하게 나타내야 하고, 이 두 우선적 선택의 상호연결성을 인식해야 한다. 아울러 교황은 자신이 주장하는 통합생태론이 개인적으로 사회적으로 한계, 절제, 겸손을 받아들일 필요가 있다고 반복해서 주장한다 (11, 105, 177, 193, 204, 208, 223, 224항).

『찬미받으소서』의 발언을 통해 프란치스코 교황은 그리스도인이 지구와 가난한 이들에 대한 우선적 선택을 두는 것, 그리고 이들 우선적 선택을 하는 데 필요한 의향 등이 그리스도교 계시의 하느님에 대한 신실한 응답으로부터 나올 수 있다고 밝히고 있다.[46] 나아가 프란치스코 교황의 해석에서 하느님에 대한 이 응답은 역사적 현실의 문화적/심리적 차원과 사회구조적 차원 모두에서 변화를 일으킨다. 앞으로 보게 되겠지만, 프란치스코 교황의 통합생태론 개념은 신앙 공동체가 역사적 현실의 복합적인 단일성 안에서 지구와 가난한 이들의 울부짖음에 응답함으로써 그리스도교 구원의 신비를 증언하도록 부름 받은 방식을 설명하는 데 도움이 된다. 프란치스코 교황이 사용한 이 개념의 수직적 구조는 (총체주의의 단계들 사이에 작동하는 동일한 기본적 동력을 전제하면서) 총체적 해방 개념의 수직적 구조에 상응할 수 있고, 이런 상응은 구원, 인간 해방, 창조세계 돌보기의 단일성을 보여주기 위한 것이다.

프란치스코 교황이 자신의 통합생태론 개념을 추상적으로 제시하지 않는다는 것이 중요하다. 프란치스코 교황은 자신이 현재의 "세계 체제(global system)"라고 이름붙인 것의 관점에서 이 개념을 제시한다(56, 111항). 따라서 교황은 자신의 시대 징조 읽기를 통해 통합생태론을 실현하려면 현재의 세계 체제를 구축하고 있는 정치적, 경제적, 문화적 형태를 벗어나는 근본적 전환이 필요하다는 것을 발견하게 된다.[47] 교황에 따르면, 이 세계 체제는 인간에 관해

---

[46] Pope Francis, *Laudato Si'*, 2장, "피조물에 관한 복음"을 보라(이후로는 *LS*).
[47] 프란치스코 교황의 주장을 이런 식으로 규정하면서 나는 교황의 입장을 가난한 이들을 위한 우선적 선택에 대해 회개를 강조하는 남미의 견해에 맞추고 있다. 이 점에 대해 Rohan M. Curnow, "Which Preferential Option for the Poor? A History of the Doctrine's Bifurcation," *Modern Theology* 31

"자기만족과 경박한 무책임을 부추기는 거짓되거나 피상적인 생태론"의 지도를 받는다(59항). 따라서 통합생태론 과정이 작동하는 세 단계를 살펴보면서 우리는 통합생태론의 신학적 단계에 대한 프란치스코 교황의 주장이 규범적이긴 하지만 통합생태론의 사회구조적 차원과 문화적/심리적 차원에 대한 설명은 대체로 비판의 언어로 구성되어 있다. 다시 말해 프란치스코 교황은 세계 체제가 세상에 대해 하느님이 바라시는 것과 반대로 구성된 방식을 꾸준히 비판한다. 이제 통합생태론 개념의 수직적 구조를 살펴볼 것인데, 나는 신학적 차원에서 시작하려 한다.

통합생태론의 신학적 단계

신학적 단계에서 프란치스코 교황은 자신이 보기에 신앙 공동체의 삶을 형성하는 데 핵심이라고 생각하는 그리스도교 신학의 세계관의 두 가지 요소를 강조한다. 즉 창조세계의 성사/성례전적(sacramental) 특성, 그리고 "세상이라는 동산을 일구고 돌보라"는 인간의 소명의 성사적 특성을 아는 것이다(67항). 이 두 요소는 서로 연결되어 있다. 피조물은 하나님의 선한 선물이고—하느님의 선하심을 드러내는 선물이고—인간은 세상이라는 동산을 최대한 개발해야 한다는 공리주의 윤리로가 아니라 돌봄을 실천함으로 응답해야 하기 때문이다. 나아가 교황이 가진 신학적 세계관의 이 두 면은 그리스도인 삶의 관상적 차원과 활동적 차원에 해당한다. 그리스도인 공동체는 하느님의 창조세계의 선함을 묵상하고 이렇게 묵상하여 알게 된 내용에 합하게 행동함으로써 응답해야 하는 것이다.

(2015): 27-59쪽을 보라.

프란치스코 교황은 우리가 창조세계라는 책을 제대로 읽는 법을 배우고 창조세계를 선물로 여기게 되면 생명의 하느님에게 감사하는 것이 적절한 응답이라고 말한다. 교황은 『찬미받으소서』에서 거룩함의 모범으로 꼽은 성 프란치스코가 창조세계를 이해한 방식에 대한 자신의 의견에서 이 점을 분명히 밝힌다. 교황은 이렇게 말한다. "성경에 충실한 프란치스코 성인께서는, 우리가 자연을 들여다볼 수 있게 해 주고, 또한 하느님께서 우리에게 말씀하시며 당신의 무한한 아름다움과 선함을 들여다볼 수 있게 해 주는 놀라운 책으로 성경을 받아들이도록 권유하십니다"(12항). 교황은 성 프란치스코가 창조세계 전체에 대해 사랑으로 열린 태도를 언급하며 이렇게 말한다. "자신을 둘러싼 세상에 대한 그분의 반응은 지적 평가나 경제적 계산을 훨씬 뛰어넘는 것이었습니다. 그분에게 모든 피조물은 사랑의 유대로 자신과 결합된 누이였습니다"(11항). 프란치스코 교황이 자신과 이름이 같은 성인에 대해 생각한 내용은 인간이, 인간이 아닌 창조세계를 "그것(it)"이 아니라 "너(thou)"로 인식하는 방법을 회복해야 한다는 샐리 맥페이그의 권고를 떠올리게 한다.[48]

프란치스코 교황은 자신과 같은 이름을 가진 성인의 방식에서

---

[48] Sallie McFague, *Super, Natural Christians: How We Should Love Nature* (Minneapolis: Augsburg Fortress, 1997), 91-117쪽을 보라. 창조세계를 올바르게 인식하는 주제에 관해서는 Norman Wirzba, "Christian Theoria Physike: On Learning to See Creation," *Modern Theology* 32, no. 2 (2016): 211-30쪽; Vincent Miller, "Integral Ecology: Francis's Spiritual and Moral Vision of Interconnectedness," in *The Theological and Ecological Vision of Laudato Si': Everything Is Connected*, ed. Vincent Miller (New York: Bloomsbury, 2017), 14-18쪽; Michael J. Himes and Kenneth R. Himes, *The Fullness of Faith: The Public Significance of Theology* (New York: Paulist Press, 1993), 112-14쪽을 보라.

뿐만 아니라 "예수님의 눈길"(96-100항)에서도 창조세계를 이런 식으로 인식해야 한다고 주장한다. 프란치스코 교황은 이렇게 말한다. "예수님께서는 제자들과 대화를 나누시면서, 하느님께서 모든 피조물과 아버지로서 맺으신 관계를 깨달으라고 권유하시며, 하느님 보시기에는 그들 모두 중요하다는 사실을 감동적인 온유함으로 상기시켜 주셨습니다"(96항). 프란치스코 교황은 같은 맥락에서 계속해서 이렇게 말한다. "주님께서는 세상에 있는 아름다움에 주의를 기울이라고 다른 이들에게 권유하실 수 있었습니다. 주님께서는 언제나 자연과 관계를 이루시면서 큰 사랑과 경탄으로 자연에 관심을 기울이셨기 때문입니다"(97항). 그러므로 프란치스코 교황이 볼 때 창조세계의 선함을 묵상하는 과정, 창조세계에 내재된 가치를 분별하는 과정, 창조세계라는 선물을 주신 하느님에게 감사하려고 노력하는 과정은 그리스도인의 제자도와 그리스도를 본받는(imitatio Christi) 데서 기본 구성 요소이다. 하느님의 뜻을 향해 개방된 태도는 우리를 창조세계의 아름다움으로 열어준다.[49]

앞에서 언급한 것처럼, 프란치스코 교황은 인간이 창조세계를 인식하는 방식이 부분적으로라도 실천에 영향을 미친다고 말한다. 교황은 이렇게 썼다. "우리가 자연과 환경에 접근하면서 이러한 경

---

[49] 자연을 창조세계로 인식하는 법을 배우게 되더라도 자연을 낭만적으로 묘사하는 위험은 여전히 존재한다. 사실 이것이 실리아 딘-드러몬드가 『찬미받으소서』를 비판하는 부분이다. Celia Deane-Drummond, "Laudato Si' and the Natural Sciences: An Assessment of the Possibilities and Limits," *Theological Studies* 77, no. 2 (June 2016): 392-415쪽, 특히 411-14쪽을 보라. 이 위험에 대해 언급하기 위해 회칙 내에서 작동하는 해석학은 욥기의 성격에 대한 담론과 함께 다소 복잡할 수 있다. 같은 맥락으로 Elizabeth A. Johnson, *Ask the Beasts: Darwin and the God of Love* (New York: Bloomsbury, 2014), 특히 7장을 보라.

탄과 경이에 열려 있지 못하고, 세상과의 관계에서 더 이상 우애와 아름다움의 언어로 말하지 않는다면 우리는 즉각적 요구를 주체하지 못하는 지배자, 소비자, 무자비한 착취자의 태도를 취하게 될 것입니다. 이와는 반대로 우리가 존재하는 모든 것과 내밀한 일치를 느낀다면 냉철함과 배려가 곧바로 샘솟게 될 것입니다"(11항). (인간을 포함하여) 창조세계를 인식하는 이와 같은 서로 다른 방식은 성경이 기술하는 두 가지 실천 방식에 해당된다. 이런 묘사는 이 장과 이 책의 후속 장에서 전개하는 논의에 꼭 필요한 것이므로 여기서 주의 깊게 다룰 필요가 있다.

『찬미받으소서』의 2장, "피조물에 관한 복음"에서 프란치스코 교황은 창세기의 첫 창조 이야기에 나오는 "지배"(창 1:28)라는 용어가 종종 "무분별한 자연 착취"를 조장하는 데 사용되었다고 말한다(67항).[50] 교황은 지배에 대해 이와 같이 이해하는 것을 강하게 거부한다. 교황은 이렇게 썼다. "이는 교회가 이해한 바른 성경 해석이 아닙니다. … 오늘날 우리는 우리가 하느님과 닮은 모습으로 창조되었고 우리에게 이 땅에 대한 지배가 부여되었다는 사실이 다른 피조물에 대한 절대적 지배를 정당화하는 것이라는 생각은 강력하게 부인해야 합니다"(67항). 너무 자주 지배에 결부된 왜곡된 주장에 대응하기 위해 교황은 창세기의 두 번째 창조 이야기의 핵심 구절로

---

50) 이 기호를 생태학적 관심과 관련하여 밝히려는 몇 가지 시도가 있었다. 창세기 1:28을 철저히 변호하는 입장에 대해서는 Ellen Davis, "Seeing with God: Israel's Poem of Creation," in *Scripture, Culture, Agriculture* (Cambridge: Cambridge University Press, 2009)를 보라. 창세기 1장의 언어를 약간 비판적으로 해석하는 것으로는 Richard Bauckham, "Stewardship in Question," in *The Bible and Ecology: Rediscovering the Community of Creation* (Waco, TX: Baylor University Press, 2010), 특히 16-20쪽을 보라.

즉각 돌아선다.[51] 거기서 프란치스코 교황은 "세상이라는 동산을 일구고 돌보아야 한다"는 인간의 소명(창 2:15 참고)이 하느님이 인간과 땅 사이에 기대하는 관계의 특징을 좀더 적절하게 포착할 수 있음을 발견한다. 교황의 주장처럼 "일굼"은 "경작"을 의미하지만 "돌봄"은 "배려, 보호, 감독, 보존" 등을 암시한다(67항). 결국 돌봄의 윤리가 인간이 창조세계와의 관계에서 행동하는 방식을 제대로 규정하고 제대로 된 "지배" 개념이 등장하도록 해 준다.

프란치스코 교황이 창세기를 읽는 방식을 따르면, 하느님은 인간이 삼중의 친교(tripartite communion) 관계, 즉 하느님과, 이웃과, 땅과의 관계 속에서 살아가도록 창조하신다. 따라서 하느님은 인간이 일굼과 돌봄의 작업을 통해 이 삼중의 친교 개념을 보존하도록 부르신다. 이러한 실천은 하느님과 하느님의 창조세계를 올바로 봄으로써 나타난다. 인간이 일구고 돌보는 일을 거부한다면 하느님, 이웃, 땅과의 친교 관계에 혼란이 생기는 결과를 낳게 된다. 이 세 가지 관계가 워낙 밀접하게 연결되어 있어서 한 쪽이 왜곡되면 다른 두 쪽도 영향을 받게 된다. 프란치스코 교황은 이러한 동력을 카인과 아벨 이야기 해석을 통해 기술한다.

카인과 아벨의 이야기에서 우리는 시기심에 불탄 카인이 어떻게 자기 아우를 상대로 극단적인 불의를 저지르는지를 보게 됩니다. 그 불의는 결국 카인과 하느님의 관계, 그리고 카인과 그가 쫓겨난 땅의 관계를 망쳐 버립니다. 이는 하느님과 카인의

---

[51] 클라우스 베스터만은 창세기 2:15이 "창세기 2-3장 전체를 이해하는 데 결정적인 구절"이라고 주장한다. Claus Westermann, *Genesis 1-11*, John J. Scullion 번역 (Minneapolis: Augsburg, 1985), 220쪽을 보라.

극적인 대화에서 분명하게 찾아볼 수 있습니다. 하느님께서 물으셨습니다. "네 아우 아벨은 어디에 있느냐?" 카인이 모른다고 대답하자, 하느님께서는 추궁하며 말씀하십니다. "네가 무슨 짓을 저질렀느냐? 네 아우의 피가 땅에서 나에게 울부짖고 있다. 너는 땅으로부터 저주를 받은 몸이다"(창 4:9-11). 내가 책임지고 돌보고 보호해야 할 내 이웃과 바른 관계를 이루어 유지해야 하는 의무를 저버리면, 나 자신, 다른 이, 하느님, 지구와 각각 맺은 관계를 망쳐 버리게 됩니다. 이러한 모든 관계를 소홀히 하면, 정의가 이 땅에 존재하지 않게 되며, 삶 자체가 위험에 빠지게 된다고 성경이 우리에게 말해 줍니다(70항. 강조는 내가 한 것이다.)

프란치스코 교황에 따르면 지배(다스림과 관련될 때가 많다)를 실천하는 것은 인간의 소명에 대한 제대로 된 이해에서 나오는 것이 아니다. 이러한 실천은 인간이 그 소명을 거절한 결과이고, 그 결과 인간은 하느님, 이웃, 땅과 반목하게 된다.

이제 우리는 통합생태론 개념의 신학적 단계에서 나타나는 두 가지 핵심을 관찰할 수 있다. 첫째, 프란치스코 교황이 볼 때 땅을 위한 우선적 선택과 가난한 이들을 위한 우선적 선택은 서로 연결되어 있으며 성경의 하느님에 대한 신앙에서 생겨난다. 하느님은 세상이라는 동산을 일구고 돌보라고 인간을 부르시는 분이다. 둘째는 신학적으로 훨씬 중요한데, 프란치스코 교황의 창세기 해석은 역사적 현실 안에서 죄와 은혜가 일어나는 방식에 대해 생태해방운동의 관점에서 생각해 보는 기본 틀을 제공해 준다. 앞에서 살펴본 것처럼 교황은 카인과 아벨 읽기를 통해 죄가 인간과 하느님의 관계와 인간과 이웃의 관계뿐만 아니라 인간과 땅의 관계도 왜곡하는 방식임을 강조한다. 이 모든 것들은 서로 연결되어 있는 것이다. 여기서 죄는 단순히 역사적-사회적 현상이 아니고 정치-생태론적 현상이며 인간의 올바른 삼중 친교 관계에 혼란을 일으키는 것이다.

죄를 이렇게 해석하는 것은 당연히 중요한 구원론적 함의를 가지고 있다. 기본적으로 구원이란 죄로부터의 구원이기에 역사 속에서 하느님의 구원하시는 은혜의 일은 마찬가지로 정치-생태론적 현상이어야 한다. 성령은 역사 속에서 인간을 죄로부터 해방시키고 죄가 왜곡한 삼중의 친교를 회복시키기 위해 노력한다. 마찬가지로 인간은 세상이라는 동산을 일구고 돌보는 일로 돌아감으로써 역사 속에서 성령의 사역에 동참한다. 따라서 인간을 하느님의 뜻에 좀더 깊게 개방하는 과정인 자기비움의 과정은 인간을 가난한 이들과의 연대뿐만 아니라 지구와의 연대로도 인도한다. 프란치스코 교황의 카인과 아벨 이야기 해석을 통해서 볼 때 구원은 죄로부터의 해방이자 하느님, 이웃, 지구와의 친교라고 정의할 수 있다.

나는 이 책의 제2부에서 이러한 신학적 인간론과 그 안에 담긴 광범위한 성경 이야기의 함의를 설명할 것이다. 일단 지금은 프란치스코 교황이 설명한 통합생태론의 신학적 차원이 신앙 공동체에게 구원 역사와 역사적 현실의 생태-사회적 성격의 단일성을 이해하는 방식을 제공한다는 점을 발견하는 것으로 충분하다. 다시 말해서, 교황은 간단한 창세기 읽기를 통해, 죄와 은혜가 역사의 사회구조적 단계와 문화적/심리적 단계에 드러나는 방식을 우리가 분별하고 그 동력에 이름 붙일 수 있는 틀을 제공한다. 실제로 앞에서 언급했던 세계 체제에 대한 "거짓되거나 피상적인" 생태론을 그리스도교 계시가 드러낸 빛으로 읽을 때 우리는 이를 사악한 정치적 생태론이라고(세상의 정치-생태론적 관계의 사악한 형태라고) 이름 붙일 수 있다. 앞으로 보게 되겠지만, 프란치스코 교황이 볼 때 세계 체제는 대부분 지배 성향에 있어서나 창조세계를 제대로 보기를 거부하는 면에서나 카인의 특성을 반영한다.

통합생태론의 사회구조적 단계

인간 삶의 사회구조적 차원과 관련하여 프란치스코 교황이 가장 우려하는 것은 세계화된 정치경제학이, 다른 모든 것보다 단기 경제 성장을 최대화하는 특권을 부여하도록 구성된 방식들이다. 교황은 이렇게 한탄한다. "경제, 상업, 생산 활동에 대한 근시안적 접근으로 지구의 자원이 착취되고 있습니다"(32항). 이후에도 교황은 비슷하게 말한다. "경제는 이윤을 목적으로 모든 기술 발전을 받아들이며 인간에게 미치는 잠재적 악영향에 관심을 기울이지 않습니다. 금융은 실물 경제를 질식시켜 버립니다. 우리는 세계 금융 위기에서 교훈을 얻지 못했고, 환경 훼손에서는 너무 더디게 교훈을 얻고 있습니다"(109항).

세계 금융 위기에서 교훈을 얻지 못했다는 점은 표면적으로 공익을 위해 봉사해야 하는 책임을 지닌 국내 및 국제 정치 기구들이 "절대 규칙이 되어 버린, 신격화된 시장의 이익"(56항)에 의해 약화되거나 사로잡힌 방식을 부분적으로 설명해 준다.[52] 이런 상황에 대

---

[52] 세계화 시대에 국가의 미래에 대한 고전적인 글에서 피터 에반스는 국가가 다국적 기업 때문에 쇠퇴하지 않을 것이라고 주장한다. 에반스는 민족 국가가 계속 존재할 것이지만 공익을 보호하는 것보다는 기업의 이익을 보장하는 역할이 더 커질 것이라고 주장한다. 에반스의 선견지명적인 분석은 여전히 진행 중인 신자유주의 시대의 특징을 제대로 파악한 것이다. Peter Evans, "The Eclipse of the State? Reflections on Stateness in an Era of Globalization,"

해 프란치스코 교황은 세계 각국과 기관들이 생태학적 비상사태에 의미 있게 응답하지 못한 것을 비판한다. 교황은 국제적인 반응이 약한 것과 세계 정상들이 지구 차원의 비상사태를 다루지 못한 점을 애통해 하면서 이렇게 말한다. "이익 집단 세력이 너무 크고, 경제적 이익 집단들이 손쉽게 공동선을 내쳐 버리고 정보를 조작하여 그들이 세운 계획이 아무런 영향도 받지 못하게 합니다"(54항). 교황은 개발주의 패러다임 아래의 "소심하고" "무력한" 조치들에 대한 구띠에레즈의 한탄을 연상시키는 표현으로[53] 비판을 이어 나간다. "그래서 여기에서는 기껏 해 봐야 피상적인 말, 어쩌다 하는 자선 행위, 마지못해 보이는 환경에 대한 관심만을 기대할 수 있을 뿐입니다. 반면에 사회 안에서 변화를 불러일으키려고 단체들이 기울이는 참다운 노력은 낭만적인 환상에 근거한 골칫거리나 회피해야 할 걸림돌로 여겨지게 됩니다"(54항).

프란치스코 교황이 땜빵이자 피상적 응답으로 인식하는 것들은 생태-사회적 비상사태를 적절히 돌볼 수 없다. 교황에 따르면, 그런 식으로는 특히 북반구가 남반구에 빚진 생태적 빚(ecological debt)을 갚을 수 없다. 교황은 이렇게 말한다. "현실적인 '생태적 빚'은 특히 남반구와 북반구 사이에서 발생한 것으로 환경에 영향을 미치는 상업적 불균형, 그리고 특정 국가들이 장기간에 걸쳐 천연자원을 지나치게 이용한 사실과 관련됩니다"(51항). 이 점에 관해 교황의 분석은 사회학자 앤드루 조르겐슨의 분석과 일치한다. 조르겐슨은 이렇게 주장한다. "인류 역사 내내 더 강한 사회와 민족국가들이 자신들의 지정학적-경제적 힘을 활용해 약하고 덜 발달한 사회 및 국가와 생

World Politics, no. 1 (1997): 62-87쪽을 보라.
53) 이 책의 1장을 보라.

태학적으로 불평등한 교환을 시작했고 유지했다."[54]

앤드루 조르겐슨은 세계의 주변부 지역들이 세계의 강한 지역들을 위한 "환경적 하수구" 역할을 계속해서 강요받았다고 주장한다. 따라서 무역, 금융, 생산을 세계화한 결과 주변부 지역에는 "환경파괴가 확대되고 심화되었는데, 이는 곧 이전에 중심부의 식민지였던 지역들이, 천연자원 추출과 소비의 환경 비용을 흡수하는 생태학적 양극화 형태를 이루며, 많은 경우 공간적으로 고정되어 있다."[55] 교황의 주장처럼 이와 같은 정치-생태론적 양극화는 바로잡을 필요가 있다.(5장에서 다룰 예정이다.)

정리하자면 프란치스코 교황이 볼 때 현재의 세계화 프로젝트의 사회경제적 구조는 세계가 직면한 복잡한 생태-사회적 위기에 적절하게 응답하지 못했다. 이 구조는 오히려 문제를 심화시키는 것으로 보인다. 세계화 프로젝트의 구조는 변화되어야 한다. 하지만 구띠에레즈의 총체적 해방 개념의 동력을 살펴보면서 관찰했던 것처럼, 역사적 현실의 사회경제적 형태는 같은 역사적 현실의 문화적/심리적 형태와 깊이 연결되어 있다. 따라서 한쪽 차원을 변화시키려면 다른 쪽 차원도 함께 변화해야 할 필요가 있다. 따라서 프란치스코 교황도 자연스럽게 통합생태론을 실현하기 위해서는 세계 체제의 문화적/심리적 차원에서 회개가 필요하다고 주장한다.

---

54) Andrew K. Jorgenson, "Social Change, Natural Resource Consumption, and Environmental Degradation," in *Global Social Change: Historical and Comparative Perspectives*, ed. Christopher Chase-Dunn and Salvatore J. Babones (Baltimore: Johns Hopkins University Press, 2006), 190쪽.
55) 위의 책. 강조는 내가 한 것이다.

통합생태론의 문화적/이데올로기적 단계

『찬미받으소서』의 초반부에서 프란치스코 교황은 전 지구적 생태-사회적 비상사태에 응답하기 위해 나아갈 만한 길의 출발점으로서 두 가지 극단을 거부한다(60항). 첫 번째는 경제성장을 위한 기술의 진보가 이 비상사태를 바로잡을 수 있다는 주장이다. 두 번째는 이와는 반대 입장으로서, 인간의 모든 발명과 개입은 회복이 불가능할 정도로 타락해 있으므로 비상사태를 더 악화시킬 뿐이라는 것이다. 두 번째 입장은 분명 문제가 있는데, 프란치스코 교황이 관심을 갖게 된 것은 첫 번째 입장이다. 왜냐하면 이 두 극단 중 첫 번째 입장이 실제로 세계화 프로젝트가 구성되는 이데올로기 역할을 했기 때문이다. 이것이 바로 프란치스코 교황이 말하는 "기술 관료 체제"를 특징짓는 이데올로기이다.[56]

이 이데올로기의 중심에는 "힘이 늘어날수록 '진보'가 이루어지고, 안전, 유용성, 복지, 활력, 가치 충만의 증가가 이루어진다"는 믿음이 있다(105항). 이런 관점에서 보면, 경제성장에 기여하는 기술 발전은 그 자체가 목적이 되어, 가능한 모든 세상 중의 최고의 세상을 만든다. 이런 사고방식 속에서 이성은 가능한 한 빠르고 열심히 진보와 성장을 생산하는 데 온전히 열중하는 도구적 이성으로 축소된다.[57] 사람들이 기술과 성장이 궁극적으로 적절한 답변을 줄 것이라 여기기 때문에 사회적 환경적 정의에 대한 질문은 무시된다. 그 결과, 프란치스코 교황이 한탄하는 것처럼, "개인의 결단력, 온전한

---

56) 이 점에 관해 개괄적으로 *LS*, 3장, "인간이 초래한 생태위기의 근원들"을 보라.
57) 프란치스코 교황은 이렇게 말한다. "기술 관료적 패러다임은 또한 경제와 정치를 지배하고자 합니다. 경제는 이윤을 목적으로 모든 기술 발전을 받아들이며 인간에게 미치는 잠재적 악영향에 관심을 기울이지 않습니다"(*LS*, 109항).

자유, 고유한 창조성을 위한 자리가 줄어들게 됩니다"(108항).[58]

교황은 또한 기술 관료적 패러다임 이데올로기 안에서는 지구를 비신성화 하여 보게 된다고 주장한다. 자연은 그저 원자들의 기계적인 집합으로서 언제든 효율적이고 생산적인 방식으로 재배치되고 활용되기 위해 존재하는 것이다. 교황은 이렇게 말한다. "여기에서 인간은 무한 성장 또는 제약 없는 성장이라는 개념을 쉽사리 받아들이게 되었으며, 경제학자, 금융 전문가, 기술자들은 이에 큰 매력을 느꼈습니다. 이는 지구 자원을 무한히 활용할 수 있다는 거짓을 바탕으로 한 것으로, 지구를 그 한계를 넘어서 최대한 '쥐어짜는' 데에 이르게 됩니다"(106항). 기술 관료적 패러다임 이데올로기는 한계의 가능성을 거부하고, 대신에 "궁극적 의미의 권력"(108항)을 목표로 하는 기술 개발이라는 프로메테우스적 견해를 끌어안는다.

기술 관료적 패러다임 이데올로기와 밀접한 동맹 관계인 것이 세계화된 소비주의 문화이다. 프란치스코 교황은 소비주의 문화가 "단기적이며 사적 이익을 우선시"한다고 말한다(184항). 교황은 또 이렇게 말한다. "집착적 소비주의는 기술-경제 체계가 개인들에게 어떻게 영향을 끼치는지를 보여 주는 사례입니다"(203항). 만약 기술 체계가 인간을 자본주의라는 새장에 가둠으로써 지구와 가난한 이들의 울부짖음에 관심을 갖지 못하게 만드는 것이라면, 소비주의 문

---

58) 여기서 프란치스코 교황의 분석은 프랑크푸르트 학파의 "계몽의 변증법"을 연상시킨다. Max Horkheimer and Theodor Adorno, *Dialectic of Enlightenment: Philosophical Fragments*, Gunzelin Schmid Noerr 편집, Edmund Jephcott 번역 (Redwood City, CA: Stanford University Press, 2007)을 보라. 또한 Tim Jackson, *Prosperity without Growth: Economics for a Finite Planet* (London: Earthscan, 2009), 6장, "The 'Iron Cage' of Consumerism"을 보라.

화는 이들 서로 연관된 울부짖음에 무관심하게 만듦으로써 이러한 태도를 강화시키는 것이다(232항). 그 뒤에 나타나는 것은 "사회적 또는 생태학적 의식을 상실한 비윤리적 소비주의"이다(219항).

소비주의 문화가 왜 생태-사회적 비상사태에 대해 무관심하게 만드는지 이해하려면, 레슬리 스클레어의 거시사회 이론의 관점에서 프란치스코 교황의 입장을 고려하는 게 도움이 된다. 스클레어에 따르면, 지난 세기 동안 광고와 통신 기술이 놀랍도록 발전하면서 다국적 기업들은 가상의 소비자 상을 이상적 인물형(persona)인 양 만들어 보급할 수 있게 되었다.[59] 이러한 인물형에 대해 스클레어는 이렇게 말한다. "소비주의 문화 이데올로기는 말 그대로 삶의 의미가 우리가 소유한 물건에 있다고 주장한다. 그러므로 소비하는 것은 온전히 살아있는 것이며, 온전히 살아있기 위해서 우리는 소비해야 한다."[60] 우리는 소비주의 문화가 어떻게 가난한 이들과 지구를 위한 우선적 선택으로 기우는 것을 방해하는지 알 수 있다. 소비주의 문화에서는 이웃을 향한 관심이나 창조세계 돌보기가 아니라 자기 자신의 (때로는 인위적인) 필요를 충족시키기 위해 끊임없이 행동하는 것이 의미 있는 삶으로 인도하는 것이다. 따라서 소비주의 문화는 끊임없이 인간의 욕구가 왜곡된 자기 사랑의 형태가 되도록 만든다. 그 결과 프란치스코 교황의 주장처럼 "사람들은 과잉 구매와 불필요한 지출의 소용돌이에 빠지기 쉽습니다"(203항).[61]

스클레어의 분석은 사회구조적 차원과 문화적 차원의 상호관계

---

[59] Leslie Sklair, *Sociology of the Global System* (Baltimore: Johns Hopkins University Press, 1995), 47–48쪽.
[60] 위의 책, 48쪽.
[61] 프란치스코 교황은 특히 소비주의가 전통적인 문화적 정체성을 평가절하고 불안정하게 하는 방식에 대해 우려한다. *LS*, 143–46항을 보라.

를 개념화하는 데도 도움이 된다. 스클레어는 인간을 소비자로 여기는 이상이 전 지구적 자본주의의 삶에 핵심이라고 주장한다. 왜냐하면 이 체제의 기능이 지속적 경제성장으로 단정되어 있기 때문이고, 축적 과정을 주도하는 것이 소비이기 때문이다. "소비주의 없이는 자본주의의 지속적 축적을 위한 이유가 사라진다."[62] 따라서 소비주의 문화는 이 체제의 구조를 온전히 유지시켜주는 "접착제"이다.

나는 이 책의 5장에서 세계 체제에 대한 스클레어의 개념으로 돌아갈 것이고, 여기서는 프란치스코 교황이 세상에게 요구하는 회개 작업의 거대함에 대해 살펴볼 것이다. 세계화 프로젝트의 사회적 구조를 변화시키는 것은 단지 조직이나 정책을 바꾸는 문제가 아니고, 세계화 프로젝트의 표준 가치체계를 바꾸는 것이다. 마찬가지로 기술 관료적 패러다임 또는 소비주의 문화 이데올로기로부터 회개를 꾀하기 위해서는 개인 또는 공동체가 바로 그런 문화와 이데올로기를 세상 사람들의 마음에 끊임없이 주입하고 되새기려 애쓰는 강력한 정치-경제적 동인(動因)과 맞서야 한다. 이러한 어려움에도 프란치스코 교황은 이렇게 말한다. "새로운 종합을 요청하는 참된 인본주의는 마치 닫힌 문의 아래 틈 사이로 스며들어 오는 안개처럼 알게 모르게 기술 문화 한가운데 자리 잡는 듯합니다. 모든 어려움에도 참된 인본주의가 올곧은 이들의 굳센 저항처럼 싹트는 영원한 약속이 될 수 있겠습니까?"(112항). 교황은 회개가 지속될 것이라는 소망이 있다고 믿는다.

교황에 따르면 통합생태론에 적합한 생태 문화는 "환경 훼손, 천연자원의 고갈, 오염과 관련된 문제에 대한 일련의 신속한 부분적

---

[62] Leslie Sklair, *Globalization: Capitalism and Its Alternatives* (Oxford: Oxford University Press, 2002), 116쪽.

해답들로 축소될 수" 없다. 좀더 종합적인 무언가가 필요하다. "사물을 바라보는 독특한 방식이 필요합니다. … 기술 관료적 패러다임의 공세에 대항하는 다른 시각, 사고방식, 정책, 교육 계획, 생활양식, 영성이 필요합니다. 그렇지 않으면 심지어 최선의 환경 보호 운동도 동일한 세계화의 논리에 빠져 버리고 말 것입니다"(111항).

통합생태론의 동력

기술 관료적 패러다임과 소비주의의 공격에 저항하는 영성을 개발하자는 프란치스코 교황의 요청은 우리를 다시 한 번 통합생태론의 신학적 차원으로 돌아가게 한다. 왜냐하면 교황이 볼 때, 그리스도교 신앙의 내용이 이러한 공격에 맞서 싸우는 데 필요한 영성의 기초 역할을 할 수 있기 때문이다. 구띠에레즈의 총체적 해방 개념의 경우와 마찬가지로 프란치스코 교황은 통합생태론 개념을 통해 —신학적 단계에서 작동하고 신앙생활의 상징, 이야기, 성사/성례전 등을 포함하는— 성경이 세계 체제의 왜곡된 심리적/문화적 형태에 대항하는 가치와 사상을 구성하는 일을 촉진할 수 있음을 발견한다. 통합생태론이, 신앙의 실천을 통해 살아낸 그리스도교 전통과 이런 식으로 건설적으로 재구성됨으로써, 교회 공동체는 역사적 현실의 왜곡된 문화적/심리적, 사회구조적 형태를 비판함과 동시에 하느님의 말씀에 뿌리내린 대안적 가치체계에 근거한 새로운 생활방식을 선포하고 일으킬 수 있다.

통합생태론의 신학적 차원에서 밝혀진 내용이 신앙 공동체의 삶에 통합되면, 공동체의 문화적/심리적 삶을 변화시키고, 해방시키고 변화시키는 영성과 보는 방식이 나타나도록 한다. 나아가 역사적 현실의 문화적/심리적 차원이 사회구조적 차원과 상호 침투하는 관계에 있기 때문에 신앙 공동체의 문화적/심리적 단계에서의 회개는 필연적으로 공동체를 역사적 현실의 왜곡된 사회구조적 차원을 변화시키는 작업으로 소환하게 된다. 요약하자면, 그리스도교의 계시를 성령에 일치하도록 읽으면, 세상에서 온전히 통합적인 생태론을 실현하는 과업의 기초와 촉매 역할을 한다.

나는 앞에서 프란치스코 교황에 따르면 세계 체제의 피상적인 거짓 생태론이 카인의 죄성을 반영한다고 주장했다. 같은 맥락에서 세계 체제의 사회구조적 동력과 문화적/심리적 동력을 변화시켜야 한다는 교황의 요청은 죄로부터의 회개를 요청하는 것이다. 실제로 통합생태론을 실현하자는 요청은 최종 목표가 하느님, 이웃, 지구와의 친교인 봉사와 돌봄에 대한 근본적인 생각과 일치하도록 우리의 생태-사회적 관계를 이끌어 구원을 증언하라는 요청이다. 그러므로 통합생태론 개념은 총체적 해방 개념과 일치한다. 이 두 개념 모두 죄로부터 해방되는 것의 올바른 목적이 친교라고 말한다.

더 나아가 통합생태론은 해방운동 개념으로 이해해야 한다. 『찬미받으소서』에서 프란치스코 교황은 세계화 프로젝트의 극적인 변화를 요청한다. 이 회칙은 현재의 세계화 프로젝트의 사회구조적 형태와 문화적-심리적 형태가 지구와 가난한 이들의 울부짖음에 응답하는 데 실패한 방식을 드러내고 비판한다. 세계 체제라는 상황 속에서 통합생태론을 실현하는 것은 초기 해방운동가들이 해방이라는 용어를 사용했던 방식을 매우 많이 반영하는 해방을 요구한다. 그러므로 통합생태론은 구원, 해방, 창조세계 돌보기 등이 오늘날의 전 지구적 상황 속에서 서로 얽힌 방식을 설명한다. 죄로부터 해방되고 또한 하느님, 이웃, 지구와 친교를 나누는 것이 가능하려면, 세계 체제의 구조에 대한 "생태적 회개"(216-21항)가 요구된다.

결론

통합생태론 개념이 명확히 보여주는 것처럼, 하느님 사랑은 이웃 사랑과 지구 사랑을 통해 표현되고, 지구와 가난한 이들을 위한 우선적 선택을 역사 속에서 분명히 드러나게 만든다. 우리가 본 것처럼, 프란치스코 교황은 이러한 견해의 근거를 기본적으로 창세기 2-4장의 해석에 둔다. 『찬미받으소서』에서 이 창세기 본문은 죄와 은혜의 정치-생태론적 차원을 파악할 수 있게 해 주는 그리스도교의 신학적 상상력을 우리가 일굴 수 있는 토양 역할을 한다. 실제로 프란치스코 교황의 창세기 2-4장 읽기를 통해 구성된 신학적 상상력 안에서 해방과 창조세계 돌보기를 실천하는 일은 하느님의 구원하시는 사역에 증인으로 참여하는 일이다. 따라서 신앙 공동체가 악하게 타락한 오늘날의 세계 체제의 문화적/심리적 형태와 사회구조적 형태에 맞서고 이를 변화시키려면, 이러한 신학적 상상력은 반드시 필요하다.

그렇지만 이 회칙이 성경과 씨름한 부분은 약간 어설프다. 두 가지 점에서 그러하다. 첫째로, 창세기 2-4장이 이 회칙의 비전에 필수이긴 하지만, 이 이야기의 신학적 (특히 구원론적) 중요성은 이야기 자체로 이 회칙의 설명보다 더 잘 설명할 수 있다. 둘째로, 죄와 은혜의 정치-생태론적 차원을 상술하면서 회칙은 창세기 2-4장을 성경의 증언 가운데 따로 떼어 놓았다. 그 결과 이 이야기는 정경 속 구원 역사의 폭넓은 해석으로부터 분리된 채, 수많은 논쟁거리를 짊어지게 되었다.

두 번째 항목은 중요한 질문을 야기한다. 즉 창세기 2-4장(과 여기서 이야기하는 신학)을 정치-생태론적으로 읽는 것이 구원 역사에서 그 이야기에 대한 해석을 어떻게 재구성하는가? 예를 들어, 이러한 해석이 성경의 출애굽 사건 속에서 하느님의 해방하시는 행위에 대한 교회 공동체의 이해를 어떻게 재형성하는가? 이러한 해석이 율법과 예언자들의 증언의 중요성을 부각시키는 데 어떻게 도움을 주는가? 그리고 그리스도교의 관점에서 가장 중요한 것으로, 창세기 2-4장에 대한 그러한 해석이 어떻게 예수의 하느님 나라 시작과 부활의 정치-생태론적 차원을 드러내는 데 도움이 되는가? 이들 질문에 답하는 것이 필수인 것은 아니지만, 그 답변이 그리스도교의 정치-생태론적 상상력, 즉 역사적 현실의 생태-사회적 형태를 판단하고 이러한 판단에 따라 그리스도교의 실천을 구상하고 활성화하도록 하는 신학적 상상력을 좀더 온전히 형성하는 데 도움이 된다. 이 책의 제2부에서는 구띠에레즈와 프란치스코 교황의 대화를 좀더 함축적인 방식으로 계속 다룰 것이다. 제2부는 프란치스코 교황의 정치-생태론적 해석을 받아들이고 발전시켜, 구원 역사에 대한 구띠에레즈의 주장에 필수인 성경의 주제들을 해석하는 데에 활용할 것이다.

제2부

하느님의 말씀 해석

이 책의 주장은 그리스도교의 생태해방운동 담론이 그 실천적 헌신을 그리스도교 신앙의 핵심에 두어야 한다는 견해로부터 시작한다. 따라서 다음과 같은 질문이 떠오르게 된다. "구원의 신비, 해방, 창조세계 돌보기 사이에는 어떤 연관이 있는가?" 2장에서 나는 구스타보 구띠에레즈와 프란치스코 교황의 총체적 사고를 통해 그 세 용어 사이의 적극적인 관계를 설명하기 시작했다. 그 과정에서 나는 역사 속에서 하느님의 구원 사역이 인간으로 하여금 성령과 협력하여 세상의 정치적 생태론의 악하게 왜곡된 문화적/심리적 차원과 사회경제적 차원을 변화시킴으로써, 세상이 지구와 가난한 이들의 울부짖음을 듣고 이에 자비로 응답하도록 요청하신다고 주장했다. 나아가 나는 회칙 『찬미받으소서』의 창세기 2-4장에 대한 프란치스코 교황의 해석을 따라 이런 세계관이 그리스도교의 계시 안에 근거할 수 있도록 이 본문이 도움을 준다고 주장했다.

제2부에서 나는 프란치스코 교황의 창세기 2-4장 읽기를 두 가지 방식으로 자세히 다룰 것이다. 첫째로, 나는 이 본문에 대한 『찬미받으소서』의 해석을 확장하여 창세기 안에서 이 본문의 신학적 함의를 도출할 것이다. 둘째는 좀더 중요한 것인데, 창세기 2-4장을 성경이 전달하는 구원 역사의 넓은 범위 안에 둠으로써 이 본문을 맥락화할 것이다. 따라서 제2부에서는 창세기 2-4장이 하느님 사랑, 이웃 사랑, 지구 사랑을 묶는 신학적 인간론을 상징적으로 전달하는 방식을 살펴보고, 아울러 이렇게 서로 연관된 사랑을 완수하는 것이 어떻게 구원 이야기의 종합적이고 반복되는 주제인지를 살펴볼 것이다.

성경의 구원 이야기를 성경 전체의 맥락에서 읽음으로써, 제2부에서는 이 책의 중심 질문에 대한 서사적 대응을 제시한다.[1] 내가 여기서 제시하는 구원 역사에 대한 신학적 해석은 기본적으로 신앙 공동체가 당대의 역사적 순간 속에서 제자도를 실천하도록 안내하고 격려하는 교회의 성경 읽기 과제와 관련이 깊다. 따라서 제2부의 성경 읽기는 구원 역사를 해석하는 두 가지 관심, 즉 그리스도교 전통을 역동적이고 안정적이게 하는 방식과, 정치-생태론적 비상사태 속에서 하느님의 통치라는 기쁜 소식을 증언하고자 하는 신앙 공동체를 길러내는 방식 등으로 구원 역사를 해석하는 두 가지 관심으로 구성된다.

---

1) 이 책의 1부는 주로 구띠에레즈의 『해방신학』에 있는 주장과 매우 밀접하지만, 2부는 구띠에레즈의 『생명이신 하느님』에 있는 주장과 매우 밀접하다. 이 책에서 구띠에레즈는 구원 역사에 대해 광범위한 해석을 제시한다.

3장

정치-생태론적 관점에서 창세기 읽기

게르하르트 폰 라트는 그의 영향력이 컸던 창세기 주석[1]에서, 성경의 첫 번째 책을 내적으로 일관성이 있는 책으로 읽을 수 없다고 주장했다. 창세기는 그 다음에 이어지는 책들에 대한 서문 역할을 하는 것이라서, 이처럼 이어지는 책들의 시각에서만 창세기에서 소개된 주제와 이야기를 이해할 수 있다고 그는 주장했다. 창세기를 구성하는 주제들과 상징들이 성경 전체에 걸쳐 얽혀있다는 폰 라트의 주장은 분명 옳다. 예를 들어, 창세기 본문의 세계는 예언 문학의 본문의 세계를 조명해 줄 수 있고 그 반대도 마찬가지다. 그렇지만 최근 몇 십 년 동안 몇몇 학자들이 창세기의 내적 일관성에 대한 폰 라트의 의구심에 이의를 제기했다. 예를 들어, 브루스 달버그는 폰 라트와 달리 창세기가 "문학적으로 통일된 작품으로서 … 시작부터 끝까지 주제에 따라 발전하며 통합되어 있고, 당연히 그 문학적 기교는 그 신학적 주장들에 기여하는 것이다"라고 논증한다.[2] 따

---

[1] Gerhard von Rad, *Genesis: A Commentary* (Louisville, KY: Westminster Press, 1961).
[2] Bruce T. Dahlberg, "On Recognizing the Unity of Genesis," *Theology*

라서 달버그는 창세기의 원역사(창 1-11장) 안에서 소개된 주제들이 최소한 창세기를 종결하는 장들, 특별히 요셉 이야기(창 37-50장)에서 절정에 이른다고 주장한다.

달버그의 기본적인 직관을 인정하면서 이 장에서는 창세기의 기승전결(narrative arc)과 주제를 살펴볼 것이다. 좀더 구체적으로는 창세기 2:15의 소명(동산을 "일구고 돌보라")을 해석학적 열쇠로 삼고 성경의 첫 책인 창세기 전체에 흐르는 정치-생태론적 신학을 설명할 것이다. 근본적으로 이 신학이 (『찬미받으소서』의 견해와 일치하는 방식으로) 주장하는 것은 하느님은 인간이 하느님, 이웃, 지구와의 친교 안에서 살아가도록 창조하셨고, 인간의 하느님 사랑, 이웃 사랑, 지구 사랑은 독자적으로 존재하지만 서로 연결된 실재라는 것이다. 창세기를 이렇게 읽는 것은 4장에서 다룰 광범위한 구원 역사에 대한 생태해방운동의 해석에 기초가 된다.

나는 창세기 원역사의 첫 번째 이야기 덩어리(cycle, 창 1-4장)에 나타난 신학적 세계관을 살펴보고, 동산지기, 도시 건설자, 도시 등의 신학적 상징에 주목하고, 이런 상징들과 하느님의 지혜 사이의 관계를 분석하는 것으로 시작할 것이다. 그런 다음 이런 상징들이 원역사의 두 번째 이야기 덩어리(창 5-11장)와 "족장들"의 최초 이야기(창 12-36장) 속에서 발전하는 방식을 살펴볼 것이다. 마지막으로 나는 창세기의 정치-생태론적 신학이 요셉 이야기에서 절정을 이루는 방식을 설명할 것이다. 창세기의 결론으로서 요셉은 아담과 대조를 이룬다. 아담의 불순종이 인간 창조의 목적인 삼중 친교를 망가뜨렸지만 요셉이 하나님께 순종함으로써 이 삼중의 친밀함을 적어

Digest 24 (1976): 361쪽.

도 부분적으로는 회복시킨다.

여기서 창 2:15은 창세기 전체의 신학적 비전을 이해하는 해석학적 열쇠로 작용한다. 하지만 나는 분석을 2:15에서 시작해서 창세기 1장으로 돌아가지 않고 대신에 창세기의 첫 번째 창조 기사(1:1-2:3)를 간략히 살펴볼 것이다. 여기서 살펴볼 내용은 이어지는 창세기의 두 번째 창조 기사에 대한 분석과 일관성을 가질 것이다. 창세기 1:1-2:3에서 시작하는 것은 이 장에서 내가 주장하는 내용의 유동성을 최대화함으로써, 나의 분석이 이야기들 사이를 앞뒤로 왔다 갔다 하지 않고 창세기 자체의 순서를 따를 수 있도록 해 준다.

창조, 소명, 타락, 도시: 창세기 1-4장

첫 번째 창조 기사에서 가장 놀라운 특징은 아마도 하느님의 창조 활동에서 드러나는 온화한 성격일 것이다. 고대 근동 지역의 창조 이야기에서는 폭력적이고 호전적인 용어로 표현하는 것이 일반적이다. 예를 들어, "에누마 엘리쉬(*Enuma Elish*)"에 나오는 바빌로니아의 창조 기사에서는 마르둑 신이 어머니 여신인 티아마트의 살해된 몸으로 세상을 만들고, 반역자 신 킹구의 피로 인간을 만든다. 따라서 "에누마 엘리쉬"에서 폭력은 창조의 필수 구성 요소이다.[3] 이와는 달리 창세기의 하느님은 평화롭게 피조물이 존재하도록 하

---

[3] 바빌로니아 창조 이야기에 대한 월터 윙크(Walter Wink)의 논의, *Engaging the Powers: Discernment and Resistance in a World of Domination* (Minneapolis: Fortress, 1992), 13-17쪽을 보라. 한성수 역, 〈사탄의 체제와 예수의 비폭력〉(한국기독교연구소, 2004).

신다. "태초에" 혼돈의 무(nothingness)에 직면하여 하느님은 원초적인 폭력적 행동을 통해서가 아니라 (초대교회가 이해한 것처럼) 하느님의 "말씀"과 "영"의 값없이 베풀고 창조하는 권능을 통해 피조물이 존재하도록 하셨다.[4] 세상을 이런 식으로 창조하시면서 하느님은 세상의 요소들의 경계를 정하고, 하느님의 지혜에 따라 구성되도록 하셨다. 따라서 창세기의 첫 번째 창조 기사는 그리스도교 전통 안에서 이해되어 온 것처럼 평화로운 존재론을 암시한다.[5]

창세기 첫 번째 창조 기사의 이와 같은 놀라운 어조는 하느님의 세상 인식에 의해 더욱 부각된다. 피조물이 존재하도록 하면서 하느님은 "좋다"고 평가하신다. 엘런 데이비스에 따르면, 창세기 1장에서 7번 반복된, 피조물의 좋음에 대한 하느님의 확증은 이 이야기의 주제를 반복하는 기능으로서 우리가 잠시 멈추어 창조된 질서의 좋음에 대해 묵상하도록 초대한다.[6] 하느님의 선하신 역사의 결과에

---

4) Irenaeus, *Against the Heresies* (London: Aeterna, 2016), 4.20.1.
5 무로부터의 창조, 그리고 그것과 평화로움과의 관계에 대한 신학적 논의로 Brian Robinette, "The Difference Nothing Makes: *Creatio Ex Nihilo*, Resurrection, and Divine Gratuity," *Theological Studies* 72, no. 3 (2011): 525-57쪽을 보라. 내가 제시하는 성경 읽기는 캐서린 켈러의 해석과 반대된다. 켈러는 무로부터의 창조 교리를 비롯한 많은 그리스도교 전통이 피조물을 지배하고자 했던 족장들의 의지에 깔려있는 만연한 "깊은 혼돈 공포증(tehomophobia)"을 보여주는 것이라고 주장한다. 예를 들어 Keller's "No More Sea," in *Christianity and Ecology: Seeking the Well-Being of Earth and Human*, ed. Dieter T. Hessel and Rosemary Radford Ruether (Cambridge, MA: Harvard University Press, 2000), 183-84쪽; Catherine Keller, *God and Power: Counter-Apocalyptic Journeys* (Minneapolis: Fortress, 2005), 143-49쪽을 보라. 내 생각에 성경의 혼돈에 대한 상징은 제국의 지배와 좀더 가까이 연결되어야 한다고 본다. 나는 이 두 가지 해석이 서로 교정하는 것으로 읽힐 수 있다고 서둘러 덧붙인다.
6) Ellen Davis, *Scripture, Culture, Agriculture* (Cambridge: Cambridge University Press, 2009), 44-47쪽을 보라.

대한 하느님의 근본적인 응답은 기쁨이다.[7] 따라서 인간에게 주어진 "땅을 정복하고 다스리라"는 명령은 창세기 2:15의 빛에서 뿐만 아니라 하느님이 창조하실 때의 온화한 방식과 피조물 자체의 좋음과 아름다움을 하느님이 기뻐하셨다는 면에서도 이해해야 한다.

"정복하다(to have dominion)"의 의미를 해석하면서, 엘런 데이비스는 이 동사를 "가혹함(harshness)이 아니라 변치 않음(firmness)"으로 이해하는 것이 가장 좋다고 주장한다.[8] 이 대목에서 데이비스는 루트비히 쾰러와 발터 바움가르트너를 인용한다. 이들은 그 해당 히브리어 '라다(radah)'에 대해 이렇게 썼다. "이 동사의 기본 의미는 지배하다(rule)가 아니다. 이 단어가 가리키는 것은 목자가 양떼를 몰고 돌아다니는 것이다."[9] 이런 견해는 월터 브루그만의 견해와 일치한다. 브루그만은 이렇게 주장한다. 지구상의 생명체에 대한 인간의 정복(dominion)은 "동물을 돌보고, 보살피고, 먹이를 주는 목동의 다스림(dominion)과 같은 것이다. 아니면 정치 영역에서 본다면 그 이미지는 목자 왕의 다스림(dominion)이다(겔 34 참고)." 그러므로 정복하라는 소명은 착취를 인정하는 것이 아니다. 오히려 "다른 모든 피조물의 복지를 보장하고 각각이 온전함을 성취할 것이라고 약속하는 것이다." 브루그만이 정복을 그리스도의 빛에서 해석한 것이 아마도 가장 두드러진 것일 것이다. 브루그만은 이렇게 썼다. "정복에 대한 그리스도교의 이해는 나사렛 예수의 방식에서 찾아야 한다(막 10:43-44 참고). 섬기는 자가 다스리는 자이다. 주됨은 종됨을 의미한다."[10] 브루그만의 마지막 결론은 앞으로 보게 되겠지만, 창세기

---

7) 이 책 2장의 『찬미받으소서』에 대한 논의를 보라.
8) Davis, *Scripture, Culture, Agriculture*, 55쪽.
9) 위의 책.

2:15의 정신과도 잘 부합한다.

여러 면에서 "다스리다(subdue)"라는 동사는 "정복하다"보다 까다롭다. 이 단어는 종종 지배 개념을 떠올리게 하는 가혹함(harshness)을 의미한다.[11] 하지만 노르베르트 로핑크는 창 1:28의 문맥에서 그 해당 히브리어 '카바스(*kabas*)'는 "소유하다"로 이해하는 것이 가장 좋다고 주장한다.[12] 따라서 로핑크가 볼 때, 인간은 땅을 소유하라는 하느님의 요청을 받은 것이다. 요즘 말로 하자면, 이것은 세상을 "인간화" 하라는 신적 소명이라고 이해할 수 있겠다. 물론 이런 요청이 인간중심적이긴 하지만, 제한된 의미에서 그러하다. 인간은 피조물의 척도가 아니라 피조물을 측량하는 존재이다. 창세기 1장의 문맥에서 인간화 과정은 전반적으로 하느님의 선한 창조가 잘

---

10) Walter Brueggemann, *Genesis* (Atlanta: John Knox, 1982), 33쪽.
11) Theodore Hiebert, "The Human Vocation: Origins and Transformations in Christian Traditions," in *Christianity and Ecology: Seeking the Well-Being of the Earth and Humans*, ed. Dieter T. Hessel and Rosemary Radford Ruether (Cambridge, MA: Harvard University Press, 2000)를 보라.
12) 로핑크는 P 문서의 원래 문맥에서 "땅을 소유하다"라는 말은 가나안 땅과 언약을 소유하는 것을 말하는 것이라고 주장한다. Norbert Lohfink, *Theology of the Pentateuch: Themes of the Priestly Narrative and Deuteronomy* (Minneapolis: Fortress, 1994), 7-11쪽을 보라. 데이비스는 이 계열의 해석을 좀더 진전시킨다. P 문서를 바빌론 포로 상황에 두면서 데이비스는 '카바스'가 포로로부터 돌아오라는 요청이라고 해석한다. 따라서 이 단어의 주된 기능은 파국의 한가운데에 있는 사람들에게, 바빌론은 역사의 마지막을 장식할 수 없으니, 희망을 유지하라고 요청하는 것이다. 더 나아가 데이비스는 땅을 "정복하라"는 요청은 P 신학의 더 넓은 맥락, 즉 땅을 소유하는 것과 땅이 열매 맺는 것을 이스라엘의 하느님에 대한 충실함과 연결하는 맥락에서 이해해야 한다고 제안한다. 따라서 데이비스는 '카바스'를 포로라는 파국의 한가운데에서도 회개하고 하느님께 돌아오라는 아이러니한 요청이라고 읽는다. Davis, *Scripture, Culture, Agriculture*, 59-63쪽을 보라.

진행되는 것을 보장하기 위한 것이다.[13] 나아가 땅을 소유하라는 요청은 땅이 하느님께 속하고, 또 인간이 땅을 소유하는 것은 하느님께 순종함으로써 허용된다는 기본 전제에 의해 더욱 제한된다.[14]

여기서 우리는 인간이 "하느님의 형상과 모양대로"(창 1:26-27) 창조되었다는 창세기의 선언의 중요성도 고려해야 한다. 이 선언이 종종 "정복하고" "소유하라"는 명령과 연결되기 때문이다. 1장에서 내가 주장한 바에 따르면, 하느님의 형상(imago Dei)이라는 상징은 생태해방신학을 전개하는 데 아무런 문제가 되지 않는다. 이 상징은 적어도 부분적으로, 인간이 하느님 앞에서 책임 있는 존재라는 점을 인정한다. 따라서 인간은 선과 악을 구분할 수 있어야 하고, 또한 세상의 생명에 대해 책임을 진다. 나아가 인간이 하느님의 형상으로 창조되었다는 창세기의 선언은 비인간 피조물과 관련한 인간의 지위를 말하려는 것이 아니라, 군주 권력과 관련한 인간의 지위를 말하려는 것이다. 리처드 미들턴에 따르면, 창세기에서 하느님의 형상은 정치적 통치자만이 하느님의 형상으로 존재한다는 고대 근동에 흔했던 개념을 전복시키는 것이다.("에누마 엘리쉬"에서 반역자인

---

13) 리처드 미들턴과 고든 맥콘빌 모두 '카바스'를 "조직화," 즉 창조된 질서의 요소의 경계를 정하는 개념과 연결시킨다. 땅을 소유함으로써 인간은 예를 들어 하느님이 물을 땅으로부터 분리하는 것으로 시작한 조직화 과정을 계속하게 되는 것이다. J. Richard Middleton, *The Liberating Image: The Imago Dei in Genesis 1* (Grand Rapids, MI: Brazos, 2005), 89쪽; J. Gordon McConville, *Being Human in God's World: An Old Testament Theology of Humanity* (Grand Rapids, MI: Baker, 2016), 22쪽을 보라. 이러한 읽기는 법의 경계를 정하는 성격에서 유대-그리스도교의 환경윤리를 위한 성경적 기초를 발견한 조셉 블렌킨소프의 글에 비추어 볼 때 특히 주목할 만하다. Joseph Blenkinsopp, *Treasures Old and New: Essays in the Theology of the Pentateuch* (Grand Rapids, MI: W. B. Eerdmans, 2004), 36-52쪽을 보라.
14) Davis, *Scripture, Culture, Agriculture*, 60쪽.

킹구의 피로 만들어진 인간은 노예로 창조되었다는 위의 설명을 참고하라.) 따라서 인간이 하느님의 형상이라고 선언하는 것은 폭정에 맞서 인간의 존엄성을 보호하는 것이고, 보편적으로 인간의 정치적 역량을 인정하는 것이다.[15]

인간이 하느님의 형상이라는 선언이 비인간 피조물과 인간의 관계를 말하려는 것은 아니지만, 창세기의 첫 번째 기사에 맞추어 인간을 이해하는 것은 광범위한 창조 질서와의 관계 속에서의 인간의 지위와 관련하여 여전히 중요하다. 결국 인간이 하느님의 형상으로 창조되었다는 사실 덕분에 인간은 땅을 돌보고 인간화하도록 요청 받게 된 것이다. 여기서 중요한 것은 인간이 땅을 인간화하도록 요청받았다는 것이 아니라, 모든 인간(모든 인간 공동체가 더 낫겠다)이 이 과정에 참여하도록 요청받았다는 것이다. 하느님의 형상을 모든 인간에게 적용하면서 창세기 1:27은 어떤 형태든 조직을 절대시하려는 시도를 배제한다. 어떤 통치자라도 혼자서 세상의 올바른 질서를 정할 수 없듯이, 어떤 단일한 문화나 단일한 정치 체제도 전체적으로 볼 때 땅과 관계하는 적절한 방식을 지시할 수 없다. 내가 이런 주장을 한다고 해서, 인간과 비인간 피조물 사이에 "올바른 관계"를 생각하기 위한 공식적인 기준의 가능성을 거부하는 극단적인 상대주의를 말하는 것은 아니다. 하느님은 인간에게 선과 악을 구분하고 이러한 판단에 따라 행동하라고 요청했다. 따라서 내 요점은 창세기 1:27이 모든 사람을 단일한 정치-생태론적 프로젝트 아래에 두려는 폭압적이고 식민 지배적인 욕망을 전복시킨다는 것이다.[16]

---

15) Middleton, *Liberating Image*, 204-28쪽.
16) 여기서 나는 윌리 제임스 제닝스의 유럽 그리스도교 식민지 프로젝트에 대한 비판을 지지하고자 한다. 이 프로젝트는 하느님의 형상을 유럽 식민지 개척

창세기의 첫 번째 창조 기사에서 나타나는 것은 하느님이 좋게, 아름답게, 따라서 기쁘게 여기신 창조 질서에 대한 이해이다. 이에 따라 하느님은 인간에게 세상 전체가 번성하도록 피조물을 조직화하는 작업을 계속하도록 요청하신다. 나아가 인간을 하느님의 형상과 모양대로 창조하심으로써, 하느님은 정치-생태론적 조직 자체의 프로그램을 구체화할 수 있는 제국주의 권력체제라는 가능성을 배제하신다. 이런 맥락에서 창세기의 첫 번째 창조 기사는 하느님이 안식하신 창조의 마지막 날에서 정점을 이룬다. 여기서 하느님은 모든 피조물을 안식의 평화(the peace of sabbath rest)로 초대하시는데, 이 초대는 앞으로 보게 되겠지만 성경에서 기술하는 타락한 정치적 생태론과 극명한 대조를 이룬다. 이러한 피조물에 대한 이해와 인간과 땅의 관계에 대한 이해는 모두 『찬미받으소서』에서 촉구하는 돌봄의 정신과 잘 어울린다. 앞에서 살펴본 것처럼, 이 회칙은 이 정신을 창세기 2:15과 창세기의 두 번째 창조 기사에 나오는 "일구고 돌보라"는 요청과 가장 뚜렷하게 연결한다. 이제 나는 이 두 번째 창조 기사로 돌아가 이 핵심 구절의 중요성을 더 잘 조명하려고 한다.

자로 축소했다. 이에 따라 제닝스는 이렇게 썼다. "예수와 관련된 이스라엘 이야기를 통해 나라들에 대한 치유를 선언하는 친교의 공간, 예수의 제자들이 함께 사는 곳이라면 어디든 존재하는 그런 공간이 등장하는 대신, 우리는 공간적 상업화와 사회적 분열이라는 전 지구적 과정의 상속이자 가해자가 되어 버렸다. 이러한 과정은 전 세계 부동산에 대한 우수한 경제적 계산 안에서 수행된다. 이들은 식민지 시대에 인종에 따른 계급제도와 분리를 떠오르게 하는 방식으로 지역 공동체가 사유 재산과 관련하여 국제 교환 네트워크를 반영하라고 강요했다." Willie James Jennings, *The Christian Imagination: Theology and the Origins of Race* (New Haven, CT: Yale University Press, 2010), 293쪽을 보라.

하느님, 동산지기, 하느님의 형상: 창세기 2:4-25

창세기 2:15에서 하느님이 인간에게 부여하시는 소명은 윌리엄 브라운의 말을 빌리자면, 동산의 "지구 윤리적 상황(geo-ethical landscape)"이라는 배경에서 이해할 수 있다. 먼저 "비옥한 흙"으로 사람을 만드신 뒤에[17] 하느님은 에덴에 동산을 가꾸어 보기 좋고 몸에 좋은 식물이 경계 안에서 자라도록 하셨다(2:7-9). 여기서 동산을 하느님이 가꾸셨다는 것이 중요하다. 윌리엄 브라운의 말처럼, 이런 서술은 하느님을 토지 소유주(landowner)의 자리에 두는 것이다. 인간은 하느님 땅의 소작인일 뿐이다.[18] 그러니 땅은 하느님의 것이고 (시 24:1) 인간은 하느님에게 책임이 있다. 동산의 지형 중에 가장 눈에 띄는 요소는 그 안에 "생명나무"와 "선악을 알게 하는 나무"가 있다는 점이다. 동산을 가꿀 때 하느님은 생명나무를 동산의 가운데에 두셨고 선악을 알게 하는 나무도 그 가까이에 두셨다(창 2:9).[19] 여기서 나는 생명나무의 중요성에 먼저 초점을 맞출 것이고, 선악을 알게 하는 나무의 의미에 대해서는 그 다음에 다룰 것이다.

성경 전체의 맥락에서 생명나무는 하느님의 지혜를 상징한다. 잠언도 지혜가 "붙잡는 자에게 생명의 나무가 되고 지혜를 잡는 사람에겐 행복을 준다"고 말한다(잠 3:18). 이런 인식이 초기 그리스도

---

17) Theodore Hiebert, *The Yahwist's Landscape: Nature and Religion in Early Israel* (Minneapolis: Augsburg Fortress, 2008), 34-35쪽.

18) William P. Brown, *The Ethos of the Cosmos: The Genesis of Moral Imagination in the Bible* (Grand Rapids, MI: Wm. B. Eerdmans, 1999), 138쪽.

19) 이 구절은 번역하기 어렵기로 유명하다. 앵커 바이블(Anchor Bible)은 이 구절을 "생명나무를 동산 가운데에 그리고 선악을 알게 하는 나무도"라고 번역했다. *Genesis*, vol. 1, trans., intro., and commentary by E. A. Speiser (New York: Doubleday, 1964), 14쪽을 보라.

교 해석에서 일반적이었다. 이 점에 대해 아우구스티누스의 설명이 도움이 된다. 아우구스티누스에 따르면, 생명나무는 동산 안에서 성사/성례전 역할을 했다. "이 해석에 따르면 물질적(material) 낙원의 생명나무는 영적(spiritual) 또는 지성적(intelligible) 낙원의 하느님의 지혜와 비슷한 것이다. 성경은 지혜에 대해 이렇게 말한다. '그것을 붙잡는 자에게 생명의 나무가 된다.'"[20] 아우구스티누스는 계속해서 그리스도교 색채가 짙은 해석을 내놓는다. 즉 하느님의 지혜로서 생명나무는 "그리스도임이 분명하다"는 것이다.[21]

생명나무를 그리스도로 인식하는 관점에서 볼 때, 나무가 동산 중앙에 위치했다는 점은 특히 주목할 만하다. 창세기 2장에서 동산은 하느님의 지혜 주위에서 하느님의 지혜에 따라 구성되었다. 창세기의 첫 번째 창조 기사와 마찬가지로 두 번째 창조 기사도 하느님의 지혜가 피조물을 올바르게 아름답게 배열하는 방식을 상징적으로 묘사한다. 나아가 아우구스티누스처럼 생명나무를 그리스도로 인식한다면, 동산을 상징적으로 구성하는 것과 골로새서의 찬가에서 발견할 수 있는 우주적 그리스도론 사이의 공명도 발견할 수 있다. "만물은 그분 안에서 존속합니다"(골 1:17). 동산의 질서는 하느님의 지혜에 부합하고 일치한다. 따라서 에덴동산은 하느님의 통치가 최초로 나타난 것이다. 만약 그리스도가 몸소 하느님 나라(autobasileia)—자신 안에 실현된 하느님의 통치—이고, 또한 동산이 그리스도를 따라 구성되었다면, 동산 전체가 하느님의 통치의 성격을 반영한다는 말이 된다.

동산을 이런 방식으로 구성하신 다음 하느님은 인간에게 동산을

---

[20] Augustine, *City of God*, 13.20.
[21] 위의 책, 13.21.

"일구고 돌보는" 일을 맡기셨다(창 2:15). 사실상 하느님은 인간을 불러 하느님의 지혜에 협력하도록 하고 "동산지기"라는 상징적 소명을 부여하신 것이다. 하느님은 인간을 동산의 인간(*homo hortulanus*)으로 창조하신 것이다. 이러한 소명을 생각하며 시어도어 히버트는 인간이 우선 돌보아야 할 대상은 흙이라고 주장했다.[22] 하지만 이런 주장은 너무 협소하다. "동산"을 그저 "흙"이라고 이해하기보다는 "흙에서 나오는 모든 것"으로 보는 것이 더 낫다. 따라서 동산을 일구고 돌보는 것은 흙과 흙에서 나오는 모든 것을 일구고 돌보는 것이다.[23] 이것이 중요한 것은 창세기 2장의 서사적 상상 안에서 하느님은 땅 위의 동물, 공중의 새, 그리고 특히 인간을 동산의 비옥한 흙으로 만드시기 때문이다. 인간과 흙의 친밀한 관계는 어원을 보면 더 뚜렷해진다. 하느님은 인간, 즉 "아담"을 흙('아마다')으로 창조하셨다.[24] 그러므로 땅 사랑과 이웃 사랑 모두가 동산지기의 소명을 구성한다.[25] 나아가 땅 사랑과 이웃 사랑이 하느님이 인간을 부르신 것에 대한 적절한 응답으로 여겨지기 때문에, 하느님 사랑 역시 동산지기의 소명에 포함된다. 인간은 흙과 흙에서 나오는 모든 것을 일구고 돌봄으로써 하느님에게 적극적으로 응답한다.(그렇게 하느님 사랑을 나타낸다.) 다른 식으로 표현하자면, 창세기 2:15은 하느님 사랑이 서로 연관된 이웃 사랑과 땅 사랑을 통해 표현된다고 암시한다.

---

22) Hiebert, "Human Vocation," 140쪽.
23) Brown, *Ethos of the Cosmos*, 141쪽을 보라.
24) 영어는 human과 humus(부엽토)에서 이런 어원상 유사성을 보전한다.
25) 『찬미받으소서』에서 프란치스코 교황은 창세기 2:15의 소명을 "세상이라는 동산"에 적용함으로써 이런 이중의 사랑을 유지한다. 『찬미받으소서』 57항을 보라.

창세기 2:15의 소명을 구성하는 두 히브리어 동사 '아바드'(ābad, 일구다)와 '쇼메르'(somer, 돌보다)는 여러 뜻이 있기 때문에 하느님 사랑, 이웃 사랑, 땅 사랑의 상호 연결성을 암시해준다. '아바드'는 '일구다'나 '경작하다' 외에도 '섬기다'로 번역할 수 있다. 그렇다면 일구는 일은 섬김의 정신을 갖추게 되는 것이다. 데이비스의 주장처럼 '아바드'는 "동산의 흙을 위해 일하고, 그 필요를 섬기는" 것을 의미한다.[26] 더욱 주목할 만한 것은 성경에서 하느님을 향한 인간의 바람직한 자세를 기술할 때 '아바드'는 주로 섬김으로 해석된다는 것이다. 즉 인간은 하느님을 섬기는('아바드') 것이 목적이다. 창세기 2:15의 '아바드' 용례는 이들 여러 용례를 통합한다. 인간은 흙과 흙에서 나오는 모든 것의 필요를 섬김으로써 하느님을 섬긴다. 마찬가지로 '쇼메르'는 '돌보다'로도 번역되고 '보존하다(keep)', '지키다(observe)' 등으로도 번역된다. 데이비스의 말처럼, 성경에서 '보존하다'는 하느님과 이웃 모두를 향한 인간의 책임과 관련이 있다.[27] 마찬가지로 '지키다'는 "정의에 대한 명령"(호 12:7; 사 56:1), "자연의 리듬"(렘 8:7), "하느님의 계명"(출 31:13)을 지키는 것과 관련되어 다양하게 사용된다.[28] '쇼메르'의 뜻이 여러 가지라는 것은 동산의 인간(homo hortulanus)이 실천할 것이 여러 차원이라는 것을 말해준다.

동산지기의 소명은 하느님이 인간을 창조하신 목적과 일치한다. 하느님은 인간이 하느님, 이웃, 땅과의 친교 안에서 살아가도록 창

---

[26] Davis, *Scripture, Culture, Agriculture*, 29쪽. 데이비스는 창세기 2장의 땅을 통치자로 이해할 수 있다는 히버트의 주장과는 거리를 둔다. 데이비스는 원역사 속에서 하느님만이 통치자로 여겨질 수 있다고 주장한다(29-30쪽). Hiebert, "Huma Vocation," 140쪽도 보라.

[27] Davis, *Scripture, Culture, Agriculture*, 30쪽.

[28] 위의 책.

조하셨기 때문에, 인간을 삼중 형태의 사랑으로 부르신다. 하느님이 인간을 창조하신 목적인 이 삼중의 친밀함은 창조의 두 번째 이야기 안에 다양한 방식으로 나타난다. 앞에서 살펴본 것처럼, 인간은 흙과 밀접하게 관련되어 있고, 따라서 동산의 다른 생물들과 동족인 것처럼 묘사된다. 나아가 인간은 이들 생물들의 이름을 짓는(이를 통해 피조물을 조심스럽게 지키는 의무를 수행하는) 역할도 부여받는다.[29] 성 분화(sexual differentiation)[30] 이후 아담은 외친다. "이야말로 내 뼈에서 나온 뼈요 내 살에서 나온 살이로구나!"(창 2:23). 이것은 깊은 친밀감의 표현이다.[31] 게다가 아담과 하와는 벌거벗었지만

---

[29] 물론 일부는 아담의 동물 이름짓기가 인간의 오만한 행위라고 주장하기도 하지만 그렇지는 않다. 예를 들어 George W. Ramsey, "Is Name-Giving an Act of Domination in Genesis 2:23 and Elsewhere?" *CBQ* 50 (1988): 24-35쪽; Mark G. Brett, "Earthing the Human in Genesis 1-3," in The *Earth Story in Genesis*, ed. Norman C. Habel and Shirley Wurst (Sheffield: Sheffield Academic Press; Cleveland, Ohio: Pilgrim, 2000), 2:81; Eric D. Meyer's analysis "Gregory of Nyssa on Language, Naming God's Creatures, and the Desire of the Discursive Animal" in *Genesis and Christian Theology*, ed. Nathan MacDonald et al., (Grand Rapids, MI: Eerdmans, 2012), 103-16쪽; Claus Westermann, *Genesis 1-11* (Minneapolis: Augsburg, 1985), 228쪽을 보라. 이렇게 이름 짓는 행위의 질적 차원은 창 2:15에 의해 조정되어야 한다. 여기서 인간은 섬김과 돌봄의 대상을 이름 짓는다.

[30] 편집자주: 최초의 인간은 '안드로진(androgyne),' 즉 '남녀동체'였다.

[31] 물론 최초의 여자가 흙이 아니라 남자의 갈비뼈로 만들어진 건 맞지만, 이것을 여자와 흙 사이의 대립을 창조한 것으로 해석할 필요는 없다. 흙과 흙에서 나오는 모든 것을 돌보라는 요청은 돌봄의 주체이자 객체에 여자를 포함하는 것으로 해석해야 한다. 이 구절에 대해 여자가 남자에 종속된다거나 부수적이라고 하는 해석을 모두 거부하면서 나는 갈비뼈가 "연대와 평등"을 의미한다는 필리스 트리블의 견해를 지지한다. Phillis Trible, "Eve and Adam: Genesis 2-3 Re-read," *Andover Newton Quarterly* 13, no. 4 (1973): 253쪽을 보라. 같은 맥락에서 동산지기의 소명은 성별과 상관없이 모든 인간에게 적용되어야 한다. 특히 그리스도교의 가부장적이고 여성혐오적인 성격을 고

부끄러워하지 않았고, 서로 감추는 것이 없었다. 마찬가지로 이들 최초의 부부는 같은 방식으로 하느님 앞에 섰고, 저녁 서늘한 때에 하느님과 함께 걸었다. 흙과 흙에서 나오는 모든 것을 섬기고 지킴으로써 인간은 자신의 창조 목적인 삼중적 친교를 유지했다. 따라서 섬김, 돌봄, 조심스런 지킴의 정신이 특징인 동산의 문화생활과 정치적 생태론은 하느님의 지혜와 일치한다. 따라서 인간의 문화와 정치적 생태론은 계속해서 동산을 올바르게 구성한다.[32] 하느님의 지혜 안에 머문다면 동산의 인간(*homo hortulanus*)의 실천은 그 자체로 통합생태론의 성사/성례전이다.

동산지기의 소명이 함축하는 의미 가운데 가장 놀라운 것은 이 두 번째 창조 이야기 안에 내포된 하느님의 형상(*imago Dei*) 인간학을 설명하는 방식일 것이다. 창세기 2장에서 동산을 가꾼 분이 하느님이시라는 점을 기억하자. 흙에 대해 처음으로 일하신 분, 흙을 하느님의 지혜에 따라 구성하여 피조물이 번성하도록 하신 분이 하느님이시다. 두 번째 창조 이야기 안에서 하느님은 동산지기로 묘사된다.[33] 따라서 인간에게 창조세계를 일구고 돌보는 일을 맡기시면서 하느님은 인간이 하느님 당신의 형상 안에 거하도록 요청하신다. 인

려한다면 오늘날 이 본문을 해석할 때 땅을 "여성"으로 기호화하면 안 된다.

32) 물론 주석가들은 흔히 카인이 도시를 세운 것부터 문화의 출현을 이야기하지만, 이는 잘못된 것이다. 브라운의 말처럼 두 번째 창조 기사에서 최초의 인간의 문화는 일구고 돌보는 일이었다. Brown, *Ethos of the Cosmos*, 134쪽을 보라. 실제로 엘런 데이비스의 *Scripture, Culture, Agriculture* 전체가 흙에 대한 돌봄이 문화를 성경적으로 이해하는 데 핵심이라는 견해로부터 진행된다.

33) 월터 브루그만은 자신의 창세기 주석 곳곳에서 이 점을 언급한다. Brueggemann, *Genesis*, 49쪽과 51쪽을 보라. 또한 William P. Brown, "The Gardener and the Groundling," *Journal for Preachers* 32, no. 3 (2009): 33-37쪽을 보라.

간이 흙과 흙에서 나오는 모든 것을 일구고 돌보는 일, 섬기고 지키는 일은 단지 하느님을 섬기는 것만이 아니고 하느님의 형상을 그대로 닮는 것이다. 동산의 인간(*homo hortulanus*)은 하느님의 형상(*imago Dei*)이다.[34] 창세기 두 번째 창조 기사의 서사 논리에 따르면, 인간은 흙과 흙에서 나오는 모든 것을 사랑하고, 이를 통해 하느님의 지혜가 세상 속에서 육화되도록 하라는 하느님의 요청에 제대로 응답함으로써 하느님의 형상 안에 가장 잘 거하게 된다.[35]

---

[34] 이러한 맥락에서 N. T. 라이트는 이렇게 말한다. "'형상' 개념은 특별한 영적 자질이나, 인간의 영적 구조 속 어딘가에 보유한 비밀스런 '자산'이나, 과학적 관찰을 통해 침팬지와 달리 인간에게서 발견할 수 있는 무언가를 말하는 것이 아니다. 형상은 **소명**, 곧 부르심이다. 이 소명은 하느님의 지혜로운 질서(order)를 세상에 비추고, 모든 피조물의 찬양을 창조주에게 비추는 비스듬히 놓인 거울이 되라는 부르심이다." N. T. Wright, "Excursus," in John H. Walton, *The Lost World of Adam and Eve* (Downers Grove, IL: InterVarsity, 2015), 175쪽.

[35] 여기서 우리는 창세기 2장에서 은연중에 기술된 하느님의 형상은 데이비드 켈시, 캐스린 태너, 이언 맥팔랜드 등이 모두 형상에 대한 자신의 최근의 역작에서 강조한 인간의 확정되지 않고 적응성이 있는 성격을 설명해 준다는 점에 주목할 만하다. David Kelsey, *Eccentric Existence: A Theological Anthropology*, 2 vols. (Louisville, KY: Westminster John Knox, 2009); Kathryn Tanner, *Christ the Key* (New York: Cambridge University Press, 2010); Ian McFarland, *The Divine Image: Envisioning the Invisible God* (Minneapolis: Fortress, 2005)을 보라. 여기서 **형상**(*imago*)은 인간의 강력한 존재론적 근거와 엮일 필요는 없고, 오히려 인간 실천의 역동과 주로 확실히 연결된다. 여기서 **하느님의 형상**(*imago Dei*)은 본질을 수행함에 있어 거룩으로의 부르심만큼 많이 나온다. 그런데 이러한 부르심의 좌표는 앞에서 언급한 저자들이 생각하는 것보다 성경의 시작 부분에서 더 많이 정해진다. 창세기 2장에서 거룩, 그리고 **형상**(*imago*)은, 하느님, 이웃, 땅과의 사랑의 친교를 통해 표현된다.(창세기 2:15의 암시적인 하느님의-형상 인간론이 강력한 존재론적 근거와 반드시 고립된 것은 아니라는 점을 강조하는 것이 중요하다.) 나는 또한 앞에서 언급한 세 저자의 관심사를 따라감에 있어 **하느님의 형상**(*imago Dei*) 개념이 강력한 그리스도론적 기초를 가지고 있다는 점도 언급해야겠다. 나는 이를 4장에서 다룰 것이다.

창세기 3장: 타락 - 친교의 끈이 끊어지다

창세기 2장이 모든 것이 하느님의 지혜에 의해 지도되고, 또한 그 지혜에 따라 모여 있는 목가적인 상황을 기술한다면, 창세기 3장은 인간이 하느님의 지혜를 멀리하면서 모든 것이 서로 떨어져나가는 방식을 서술한다. "타락(the fall)"의 신학적 함의를 파악하려면, 동산의 지구 윤리적 상황으로 돌아가 동산 중앙의 생명나무와 매우 가까이 있었던 것으로 보이는 선악을 알게 하는 나무를 살펴보는 것이 필요하다. 우리가 창세기 3장에서 선악을 알게 하는 나무를 만나게 되는 것은 하와와 "모든 들짐승 가운데에서 가장 간교한"(창 3:1) 뱀 사이의 대화 속에서다. 뱀은 여자를 유혹해 선악을 알게 하는 나무의 열매를 먹으라고 하고, 열매는 "먹음직하고," "소담스럽고," "슬기롭게 해 줄 것 같았다"(창 3:6). 게다가 뱀은 열매를 먹으면 인간이 "선과 악을 아는 신들처럼 될 것"이라고 주장했다(창 3:5).

생명나무가 하느님의 지혜라는 것을 이미 알고 있는 우리 입장에서는, 인간이 선악을 알게 하는 나무가 지혜를 얻는 데 도움이 된다고 여긴다는 것은 놀라운 일이다. 선악을 알게 하는 나무는 정확히 어떤 종류의 지혜를 제공하는 것일까? 여기서 "선악을 알게 하는"이라는 표현의 뜻이 어느 정도 힌트를 제공한다. 이 표현은 대조되는 두 용어를 사용하여 전체를 나타내는 양단법(merism)이다. 따라서 "선악을 알게 하는"이라는 말은 "모든 것을 알게 하는"이라는 뜻이다. 클라우스 베스터만은 광범위한 지식의 범위 중에서 여기에서는 지식의 실용적인 차원이 강조되고 있다고 주장한다. 다시 말해 뱀이 최초의 여자를 유혹하는 것은 성공을 위해 실재 전체를 조종할 수 있는 지식이다.[36)] 브라운은 베스터만의 견해를 더욱 강화하여 이렇게 썼다. 선악을 알게 하는 나무가 제공하는 지식은 "자연 속에서 두드러지게 도구적이고, 원하는 목표를 얻기 위한 수단으로서의 지식이며, 삶을 지배하기 위해 필요한 노하우이다. 이 나무는 지혜를 행사하는 사람의 목적에 따라 자신을 섬기는 방식으로 작동하는 지적 자산의 형태를 나타낸다."[37] 그렇다면 모든 것을 알게 된다는 약속은 모든 것을 지배하게 된다는 암묵적 전망을 그 안에 포함하는 것이다.

창세기 2-3장의 기호론 영역을 떠나 별개로 취급한다면, 선악을 알게 하는 나무는 그 자체로는 악한 것이 아니다. 모든 것을 알게 된다는 것은 결국 번영에 이르는 길을 제공할 수 있는 것이다.[38] 하지만 이 이야기 안에서 선악을 알게 하는 나무가 등장하는 배경은 추상적인 가정을 허락하지 않는다.[39] 왜냐하면 선악을 알게 하는 나무가 제공하는 매혹적 약속은 언제나 먹지 말라는 하느님의 금지와 함께 다루어져야 하기 때문이다. 창세기 2-3장의 서사 논리 안에서 선악을 알게 하는 나무의 열매를 움켜쥐는 것은 당연히 하느님에

---

36) Westermann, *Genesis*, 241쪽.
37) Brown, *Ethos of the Cosmos*, 155쪽.
38) 오늘날의 국제화 상황에서 "지속 가능한 개발"이 그러하듯이.
39) 성경의 지혜 문학은 보통 무비판적인 방식으로 지혜를 높인다.(예를 들어 오늘날의 정치 담론이 "지속 가능한 개발"을 높이는 방식과 비슷하다.) 그런데 창세기 2-3장에서 저자는 ("생명"과 "지식"이라는) 두 나무를 기술하고, 둘 다 표면적으로는 하느님의 지혜와 동일시될 수 있다. 선악을 알게 하는 나무라는 두 번째 나무를 창세기 이야기에 추가함으로써 "지혜를 두 갈래로 나누어 이야기의 극적인 전개에 부합하도록 하며 이를 통해 지혜 문학에서 발견할 수 없던 비판적이고, 정말로 논쟁적인 차원을 도입한다"(Brown, *Ethos of the Cosmos*, 155). 다시 말해 창세기 2-3장에서 선악을 알게 하는 나무는 잘못된 지혜, 즉 하느님으로부터 오는 것처럼 보이고 삶에 도움이 되는 것처럼 보이지만, 이렇게 보이는 이유는 속임수이기 때문이며 실제로는 죽음, 고통, 속박으로 이끄는 지혜를 상징하는 기능을 한다. 두 나무를 나란히 놓음으로써 창세기 2-3장의 저자는 이데올로기 비판을 위한 틀을 제공하는 것이다.

대한 반항을 나타낸다. 모니카 헬비히는 최초의 부부의 행동의 심각성을 통렬하게 파악하고서 이렇게 말한다. 선악을 알게 하는 나무의 열매를 움켜쥐고서 내면화함으로써 이들은 "나는 섬기지 않아. 나는 내 권한으로 신처럼 존재할 거야라는 루시퍼의 후렴구"를 되풀이하는 것이다.[40] 헬비히의 관찰은 인상적이다. 창세기 2장에서 하느님은 인간을 동산에 두어 흙과 흙에서 나오는 모든 것을 돌봄으로써 하느님을 섬기도록 하신다. 이제 최초의 부부는 선악에 대한 지식을 움켜쥠으로써 동산지기의 소명을 거부한다. 이들은 흙과 흙에서 나오는 모든 것을 섬기지 않을 것이다. 그 대신 이들은 "신들처럼" 섬김을 받을 것이다. 그러므로 선악에 대한 지식은 생명나무를 통해 제공되는 지식의 반전이다. 선악을 알게 하는 나무가 악으로부터 선을 구별할 수 있는 능력을 제공하는 것은 사실이다. 하지만 이 길을 따라가면 인식과 욕구가 교란되어 그 열매를 먹는 자들은 "악한 것을 선하다고 하고 선한 것을 악하다고 한다고"(사 5:20) 이미 선언되어 있다.[41]

실제로 선악을 알게 하는 나무의 "지혜"는 사탄이 꾸민 속임수일 뿐이다.[42] 주석가들은 흔히 뱀을 설명하는 용어인 간교하다

---

40) Monika K. Hellwig, *Understanding Catholicism* (New York: Paulist, 2002), 48쪽.
41) 이 구절 전체는 이렇다. "악한 것을 선하다고 하고 선한 것을 악하다고 하는 자들, 어둠을 빛이라고 하고 빛을 어둠이라고 하며, 쓴 것을 달다고 하고 단 것을 쓰다고 하는 자들에게, 재앙이 닥친다!"(새번역) 이 구절에 관하여 McConville, *Being Human in God's World*, 39-43쪽의 통찰력 있는 주석을 보라.
42) 고대 근동 신화에서 뱀은 흔히 지혜와 동일시된다. Karen Randolph Joines, *Serpent Symbolism in the Old Testament* (Haddonfield, NJ: Haddonfield House, 1974), 21-26쪽을 보라. 하지만 이 이야기에서는 뱀이 거짓 지혜를 전하는 역할을 한다.

(erum)가 남녀가 벌거벗었음을 말하는 단어('arûm)와 매우 비슷하다고 말한다.[43] 따라서 창세기의 화자(narrator)는 시적인 말장난으로 간교한 뱀이 인간의 순진한 취약성을 먹이로 삼은 방식에 주의를 끌고 있다. 그리고 많이 놓치는 부분인데 뱀의 간교함은 출애굽기 서두에서 파라오의 "지혜"와 비슷하다는 점이다. 여기서 파라오의 간교한 지식은 압제, 지배, 파괴 등의 정치적 생태론을 특징으로 한다.[44] 따라서 파라오의 지혜의 파괴성이 최초의 부부가 선악을 알게 하는 나무의 열매를 움켜쥐고 뱀의 간교함을 내면화하기로 한 결정의 영향 속에 나타날 것으로 기대할 수 있다.

앞에서 살펴본 것처럼, 타락 이전에 최초의 부부는 하느님과, 상대방과, 땅과 친밀한 친교(동산지기의 소명에 적극적으로 응답함으로써 유지되는 삼중 친교)를 갖고 있었다. 그런데 이들 관계가 비틀어지고 왜곡되었다. 이 부부는 지배의 지식을 내면화한 후 하느님을 피해 숨었고 서로를 부끄러워하여 몸을 가렸다(3:7-8). 폭력적 권력이 인간관계의 특징이 되었다(3:16). 게다가 땅도 저주를 받아 땅 위에서 인간의 수고가 늘어나야 했다(3:17-19). 그리하여 창세기 2장에서 언급된 친교의 풍성함은 세 갈래의 소외로 변해버렸다. 하느님의 지혜에 근거한 정치적 생태론은 파괴되었다. 즉 간교한 지식으로 구성되고 왜곡된 형태의 자기사랑을 섬김으로써 적어도 부분적으로는 왜곡된 정치적 생태론, 새로운 지구 윤리적 지형으로 대체되었다.[45]

---

43) Richard J. Clifford and Roland E. Murphy, "Genesis," in *The New Jerome Biblical Commentary*, ed. Raymond E. Brown et al. (Englewood Cliffs, NJ: Prentice Hall, 1990), 12쪽을 보라.
44) 브라운이 이 둘을 연결한 사람이다. Brown, *Ethos of the Cosmos*, 203쪽.
45) 나는 모든 형태의 자기사랑이 왜곡된 것이라고 규정하고 싶지는 않다. 자기사랑을 모두 왜곡으로 규정해 버리면 비인간의 정체성을 내면화하는 것까지

지금까지 생명나무와 선악을 알게 하는 나무에 대해 분석하면서 두 나무가 서로 정반대 위치에 서 있다는 점을 강조했다. 하느님의 지혜와 동일시되는 생명나무는 하느님 사랑, 이웃 사랑, 땅 사랑을 지속시키고, 섬김과 돌봄의 실천을 통한 창조세계의 바람직한 구조를 특징으로 한다. 반면에 선악을 알게 하는 나무는 하느님의 지혜를 거부하는 것을 나타내며, 자기사랑의 왜곡된 형태를 띄우고, 섬김을 거부하는 것에 기초한 해로운 파괴의 실천을 특징으로 한다. 한편으로는 이런 이분법이 의미가 있다. 하지만 다른 한편으론 생명나무와 선악을 알게 하는 나무의 관계를 단순한 대립 관계로 축소시킬 수는 없다.

라인홀드 니버는 역사적 현실 안에서 "생의 의지(will-to-live)와 권력 의지(will-to-power) 사이를 분명하게 가를 수는 없다"고 말한다.[46] 창세기 2-3장의 상징적 언어로 번역한다면, 니버의 발언은 동산의 두 나무 사이에 어느 정도 유사성이 있다는 것을 상정하는 것이다. 두 나무 사이의 모호한 관계는 본문에서 이미 확인할 수 있다. 동산 안에 생명나무와 선악을 알게 하는 나무가 매우 가까이 있었다는 점을 기억하자. 실제로 뱀이 선악을 알게 하는 나무를 최초의 여자에게 제시했을 때, 우리는 동산 중앙에 있는 나무가 (생명나무가 아니라) 이 나무라는 이야기를 듣게 된다(창 3:3). 동산의 지구 윤리적 상황의 정반대쪽에 위치한 게 아니라 두 나무가 서로 닿을 정도로 가까이 있었다는 것을 알 수 있다. 창세기의 두 번째 창조 기

왜곡된 자기사랑에 포함될 것이다. 겸손과 치욕/비하는 다른 것이다. 자신의 존엄을 (하느님으로부터 온 것으로) 인식하는 것과 자만 역시 다른 것이다.
46) Reinhold Niebuhr, *Moral Man and Immoral Society: A Study in Ethics and Politics* (Louisville, KY: Westminster John Knox, 2013), 42쪽.

사의 기호론 영역(semiotic field) 안에서 우리는 이후 수백 수천 년 동안 그리스도교 사상의 특징이었던 통찰을 감지할 수 있다. 즉 악이 선한 것을 흉내낼 수 있다는 것이다. 루시퍼가 빛의 사자로 오는 것처럼, 선악을 알게 하는 나무도 생명나무와 매우 가깝게 나타나는 것이다. 선과 악이 이렇게 가깝기 때문에 우리가 어떤 것을 지혜롭고 선하다고 할 때는 조심스럽게 분별하는 것이 필요하다.[47]

두 나무 사이의 물리적 거리가 가깝다는 것이 둘의 상반된 성격을 복잡하게 만드는 것처럼, 인간의 인지 능력도 거기에 일조한다. 수세기 동안 창세기를 읽는 사람들은 방금 내가 언급한 문제로 혼란을 겪었다. 화자가 동산 중앙에 생명나무가 있다고 말한 뒤 바로 다음 장에서 최초의 여자가 동산 중앙에 있는 선악을 알게 하는 나무 때문에 유혹을 받는다는 게 이상한 것이다. 현대 주석가들 입장에서는 이러한 모순을 그저 편집상의 오류라고 처리해 버리면 간단하겠지만, 조셉 블렌킨소프는 창세기 2장과 3장의 불일치를 이해하기 위한 다른 접근을 제시한다. 창세기 3장에서 선악을 알게 하는 나무가 동산 중앙에 있다고 기술하는 이유는 화자가 독자를 동산의 윤리적 지형에 대한 최초의 여자의 관점으로 초대하기 때문이다.[48] 간교한 뱀에게 매혹된 여자의 관점에서 볼 때, 동산을 제대로 지도하는(order) 것은 선악을 알게 하는 나무인 것이다. 이런 관점에서

---

47) 이런 맥락에서 브라운은 이렇게 썼다. "금지령을 깨고 열매를 먹는 것은 분별력이 부족한 것이고, 다음의 잠언 구절대로 된 것이다. '지식이 없는 욕망은 좋지 않고 발걸음을 서두르는 자는 길을 그르친다'"(잠 19:2 가톨릭성경). Brown, *Ethos of the Cosmos*, 156쪽.

48) Joseph Blenkinsopp, *Creation, Un-Creation, De-Creation: A Discursive Commentary on Genesis 1-11* (New York: T&T Clark, 2011), 76쪽의 설명을 보라.

본다면, 선악을 알게 하는 나무의 열매는 소담스럽고 탐스럽게 보인다. 따라서 그저 두 나무가 공간적으로 가깝기 때문에만 그 혼돈이 생긴 것이 아니라, 인간의 인지 능력을 좌우하는 왜곡된 욕구도 그 원인인 것이다.[49] 최초의 부부의 왜곡된 인식은 지혜를 오해하도록 만들었고, 신처럼 되는 것이 무엇인지도 오해하도록 만들었다. 앞에서 언급했듯이 이것이 바로 뱀이 최초의 여자를 유혹하는 방향이다. 즉 뱀은 하와에게 말한다. "너희는 절대 죽지 않아! 너희가 그것을 먹으면 너희 눈이 열리고 너희가 신들처럼 될 것을 하느님이 잘 알거든"(창 3:4-5). 뱀의 주장에도 어느 정도 진실은 있다. 즉 선악을 알게 하는 나무는 최초의 부부에게 높아짐(exaltation)에 대한 기대를 제시한다. 자기들의 이름이 하느님의 이름처럼 칭송받게 되는 것이다(창 11:4도 보라).[50] 실제로 뱀의 주장의 타당성은 이야기 후반부에서 하느님에 의해 확인된다(창 3:22). 그렇지만 더 깊은 수준에서 보면, 뱀이 거짓말을 한 것으로 드러난다. 여자를 유혹하면서 뱀은 은연중에 하느님이 인간이 신처럼 되는 것을 달가워하지 않는 것처럼 말한다. 하와는 이것을 사실로 받아들였다. 하지만 이는 사실이 아니다. 두 번째 창조 기사의 서두부터 하느님은 인간이 흙과 흙에서 나오는 모든 것을 섬기고 돌봄으로써 "하느님처럼" 되도록 요청했다. 동산지기인 하느님은 인간이 하느님의 형상 안에 거하고, 하느

---

[49] 따라서 블렌킨소프의 읽기는 "악은 악한 행동보다 앞선다"는 전통적인 아우구스티누스식 견해와 잘 부합한다. Augustine, *City of God*, XIV.13을 보라.
[50] 베스터만의 주장처럼 "'하느님처럼 된다'는 약속은 지식 이상의 어떤 것이 아니라 (지식을) 기술하고 지식이 할 수 있는 모든 것이다. 그것은 자기 존재를 지배하는 구속되지 않는 신적 능력이다." Westermann, *Genesis 1-11*, 248쪽. 이 이야기에서 인간은 이와 비슷한 상태를 얻게 된다. 하지만 이는 하느님의 본질에 대한 그릇된 이해를 특징으로 하는 상태이다.

님의 지혜에 따라 살도록 요청한다. 뱀이 선악을 알게 하는 나무로 여자를 유혹할 때, 사실 여자는 이미 "하느님과 같았다."⁵¹⁾

그렇다면 타락 이야기는 비극적인 아이러니로 가득한 것이다. 신성(divinity)을 주로 권능, 권력 강화 등의 용어로 정의되는 개념, 즉 매혹적이면서도 기괴한 개념으로 이해함으로써, 최초의 부부는 하느님의 형상을 손상시키고 현저하게 덜 하느님처럼 되었다.⁵²⁾ 뱀과 관련된(그리고 출애굽기의 파라오와 관련된) 지혜를 내면화함으로써 이들 부부는 하느님의 지혜를 대체한 것이다. 이러한 대체는 이들 부부의 마음속에서만 일어난 것이 아니고 세상 속에서도 일어난다. 우리가 살펴본 것처럼, 선악을 알게 하는 나무 열매의 논리는 이제 세상의 문화와 정치적 생태론을 지도하려고(order) 한다. 동산의 평화(shalom)를 규정했던 온화한 친교는 가혹함으로 대체된다.

최초의 부부의 범죄에 대한 하느님의 응답 또한 중요하다. 이들 부부의 교만과 지배욕에 대해 심판과 처벌이 있다. 부부는 동산 밖으로 쫓겨나고, 수치스런 경험이 이들의 순수함을 대체한다. 하지만 중요한 것은 아담과 하와를 동산 밖 세상으로 보내기 전, 하느님의 마지막 행동이 보호 행위라는 것이다. 하느님은 부부를 위해 "가죽옷"(창 3:21)을 만들어 준다. 하느님의 행위는 신적 돌봄의 행동으로 이해해야 한다. 결국 하느님은 동산지기로 남는다. 흙과 흙에서 나오는 모든 것을 지배하려는 형태의 지혜를 스스로 추구한 결과로 손상된 세상에서 최초의 부부의 벌거벗음은 더 이상 지속될 수 없었다. 이제는 스스로를 보호하기 위해 벌거벗음을 덮어야 했다. 여

---

51) 여자는 이미 섬김과 돌봄을 통해 확보한 삼중 친교 안에 있다.
52) 이 부분과 관련하여 McConville, *Being Human in God's World*, 39-43쪽의 **형상**에 대한 논의를 보라.

기서 생명나무와 선악을 알게 하는 나무의 논리의 모호성이 한층 강화된다. 열매를 먹은 뒤 아담과 하와가 처음 했던 행동이 수치와 죄를 숨기기 위해 스스로를 가렸다는 것을 기억하자. 그들의 행동은 선악을 알게 하는 나무 열매를 내면화하기로 한 결정에 따른 당연한 결과이다. 하느님의 행동은, 형태는 같지만, 생명나무의 열매와 일치한다. 사악한 정치적 생태론의 상황에서 하느님은 최초의 부부를 위해 지혜로운 준비를 하신다. 실제로 하느님이 아담과 하와를 옷 입히신 행동을 통해 하느님이 또 다른 것을 허용하실 것을 예상할 수 있다. 하느님은 반항적인 피조물도 삶의 풍성함으로 이끄시는 분이기 때문이다.[53] (창 9:3을 보라.) 타락 이후의 세상에서 생명나무와 선악을 알게 하는 나무 사이의 관계의 특징인 불명확성은 더욱 강화되었다.[54] 이것은 죄가 현재 인간의 지성과 의지를 주도하는 방식을 고려할 때 특히 심각하게 여겨진다. 그렇지만 하느님이 최초의 부부에게 옷 입히신 행동은 희망의 신호로 해석해야 한다. 최초의 부부가 하느님의 지혜에 반항했음에도 불구하고 하느님은 인간을 죽음으로 내몰지 않으셨다.

카인과 아벨

창세기 3장의 마지막에 소개된 희망적인 기록은 (아담과 하와의 아들인) 카인과 아벨 이야기로 이어진다. 이야기의 서두에서 카인은

---

53) 예: 홍수 이후 하느님은 노아에게 고기를 먹도록 허용하신다(창 9:1-4).
54) 마이클 제임스 윌리엄스는 창세기에서 기만이 그 이후의 도덕적으로 모호한 역할을 맡게 되었다고 주장한다. 의, 또는 기만의 불의는 그 기만이 평화를 회복하느냐 무너뜨리느냐와 직결된다. Michael James Williams, *Deception in Genesis: An Investigation into the Morality of a Unique Biblical Phenomenon* (New York: Peter Lang, 2001), 특히 221-26쪽을 보라.

흙을 "일구는 사람"('아바드')으로 묘사되고 아벨은 양을 "지키는 사람"('쇼메르')으로 묘사된다(창 4:2). 주석가들은 종종 이들 형제들과 관련된 별개의 과업을 나란히 놓음으로써 이들의 칭호가 고대 사회에 농민과 유목민 사이에 긴장이 있었음을 알려주고, 이를 통해 카인과 아벨 사이에 폭력이 발생할 것을 예상하도록 한다고 주장한다.[55] 물론 이러한 해석에 어느 정도 진실의 요소가 있지만 이는 더 근본적인 부분을 간과한 것이다. 창세기 2장에서 하느님이 인간에게 부여한 소명은 타락 이후에도 유효하다. 창조 이야기에 죄가 도입되긴 했어도, 아담과 하와 이후 세대는 계속 창조세계를 일구고 돌보았다. 비록 죄 때문에 상처를 입긴 했지만, 인간은 계속해서 하느님의 형상을 나타내고 있었다. 마찬가지로 하느님, 이웃, 땅과 친밀할 가능성은 여전히 유지되고 있었다. 하지만 안타깝게도 이러한 희망이 카인과 아벨 이야기의 비극적 요소를 더 강화시킨다.

이야기가 전개되면서 카인과 아벨은 각자의 제물을 하느님 앞에 가져온다. 하느님은 동생 아벨의 제물만 반기셨다. 첫째 아들 카인도 사랑 받을 것으로 기대했을 것이다. 실제로 세상 속에서 카인이 혜택을 누렸다는 것은 동생의 이름 때문에 더욱 부각된다. 히브리어에서 아벨(*Hevel*)은 '수증기,' '없음,' '무의미'를 뜻한다.[56] 세상의 눈에 아벨은 비인간(a nonperson)이었다.[57] 형은 하찮은 자를 선택하시

---

55) http://www.usccb.org에서 창세기 4:2에 대한 해설자의 설명을 보라.
56) Larry Rasmussen, *Earth-Honoring Faith: Religious Ethics in a New Key* (Oxford: Oxford University Press, 2013), 205쪽. 한성수 역, 〈지구를 공경하는 신앙〉(고양: 생태문명연구소, 2017).
57) 구띠에레즈도 *TL*, xxvii에서 이를 언급한다. 세상에서 아벨의 상태를 하느님이 동생을 편애하신 이유로 이해할 수도 있다. 하느님은 가난한 이들을 위한 우선적 선택을 행사하신다. 이 점에 대해 *GoL*, 115-17쪽을 보라. 또한 Johanna W. H. Van Wijk-Bos, *Making the Wise Simple: The Torah in*

는 하느님의 결정에 동의할 수 없었다. 카인은 우리가 아는 것처럼 "고개를 떨구어"(역자주: 저자는 'long in the face'를 썼지만 번역에는 히브리어 표현도 함께 고려했다) 소외감을 나타냈다.[58] 그 후 카인은 동생을—동산지기의 직업 현장인—"들로 가자고" 꾄 뒤 죽였다(창 4:8).

카인의 행동에서 섬기고 돌보라는 요청에 대한 인간의 거절이 강화된다. 최초의 부부의 교만이 지배욕을 불러일으켰다면, 여기서 카인의 교만과 욕망은 살인을 초래했다. 우리가 2장에서 프란치스코 교황과 함께 살펴본 것처럼, 카인과 아벨 이야기에서 죄의 교란하는 힘은 세 가지 차원으로 확대된다. 카인은 단순히 동생을 죽인 것이 아니다. 카인은 땅으로부터 저주를 받았고, 땅과 하느님으로부터 쫓겨났다. 이 이야기의 서두에 있던 희망적 기록은 이제 더 이상 없다. 카인은 동생만이 아니라 "동산지기"라는 소명도 죽인 것이다. 이야기의 서두에 불안하게 존재하던 소명이 이제 인간으로부터 사라져버렸다. "돌보고" "지키던" 아벨은 살해당했다. "섬기고" "일구던" 카인은 수치와 두려움 속에 하느님과 땅으로부터 달아났다. 주목해야 할 것은 카인에 대한 마지막 기록이 "에덴의 동쪽"으로 여행한 뒤 "도시 건설자"가 되었다는 것이다(창 4:17). 따라서 "도시 건설자"는 "동산지기"의 상징과 반대 역할을 한다. 동산지기의 소명이 흙과 흙에서 나오는 모든 것을 섬기고 돌봄으로써 하느님의 형상에 거하라는 하느님의 요청을 의미하는 반면, 도시 건설자는 창조세계를 지배하고 하느님을 대체하려는 인간의 욕구를 통해 형상을 기괴하게 전복시킨 것을 의미한다.[59]

Christian Faith and Practice (Grand Rapids, MI: Eerdmans, 2005), 86-90쪽도 보라.

58) Westermann, *Genesis 1-11*, 297쪽.

히브리어에서 '카인'이 '금속 장인'이나 더 두드러지게는 '창(spear)'으로 번역된다는 점은 특히 주목할 만하다.[60] 카인의 행동에서 우리는 흔히 인용되는 예언자 이사야의 구원에 대한 비전이 반대로 실현된 것을 볼 수 있다. 이사야는 이렇게 예언했다. "그들은 칼을 쳐서 보습(plowshares)을 만들고 창을 쳐서 낫을 만들리라. 한 민족이 다른 민족을 거슬러 칼을 쳐들지도 않고 다시는 전쟁을 배워 익히지도 않으리라"(사 2:4). 창세기 4장에서 카인은 일구고 돌보기 위한 도구, 즉 보습과 낫을 사용하여 동산지기의 소명을 수행하는 것으로 시작한다. 하지만 이야기의 결말에 가면 금속 장인인 카인은 동산지기의 도구를 쳐서 지배를 위한 무기를 만든다. 보습과 낫은 카인의 왜곡된 욕망에 의해 도시 건설자의 칼과 창으로 바뀐다.[61] 따라서 도시는 그 자체로 중요한 상징으로 나타난다. 도시 건설자가 인간이 동산지기의 소명을 거부한 것을 상징한다면, "도시"

---

59) 도시 건설자라는 반대 상징은 동산지기라는 상징과 함께 고려할 때 인간의 창조성과 노동이라는 모호한 성격을 설명하는 구원 역사를 읽는 기초를 제공해 준다. 성경에서 인간은 처음부터 피조물과 함께 능동적으로 일하도록 요청받았다. 이러한 노동은 좋은 것이고, 실제로 거룩한 과업이다. 하지만 죄가 인간 노동의 질을 왜곡했고, 하느님의 바람과 상반되도록 만들었다. 따라서 인간의 창조적인 행위는 언제나 모호하고 죄의 교란하는 힘에 종속된다.

60) Westermann, *Genesis 1-11*, 289쪽을 보라. 투명성을 위해 베스터만은 아무도 이런 식으로 번역하지 않는다고 말한다. 하지만 이런 해석이 그저 베스터만의 개인적인 의견(value judgement)으로 보이지는 않는다. 구원 역사를 지금까지 살펴본 것처럼 읽을 때, 카인을 '창'과 '금속 장인'과 동일시하는 것은 적절하면서도 신학적으로도 유익하다.

61) 아담에서 카인에 이르는 이런 식의 퇴화 과정이 카인과 아벨 이야기에 바로 뒤이어 나오는 계보에서 계속된다(창 4:17-26). 예를 들어 두발가인은 "구리와 쇠로 된 온갖 도구를 만드는 이들의 조상"이 되었고(창 4:22), 인간들 사이에 적의와 보복이 기하급수적으로 증가하였다(4:24). 하지만 이러한 퇴화의 계보 가운데에도 아담과 하와 사이에 셋이 태어난다. 그러니 혈통을 보더라도 카인의 죄가 인간의 조건을 일률적으로 형성하지는 않는 것으로 보인다.

는 이러한 거부를 사회적으로 또는 구조적으로 구체화한 것을 상징한다. 도시는 성경에 처음 등장할 때처럼, 카인의 파괴적인 성격과 욕망을 반영한다. 따라서 도시는 선악을 알게 하는 나무의 파괴 원리를 바탕으로 구성된 정치적 생태론의 왜곡된 체계로 등장한다.[62]

이 시점에서 지금까지 암시만 했던 대목을 드러낼 필요가 있겠다. 지금까지 논의를 전개해 온 동산지기, 도시 건설자, 도시 등의 상징은 엄격한 문자적인 의미가 아니라 역동적으로 해석해야 한다. 다시 말해, 동산지기는 실제로 동산을 돌보는 일을 말한다거나 농부의 생활방식으로 좁게 정의할 필요가 없다. 이 상징은 하느님의 뜻에 부합하게 창조세계를 섬기고 돌보려는 기본적 태도를 지닌 사람, 이러한 태도를 실천으로 나타내는 사람을 의미한다. 이것이 동산의 인간(*homo hortulanus*)이다.[63] 마찬가지로 도시 건설자는 이를테면 도시 설계자를 말하는 것이 아니라, 세상 속에서 땅과 땅에서 나오는 모든 것에 대한 멸시를 드러내는 과도한 자기사랑에 의해 삶이 지배받는 사람을 말한다.[64] 마지막으로 같은 맥락에서 도시가 상징

---

62) 그렇지만 도시를 하느님과 하느님의 지혜에 완전히 반하는 것으로 해석하면 안 된다. 창세기에서 하느님과 하느님의 목적에 대조되는 것으로 보이는 것은 완전히 파괴된 혼돈의 심연이다. 카인의 경우처럼 도시가 존재에 관여하는 한 아무리 짧은 순간이라도 아무리 왜곡되었더라도 하느님의 선함을 어느 정도 반영한다. 그러므로 나는 월터 윙크의 "권세"(즉 도시)에 대한 판단에 동의한다. 윙크는 권세는 선한 것이고, 권세는 타락했고, 권세는 원상 복구될 것이라고 말한다. Wink, *Engaging the Powers*, 65-86쪽을 보라.

63) 동산의 인간(*homo hortulanus*)을 도구의 인간(*homo faber*)이나 경제적 인간(*homo economicus*) 같은 인간에 대한 좀더 친숙한 문구와 나란히 놓고 비교해 볼 수 있다. 마르크스는 인간을 "만드는 자"라고 설명하고, 자유 경제 이론은 인간을 자신의 복지를 합리적으로 최적화하는 데에 열중하는 협소하게 이기적인 행위자로 여기는 데 반해, 동산의 인간(*homo hortulanus*)은 인간을 흙과 흙에서 나오는 모든 것을 돌보고 섬기는 존재로 정의한다.

64) 엔지니어가 자신의 전문 지식과 기술을 세상을 위한 섬김과 돌봄에 사용하

하는 것도 도시 공간 그 자체와 동일시해서는 안 되고, (정치적 생태론으로 이해되는) 인간 문명의 체계 또는 하위 체계로 폭넓게 이해해야 한다.[65]

창조세계의 파괴, 재창조, 언약, 그리고 하느님의 백성

창세기 서두의 일련의 이야기를 이렇게 정리할 수 있겠다. 하느님은 '혼돈의 심연'으로부터 선한 창조세계가 존재하도록 하셨고, 세상이 하느님의 지혜에 부합하도록 지도하셨고, 하느님, 이웃, 땅과 친교하도록 인간을 창조하셨다. 이런 목적에 부합하도록 하느님은 인간에게 동산지기의 소명을 부여하셨고, 인간 창조의 목적인 삼중 친교를 유지하며 하느님의 지혜에 협력하도록 인간에게 요청하셨다. 그러나 인간은 동산지기의 소명을 거절했고, 섬기고 돌보기를 거부했다. 그 과정에서 인간 공동체는 죄의 어지럽히고 분열시키는 힘을 세상으로 들여왔다. 죄의 왜곡하고 파괴하는 영향이 증대되면서 인간은 하느님과 흙으로부터 달아났고, 하느님의 창조 의도와 전반적으로 맞서는 도시를 건설했다. 그 이후 인간은 하느님의 지혜에 협력하고 하느님을 닮는 삶을 떠나, 하느님의 형상을 왜곡하고 궁극적으로 반대로 만드는 반면, 창조세계 자체에는 해가 되는 지혜를 받아들였다. 이와 같은 주제가 창세기의 두 번째 이야기 속에서 놀

는 것이 가능하다. 변호사나 제빵사도 마찬가지다. 반대로 농부가 자신의 지식을 사용해 땅을 고갈시키고 창조세계를 학대하는 등 도시 건설자의 역할을 수행하는 것도 가능하다.

65) 아우구스티누스가 하느님의 도성과 "인간"의 도성을 *urbs*가 아닌 *civitas*로 기술했다는 것도 흥미로운 대목이다.

라운 방식으로 되풀이된다(창 5-11장, 창세기 원역사의 후반부).

두 번째 이야기 덩어리(cycle)는 주로 홍수 이야기(창 6-9장)와 바벨탑 이야기(창 11장)으로 구성되어 있으며, 역사 속에서 하느님의 확고한 의와 죄의 비타협적 태도를 부각시킴으로써, 하느님과 세상 모두의 기본적 성격을 강조하는 역할을 한다. 홍수 이야기가 시작되면 우리는 카인 이후 세대 안에 존재하는 죄가 너무나 증가하여서 하느님이 피조물을 만든 것을 후회하시면서 홍수로 세상을 쓸어버리겠다고 다짐하시는 것을 보게 된다. 이야기가 전개되면서, 하느님은 홍수로부터 창조세계를 남겨 지구가 다시 한 번 더 번성하도록 하기 위해 노아를 불러 방주를 짓도록 하신다. 홍수로 인해 세상은 최초의 혼돈 상태로 돌아가고, 이는 창세기의 첫 구절을 떠올리도록 한다(1:2과 7:11을 비교해 보라).

혼돈의 물이 물러난 뒤 새로운 창조세계가 나타난다. 이 새로운 창조세계의 맥락에서 화자는 노아를 "새로운 아담(new Adam)"으로 묘사한다. 노아는 "흙의 사람(man of the soil)"으로 묘사되며(창 9:20), 이는 아담의 이름과 동산지기의 소명을 떠올리게 한다. 이야기는 소명이 유사하게 진행되는 쪽으로 나아간다. 하느님이 노아와 창조세계와 언약을 맺은 후 노아는 포도나무를 심는다(창 9:20). 그러므로 노아는 흙과 하느님을 피해 달아났던 카인과 대조된다. 노아는 "의인"이었고(창 6:9), 창조세계를 돌본다는 점에서 하느님의 의를 닮았다. 홍수 이후의 세상에서 처음에는 인간이 적어도 부분적으로는, 동산의 인간(*homo hortulanus*)으로 다시 살았다. 삼중의 친밀함과 비슷하게 될 가능성이 다시 열린 것이다.[66]

---

66) 다시 말하지만, 이런 친밀함은 기껏해야 하느님이 의도하신 것을 닮은 모습(simulacrum)일 뿐이다. 새 창조는 목가적인 동산이 아니다. 이제 동물은 채

그렇지만 노아 이야기에서 새로운 창조세계와 새로운 인간에 대한 희망적인 전망은 곧 타락의 메아리를 만나게 된다. 새로운 동산지기인 노아는 자기 노동의 열매(포도)로 취하여 옷을 벗은 채 장막 안에서 잠들게 되고, 아들 함이 이를 발견하게 된다. 티머시 스톤의 주장처럼, 여기서 일어난 일은 창세기 3장의 비극과 매우 유사하다. "함은 아버지가 벌거벗은 것을 보고 이를 형제들과 공유하는데, 하와가 열매를 아담과 공유하는 것과 비슷하다. 하느님이 아담과 하와를 가리신 것처럼, 형제들은 벌거벗은 아버지를 가린다. 아담과 하와가 자신들의 벌거벗음을 알았던 것처럼, 노아도 술에서 깨어 함이 한 행동을 알게 된다. 그 결과 가족이 갈라지고 함에게 저주가 내려진다."[67] 새로운 창조세계에 대한 약속과 동산지기 소명의 완수는 세상 속에 죄의 힘이 자라면서 다시 한 번 탈선하게 된다. 실제로 창세기의 두 번째 이야기에서 인간이 하느님의 요청에 충실하게 응답하지 못하는 것은 또 다른 도시인 바벨(Babel)을 형성하며 그 정점에 이르게 된다.[68]

창세기 11장의 바벨 건설은 창세기 4장에서 카인이 도시를 세운 것을 되풀이하는 것이다. 바빌로니아 제국을 떠올리게 하는 이름인 바벨은 카인을 닮은 도시이다. 바벨 이야기의 서두에서 (철기 문명에 근거한 제국의) 건설자들은 "도시를 세우고 그 가운데 꼭대기가 하늘에 닿게 탑을 쌓아" 자기들의 "이름을 날리고자" 한다(창 11:4). 주석가들이 흔히 언급하는 것처럼, 성경 시대 사람들은 하늘이 하느님이

식주의자가 아닌 인간을 두려워한다.
67) Timothy J. Stone, "Joseph in the Likeness of Adam: Narrative Echoes of the Fall," in *Genesis and Christian Theology*, 63-64쪽.
68) 따라서 원역사의 두 이야기 덩어리는 다음과 같이 비슷한 방식으로 전개된다. 심연 -〉 창조세계 -〉 부르심 -〉 "타락" -〉 도시.

거하시는 곳이라고 생각했다. 따라서 아담과 하와가 선악을 알게 하는 나무열매를 취한 것처럼, 건설자들은 자기 신격화(self-divinization) 프로그램을 시작한 것이다. 하느님을 섬김으로써 하느님을 닮아가는 대신, 건설자들은 "하느님처럼" 되고자 하였다. 이와 유사하게 도시에 탑을 건설하는 일은 건설자들이 흙을 거부한다는 것을 나타낸다. 카인이 흙으로부터 도망친 일을 생각하면, 건설자들이 위로 올라가려고 한 일도 하느님이 인간에게 섬기고 돌보라고 요청한 것으로부터 멀어지는 것이다.[69]

건설자들이 섬기기를 거부한 것은 이들의 프로젝트가 출애굽기에서 파라오의 프로젝트와 연결되면서 더 심해진다. 건설자들의 대사가 "오라, 우리가 …"(Come let us…)로 시작하는데, 이는 파라오가 이집트에서 착취하며 억압적인 프로젝트를 예고하면서 처음 내뱉은 말과 똑같다. 또한 건설자들이 사용한 재료, 즉 모르타르와 벽돌도 파라오를 섬기는 데 사용한 재료와 일치한다. 출애굽기에서 파라오의 프로젝트의 성격을 볼 때 이런 연관성은 바벨의 정치적 환경이 이웃과 땅을 섬기기를 거부하는 것과 이웃과 땅을 지배하려는 욕구로 구성된다는 것을 알려준다.[70] 따라서 창조의 두 번째 이야기 덩

---

[69] 이 점에 대해 Ellen von Wolde, "The Earth Story as Presented by the Tower of Babel Narrative," in *The Earth Story in Genesis*, ed. Norman C. Habel and Shirley Wurst (Sheffield: Sheffield Academic, 2000), 150–51쪽.
[70] 구스타보 구띠에레즈는 바벨의 "한 언어," 즉 주석가들이 자주 언급하는 이 도시의 특징은 압제의 산물이라고 주장한다. 구띠에레즈는 이렇게 말한다. "단일 언어는 … 인간의 멋진 연합의 표현이 아니고, 추구해야 할 이상도 아니다. 이는 제국이 강요한 결과라고 봐야 한다. 언어가 하나여야 권력을 집중하고 정치적으로 지배하기가 쉬워진다." 구띠에레즈가 볼 때 건축가들이 한 목소리로 말할 수 있게 된 것은 "가난한 이들의 탄식"을 몰아내고 건축가들의 목표에 반대 입장인 자들을 모두 침묵시켰기 때문이다. 바벨의 통합은 "타자들"을 침묵시킴으로써 성취된 것이다.

어리(cycle)의 기승전결은 첫 번째 이야기 덩어리와 닮았다. 두 덩어리 모두 인간이 동산지기의 도구를 사용하면서 시작하여, 칼과 창을 존재 기반으로 하는 타락한 도시를 수립하면서 그 절정에 이른다. 창세기 원역사의 첫째와 둘째 이야기 덩어리 사이의 유사성은 중요한 통찰을 보여준다. 즉 하느님은 세상이 하느님의 지혜에 따라 번성하기를 바라시지만, 인간은 끊임없이 그 평화를 깨고 세상의 생명을 위협하는 지혜를 추구한다.

하느님의 백성과 동산지기 소명

물론 바벨 건설자들은 왜곡된 신격화 프로젝트를 지속할 수 없었다. 이야기의 결말에 하느님은 이들의 작업을 파편으로 만들어버리셨고, 언어를 혼잡하게 하셔서 도시 거주자들을 땅 곳곳에 흩어버리셨다.[71] 그렇지만 하느님은 노아와의 언약에 여전히 신실하시다. 바벨이라는 반항적인 도시가 등장하여 "온 세상"을 이 도시의 목적에 부합하도록 구성하려고 했음에도 불구하고(창 11:1), 하느님은 창조세계를 심연으로 되돌리지 않으셨다. 하느님의 심판은 도시에만 (지구가 아닌 "세계 체제"에만) 한정되었다. 하느님은 창조세계를 회복하기 위해 계속해서 일하셨다. 하지만 세상 속의 죄악의 완악함 때문에 하느님은 새로운 방식을 선택하셔야만 했다.

원역사(창 1-11장)를 배경으로 한 채, 창세기 이야기는 이제 나머

---

71) 구띠에레즈는 하느님의 행동에서 바벨의 단일한(singular) 언어로 침묵하게 된 사람들을 향한 축복을 발견한다. "Theological Language: The Fullness of Silence," *DoP*, 186-208쪽을 보라.

지 장(창 12-50장)에서 초점을 좁혀 하느님이 특정 민족을 다루는 내용으로 전환한다. 아브라함과 사라, 그리고 그 후손으로 대표되는 이 민족은 하느님과의 언약 속으로 들어간다. 이들은 하느님을 신뢰하고 하느님의 지혜에 부합한 삶을 살기로 약속한다. 하느님도 이들을 축복하고 이들을 통해 세상을 축복하기로 약속하신다. 브루그만은 이러한 전환을 창세기 이야기와 아브라함과 사라에 대한 하느님의 부르심의 중요성의 범위 안에서 이렇게 기술한다. "세상이 존재하도록 부르신 분이 이제 두 번째로 부르신다. 이 부르심은 구체적이다. 그 목적을 역사 속에서 식별할 수 있다. … 이 부르심의 목적은 뒤틀려버린 창조세계에 대한 대안 공동체를 만들고 인간 역사 속에 축복의 힘을 구현하는 것이다."[72] 따라서 브루그만은 이렇게 결론짓는다. "사라와 아브라함을 부르신 것은 단지 이스라엘의 형성과만 관련이 있는 것이 아니라 창조세계의 재형성, 열방의 변화와도 관련이 있는 것이다."[73] 창세기의 상징적 틀 안에서 하느님의 백성은 동산지기의 소명을 살아내라고 부름받은 것이다. 이들은 모든 피조물이 마침내 하느님의 지혜에 부합하게 번성하도록 세상 속에서 하느님의 형상을 적극적으로 드러내기로 하느님과 언약을 맺었다.

하느님의 백성을 동산지기의 소명과 연결짓는 것은 처음에 대조의 방식으로 제시되었다. 바벨 거주자들을 흩어지게 한 후 하느님은 아브라함에게 말씀하신다.

> 네 고향과 친족과 아버지의 집을 떠나, 내가 너에게 보여 줄 땅으로 가거라. 나는 너를 큰 민족이 되게 하고, 너에게 복을

---

72) Brueggemann, *Genesis*, 105쪽.
73) 위의 책.

내리며, 너의 이름을 떨치게 하겠다. 그리하여 너는 복이 될 것이다. 너에게 축복하는 이들에게는 내가 복을 내리고, 너를 저주하는 자에게는 내가 저주를 내리겠다. 세상의 모든 종족들이 너를 통하여 복을 받을 것이다. 아브람은 주님께서 이르신 대로 길을 떠났다. (창 12:1-4)

아브라함은 바벨(제국들의 전형적인 도시) 건설자들 바로 다음에 나온다. 아브라함은, 자신들의 프로젝트에서 하느님을 배제했던 바벨 건설자들의 행동에는 없었던, 하느님의 부르심에 대한 개방성(openness to God's call)을 드러낸다. 건설자들은 한 장소에 자신들의 거처를 확보하려고 열심이었지만, 아브라함은 하느님의 섭리를 신뢰하며 자기 고향을 뒤로한 채 떠났다.[74] 결국 건설자들이 (선악을 알게 하는 나무 열매에 부합하여) 스스로의 이름을 날리기로 결심한 곳에서, 아브라함은 (생명나무의 열매에 부합하여) 하느님의 이름이 위대해지도록 한다. 따라서 아브라함은 인간의 소명에 반하는 사람들과 대조된다. 달버그는 창세기의 아브라함과 사라와 그 후손 이야기는 이들의 하느님과의 지속적인 관계 속에서 창조세계를 점진적으로 재구성하는 기록이라고 주장한다.[75]

그렇지만 하느님의 백성의 신실함은 불완전했고 창조세계의 재구성 역시 일관되지 못했다. "족장들" 이야기에서 하느님의 백성은 자신들이 구별되게 살라고 부름받은 세상이 그렇듯이 죄의 힘에 쉽게 영향을 받았다.[76] 노아와 그 자손들의 경우와 마찬가지로 타락과

---

74) 『하느님의 도성』에서 아우구스티누스의 카인과 아벨 읽기와의 유사성에 주목해 보라.
75) Dalberg, "On Recognizing the Unity of Genesis," 362쪽.

그 영향이 창세기에서 하느님의 백성의 삶 속에서 메아리친다. 이렇게 계속되는 공명은 예를 들어 아브라함과 사라가 하갈을 다루는 대목에서 볼 수 있다. 아브라함과 사라가 하느님이 자기들에게 복을 내릴 것이라는 점을 의심하게 되자 스스로 그 복을 얻고자 한다.(스스로 이름을 날리기로 한 것이다.) 사라는 자기 몸종 하갈을 아브라함에게 주어 대를 이을 수 있도록 한다. 타락 이야기를 연상시키는 방법으로 안전과 칭송을 거머쥐려 한 아브라함은 하갈을 도구처럼 사용하여 아들 이스마엘을 낳는다.[77] 하지만 창세기 3장에서처럼 모든 것이 무너져 내린다. 사라는 이스마엘의 출생에 질투로 괴로워하다가 하갈과 아들을 광야로 내쫓는다. 아마도 죽기를 바랐을 것이다. 이 이야기에서 아브라함과 사라는 동산지기의 삶에 역행하여 하갈을 비인간의 상태로 만든다. 즉 지배욕의 대상으로서 몸이든 노동이든 이들 부부가 마음대로 내다버릴 수 있는 사람이다.[78] 반면에 하느님은 소외되고 위태로운 하갈과 이스마엘을 돌보시고, 언약에 계속 충실하면서도 이들의 삶을 부양하신다.[79]

---

76) 여기서 "구별"을 구체화하거나 너무 확장해서는 안 된다. 앞에서 언급한 것처럼 하느님의 지혜와 뱀의 간교함 사이의 차이가 때로는 양극으로 나타나지만 때로는 혼란스럽게 가깝기도 하다. 이러한 사실이 상대주의를 나타내는 것은 아니다. 오히려 이는 하느님의 말씀의 빛 가운데 신중하고 지속적인 분별의 필요성을 강조하는 것이다.

77) 이 점에 대해 Stone, "Joseph in the Likeness of Adam," 64-65쪽을 보라.

78) 한편 아브라함과 사라는 나중에 자기들 집으로 "낯선 자를 환대한다"(창 18장). 이는 소돔과 고모라가 위기의 일시 체류자를 약탈한 모습과 날카롭게 대조된다(창 19장). 이 점에 대해 Wes Howard-Brook, *"Come out, My People!": God's Call out of Empire in the Bible and Beyond* (Maryknoll, NY: Orbis Books, 2010), 58-65쪽을 보라. 두 이야기에서 아브라함과 사라의 행동의 차이점은 하느님과의 언약에 대한 이들의 신실함이 참되지만 우려스럽다는 점을 부각시킨다.

79) 하갈과 이스마엘에 대한 들로레스 윌리엄스의 심오한 신학적-윤리적 성찰

하느님의 백성과 동산의 인간(*homo hortulanus*) 사이의 빈약하고 유동적인 관계는 이어지는 족장들 이야기에서 계속 드러난다. 아브라함의 아들인 이삭이 번영하게 되자 블레셋 사람들과 갈등하게 되었고, 그 땅에서 쫓겨나게 되었다. 이삭은 이후 우물물에 대한 권리를 놓고 다투게 된다.[80] 더 놀라운 것은 이삭의 아들인 야곱이라는 "사기꾼" 캐릭터이다. 한때 야곱은 "도덕적인 사람"으로 묘사되었다(창 25:27).[81] 하지만 야곱은 동산의 뱀을 연상시키는 방식으로 묘사되기도 한다. 야곱은 형의 발뒤꿈치를 잡았고(창 25:26),[82] 피부가 매끈한 사람이었다(창 27:11).[83] 야곱은 속임수를 써서 에서에게 갈 아버지의 축복을 훔친다. 야곱이 사기를 통해 복을 가로챔으로써 에서와의 사이에 폭력적인 형제 갈등이 확고해졌고 결국 그 땅을 떠나야 했다. 아브라함의 삶에서 신실함이 구현되는 과정과 마찬가지로 야곱이 도덕적으로 올곧게 살기 위해서는 회개 과정이 필요했고, 그렇더라도 자신의 속임수에 따른 피해를 부분적으로만 복구할 뿐이다.[84]

은 해방운동 패러다임의 한계를 크게 완화시킨다. Delores Williams, *Sisters in the Wilderness: The Challenge of Womanist God-Talk* (Maryknoll, NY: Orbis Books, 1993), 187-203쪽을 보라. (생태해방운동 담론을 포함하여) 해방신학은 인간 행위자의 한계를 염두에 두어야 하고 세상의 죄가 좀더 인간적인 세상을 위해 탄식하는 자들의 행동하는 힘을 약화시키는 방식을 무시해서는 안 된다. 동시에 해방신학은 스스로의 한계를 인식한 채 세상의 죄를 비판하고 다른 세상의 도래를 선포해야 한다.

80) 이웃과 땅의 연결성을 부각시키자면 블레셋 왕 아비멜렉이 이삭과 화해하기로 한 다음에야 이삭의 우물에서 물이 나오기 시작한다(창 26:12-32).
81) Brown, *Ethos of the Cosmos*, 195쪽에서 브라운의 번역을 보라.
82) 창세기 3:15과 비교하라.
83) Brown, *Ethos of the Cosmos*, 196쪽에서 브라운의 번역을 보라.
84) 위의 책, 195-200쪽.

아브라함, 이삭, 야곱의 이야기는 하느님의 백성의 성격에 대해 모호한 인물상들을 그려낸다. 죄로 교란된 세상에서 하느님, 이웃, 땅에 대한 인간의 사랑은 왜곡되고 손상되었으며, 하느님의 백성은 하느님의 형상을 살아냄으로써 창조세계를 새롭게 하라는 요청을 받았다. 하느님의 백성이 동산의 인간(homo hortulanus)을 살아내는 것은 "세상을 수선하여(to repair the world)" 인간과 하느님, 이웃, 땅과의 관계를 치유하는 것이 목적이다. 이 목적을 위해 그들은 하느님과 언약을 맺었다. 그러나 죄의 영향은 하느님의 백성의 삶 속에 울려 퍼졌다. 하느님의 지혜의 길에 대한 목격담을 얘기하더라도 간헐적인 분투였을 뿐이다. 그들은 하느님, 이웃, 땅으로부터 멀어지는 경험을 했고, 때로 스스로가 그 주체이기도 했다. 타락과 그 영향이 스스로를 높이려는 다양한 시도, 형제간의 갈등, 땅으로부터의 끊임없는 소외 등의 형태로 이들의 이야기 모음 속에 울려 퍼졌다.

의인 요셉, 동산지기의 소명, 그리고 도시의 운명

하느님의 백성의 믿음과 실패라는 배경에 비추어볼 때, 창세기의 마지막 이야기는 하느님의 형상의 운명과 동산지기의 소명과 관련하여 특히 중요하다. 이 이야기의 중심인물은 야곱의 막내아들 요셉이다. 요셉은 형들이 노예로 팔아버리는 바람에 이집트로 끌려가 이후 감옥에 들어가게 되었다가 결국엔 파라오의 궁정 안에서 출중한 인물로 떠올랐다. 창세기 안에서 요셉의 상태는 독특하다. 요셉은 조상들과는 달리 권력을 쥐지 않았고 지배욕이 행동을 조종하지도 않았다. 스스로 이름을 날리려고 하지 않고, 하느님의 지혜 안에 확고하게 거했으며, 동산지기의 삶을 충실히 수행했다. 하느님은 요셉의 충실함을 통해 세상 속에서 죄가 만든 손상을 복구했고 인간이 선제적으로 하느님, 이웃, 땅과 화해하도록 했다. 그러므로 요셉의 지혜로운 행동은 아담의 어리석음을 뒤집을 것을 미리 보여준다. 요셉을 이렇게 이해하기 위해 나는 이 이야기의 세 가지 요소를 살펴볼 것이다. 1) 요셉이 파라오의 아내를 만나는 장면, 2) 요셉과 형제들의 관계, 3) 이집트 기근 동안 요셉의 토지개혁.

요셉, 보디발, 보디발의 아내

이미 언급한 것처럼 "타락" 이야기가 창세기 전반에 걸쳐 울려 퍼진다. 요셉 이야기 중 보디발의 집 안에서의 요셉의 삶을 묘사하는 장면에서도 우리는 타락의 메아리를 감지할 수 있다. 이 장면은 요셉의 성격과 행동을 이해하기 위한 열쇠를 제공한다.

요셉의 형제들이 요셉을 노예로 팔아버린 후 요셉은 이집트로 끌려가 파라오의 경호대장인 보디발에게 팔렸다. 우리는 "주님께서 요셉과 함께 하셨고"(창 39:2), 요셉은 곧 보디발의 신임을 얻었고, 집안에서 출중한 사람이 되었다는 말을 듣는다. 보디발은 집안의 모든 것을 요셉의 감독 아래 두었고, 자기 아내와의 성관계만 금지하였다(창 39:9). 이런 설정은 창세기 2장과 형식상 비슷하다. 에덴동산—하느님의 집(*oikos*)—에서 아담은 피조물이 계속해서 번성하도록 동산의 일을 돌보라고 하느님이 세우신 종이다. 그 상황에서 하느님은 아담에게 한 가지를 금지하신다. 선악을 알게 하는 나무의 열매를 먹지 말라고 하신 것이다. 요셉도 아담과 비슷하다. 둘 다 주인의 집안에서 가장 높은 종이고, 제한 사항이 한 가지가 있다.[85]

요셉 이야기에서 요셉의 상황이 갑자기 복잡해진다. 보디발의 아내가 요셉의 육체적 아름다움에 끌려서 성적으로 유혹하기 시작한다. 하지만 요셉은 이러한 유혹을 거절하며 이렇게 말한다. "제가 어찌 이런 큰 악을 저지르고 하느님께 죄를 지을 수 있겠습니까?"(창 39:9). 보디발의 아내는 요셉을 유혹하려는 마음이 더 강해져서 요셉의 옷소매를 붙잡고 이렇게 말한다. "나와 동침하자!"(창 39:12).[86] 이에 요셉은 달아나고, 보디발의 아내가 요셉의 옷을 당기자 요셉의 옷이 벗겨진다. 그 후 보디발의 아내는 자기를 강간하려 했다고 요셉을 고발하고, 요셉은 이집트의 감옥에 갇힌다. 아마도 죽을 때까지 갇혀 있게 될 것이다.[87]

아담과 요셉의 초기의 유사성은 이들의 생각과 행동의 심오한 차이를 더욱 부각시킨다. 아담의 의지는 교만과 지배욕에 사로잡혀 하느님이 설정하신 한계를 넘어서도록 만들었지만, 요셉은 하느님께 충실하고 싶어 했기에 자제하는 태도를 취한다.[88] 아담과 요셉

---

[85] Stone, "Joseph in the Likeness of Adam," 66쪽. "음식"은 종종 성관계에 대한 완곡어법이다. 따라서 요셉은 금지된 음식으로 유혹받은 것이다.
[86] 창세기가 여자를 유혹하는 요부로 묘사하는 방식, 즉 가부장적이고 여성혐오적 방식으로 그리스도교의 사고를 부분적으로나마 일그러뜨린 묘사는 분명 문제가 있다. 요셉과 보디발의 아내 이야기를 해석할 때 보디발의 아내를 "여자"가 아닌 "제국의 권력"으로 보는 것이 바람직하다. 브루그만의 주장처럼 보디발의 아내의 욕망은 "조종을 통해 안전을 확보하려는 제국주의적 시도의 전형을 보여준다. 왕의 권력을 가진 자는 자기가 토라나 상식(지혜)이 미치는 범위 밖에 있다고 상상하기 쉽다." Brueggemann, *Genesis*, 314쪽을 보라.
[87] 성폭행에 대한 거짓 고소를 기술하는 장면이 요셉 이야기에서 매우 중요한 역할을 한다는 점이 심히 안타깝다. 우리가 본문 있는 그대로 다뤄야하지만, 이 보고를 역사 속에서 폭행에 대한 보고의 전형으로 여겨서는 안 된다. 본문 속 세계에서 이 거짓 고소는 보디발의 아내와 요셉 간의 힘의 차이의 시각에서 해석하는 것이 좋다. 여기서 요셉은 실제로 두 인물 중 더 취약한 인물이다.
[88] 우리는 여기서 하느님 사랑과 이웃 사랑이 묶여 있다는 것을 볼 수 있다. 요셉이 하느님께 범죄하면, 보디발과 보디발의 아내에게도 범죄하게 되는 것이다.

사이의 대조는 두 인물의 모습이 변하는 데서 더욱 강조된다. 아담이 벌거벗었다가 열매를 먹은 뒤 옷을 입게 되었다면, 요셉은 "금지된 음식"에 참가하라는 유혹을 거부하면서, 옷을 입었다가 벌거벗게 된다.[89] 여기서 요셉의 벌거벗음은 타락 이전 아담의 순수함을 떠올려준다. 티머시 스톤은 이렇게 말한다. "아담과 마찬가지로 요셉도 유혹을 받고, 지위를 잃고, 재판을 받는다. 아담과 다르게 요셉은 유혹에 굴복하지 않고 잘못을 저지르지 않는다." 따라서 스톤은 이렇게 결론짓는다. "요셉은 창세기의 타락 이야기 속 아담 및 다른 인물들과 비슷하다. 하지만 그들의 어리석음을 극복한다."[90]

요셉과 보디발의 아내 이야기는 아담, 노아, 심지어 아브라함과는 달리, 요셉은 하느님을 향한 성실함에서 견고하게 남았다고 말해준다. 창세기의 상징 논리 안에서 요셉만 유일하게 선악을 알게 하는 나무의 지혜와 분리되며 함축적으로 생명나무, 하느님의 지혜, 동산지기의 소명과 연결된다.[91] 이런 맥락에서, 그리고 하느님 사랑, 이웃 사랑, 땅 사랑이 서로 연결되어 있다면, 요셉이 하느님에게 성실한 것이 인간과 이웃, 인간과 땅의 관계를 효과적으로 치유할 것이라고 기대하는 것이 자연스럽다. 실제로 요셉 이야기 전체에서 하느님은 요셉의 성실을 통해 타락의 효과를 반전시키고, 인간과 인간, 인간과 땅을 화해시키신다. 인간과 인간의 화해는 요셉이 형들을 다루는 대목에서 분명하게 나타난다.

---

89) Stone, "Joseph in the Likeness of Adam," 66쪽.
90) 위의 책, 67쪽.
91) 리 험프리스는 창세기에서 요셉이 이상적인 "지혜로운 신하"로 제시된다고 주장한다. Humphreys, *Joseph and His Family: A Literary Study* (Columbia: University of South Carolina, 1988), 139-51쪽을 보라. 성경 전체의 맥락에서 보면, 요셉의 표상은 생명나무의 표상과 일치한다.

요셉과 형제들

요셉과 형제들 사이의 관계 이야기라는 실이 창세기 37-50장 전체를 엮으면서 창세기 이야기 중 가장 긴 기승전결을 이룬다.[92] 이 이야기는 아버지 야곱이 요셉이 막내임에도 편애했기 때문에 다른 형제들이 요셉을 미워하고 적의를 품었다는 언급으로 시작된다. 증오에 사로잡힌 형제들(르우벤은 예외)은 사랑받는 형제를 죽이기로 모의한다. 양을 치는 형제들에게 요셉이 찾아오자 형제들은 요셉을 붙잡아 옷을 벗기고 구덩이 속에 내던져 죽게 만든다.[93] 이후 형제들은 앉아서 음식을 먹고 요셉은 구덩이에서 지쳐간다. 음식을 먹는 행위는 요셉의 형제들이 품은 악의를 강조한다. 게리 앤더슨은 이렇게 주장한다. "시편에서 다른 사람의 죽음 앞에서 먹고 마시는 것은 자신에게 '원수'의 역할을 부여하는 것이다."[94]

그렇지만 요셉을 위한 섭리가 개입한다. 상인의 대열이 먹고 있는 형제들 곁을 지나갔고, 유다의 요청으로 요셉을 구덩이 속에서 죽게 내버려두는 대신에 노예로 팔아 돈을 벌기로 한다. 상인들은 요셉을 이집트로 데려가고 보디발에게 판다. 형제들은 요셉을 상인들에게 판 뒤 야곱에게 전갈을 보내 요셉이 사나운 짐승에게 죽었다고 알린다. 요셉 이야기는 시작부터 형제 살해의 악한 적의라는 주제가 드리워 있다. 보디발의 아내 이야기가 창세기 3장의 타락을

---

92) 브루그만은 요셉이 형제들과 교섭하는 것이 요셉이 제국의 권력과 교섭하는 것과 비슷하다고 주장한다. Brueggemann, *Genesis*, 297쪽을 보라.
93) 게리 앤더슨은 화자가 우물에 대해 자세히 묘사한 내용, 즉 깊고 물이 없었다는 묘사를 볼 때 형제들에게 요셉이 구덩이 속에서 죽게 하려는 의도가 있었다고 주장한다. Gary A. Anderson, "Joseph and the Passion of Our Lord," in *The Art of Reading Scripture*, ed. Ellen F. Davis and Richard B. Hays (Grand Rapids, MI: Eerdmans, 2003), 209쪽을 보라.
94) 위의 책.

생각나게 한다면, 요셉의 형제들의 행동은 창세기 4장의 카인이 아벨을 죽인 사건을 생각나게 한다. 타락과 마찬가지로 카인의 폭력도 창세기 전체에 걸쳐 계속 울려 퍼진다.

나는 이미 요셉이 보디발의 집에서 처음에 잘나가다가 두 번째로 죽음의 구덩이로 낮아졌다—억울하게 파라오의 감옥에 갇혔다—는 점을 언급했다. 하지만 다시 한 번 요셉은 죽음에서 해방되었다. 요셉이 꿈 해몽을 잘 한다는 소리를 들은 파라오가 요셉을 자기 앞으로 불러들였다. 다가올 기근에 대비해야 한다는 요셉의 해몽에 파라오는 감동을 받았다. 곧바로 파라오는 요셉을 이집트의 모든 업무를 감독하도록 하여 다가올 기근에 대비하도록 하였다. 보디발과 그 아내 사건에서는 요셉이 집안 업무를 돌보는 데서 보디발 다음으로 둘째 위치였다면, 이제는 이집트 전체의 통치를 감독하는 데서 파라오 다음으로 둘째 위치에 있다.[95]

이집트 총리로서 요셉은 형제들과 다시 마주친다. 이때는 요셉이 파라오의 궁에서 높은 자리에 오른 후 9년이 지난 때다. 기근으로 고생하던 형제들은 파라오에게서 음식을 사기 위해 이집트로 온다. 형제들은 요셉 앞에 서지만 요셉을 알아보지는 못한다. 요셉은 자기를 살해하려 했던 형제들을 바로 알아보지만 자기 정체를 드러내지 않는다. 대신 요셉은 몇 가지로 형제들을 시험하여 형제들의 회개를 끌어내려 한다. 이 시험은 유다가 요셉이 노예 삼으려 한 베냐민 대신에 자기가 요셉의 노예가 되겠다고 한 대목에서 절정에 이른다. 여기서 놀라운 반전이 일어난다.

---

[95] 그래서 스톤은 보디발의 집에서 있었던 일이 파라오의 집에서 요셉이 경험할 일의 전조가 된다고 주장한다. Stone, "Joseph in the Likeness of Adam," 68쪽을 보라.

요셉을 노예로 팔자고 처음 제안했던 유다가 이제 형제를 해방하기 위해 자신을 노예로 제공한다. 결국 요셉이 형제들을 지혜롭게 다룸으로써 형제 살해의 증오에 반전을 일으킨 것이다.

　　이 반전은 창세기에서 요셉이 형제들과 마지막으로 대화하는 장면에서 더욱 부각된다. 이야기가 결말에 이르면서 야곱이 죽는다. 이제 요셉의 진짜 정체를 알게 된 형제들은 걱정하기 시작한다. "요셉이 우리에게 적개심을 품고, 우리가 그에게 저지른 모든 악을 되갚을지도 모르지"(창 50:15). 형제들은 두려워하며 요셉에게 가서 용서를 구하고 자신들을 요셉의 종으로 삼아달라고 한다(창 50:17-18). 이야기의 서두에서 하느님과 이웃에게 대항하였던 바로 그 형제들이 이제는 창세기에서 하느님의 지혜를 가장 잘 따른 인물을 섬기겠다고 하는 것이다. 형제들의 간청에 대한 요셉의 응답이 눈에 띈다. "두려워하지 마십시오. 내가 하나님을 대신하기라도 하겠습니까?"[96] 아담과 달리, 바벨 건설자들과 달리, 하갈과의 관계에서의 아브라함과 달리, 요셉은 "하느님처럼 되기"를 택하지 않았다. 보디발의 아내 이야기에서 요셉을 묘사하는 방식과 일치하는 방식으로, 요셉은 창세기에서 하느님의 형상을 가장 잘 살아낸 사람으로 묘사된다. 자신에게 죄를 지은 형제들을 용서하는 사건에서 요셉의 의로움은 용서의 형태를 취한다. 앤더슨은 형제들이 요셉의 처벌을 기대한

---

[96] 요셉의 수사 의문문은 굉장히 날카로운 것이다. 하느님의 지혜에 부합하는 한계 안에 머물렀던 요셉은 아담이나 자기 앞의 건설자들처럼 하느님의 자리를 취하려고 하지 않았다. 스톤의 말처럼 "요약하자면 요셉은 유혹에 저항하였고 하느님의 권위 아래에서 – 하느님 대신이 아니라 – 하느님을 위해 살았다(위의 책, 70쪽. 강조는 스톤이 한 것이다). 그렇지만 요셉이 선택했다면 정치권력을 이용하여 하느님의 자리를 취할 수도 있었을 것이다. 왜곡된 자기 신격화의 위험에는 온갖 힘을 드러내는 일이 따르게 된다.

것이 옳았다는 사실을 강조함으로써 요셉의 마지막 행동의 중요성을 부각시킨다. 앤더슨은 이렇게 썼다. "요셉에 대한 형제들의 증오와 시기는 이야기 전체에서 중요하다. 요셉의 선행, 가족을 위한 공급, 형제들의 죄를 눈감아줌 등은 보복적 정의(retributive justice)에 대한 기대와 함께 평가하지 않으면 그 장중함을 잃게 된다."[97] 이야기 서두에서 요셉에게 가해진 "카인의 폭력"은 결국 보복이 아닌 요셉의 자제로 극복되며, 친밀함의 평안이 복구될 가능성을 열어두게 된다.[98] 카인의 형제를 살해하는 증오(타락과 마찬가지로 창세가 내내 울려 퍼지는 증오)가 형제간 친교의 결속을 파괴한다면, 요셉이 굳건하게 하느님의 형상(동산지기의 소명)을 살아내는 것은 친교의 가능성을 회복시킨다.

요셉의 토지개혁

야곱의 아들들 사이에 친밀함이 회복되었다는 것은 하느님의 지혜가 요셉을 통해 타락의 효과를 뒤집기 시작했다는 것을 보여준다. 요셉 이야기에서 타락의 효과를 뒤집는 것은 인간과 이웃의 관계에 변화가 일어나는 것을 통해서도 볼 수 있지만(예를 들어, 요셉과 형제들), 인간과 땅의 관계에 변화가 일어나는 것을 통해서도 볼 수 있다. 이 두 번째 변화 역시 화해의 일종이며, 이집트와 주변 나라들을 괴롭힌 기근 동안 요셉이 시행한 토지개혁에서도 볼 수 있다. 물론 이 주장은 논란의 여지가 있다. 일부 학자들은 요셉의 개혁에

---

97) Gary A. Anderson, *Christian Doctrine and the Old Testament: Theology in the Service of Exegesis* (Grand Rapids, MI: Baker, 2017), 88쪽.
98) 이것은 회개 없이 화해하는 "값싼 은혜"가 아니다. 요셉은 형제들의 마음과 행동에 회개가 일어났는지를 유심히 지켜보았다.

매우 비판적이다. 이 개혁에서 보게 되는 요셉의 지혜가 하느님의 지혜가 아닌 뱀의 간교함에 더 가깝기 때문이다.

토지개혁 이야기의 도입 부분에서(창 47:13-26) 요셉이 예언한 기근이 이집트와 가나안에 닥쳐오고 땅은 피폐해진다. 이런 위기 가운데 "이집트인들"은 요셉을 찾아와 먹을 곡식을 달라고 아우성친다. 요셉은 곡식을 받는 대가로 기르는 가축을 파라오에게 가져오라고 한다. 다음 해에 이집트인들은 죽기 직전인 상태로 다시 한 번 요셉을 찾아온다. 이들은 더 이상 감출 것이 없다면서 이번에는 씨앗을 달라고 아우성친다. "그러면 저희도 죽지 않고 살 것이고, 땅도 황폐해지지 않을 것입니다"(창 47:19). 그러면서 이들은 자기 몸과 땅을 모두 파라오에게 바친다.[99] 요셉은 이 제안을 받아들여 파라오를 위해 이집트인들과 그들의 땅을 접수한다. 요셉은 이들에게 땅에 "뿌릴" 씨앗을 주고 이전에 파라오에게 내던 세금의 두 배를 내도록 한다. 이집트인들의 마지막 외침은 일종의 찬양이다. "어른께서 우리의 목숨을 살려 주셨습니다"(창 47:25).

이 이야기는 요셉을 우호적으로 보는 쪽으로 기울었을 해석자들

---

[99] 흥미로운 점은 토지개혁의 결과로서 이집트인들의 상태를 묘사하는 히브리어 단어가 '아바드'(*abad*)의 파생어라는 것이다. 이 단어는 보통 노예로 번역된다. NAB가 전형적인 번역이다. "우리와 우리 땅을 받으시고 음식을 주십시오. 그러면 우리는 파라오의 종이 될 것이고 우리의 땅은 파라오의 소유가 될 것입니다"(47:19). 그런데 히브리어 '아바드'는 '노예'(slave)로 번역될 수도 있고 '하인'(servant)으로 번역될 수도 있다. 캐럴 마이어스는 이렇게 썼다. "성경 히브리어는 우리가 다양한 장르의 성경 문헌 언어에서 마주치게 되는 다양한 종류의 예속 상태를 설명하는 어휘가 많지 않다. 그래서 특정 유형의 노동은 보통 문맥을 통해 구분해야 한다." Carol Meyers, *Exodus* (New York: Cambridge University Press, 2005), 35쪽을 보라. 어쨌든 '아바드'라는 단어 뒤에 씨앗과 흙에 대한 돌봄이 나오는 것은 창세기 1-2장을 떠올려주고, 이 점에 대해 나는 앞으로 설명할 것이다.

을 괴롭게 할 만한 요소들이 있다. 예를 들어, 미겔 데 라 토레는 이렇게 말한다. "지존자의 종이 다수의 희생을 통해 모든 토지자원을 소수 특권층을 위해 무심코 수용하는 그림을 제시하기에 충격적이다."[100] 데 라 토레의 입장을 공유하면서 제럴드 젠슨은 다음과 같은 주장으로 요셉의 개혁에 대해 통렬하게 비판한다. "이집트에 요셉을 알지 못하는 새 왕이 일어나기(출 1:8) 훨씬 전에, 자신의 고통스런 과거는 완전히 잊고 그래서 과거의 요셉도 잊은 새로운 요셉이 일어났다."[101] "과거의 요셉"은 당연히 신실하고 의로운 요셉이다. 같은 맥락에서 리언 카스는 요셉의 토지개혁을 독재자를 섬기는 기술 관료의 잔인한 행동으로 본다. 카스는 이렇게 말한다. "요셉은 기술적, 관리적 측면에서는 똑똑했지만 도덕적으로 또 정치적으로는 아니었다. 미래를 내다보고 계획을 세우는 데는 능했지만 사람들의 마음을 이해하는 데에는 부족했다. 사물에 대해서는 똑똑했지만 인간의 마음에 대해서는 어리석었다."[102] 그러므로 창세기 안에서 요셉조차도 뱀의 지혜에 유혹받은 것으로 볼 수도 있다. 그렇지만 요셉의 개혁에 대한 이러한 평가는 이해할 수 있지만 핵심을 놓친 것이라는 게 나의 주장이다.

요셉의 개혁을 변호함에 있어 몇 가지 서로 연관된 내용을 제시할 수 있다. 첫째, 성경의 사고 속에서 "이집트"는 과거의 바벨처럼 타락한 "도시," 즉 (제국주의적인) 지배체제의 전형이다. 마찬가지로

---

[100] Miguel De La Torre, *Genesis: Belief: A Theological Interpretation* (Louisville, KY: Westminster, 2011), 328쪽.

[101] J. Gerald Janzen, *Genesis 12-50: Abraham and All of the Families of the Earth* (Grand Rapids, MI: Eerdmans, 1993), 182쪽.

[102] Leon R. Kass, *The Beginning of Wisdom: Reading Genesis* (Chicago: University of Chicago Press, 2007), 633-34쪽.

"이집트인들"은 유형론적으로 섬기기를 거부하고 흙과 흙에서 나오는 모든 것을 지배함으로써 자기 이름을 날렸던 바벨 건설자들에 상응한다. "이집트"는 요셉의 토지개혁이라는 교훈극이 펼쳐질 중립적인 무대가 아니었다. 오히려 이집트는 하느님의 지혜를 집단으로 거부한, 선악을 알게 하는 나무 주변의 정치적 생태론—지배하는 정치적 생태론—구조를 상징적으로 나타낸다. 요셉의 행동은 이러한 배경에서 판단해야 한다.[103]

둘째, 기근 자체가 이집트의 정치적 생태론의 무질서한 성격을 드러낸다.[104] 성경 속 사고방식의 복합적 성격 안에서 기근은 인간의 행동에 대한 신의 심판과 연결된다.[105] 요셉 이야기에서 기근이 시작될 때 땅이 "피폐하다"는 묘사는 창세기의 앞부분에서 인간이 섬기기를 거부해서 땅이 저주받는 대목을 기억하게 만든다. 이렇게 연결짓고 보면, 기근이 닥친 것은 이집트가 세상에 부과한 정치적 생태론을 고발하는 것이다. 예를 들어, 베스터만은 요셉이 처음에 기근이 올 것을 선포한 것은 "명백하게" "재앙에 대한 예언자적 선

---

[103] 이와 반대로 시어도어 히버트는 이렇게 주장한다. "요셉 전승에서 이집트의 이미지는 대단히 긍정적이다. 무엇보다 이집트는 존재 자체가 기근으로 위협받던 이스라엘의 구원자로 나타난다"(45:5-8; 50:20-21). (Theodore Hiebert, "Genesis," in *Theological Bible Commentary*, ed. Gail R. O'Day and David L. Peterson [Louisville, KY: Westminster John Knox, 2009], 24쪽). 이것이 사실이지만 이집트가 피난처 역할을 하는 것은 요셉의 지도 때문이고 이는 기존 질서의 극적인 반전을 나타낸다. 바로 뒤이어 나오는 요셉이 파라오에게 경고하는 대목의 기능도 함께 보라. 요셉이 파라오의 꿈을 해석한 내용은 은연중에 이집트의 부정적인 면을 드러낸다.

[104] 브라운은 창세기에서 이집트는 "에덴의 반전"으로 여겨진다고 주장한다. Brown, *Ethos of the Cosmos*, 192쪽을 보라.

[105] J. A. Motyer and F. F. Bruce, "Famine," in *New Bible Dictionary*, ed. J. D. Douglas (Downers Glove, IL: Intervarsity Press, 1996), 364쪽을 보라.

포"라고 주장한다.¹⁰⁶⁾ 그런 선포는 신의 심판을 알리기 위한 것이기에 강력한 것이다. 같은 맥락에서 브루그만은 파라오와 요셉 사이의 초반의 대화로 제국의 힘이 약화되고, 하느님의 행동 앞에서 제국의 무능함이 드러난다고 주장한다.¹⁰⁷⁾ 실제로 브루그만은 기근의 위협은 출애굽기에서 재앙들을 예상하도록 만든다고 주장한다.

셋째, 요셉의 개혁 과정에서 땅에 내려진 저주의 효과가 뒤집혔다는 점에 주목해야 한다. 앞에서 본 것처럼, 토지개혁 이야기의 서두에서 땅은 피폐해졌고 세상의 생명은 위험에 처했다. 상황에 대한 두려움은 노아 이야기 속 최초의 홍수에 대한 두려움과 같아 보인다.¹⁰⁸⁾ 하지만 이야기의 결말이 되면, 요셉의 지혜로운 행동으로 흙은 다시 생산할 수 있게 되고 세상의 생명은 보존된다.¹⁰⁹⁾ 브루그만의 주장처럼, "이야기는 이집트 기술의 무익함과 땅이 생명을 낳을 가능성으로 되돌리는 요셉의 능력을 대조시킨다. 요셉 이전에는(1-8절) 제국의 죽음이 있고, 요셉 이후에는(46-57절) 생명이 있다."¹¹⁰⁾

요셉의 개혁을 비판하는 입장은 당연하게도 땅을 이렇게 다룬 점에는 초점을 맞추지 않고, "이집트인들"과의 교류에 초점을 맞춘다. 앞에서 보았듯이, 요셉은 그들이 기근 때문에 노예의 위치로 낮아지도록 하고 이후 그들의 토지를 수용하여 그들과 그들의 토지를 파라오의 통제 아래 둔다. 바로 이 부분이 비평가들이 곤란하게 느끼는 대목이다. 하지만 요셉에 대한 이런 평가는 이 장면에서 작동

---

106) Claus Westermann, *Genesis 37-50* (Minneapolis: Augsburg, 1986), 91쪽.
107) Brueggemann, *Genesis*, 325-35쪽을 보라.
108) Dahlberg, "On Recognizing the Unity of Genesis," 364쪽을 보라.
109) Eric Lowenthal, *The Joseph Narrative in Genesis* (New York: Ktav, 1973), 127쪽을 보라.
110) Brueggemann, *Genesis*, 329쪽.

하는 권력의 동력에 온전히 주목하지 않은 읽기에 기초한 것이다. 권력의 동력이 앞으로 등장하게 되면 요셉의 행동에 대해 완전히 다른 이해가 등장하게 된다.

요셉이 이집트인들에게 취한 전략을 부정적으로 평가하면서 비평가들은 일관되게 "이집트인들"을 기근과 제국의 압정이라는 이중의 위협에 처한 힘없는 희생자로 여긴다. 하지만 앞에서 말했듯이, "이집트인들"을 이렇게 이해해야 하는지는 의문이다. 오히려 "이집트인들"은 이집트 제국의 압제하는 권력의 혜택을 입은 사람들이다. ─그들은 교만하고 섬기기를 거부하는 사람들이다. 그래서 이집트인들의 탄식은 주목할 만하다. 이집트의 타락한 정치 환경에 대한 하느님의 심판 때문에 괴로워하지만, 그들은 이러한 정치 환경을 유지해 온 공범들일 뿐인데 이제는 탄원자의 위치를 차지한다.

더욱 놀라운 것은 이집트인들이 요셉에게 두 번째 요청하는 대목의 마지막 부분이다. "우리에게 씨앗을 주십시오. 그러면 저희도 죽지 않고 살 것이고, 땅도 황폐해지지 않을 것입니다." 이집트인들, 다시 말해 "건설자들"은 자기들이 동산지기의 소명을 살아낼 수 있도록 씨앗을 달라고 요셉에게 요청한다. 섬기기를 거부하는 인간을 가장 잘 상징하는 사람들이 (하느님이 동산이 되기를 바라셨던) 땅이 황폐해지지 않도록 씨앗을 요구한다. 하느님의 심판 가운데에서 요셉과 이집트인들의 갈등은 건설자들 쪽에서 깊은 회개를 이끌어 낸다. 흙과 흙에서 나오는 모든 것을 지배하던 사람들이 이제 동산지기의 소명을 살아내기로 하는 것이다.[111] 요셉은 잔인한 독재자처

---

111) 토머스 브로디는 창세기 47장과 창세기 2장의 관계에도 주목한다. "창세기에서 땅의 개념이 중요하고, 요셉이 땅을 수용한 것은 땅을 소유하고 섬기는 패턴의 일부이다. 흙 또는 땅('아다마')을 섬기는('아바드') 개념은 창세기 중

럼 행동하지 않았고, 자신에게 주어진 권한을 하느님의 지혜를 섬기는 데 사용하였고, 피조물이 다시 한 번 번성하도록 하였다. 이야기의 결말에서 이집트인들은 이를 깨닫고 요셉에게 외친다. "어른께서 우리의 목숨을 살려 주셨습니다."[112]

이집트인들의 회개를 끌어내는 것과 아울러 요셉의 행동은 이집트 주변 땅에 사는 사람들의 생명도 지속시킨다. 토지개혁 이야기 바로 뒤에 나오는 구절은 요셉의 지혜로운 돌봄 아래 "이스라엘"이 번성하게 되었다고 말한다. 카스는 요셉이 "자기 사람들"을 위해 일한다는 이유로 이를 부정적으로 여기지만, 요셉이 스스로를 높인 사람들을 낮추면서 동시에 낮은 자들을 높였다는 증거로 해석하는 것이 더 낫다.[113] 요셉의 행동은 잔인한 독재자의 행동과 관련되기보다는 누가복음의 성모 마리아 송가와 마태복음과 누가복음의 팔복(the beatitudes)을 떠올리게 한다(4장을 보라). 따라서 창세기 결말의 요셉의 행동은 창세기 도입부에 처음 소개된 동산지기의 소명과 잘

에덴동산에서(창 2:5, 15) 처음으로 매우 중요한 것으로 나온다. 따라서 요셉이 땅('아다마')을 수용하고 사람들이 종('에베드'. 47:19, 21)이 되도록 했을 때 그 행동은 두 가지 차원의 의미를 가지는 것이다. 첫째로 이는 예속 상태에 두는 것이다. 둘째로 이는 흙에 대한 인간의 최초 관계를 복원하는 것이다." Thomas Brodie, *Genesis as Dialogue: A Literary, Historical, and Theological Commentary* (Oxford: Oxford University Press, 2001), 399쪽. 브로디는 창세기 47장을 창세기 2장과 연결하지만 "씨앗"에 대해 구체적으로 언급한 것을 보면 편집자는 창세기 1장을 생각했었을 수도 있다.

112) 이집트인들의 외침은 저자가 47:17에서 '나할'을 사용한 용례와 일치한다. 요셉은 이들의 가축을 수용하고 그 해 내내 그 가축을 "돌본다"('나할'). 이 동사는 생명을 주는 이미지를 가지고 있으며 이는 성경 전체에 걸쳐 생명의 하느님을 떠오르게 한다(출 15:13, 시 23:2, 31:3, 사 40:11, 49:10을 보라.)

113) 에릭 로언설은 요셉의 개혁이 특히 힘 있는 자들을 약하게 하고 가난한 이들을 높인다고 주장한다. Lowenthal, *Joseph Narrative in Genesis*, 124-27쪽을 보라.

부합한다. 달버그는 "우리는 처음에 아담이 창조된 목적을 제대로 수행하지 않은 것을 요셉이 대규모로 수행한 것을 보게 된다"고 말한다.[114] 요셉의 지도 아래 세상은 수선되고 있다.

아마도 요셉의 토지개혁에 대한 이런 해석에 대해 가장 강력한 반대 주장은 이집트인들이 자기 자신과 토지를 야훼가 아니라 파라오에게 준 것이라는 주장일 것이다. 그 결과 요셉은 이집트의 소수 독재 정치를 해체하여 파라오의 절대 권력을 더 공고히 한 셈이다. 물론 이것이 절대적으로 사실이지만, 이 파라오는 출애굽기의 파라오와 대조되는 인물이라는 것을 인식할 필요가 있다. 요셉이 만나는 파라오는 하느님을 두려워하는 자다. 요셉이 파라오에게 다가올 기근에 대해 처음 경고한 것이 "너희에게 재앙이 있을 것이다!"라는 예언자의 외침으로 기능한 것이라면, 창세기의 파라오가 제대로 반응했다고 인정할 수밖에 없다. 이 파라오는 이집트 통치자에게서 기대할 만한 황제의 교만이나 마음의 완고함을 전혀 드러내지 않는다.[115] 대신에 파라오는 당시 전형적인 "비인간"이었던 요셉을 높여 파라오의 집(oikos)의 업무를 감독하도록 한다. 따라서 요셉 이야기의 파라오는 출애굽기의 파라오보다는 니느웨 왕, 즉 요나의 경고를 듣고 백성들에게 회개하라고 요청한 왕과 더 비슷하다. 물론 파라오라는 인물을 이렇게 평가한다고 해서 요셉이 권력을 통합한 일이 오늘날의 민주적 감성을 가진 사람들을 불쾌하게 만드는 것을 약화시키지는 못하겠지만, 요셉의 행동을 이러한 감성으로 직접적으로

---

114) Dahlberg, "On Recognizing the Unity of Genesis," 364쪽.
115) 요셉에 대한 파라오의 반응과 예레미야의 경고에 대한 시드기야의 궁정 속 왕자들의 반응 사이의 대조에 주목하라. 요셉은 높아지지만 예레미야는 구덩이로 던져진다(렘 38:1-6).

판단해서는 안 된다. 대신 창세기의 서사 논리 안에서 요셉이 권력을 통합한 일의 핵심은 이집트의 정치 환경이 이제 하느님을 경외하는 자에 의해 구성된다는 것이다.[116] 이는 지구와 가난한 이들 모두에게 기쁜 소식이다.[117]

그렇지만 요셉과 파라오 및 이집트인들과의 상호작용에 대해 완전히 무죄 판결을 받아서는 안 된다. 오드리 로드의 자주 인용되는 주장이 특별히 여기에 관련이 있어 보인다. 로드는 이렇게 말한다. "주인의 도구는 결코 주인의 집을 철거하지 않을 것이다. 우리가 주인의 도구로 주인이 유리한 상황에서 잠시 주인을 때릴 수는 있겠지만 진정한 변화를 가져오지는 못한다."[118] 요셉의 분별력 있는 행동이 이집트인들로 하여금 동산지기의 도구를 들도록 유도했고, 그렇게 극적으로 이집트의 정치적 생태론을 새롭게 했다. 그런데 이러한 유도가 가능했던 것은 요셉이 파라오의 강압적인 권력에 직접 접근했기 때문이다. 요셉은 주인의 집을 극적으로 재구성했지만, 그렇게 하기 위해 황제 권력의 칼과 창을 활용했다.[119] 따라서 이집트

---

116) 린지 윌슨은 이렇게 주장한다. "토지를 모두 수용한 것이 요셉의 지혜로운 관리 아래 두는 방식이라고 믿을 만한 충분한 근거가 있다." Lindsay Wilson, *Joseph Wise and Otherwise: The Intersection of Wisdom and Covenant in Genesis 37-50* (Waynesboro, GA: Paternoster, 2004), 194쪽을 보라.

117) 보증되지 않은 자기 해석(eisegesis)으로 넘어가지 않으면서도 우리는 파라오가 동산지기들의 세금을 두 배로 올리는 것이 별로 문제될 것이 없다고 주장할 수 있다. 물론 이렇게 늘어난 세수를 자기 확장에 사용할 수도 있다. 하지만 이집트의 가장 취약한 계층의 복지를 위해 사용될 가능성도 있다. 출애굽기의 파라오에 대한 우리의 지식이 창세기의 파라오에 대한 편견으로 작용하면 안 된다.

118) Audre Lorde, "The Master's Tools Will Never Dismantle the Master's House," in *Sister Outsider: Essays and Speeches* (Berkeley, CA: Crossing, 2007), 110-14쪽. 로드가 처음 이 말을 만든 것이 페미니즘에 대한 획일적인 접근을 비판하기 위해서라는 점에 주목할 필요가 있다.

의 집(*oikos*)이 재구성되지만 그 기초는 그대로 남는다. 성경의 익숙한 다른 비유를 사용하자면, 요셉은 새 포도주를 낡은 주머니에 담은 것이다. 더욱이 이 이야기는 요셉과 히브리인들이 파라오의 집에 남았다고 말한다. 비록 이들이 요셉을 아는 파라오의 집(*oikos*)에서 번성했지만, 이들 하느님의 백성의 복지는 위태로운 상태였다. 이 모든 것이 요셉의 개혁의 지혜를 무효화하지 못한다. 열매로 나무를 판단한다면, 이집트인들의 마지막 외침이 요셉을 에덴의 진정한 중심에 있는 나무와 연결시킨다.―"어른께서 우리의 목숨을 살려 주셨습니다." 하지만 비판적인 관찰은 요셉의 개혁을 일시적인 것으로 제한하기도 하면서 개혁의 절대적 정의로움을 한정한다.[120] 요셉은 "이집트가 유리한 상황에서 이집트를 이겼지만," 출애굽기에서 보는 것처럼 이 승리는 덧없는 것이다.

그럼에도 기근으로 위협받는 세상의 생명을 보존하기 위한 요셉의 행동은 계속해서 요셉을 아담과 대조되는 인물로 그린다. 보디발의 집에서 정욕에 찬 권력으로부터 자기 위치의 경계를 넘으라는 유혹을 받을 때, 요셉은 한계의 윤리(ethic of limitation)를 사용하여

---

[119] 요셉이 땅과 이집트인들의 몸을 파라오를 위해 "취득했다"(acquire)고 말한 것은 중요하다. 취득한다는 것은 카인의 이름과 관련된 또 다른 의미이고 따라서 부정적인 의미를 가진다. 하지만 긍정적으로는 이 용어가 "회복"(redemption)을 뜻하기도 한다. 이 두 가지 긴장된 모호성이 계속 유지되어야 한다. 요셉은 백성을 동산지기의 소명으로 되돌리고 하느님의 형상에 좀더 가깝게 만듦으로써 이들을 회복시켰다. 그런데 요셉은 강압적인 권력의 용도를 바꿔 지혜롭게 사용함으로써 이렇게 할 수 있었다. 원래대로라면 지배하려는 마음에 부합하게 사용되었을 것이고, 실제로 출애굽기 서두에서는 그렇게 되었다.

[120] 그렇다고 이러한 한정이 하느님의 지혜로부터의 분리를 의미하는 것은 아니다. 우리가 본 것처럼 실제로 야훼는 있는 그대로의 창조세계를 용인하며 함께 일하신다.

하느님에게 성실한 상태로 남는다. 자기를 죽이려 했던 형제들에게 복수하라는 유혹을 받을 때, 요셉은 형제들의 회개를 이끌어내고 이들과 화해한다. 마찬가지로 이집트의 업무를 감독하는 권한을 부여받은 뒤 요셉은 그 권력을 자기 팽창에 사용하지 않고 이집트인들의 집단 정체성을 도시 건설자에서 동산지기로 변화시키는 과정을 통해 이들을 돌봄으로써 이들의 회개를 이끌어낸다. 그러므로 그리스도교의 관점에서 요셉이라는 인물은 첫 아담보다는 마지막 아담 —예수 그리스도, 하느님의 지혜—을 훨씬 많이 닮았다.[121]

만약 요셉이 구원받을 인간을 어느 정도 미리 대표한다면, 이집트 역시 집단적 의미에서 그러하다. 창세기의 결말에서 이집트는 회복된 도시를 어느 정도 희미하게 대표하게 된다. 에녹(카인의 도시)과 바벨이 선악을 알게 하는 나무의 간교함, 언제나 지배욕을 섬기는 지혜에 부합하도록 구성된 도시의 전형인 반면, 이집트는 하느님의 지혜, 요셉의 겸손과 자제와 결합된 지혜에 부합하도록 구성된 도시로 나타난다. 이집트의 정치적 생태론을 하느님의 지혜와 조화시키면서 요셉은 이집트를 "동산의 도시(garden city)"로 변화시킨다. 새로운 이집트는 흙과 흙에서 나오는 모든 것을 섬기고 돌보는 도시이다. 비록 "동산인 도시(city-that-is-garden)"라는 혼종(hybrid) 상징이 창세기의 끝에 가서야 암묵적으로 등장하지만, 성경 안에서 구원 이야기가 전개되면서 이 상징은 좀더 명확히 구분된다. 실제로 앞으로 보게 되겠지만 "동산인 도시"는 세상 구원의 핵심 상징이 된다. 창세기의 결말이 되면 놀랍게도 이집트가 하느님의 지혜가 세상 속에서 세상을 위해 어떤 영향을 미칠 수 있을지에 대한 희망의 표지

---

[121] Anderson, "Joseph and the Passion of Our Lord," 198-215쪽을 보라.

로 나타난다.

결론

이 장에서 우리는 창세기 전반에 걸쳐 전개된 일관된 정치-생태론적 신학에 대한 설명을 살펴보았다. 하느님의 지혜에 따라 하느님은 선하고 아름다운 세계를 창조하셨다. 마찬가지로 하느님은 인간을 창조하시고 하느님, 이웃, 땅과의 삼중 친교(threefold communion) 안에서 살도록 요청하셨다. 이 친교의 끈을 유지하기 위해 하느님은 인간이 세상의 동산을 섬기고 돌봄으로써 하느님의 지혜에 따라 살도록 요청하셨다. 최초의 부부가 섬기고 돌보기를 거부하며 그 소명의 경계를 넘어섰을 때, 이들은 세상 속에 죄의 파괴하는 힘을 풀어 놓은 것이다. 죄는 적어도 부분적으로 인간을 하느님의 목적에 반대하도록 만들고, 결국 세상의 생명을 위협하도록 만든다. 세상을 수선하기 위해 하느님은 특정 민족과 언약을 맺고 이들이 하느님의 지혜로 살아갈 것을 요청하심으로써, 이들이 동산지기의 소명을 살아내고 세상의 구원에 참여하도록 하셨다. 창세기에서 요셉은 하느님의 지혜가 가진 회복하는 힘을 온전히 드러냈고, 아담에게서 비롯된 친교의 단절을 되돌리는 일을 했다. 따라서 우리가 이 장의 도입부에서 달버그를 통해 살펴본 것처럼, 창세기는 결국 통합된(또는 적어도 통합 가능한) 신학적 비전을 제시한다.

창세기에 내재된 신학적 비전은 그리스도인들이 당대의 세상에 실천을 통해 깊이 연루됨으로써 위대한 신학적 성취를 이루는 것이다. 하지만 폰 라트의 처음 주장의 부분적 타당성을 기억하는 것이 중요하다. 창세기의 신학은 창세기에 뒤이어 나오는 성경에 책들과의 관계 속에서 가장 잘 이해할 수 있다. 이런 맥락에서 창세기의 정치-생태론적 신학이 성경을 통해 전달되는 구원 역사의 더 넓은 윤곽에 대한 해석을 특징짓는 방식을 살펴보는 것이 중요하다. 따라서 4장에서 나는 창세기의 신학의 빛에서, 출애굽과 언약이라는 성경의 주제를 해석할 것이다.

4장

해방의 희년

하느님 사랑, 이웃 사랑, 지구 사랑이 서로 관련되어 있다는 성경의 증언은 창세기에만 국한된 것이 아니다. 이러한 증언은 성경의 더 넓은 범위에 두루 퍼져 있으며 성경의 주요 이야기, 인물, 상징 등을 특징짓는다. 따라서 성경은 구원 역사의 정치-생태론적 해석을 요청하기도 하고 지지하기도 한다. 이 장에서 나는 3장에서 설명한 창세기 신학 해석에 근거해, 이를 확장하면서 생태해방운동을 분명한 축으로 삼고 이러한 해석을 전개할 것이다. 이 장의 주장은 단순하다. 구원 역사의 주제(예를 들면 출애굽, 언약, 하느님의 통치)는 하느님이 흙과 흙에서 나오는 모든 것을 죄의 파괴적인 영향으로부터 해방하고, 인간을 동산지기의 소명으로 회복시키고, 하느님의 지혜를 중심으로 한 친교의 정치 환경을 조성하기 위해 수고하시는 방식을 설명하는 것이다. 나는 출애굽을 설명하는 것으로 시작할 것인데, 이집트의 정치 환경과 재앙들, 만나, 언약, 율법 등의 중요성을 살펴볼 것이다. 그런 다음 나는 예루살렘, 예언자들, 하느님의 통치, 새로운 예루살렘 등의 정치-생태론적 함의를 살펴볼 것이다. 그 과정에서 나는 지구와 가난한 이들을 위한 상호 연관된 우선적 선택이 성경의 구원 이야기에 본질적인 것이며 하느님의 구원 사역에 충실하게 응답하는 것에 뿌리박고 있다는 점을 밝힐 것이다.

출애굽, 그리고 죄와 구원의 정치적 생태론

출애굽기의 서두에서 우리는 요셉의 사망 이후 "요셉을 알지 못하는 새로운 왕"이 일어나 이집트를 다스리게 되었다는 것을 알게 된다(출 1:8).[1] 창세기라는 배경에 비추어 볼 때, 새로운 파라오에 대한 이 설명은 간결하면서도 강력하다. 테런스 프레타임의 주장처럼 요셉이라는 인물은 "한 개인 이상이다. 하느님이 요셉 안에서 요셉을 통해 백성을 보호하여 살도록 하셨기 때문이다."[2] 앞에서 살펴본 것처럼, 요셉이 생명을 보호하는 역할을 감당할 수 있었던 것은 요셉이 하느님의 지혜 안에 살기로 온전히 다짐한 덕이며 동산지기의 소명을 살아낸 덕이다. 창세기에서 요셉은 하느님의 형상을 제대로 표현한 인물이다. 따라서 파라오가 요셉에 대해 아무것도 모른다는 표현은 이 새로운 왕이 하느님도 하느님의 지혜도 모른다는 것을 의미한다. 새로운 파라오는 동산지기의 소명을 알지 못한다.[3]

---

1) "알지 못하는"이라는 표현은 단순히 모른다는 게 아니라 반감을 시사한다. 코르넬리스 하우트만은 이렇게 말한다. 탈굼 옹켈로스(Targum Onqelos)는 새로운 왕을 "요셉의 법령을 무효화한" 왕으로 이해하고, "이 왕이 '요셉을 알기를 거부하고 요셉의 법을 따라 걷지 않았다.'" 하우트만은 이 문구가 파라오가 요셉과 "어떤 관련도 갖기를 원치 않았다"는 것을 시사한다고 주장한다. Cornelis Houtman, *Exodus*, vol. 1, trans. Johan Rebel and Sierd Woudstra (Kampen: Kok, 1993), 235-36쪽을 보라.

2) Terence E. Fretheim, *Exodus* (Louisville, KY: Westminster John Knox, 2010), 27쪽.

출애굽기에서 파라오의 첫 번째 선언은 그의 무지함을 보여준다. 히브리인들이 이집트에서 계속 번성하는 것을 보면서 파라오는 두려워하며 외친다. "저들이 더 불어나지 못하도록 저들을 지혜롭게 다루어야 할 것이다"(출 1:10).[4] 3장에서 살펴본 것처럼, 이 선언으로 새로운 왕은 간교한 뱀과 바벨 건설자들과 동일시된다. 이들은 모두 하느님을 대체하고 싶어 했고 동산지기의 길을 역행했다.[5] 출애굽기 서두에서 파라오는 동산의 인간(*homo hortulanus*)의 길과 맞서는 파괴적인 지식을 따르며, 하느님이 인간에게 기대하신 삼중 친교를 교란할 것이라고 선언한다. 파라오는 창조세계를 일구고 돌보라는 소명을 의도적으로 무시하는 자로서 지배의 과업을 선택한다. 다시 한 번 "건설자들"의 지배욕(*libido dominandi*)이 동산지기의 보습과 낫을 압제의 무기로 둔갑시킨다.

이집트의 정치 환경은 빠르게 새로운 파라오의 무지함, 지식, 욕구라는 구체적인 형태를 반영하게 된다. 요셉의 지도 아래 이집트의

---

3) 창세기 12장에서 아브라함을 처음 언급할 때 바벨 건설자들과 나란히 두었던 것처럼 여기서 파라오를 처음 언급할 때 도시를 회복시킨 요셉과 나란히 둔다.
4) 출애굽기 1:7에서 히브리인들이 "자녀를 많이 낳고 번성했다"고 하는 것은 창세기 1:28에서 하느님이 인간에게 부여한 명령을 떠오르게 한다. 따라서 파라오의 뜻이 하느님의 뜻과 반대로 가려함을 보여주는 것이다. 그렇다고 오늘날 우리가 창세기 1:28을 무비판적으로 읽거나 인구과잉에 대한 우려를 무시해야 한다는 것은 아니다. 이것은 단지 "본문 속 세상"에서 파라오가 하느님과 적대적인 위치에 있다는 것을 가리키는 것이다.
5) 창세기에서 "현명하다"(shrewd)는 말이 요셉을 묘사하는 데 사용되었지만 이 단어가 파라오와 요셉을 연결하는 것은 아니다. 오히려 파라오는 요셉을 알지 못한다고 분명하게 언급된다. 파라오와 요셉의 연결점은 생명나무와 선악을 알게 하는 나무의 연결점과 비슷하다고 보는 게 더 맞다. 파라오와 선악을 알게 하는 나무가 "지혜"로 연결되는 것은 어떤 면에서 그것이 마치 하느님의 지혜인 것처럼 보인다는 점에서다.(생명나무와 요셉은 하느님의 지혜로 연결된다.) 그렇지만 그 지혜는 결국 죽음으로 인도한다.

정치 환경은 "세상 전체를 먹이고" 땅이 그 건강을 되찾도록 했지만 파라오의 명령으로 요셉의 과업을 물거품으로 만들었다. 새로운 왕의 정책으로 제국 땅 전체에서 불의는 심화되었고 생태계는 재앙을 맞았다. 동산지기의 도시는 에녹과 바벨의 도시 이미지로 변해갔다.

파라오가 촉진한 불의는 여러 가지였다. 구띠에레즈의 주장처럼, "압제(출 1:10-11)와 강제노동(5:6-14), 인권유린(1:13-14)과 강제 산아제한 정책(1:15-22)" 등이 "종살이하던 땅"에서 히브리인들의 경험을 정의하는 말들이었다.[6] 엘런 데이비스는 구띠에레즈가 말한 고통의 총체성을 잘 정리했다. "신명기 사가가 이집트를 '용광로'(신 4:20)라고 명명한 것은 적절한 것이었다. 왜냐하면 이집트는 산업사회의 전형, 즉 태우고, 노예에게 끊임없이 일할 것을 요구하고(고대 산업 기계의 매우 값싼 연료), 자신이 소모될 때까지 소모하는 산업사회의 성경 속 전형이기 때문이다."[7] 같은 맥락에서 데이비스는 요셉 치하에서 생명의 상징이던 이집트 창고가 새로운 왕 치하에서 죽음의 상징이 되었다고 주장한다.[8] 창고는 이제 백성들의 희생을 통해 거둬들인 지속 가능하지 않은 풍부함을 보관하는 건물이다.[9]

파라오의 지배체제에 종속되어 압제받는 히브리인들은 하느님에게 부르짖었고 하느님은 이를 듣고 응답하신다. "나는 이집트에

---

[6] Gustavo Gutiérrez, *A Theology of Liberation* (Maryknoll, NY: Orbis Books, 1973), 88쪽(이후로는 *TL*).

[7] Ellen F. Davis, *Scripture, Culture, and Agriculture: An Agrarian Reading of the Bible* (New York: Cambridge University Press, 2009), 69쪽. 요셉 치하에서 창고가 생명의 상징으로 기능한 것에 대해서는 Bruce T. Dahlberg, "On Recognizing the Unity of Genesis," *Theology Digest* 24 (1976): 364쪽.

[8] Davis, *Scripture, Culture, Agriculture*, 75-79쪽.

[9] 이 대목에서 Gustavo Gutiérrez, *The God of Life* (Maryknoll, NY: Orbis Books, 1991) (이후로는 *GoL*), 48-64쪽이 매우 흥미롭다.

있는 내 백성이 겪는 고난을 똑똑히 보았고, 작업 감독들 때문에 울부짖는 그들의 소리를 들었다. 정녕 나는 그들의 고통을 알고 있다"(출 3:7). 가난한 이들의 울부짖음을 들으신 하느님은 파라오의 잔학무도함을 이유로 파라오와 맞서신다.[10] 하느님의 응답에 따라 땅은 용광로의 정치적 생태론에 대한 반대를 증언한다. 이집트를 강타한 재앙들은 이집트의 무질서한 성격을 증언한다.[11] 이 점에 대해 윌리엄 브라운은 피로 가득한 나일강은 "이집트의 도덕적 파멸을 상징한다. … 피에 젖은 땅이 카인의 범죄를 극명하게 증언하는 것처럼(창 4:10) 나일강의 피는 이스라엘에 부과된 구조적 폭력을 증언한다."[12] 이집트에서 일어난 이적(signs)과 기사(wonders)는 부정적인

---

10) 출애굽기와 관련하여 구원의 정치적 성격을 반영하여 구띠에레즈는 이렇게 주장한다. 출애굽은 "정치적 행위이다. 착취와 비참의 상황을 깨뜨리고 공정하고 형제애가 넘치는 사회를 건설하는 시발점이다. 혼란이 제거되고 새 질서가 창조되는 출발점이다." *TL*, 88쪽(『해방신학』, 174쪽)을 보라.

11) 프레타임은 이렇게 말한다. "H. H. 쉬미트 등이 이스라엘과 고대 근동 지역에서 사회의 공정한 질서가, 법에 반영되어, 창조세계 영역과 가까운 관계로 도입되었다는 점을 보여주었다. 이들 법이 무너지는 것은 단지 자연의 영역만이 아니라 세계 질서의 모든 면에서 끔찍한 결과를 초래함으로써 창조세계의 질서가 무너지는 것으로 여겨졌다. 우리는 도덕 질서와 우주 질서의 공생 관계에 대해 말해야 한다. 창조 질서를 이렇게 이해하면 출애굽기의 반복되는 재앙을 더 잘 이해할 수 있다." Terence E. Fretheim, *God and World and the Old Testament: A Relational Theology of Creation* (Nashville: Abingdon, 2005), 115쪽을 보라. 프레타임은 이어 이렇게 말한다. "하느님은 사물의 도덕 질서를 돌보시며 파라오의 악함의 영향을 해결할 수 있게 하신다. 그러한 판단은 외부로부터 그 상황 위에 부과되는 것이 아니라 그 악한 (또는 선한) 행위로부터 자라나고 그 행위와 본질적인 관계가 있다"(위의 책, 121쪽). 이런 생각은 인간을 삼중 친교가 목적인 존재로 보는 야훼문서기자(Yahwist)의 인간론과 조화를 이룬다.

12) William P. Brown, *The Ethos of the Cosmos: The Genesis of Moral Imagination in the Bible* (Grand Rapids, MI: Wm. B. Eerdmans, 1999), 204쪽.

의미에서 창세기의 첫 번째 창조 기사 속 하느님의 창조 행위에 해당된다. 창세기에서 하느님의 지혜에 따라 하느님은 빛이 있도록 하셨고, 물과 땅에 질서를 부여하셨고, 생명체를 창조하여 물속에, 땅 위에, 공중에 번성하도록 하셨고, 인간에게 생육하고 번성하라고 명하셨다. 출애굽기에서 파라오의 지혜는 재앙을 낳게 되어 어둠을 불러왔고, 물속의, 땅 위의, 공중의 생명이 위태롭게 되었고, 이집트 아이들에게 죽음이 찾아오는 것으로 절정을 이루게 되었다.[13] 프레타임의 주장처럼, "제시된 전반적인 이미지는 창조 질서 전체가 이 다툼에 휘말려 있다는 것이다. … 파라오가 하느님의 피조물에 대해 취한 반생명적(antilife) 조치들이 혼란스런 결과를 낳아 하느님의 창조 의도 자체를 위협하게 되었다."[14] 창세기에서와 마찬가지로 출애굽기에서도 죄의 파괴적 영향은 분명하게 정치-생태론적인 성격을 띤다. 따라서 지구와 가난한 이들의 탄식은 모두 파라오 프로젝트의 교만과 무지막지함을 드러내고 판단하는 데 기여한다.

하느님의 백성, 파라오, 그리고 야훼

하느님의 창조 능력과 죄의 세계 파괴적 능력의 다툼 사이에서 출애굽기는 전체 이야기를 주도하는 한 가지 질문을 중심에 둔다. 즉 "하느님의 백성은 누구를 섬길 것인가?" 이 핵심 질문은 출애굽기 서두에서 화자가 히브리인들을 복종시키려는 파라오의 계획을 기술할 때 은연중에 드러난다(출 1:13-14). 프레타임은 이 구절을 이렇게 번역한다.

---

13) 캐롤 마이어스는 이런 유사점을 많이 나열한다. Carol Meyers, *Exodus* (New York: Cambridge University Press, 2005), 79쪽을 보라.
14) Fretheim, *God and World*, 119쪽.

그래서 그들은 혹독하게 그 백성들이 섬기도록 만들었고, 진흙과 벽돌에 관한 고된 섬김으로, 밭에서의 온갖 섬김으로 그 백성들의 삶을 괴롭게 하였다. 그들은 혹독하게 온갖 섬김으로 그 백성들이 섬기도록 만들었다.[15]

이 핵심 구절에서 동사 '아바드'('abad)가 다양한 형태로 5번 사용된다. 이 용어를 이렇게 사용—사실은 남용—한 것은 출애굽기 이야기 안에서 섬김이라는 주제의 중요성을 부각시킨다.[16]

3장에서 살펴본 것처럼, '아바드'의 중요성은 창세기 2:15에 뿌리를 두고 있다. 이 두 번째 창조 기사에서 '아바드'는 인간 소명과 하느님의 형상 개념 모두에 핵심이다. 출애굽기 서두에서 사용된 '아바드'는 창세기 2장의 빛에서 이해해야 한다. 출애굽기의 서두에 하느님의 백성은 하느님이 인간에게 의도하신 소명과는 너무나 다른 상황에 놓이게 된다. 여기서 하느님의 백성은 파라오의 계획을 섬겨야만 한다. 이들의 섬김은 파괴적인 이집트의 정치적 생태론을 영속시킨다. 이런 맥락에서 하느님의 백성이 누구를 섬길 것인가 하는 질문을 좀더 구체화할 수 있다. "하느님의 백성은 용광로의 감독을 섬길 것인가, 아니면 동산 도시의 하느님을 섬길 것인가? 하느님의 백성은 동산지기를 닮아갈 것인가, 아니면 탁월한 도시 건설자의 이미지를 지지할 것인가?"[17] 이런 질문에 대한 최초의 희망적 응답이 히브리 산파 십브라와 부아에게서 나온다. 파라오가 히브리 남자

---

15) Fretheim, *Exodus*, 30쪽. 강조는 프레타임이 한 것이다.
16) 프레타임은 출애굽기에서 '아바드'가 사용된 것이 모두 97번이라고 한다.
17) 구띠에레즈는 이 질문을 이렇게 던진다. "이스라엘은 생명의 하느님을 섬길 것인가 죽음의 우상을 섬길 것인가?" *GoL*, 49쪽을 보라.

아이가 태어나면 모두 죽여야 한다고 이 여인들에게 선언하자 이들은 히브리 여인들이 워낙 강해서 파라오의 명령을 수행할 수 없다고 주장하며, 시민 불복종에 참여함으로 저항한다.[18] 마찬가지로 모세의 어머니가 모세를 낳았을 때 파라오의 명령을 거부한 채 아이를 바구니에 담아 나일강으로 흘려보냈다.[19] 이런 행동은 파라오의 우상 숭배적인 명령을 거부하면서 생명을 보존하는 결과를 낳는다.

그럼에도 불구하고 전반적으로 하느님의 백성은 누구를 섬길 것인가의 문제에서 앞에서 언급한 세 히브리 여인들과는 상반된 태도를 보인다. 일반적으로 히브리인들은 이집트의 권력 구조에 도전하는 것에 소극적이었다. 이것은 당연히 이해가 된다. 제임스 스콧이 보여준 것처럼, 역사의 현실 속에서 정복당한 공동체가 압제하는 권력 체제에 맞선 일은 거의 없다. 그런 방식은 지혜롭지 못한 것이고 공동체가 폭력적 보복에 노출되게 된다. 따라서 하느님의 백성이 이집트 정권의 구조 범위 안에 놓이게 되었을 때 하느님을 섬기겠다고 선언하는 것은 특히 위험한 짓이다. 실제로 파라오의 "도시" 안에서는 노골적인 반항보다는 교묘한 저항 기법을 찾는 신중함이 필요하다.[20]

---

18) Meyers, *Exodus*, 37쪽. 또한 William H. C. Propp, *The Anchor Bible: Exodus 1-18*, vol. 2 (New York: Doubleday, 1999), 142쪽도 보라.
19) 이 바구니는 파라오의 딸이 발견하게 되고, 모세를 자기 아들로 삼아 기른다. 많은 학자들이 언급한 것처럼 '바구니'에 사용된 히브리어 단어 '테바'(*teba*)는 성경 다른 곳에 단 한 번 등장한다. 창세기의 홍수 이야기에서 '테바'는 노아의 방주를 가리킨다. Meyers *Exodus*, 43쪽을 보라. 노아가 하느님에게 협력함으로써 새로운 창조가 등장할 수 있었듯이 여인들이 파라오의 인권 유린에 저항함으로써 비슷한 과정의 재창조가 태동하게 된다.
20) James Scott, *Domination and the Arts of Resistance: Hidden Transcript* (New Haven, CT: Yale University Press, 1992)를 보라. 스콧의 분석은 취약한 자들의 간교함이 하느님의 지혜에 부합한다는 창세기의 생각과 일치한다.

하지만 더욱 놀라운 것은 히브리인들이 하느님을 섬기기를 꺼리는 태도가 하느님이 이들을 이집트의 정치-생태론 체계의 구조로부터 해방시킨 이후에도 계속된다는 점이다. 실제로 하느님이 이 백성을 바다의 심연을 통과해 새로운 창조로 이끄신 뒤,[21] 이들은 바로 파라오를 섬기는 삶을 바라며 "불평"하기 시작한다. "우리가 고기 냄비 곁에 앉아 빵을 배불리 먹던 그때, 이집트 땅에서 주님의 손에 죽었더라면! 그런데 당신들은 이 무리를 모조리 굶겨 죽이려고 우리를 이 광야로 끌고 왔소!"(출 16:3). 이들의 불평은 비록 하느님이 파라오의 물리적 통제 범위 밖으로 이들을 끌어내시더라도 하느님의 백성이 파라오와 비슷하게 마음이 완악해질 수 있다는 점을 말해준다. 하느님의 백성은 "이집트에 대한 향수"를 마음속에 품고서 광야로 그것을 가져간 것이다.[22] 구띠에레즈의 용어를 사용하자면, 히브리인들은 "비인간(nonpersons)"이라는 자기 정체성의 타당성을 수용하게 된 것이다. 이집트의 병든 정치적 생태론이 칭송받기 위해서는 이런 정체성이 필요하다. 이런 정체성을 수용함으로써 이 백성은 광야의 위험과 (광야의 불안정한 성격 때문에 필요해지는) 하느님을 의지하는 것보다는 파라오에게 복종함으로써 얻는 안전을 선호하게 된다.

그렇다면 광야는 이집트의 사회구조적 현실로부터의 단절을 의미할 뿐만 아니라 하느님의 지혜에 따라(그리고 파라오의 지혜와는 반대로) 백성의 집합적 생각과 욕구를 하느님이 재형성하시는 문화

---

[21] 구띠에레즈의 설명처럼, "'큰 심연의 물'은 세상을 둘러싸고 있으며 창조의 시작인 물이기도 하지만 출애굽기 초반에 유대인들이 건넜던 홍해이기도 하다. 창조와 이집트로부터의 해방은 동일한 구원사건인 것이다"(*TL*, 88쪽).

[22] 이 문구는 데이비스의 출애굽기 15:26 번역에서 가져온 것이다. Davis, *Scripture, Culture, Agriculture*, 68쪽을 보라.

적 심리적 개혁 기간의 출범이기도 하다.[23] 구띠에레즈의 주장처럼 광야에서의 방황은 "유대인들이 자신들이 부름 받은 해방의 뿌리를 알게 되는 데 필요한 … 성공과 실패에 대한 점진적 교육"을 포함하는 것이다.[24] 하느님의 백성이 하느님의 부르심에 따라 새로운 창조로 진정으로 들어가기 위해서는 하느님이 이들을 새로운 인간으로 형성하셔야만 했다.―하느님을 섬기려는 욕구가 가난한 이들과 땅을 돌보는 것에서 명확히 드러나는 그런 인간으로 말이다. 이러한 개혁 과정을 만나(manna) 이야기와 언약과 연결된 율법 수여 이야기에서 볼 수 있다.

만나, 언약, 율법: 하느님의 형상 회복하기

광야에서 만나는 하느님의 선물이자 시험이다. 데이비스의 말처럼 "특정 조건 하에 주어짐으로써 이스라엘이 '[하느님의] 가르침을 따르는지 따르지 않는지'를 드러내게 된다(16:4)."[25] 데이비스는 계속해서 이렇게 말한다. 만나를 "먹는 행위는 이스라엘이 이집트 문화와 사고방식에서 분리되었는지를 확인하는 리트머스 시험에 해당한

---

23) 노르베르트 로핑크는 이렇게 썼다. "이제 이집트 사건의 이야기는 끝났다. 이 이야기는 인간을 노예화하고 착취하는 병든 사회에 대한 이야기다. 이야기에서 권좌에 있는 사람들은 야훼의 목소리를 듣지 않고, 그 결과 재앙이 연이어 발생한다. 이런 사회는 결국 질병과 죽음으로 가라앉게 된다. 이제 그곳에서 올바른 사회에 대한 이야기가 시작된다. 이야기에서 사람들은 야훼의 목소리를 듣고, 그 결과 질병이 발생하지 않고 대신 예언자들이 약속한 것처럼 야훼께서 건강하고 활기찬 백성을 창조하는 구원이 실현된다." Norbert Lohfink, "'I am Yahweh, your Physician' (Exodus 15:26)," in *Theology of the Pentateuch: Themes of the Priestly Narrative and Deuteronomy* (Minneapolis: Fortress, 1994), 93쪽.

24) *TL*, 88쪽.

25) Davis, *Scripture, Culture, Agriculture*, 70쪽.

다." 분리의 기준이 되는 가장 기본적인 점은 명백하다. 용광로의 문화가 끊임없이 생산하고 소비하여 가난한 이들과 땅을 고갈시키는 것이라면, 동산지기의 문화는 하느님에 대한 신뢰를 일구고 이에 따라 자제를 실천함으로써 땅과 땅에서 나오는 모든 것에 안식을 허락하는 것이다.[26] 데이비스는 이렇게 말한다. "만나 경제에서 이스라엘은 과잉을 삼가고 안식일을 지키는 두 가지 구체적인 자제를 실천할 것을 요청받는다."[27]

만나 경제는 또한 하느님의 백성을 사회에서 가장 착취하기 쉬운 사람들과 동일시하도록 이끈다. 데이비스는 이렇게 썼다. "이야기는 분명하게 광야에서 이들의 일을 '줍는 것'이라고 한다. 고대의 식량 경제에서 줍는 사람들은 가장 취약하고 때로 가장 절박한 사람들이다."[28] 따라서 데이비스는 이렇게 말한다. "이스라엘 사람들은 자기들이 소유하게 될 땅으로의 여정을 시작하면서 자기들이 형성하게 될 사회에서 가장 의존적인 구성원의 지위에 놓이게 되었다."[29] 하느님의 백성이 일구게 될 문화는—그리고 이 문화에서 발생할 정치-생태론적 구조는—"도시" 안에서 소외되고 착취될 위험이 가장 큰 사람들과 동일시되는 구체적인 체험으로부터 나온다. 그렇다면 문화적/심리적 해방을 체험한 하느님의 백성은 하느님, 가난한 사람들, 땅과의 관계를 다시 생각하고 다시 구성하게 된다.

---

26) 데이비스와 브라운 둘 다 만나를 먹는 행위를 아담과 하와가 동산에서 범죄로 먹는 행위와 나란히 놓는다. Davis, *Scripture, Culture, Agriculture*, 78쪽과 Brown, *Ethos of the Cosmos*, 206쪽을 보라. 최초의 부부가 동산에서의 범죄를 통해 뱀의 간교함을 내면화한 반면 하느님의 백성은 자제를 실천함으로써 하느님의 지혜를 알게 된다.
27) Davis, *Scripture, Culture, Agriculture*, 74쪽.
28) 위의 책.
29) 위의 책, 75쪽.

만나로 시작된 광야의 교육은 하느님이 히브리인들과 언약을 맺고 율법을 수여하시는 대목에서 절정에 이른다. 구띠에레즈의 말처럼, 이는 "이집트로부터의 해방에 온전한 의미를 부여하는 언약이다. 해방과 계약은 상호 긴밀한 관계가 있어서 따로 분리시켜 이해할 수가 없다."[30] 구띠에레즈가 볼 때, 해방과 언약은 역사 속 하느님의 구원 행위의 두 차원이다. 언약은 인간을 구원하고 창조세계를 복구하기 위해 일하시는 해방의 하느님에게 사람들을 돌이킬 수 없는 방식으로 묶는다. 언약은 율법 수여(십계명이 그 예다)를 통해 확정되며, 히브리인들이 하느님을 섬기는 방식을 규정한다. 만나와 마찬가지로 율법은 하느님의 백성의 집단 지성과 의지를 (오만한 자기사랑이라는 왜곡과 비인간의 정체성을 내면화한 것을 특징으로 하는) 이집트에 대한 향수로부터 멀어지도록 하고, 또한 동산지기의 생명을 주는 건강으로 향하도록 한다.

월터 브루그만은 십계명에 대해 설명하며 이 법의 근본 원리를 세 가지로 구분한다. 첫째, 십계명은 하느님 한 분만이 경배와 섬김의 대상이다. "이집트 노예제에 대한 가능한 대안으로는, 결정적인 원칙으로서, 절대 권력을 가졌다고 주장하는 다른 모든 대상을 상대화하는 거룩한 하느님이 필요하다는 것이다."[31] 둘째, 십계명은 "공동체 구성원이 취득할 수 있는 양, 즉 이웃의 삶에 필요한 것을 힘이나 속임수로 빼앗고 압수하는 양을 제한함으로써 인간 공동체의 건강을 보장하고자 한다."[32] 만나 이야기에서 주장된 자제의 성

---

30) *TL*, 89쪽(『해방신학』, 176쪽).
31) Walter Brueggemann, *Theology of the Old Testament: Testimony, Dispute, Advocacy* (Minneapolis: Fortress, 2005), 184쪽.
32) 위의 책, 185쪽.

격이 여기에서 성문화된다. 브루그만은 소유물이나 지위를 얻는 수단으로서 힘을 강압적으로 조종하는 데에 쓰는 것을 십계명이 금지하는 것을 강조하지만, 이 금지는 인간의 욕구를 조정하는 더 깊은 차원에서 기능한다. 르네 지라르의 주장처럼 인간의 욕구는 근본적으로 모방(mimesis) 과정을 통해 형성된다. 이 과정은 인간을 정체성을 공유하는 친교로 묶는다. 그런데 억제되지 않는다면, 모방 욕구는 친교의 결속을 파괴하는 폭력적 대립 관계를 낳을 수도 있다. 따라서 지라르는 십계명이 억제되지 않은 취득을 금지하는 것이 친교의 우호적인 결속을 유지하는 기능을 한다고 주장한다.[33] 자제하는 분위기 안에서 욕구를 조정하는 것은 곧바로 (만나 이야기에서도 본 바 있는) 안식일을 지키라는 십계명의 세 번째 원리로 안내한다.[34] 브루그만은 출애굽기에서 안식일을 지키라는 명령이 창조세계의 안식과 밀접하게 연결되어 있다면, 신명기에서 안식일은 노예의 안식과 더 밀접하게 연결되어 있다고 주장한다. 브루그만이 볼 때 "창조세계(출 20:8-11)와 노예의 안식(신 5:12-15)을 나란히 놓는 것

---

[33] René Girard, *I See Satan Fall Like Lightning* (Maryknoll, NY: Orbis Books, 2001), 특히 7-48쪽. 지라르 방식으로 성경을 읽는 것에 대해서는 Gil Bailie, *Violence Unveiled: Humanity at the Crossroads* (New York: Crossroad, 1996)도 보라. 억제되지 않은 취득을 금지하는 것이 당연히 창조 자체의 온전함을 유지하기 위함이라는 것도 주목해야 한다. 마찬가지로 이러한 금지는 하느님의 거룩한 초월성과 하느님 한 분만을 섬기라는 요청을 말하는 브루그만의 십계명 첫째 원리와도 밀접하게 엮여 있다. 하느님은, 결정적인 원칙으로서, 인간이 모방을 통해 형성한 욕구 각각을 상대화하시고, 그 욕구를 판단할 초월적 배경을 제공하신다. 여기서의 결론은 우리가 다시 한 번 하느님 사랑, 이웃 사랑, 땅 사랑의 상호 관련성을 확인할 수 있다는 것이다.

[34] 패트릭 밀러는 안식일이 십계명의 구성 원리이자 십계명 신학 전체를 이해하기 위한 열쇠라고 주장한다. Patrick Miller, "The Human Sabbath: A Study in Deuteronomic Theology," *Princeton Theological Seminary Bulletin* 6 (1985): 81-97쪽을 보라.

이 사회적 현실의 우주적인 면과 구체적인 면을 연결하는 이스라엘의 독특한 방식을 잘 설명해 준다."[35] 다시 말해서 이웃 사랑과 땅 사랑은 십계명의 이치 안에 서로 밀접하게 묶여 있다.

출애굽기에서 해방은 용광로의 구조, 문화 이데올로기, 신학적 주장 등으로부터의 구원이라는 형태를 취한다. 이러한 총체적 해방은 하느님과의 언약 안에서, 지구와 가난한 이들의 울부짖음을 듣고 이에 응답하겠다는 헌신 안에서 결실을 맺게 된다. 하느님의 백성은 광야에서의 개혁을 통해 동산지기의 소명, 즉 세상이라는 정원을 섬기고 보존하라는 요구로 다시 향하게 된다. 하느님의 백성은 심연을 통과하고 광야를 지나면서 창세기 마지막의 요셉을 연상시키는 방식으로 하느님을 섬김으로써 하느님의 형상을 다시 살아내도록 부름받았다. 그렇다면 브루그만의 주장처럼, 만약 성경의 증언 전체가 출애굽의 문법으로 가득하다면, 전반적인 성경의 증언이 가난한 이들과 땅을 위한 복음으로 구성되어 있다고 해도 과언이 아니다. 이러한 견해는 약속이라는 성경의 주제를 통해 강화된다.[36]

약속, 그리고 죄와 구원의 정치적 생태론

앞에서 살펴본 것처럼, 하느님의 백성에게는 파라오의 통치로부터 해방되는 과정이 불확실한 자유를 찬양하는 것으로 종결되지 않는다. 하느님의 백성이 이집트의 정치-생태론적 구성으로부터 구원

---

35) Brueggemann, *Theology of the Old Testament*, 185쪽. 강조는 브루그만이 한 것이다.
36) 위의 책, 178쪽.

받은 것은 이들이 이제 "하느님처럼" 되어서 땅과 땅에서 나오는 모든 것을 자기들의 잔인함 아래 굴복시키기 위한 것이 아니었다. 하느님이 히브리인들을 해방시키신 것은 이들이 하느님을 섬기고 그것을 통해 하느님의 해방과 구원 사역에 부합하여 땅과 땅에서 나오는 모든 것을 돌보는 법을 배우도록 하기 위함이었다. 출애굽을 통해 하느님의 백성은 하느님과의 친교 속에 사는 미래, 세상이 죄의 힘으로부터 치유되어 모든 피조물이 번성하고 안식을 누리게 되는 미래를 꿈꿀 수 있게 되었다.[37]

예루살렘의 정치적 생태론

구원 역사를 살펴보면서 구띠에레즈는 조르주 카잘리스의 글을 인용하며 이렇게 주장한다. 이집트로부터 탈출하는 도중에 "하느님의 백성이 품은 희망은 신화 속 최초의 동산으로 돌아가는 것이 아니라, 잃어버린 낙원을 되찾는 것이 아니라, 새로운 도시, 그리스도의 마음을 가진 인간적이고 형제애 넘치는 도시를 향해 행진하는 것이었다."[38] 그렇다면 구원의 희망은 도시의 변화로, 즉 세상의 타

---

[37] 출애굽기에 대한 해방운동의 해석에서 고질적인 어려움은 "약속의 땅"으로 들어가면서 히브리인들이 가나안 사람들에게 가한 끔찍한 폭력이다. 히브리인들이 가나안 사람들을 학살하려 한 시도는 오랜 역사에 걸쳐 지배 전쟁, 인종 학살 행위, "타자" 악마화를 정당화하는 데에 사용될 수 있었고 그렇게 사용되고 있다.(이 점에 대해서는 George E. Tinker, *American Indian Liberation: A Theology of Sovereignty* [Maryknoll, NY: Orbis Books, 2008], 131-32쪽을 보라.) 나는 내가 정당화할 수 없다고 여기는 것들을 정당화하려 하지 않겠다. 내 생각에 이 본문들은 폭력이나 압제 행위를 정당화하기 위해 스스로를 동산지기의 방식과 동일시하려는 프로그램이나 체제에 대한 경고 또는 증언인 것 같다. 이들 본문은 그리스도교 생태해방운동의 실천 속에 존재하는 승리주의에 대한 경고로서 소리치며 회개를 요구한다. 이들 외침은 또한 내가 이 장과 3장에서 설명하는 대서사를 가로막고 이들 본문이 너무 쉽게 서로 부합하는 것에 대해 의문을 제기하는 역할도 해야만 한다.

락한 정치적 생태론의 회복으로 상징되는 것이다. 구원의 약속은 하느님의 평화의 도시인 예루살렘이라는 상징적 형태를 취한다. 그럼에도 불구하고 예루살렘이라는 상징에 대한 카잘리스의 분명하게 그리스도교적인 이해(그리스도의 마음을 가진 도시)는 창세기의 최초의 동산을 떠올리게 한다. 3장에서 살펴본 것처럼, 동산 중앙에 심어져 동산의 지구 윤리적 상황을 하느님의 지혜에 부합하도록 조정하는 것은 그리스도―생명나무―였다. 따라서 그리스도 중심의 도시로 상징되는 약속에 대한 카잘리스의 설명은 동산지기의 도시(이집트에서 요셉의 지도 아래 잠깐이긴 했지만 부분적으로나마 실현되었던 도시)의 완성을 가리킨다. 그렇다면 예루살렘은 구원의 정치적 생태론에 대한 상징이며, 통합생태론에 대한 상징이다.

예루살렘이라는 상징은 전반적으로 에녹, 바벨, 출애굽기의 이집트("요셉을 알지 못하는" 파라오 통치 하의 이집트)라는 상징적 도시와 반대다. 앞에서 살펴본 것처럼, "건설자들"의 정치적 생태론은 지구와 가난한 이들을 착취함으로써 건설되며 칼과 창으로 유지되는, 섬기기를 거부하는 것에 기초를 두고 있다. 이와는 달리 하느님의 도시의 기초는 광야에서 준비되었다. 광야에서 하느님의 백성의 욕구는 하느님을 섬기는 것으로 재설정되고, 자제의 윤리(an ethic of restraint)와 가장 취약한 이들을 향한 관심(concern for the most vulnerable)이 백성들의 마음에 주입되었다. 이에 따라 이 도시의 도구는 하느님의 지혜에 부합하는―섬김과 돌봄의 도구인―보습과 낫이다. 그렇다면 예루살렘의 정치적 생태론은 지배적인 도시의 이미지와는 완전히 다른 용어로 그려진다. 데이비스의 주장처럼, 후

---

38) *TL*, 89쪽에 인용되어 있다.

자가 도시 스스로가 소모될 때까지 주변 지역을 집어삼키는 용광로의 용어로 이해되는 반면, 하느님의 도시는 "어머니 도시(mother city)"[39]로 그려진다. 즉 중심부에서 축복이 흘러나와 후배지(hinterland)를 유지하고 새롭게 하는 도시이다.[40] 그렇다면 예루살렘은 (가난한 이들의 신체 자체를 포함하여) 가난한 이들이 거주하는 소외

---

[39] 성별을 반영한 언어는 당연히 문제가 크고 따라서 무비판적으로 받아들일 수 없다. 특히 우려스러운 것은 세상을 유지하기 위해 젖을 주는 어머니 이미지는 자기를 비우고 스스로를 희생하는, 착취당하기 위해 존재하는 가부장적 여성 개념을 강화할 가능성이 있다. 크리스토발 콜론(역자주: 크리스토퍼 콜럼버스의 스페인어 이름)의 초기 식민지 사고방식에 대한 캐서린 켈러의 생각이 이 문제를 잘 정리하고 있다. 캐서린은 콜론이 그 당시 지리학의 영향으로 세계가 여성의 가슴처럼 생겼다고 생각했다고 주장한다. 1492년에 콜론은 지구의 낙원과 같은 젖꼭지에 도착했다고 믿었다. 켈러는 이렇게 말한다. "이것은 무심코 나온 비유가 아니고 지도 작성의 중요한 기초가 되었다. 그 대륙은 죽음의 지배를 받고 있는 침체된 유럽이 다시 태어날 수 있도록 젖을 물릴 준비가 된 어머니 가슴으로서 다가왔다. … 모두가 남성인 정복자의 세상이라는 불모지에서 가이아의 젖꼭지가 나타나 육체관계가 아니라 양육을 약속한다." (Catherine Keller, *Apocalypse Now and Then: A Feminist Guide to the End of the World* [Minneapolis: Fortress Press, 1996], 157쪽). 그러므로 "어머니 도시"라는 상징은 학살에 대한 우려로 끊임없이 위협받는 소외된 장소가 아니라 세상을 축복하기 위해 스스로 지배자의 오만함을 벗어버리는 힘의 중심이 될 것이라는 점을 염두에 두는 것이 중요하다.

[40] 도시와 후배지의 긴장 관계는 주로 정치적 생태론 체제 안의 힘의 차이를 말하는 것이지 도심과 농촌의 분열을 말하는 것이 아니다. 데이비스의 말처럼, "많은 사람들이 강렬하게 느꼈을 분리는 시골과 도시 사이의 분리가 아니라 일반 대중과 왕실의 도시, 행정의 도시를 통제하는 소수 지배층 사이의 분리였다. 이러한 균열은 성경에서 발견할 수 있는 반-도시 전통에 반영되어 있다"(Davis, *Scripture, Culture, Agriculture*, 159쪽). 이 점을 염두에 둔다면 이러한 성경 속 긴장 관계를 오늘날의 정치-생태론적 용어로 나타내기 위한 적절한 유사어를 명확히 하는 것도 가능하다. 도시와 후배지의 긴장 관계는 오늘날 사회학 분석에서 활용하는 중심부(core)-주변부(periphery) 긴장 관계와 비슷하다고 할 수 있다. "도시"는 정치-생태론적 힘이 집중되었을 때의 "중심부"와 비슷하다. 후배지는 그러한 힘이 상대적으로 감소한 형태로만 존재하는 장소라는 점에서 주변부에 상응한다.

된 지역과 인간이 직접 일구는 범위 밖의 광야에 영양분을 공급하는 것이 목적이다. 어머니 도시는 동산지기의 도시이다. 즉 세상이라는 동산을 섬기고 돌보는 도시이다.[41]

물론 구원 이야기 안에서 예루살렘으로 상징되는 평화로운 친교에 대한 약속은 필연적인 것으로 등장하지 않는다. 이는 하느님의 백성이 언약에 충실하고 하느님의 지혜에 부합하도록 땅과 땅에서 나오는 모든 것을 일구고 돌보기로 다짐하는 것과 연관된다. 만나와 마찬가지로 약속의 땅은 선물이자 과제로 등장한다. 하느님의 백성은 약속의 땅에서 동산 도시의 정치적 생태론을 드러내도록 요청받았다.[42] 이를 염두에 둔다면, 안식일(Sabbath) 준수(밀접하게 관련된 희년[jubilee] 준수도 포함하여)의 의도가 예루살렘의 생태-사회학적 형태를 특징짓기 위함이라는 점을 좀더 자세히 살펴보는 것이 의미가 있다.

앞에서 나는 안식법의 정치-생태론적 영향을 언급하며 출애굽기와 신명기 모두에서의 이 법의 중요성에 대해 설명했다. 하지만 구약의 안식 규정에서 이 법을 실천하는 것이 어떻게 하느님, 이웃, 땅과의 친교를 유지시키는지를 가장 잘 표현하는 것은 안식년을 다루는 레위기이다. 레위기의 안식 규정은 다음과 같다.

> 너희는 여섯 해 동안 밭에 씨를 뿌리고, 여섯 해 동안 포도원을 가꾸어 그 소출을 거두어라. 그러나 일곱째 해는 안식년으로,

---

41) 데이비스의 주장처럼 "온 세상은 시온의 후배지이다"(*Scripture, Culture, Agriculture*, 165쪽).
42) 브루그만은 이 땅을 "선물"이고 "과제"이자 "유혹"이고 "위협"이라고 묘사한다. Brueggemann, *The Land: Place as Gift, Challenge and Promise in Biblical Faith* (Minneapolis, MN: Fortress Press, 1977), 43–65쪽.

땅을 위한 안식의 해, 곧 주님의 안식년이다. 너희는 밭에 씨를 뿌려서도 안 되고 포도원을 가꾸어서도 안 된다. 너희가 수확한 다음에 저절로 자란 곡식을 거두어서도 안 되고, 너희가 가꾸지 않은 포도나무에 저절로 열린 포도를 따서도 안 된다. 이것이 땅의 안식년이다. 안식년에 땅에서 나오는 것이 너희뿐만 아니라 너희의 남종과 여종과 품팔이꾼, 그리고 너희와 함께 머무르는 거류민의 양식이 될 것이다. 또한 너희 가축과 너희 땅에서 사는 짐승까지도 땅에서 나는 온갖 소출을 먹을 것이다. (레 25: 3-7)

이 성경 본문은 안식 실천의 세 가지 핵심 기능을 상상하고 있다. 첫째, 땅이 쉬게 되고 따라서 적어도 부분적으로 인간의 남용으로부터 땅을 보호하게 된다. 둘째, 광야에서처럼 안식 명령은 하느님의 백성을 줍는 사람의 위치로 되돌린다. 위치가 이렇게 지정됨으로써 소비하고 부를 축적하는 사회계급적 양식이 평등한 분배방식으로 대체된다. 안식 명령은 또한 백성 전체를 하느님에게 의지하는 분명한 위치에 두고, 약자들과 연대하려는 마음이 생겨나도록 한다. 마지막으로 레위기에서 안식을 지키라는 명령은 (보통은 위협적이고 공동체의 사회질서에 해롭다고 여길) 그 땅의 야생동물들과 평화로운 관계를 가지라고 공동체에게 요구한다. 전체적으로 볼 때, 레위기에서 말하는 안식 준수는 하느님의 백성이 선구적인 방식으로 에덴동산에서 처음 규정된 (심지어 길들여진 세상과 광야를 화목하게 하는) 평화의 삼중 친교를 증언하라고 요구한다.[43] 실제로

---

43) Margaret Barker, "The Time Is Fulfilled: Jesus and the Jubilee," *Scottish Journal of Theology* 53, no. 1 (2000): 24쪽을 보라.

안식법은 예루살렘의 보습과 낫(위 레 25:3을 보라)을 지배의 칼과 창으로 바꾸려는 유혹을 막아준다. 브루그만은 이렇게 썼다. "안식은 광기 어리고 강압적인 자기 보호의 세상 속에서 선물로 주어지는 목소리이다."[44]

한 가지 중요한 것은, 레위기에서 안식년 준수에 대한 설명에 바로 뒤이어 희년 규정이 나온다는 것이다. "안식년 중의 안식년"[45]인 희년은 안식년 순환이 7번 지날 때마다 시행된다.[46] 이 해방의 해에는 네 가지 형식의 "해방"이 있다. 땅이 한 번 더 안식하게 된다. 빚이 탕감된다. 종(servants)과 노예(slaves)가 자유를 얻는다. 조상의 땅에 대한 권리가 복구된다.[47] 에프라임 래드너는 삼손 라파엘 히르쉬의 연구를 따라 이렇게 주장한다. 이들 해방을 묶어서 본다면 고향으로 돌아가는 연습이라고 이해하는 것이 가장 좋다. "모든 것을 분배해 준 원천으로 돌아가는 것이고, 하느님의 진정한 목적으로 회복되는 것이다."[48] 레위기의 신학은 땅이 하느님의 것이라고 선언한다 (25:23). 여기서 땅과 땅에서 나오는 모든 것은 하느님에게 돌아가고 오랜 기간 축적된 정치-생태론적 왜곡의 형태가 하느님에게 굴복하게 된다. 따라서 희년은 도시의 정치적 삶의 중심을 생명나무로 다시 옮겨놓는다. 하지만 희년을 에덴으로 다시 들어가려는 시도로 설명해서는 안 된다. 래드너의 설명처럼, 희년이 기대하는 귀향은

---

44) Brueggemann, *Land*, 59쪽.
45) Barker, "Time Is Fulfilled," 24쪽.
46) 희년이 49년마다인지 50년마다인지 논란이 있지만 여기서는 크게 중요하지 않다.
47) Sharon Ringe, *Luke* (Louisville, KY: Westminster John Knox, 1995), 68-69쪽을 보라.
48) Ephraim Radner, *Leviticus* (Grand Rapids, MI: Brazos, 2008), 266쪽.

'*reditus*'(돌아감)가 아니라 '*anakephalaiosis*'(함께 모음)이다.[49] 다시 말해, 희년은 최초의 동산으로 돌아가는 것이 아니라 역사를 통해 땅 위에 선하게 창조된(창 1:1-2:3) 모든 것을 함께 모아 그 중심을 다시 한 번 하느님께 두는 것이다. 카잘리스의 견해에 따르면, 이런 방식으로 희년을 실천함으로써 예루살렘은 역사를 통과하는 순례 속에서 그 마음이 하느님의 지혜인 "전우애의 도시(comradely city)"로 계속 존재하게 된다. 여기서 카잘리스가 "전우애의 도시"의 구성 요소로 여긴 이웃 사랑과 하느님 사랑은 지구 사랑과 서로 연결되어 있다.

예언자들과 약속

물론 구원 역사에서 예루살렘은 그 이름에 걸맞은 임무를 살아내지 못했다. 이는 성경의 증언을 통해 잘 알 수 있다. 하느님의 지혜에 부합하여 후배지에 복을 주는 평화의 도시로 기능하지 못한 채 하느님의 백성은 하느님과의 언약으로부터 돌아섰다.[50] 그 와중에 이 "신실한 도시"는 동산지기의 소명으로부터 집단적으로 멀어진다. 의와 평화라는 예루살렘의 정치적 생태론은 가난한 이들에게 무거운 짐을 지우고(미 3:1-12) 땅을 황폐화시키는(대하 36:21) 생태론으로 전락했다. 요약하자면, 동산지기의 도시가 건설자들의 도시를 닮게 된 것이다. 어머니 도시의 중심에 있던 하느님의 지혜가 뱀의 간교한 지혜로 대체된 것이다. 실제로 예루살렘은 "요셉을 잊었다."

하느님의 백성이 언약을 잊고 무시하는 바로 이러한 상황 속에서 예언자들의 역할이 뚜렷한 구원으로 등장하게 된다. 예언자들은

---

49) 위의 책, 265쪽.
50) Brueggemann, *Land*, 85-100쪽을 보라.

"고아들과 과부들"을 착취하는 행위를 고치라고 왕과 공동체 지도층에게 호소함으로써 가난한 이들의 울부짖음에 지속적으로 응답하였다(사 1:17).[51] 예언자들에 대한 최근의 연구는 땅의 울부짖음이 예언자들의 생각을 형성한 방식에 대해 탐구하기 시작했다.[52] 이와 관련하여 데이비스는 예언자들의 식견을 지배하는 생태론적 감성에 대해 잘 요약해 주고 있다. 우리가 지금까지 살펴본 구원 역사의 정치-생태론적 이야기와 일치하는 것으로서 데이비스는 예언자들을 다음과 같이 정리했다.[53]

1. 하느님, 인간, 창조세계 사이에는 핵심적인 세 가지 관계가 존재한다.(84)
2. 인간과 인간이 아닌 창조세계 모두 "가난하고 취약한 자들"이다. 이들은 함께 고통받고, 둘 다 구원받을 필요가 있다.(89)
3. 하느님은 땅과 그 산물이 고통받을 때 고통과 분노를 느끼신다. (93)[54]

---

51) 약자들에 대한 예언자들의 관심에 대해서는 예를 들어 *GoL*, 48-91쪽을 보라. 또한 Brueggemann, *The Prophetic Imagination*, 2nd ed. (Minneapolis, Fortress, 2001), 39-58쪽을 보라.

52) Davis, *Scripture, Culture, Agriculture*, 120-38쪽, Ellen Davis, *Biblical Prophecy: Perspectives for Christian Theology, Discipleship, and Ministry* (Louisville, KY: Westminster John Knox, 2014), 특히 83-142쪽, Hilary Marlow, *Biblical Prophets and Contemporary Environmental Ethics: Re-Reading Amos, Hosea, and First Isaiah* (Oxford: Oxford University Press, 2009)를 보라.

53) Ellen Davis, *Biblical Prophecy: Perspectives for Christian Theology, Discipleship, and Ministry* (Louisville, KY: Westminster John Knox, 2014), 83-108쪽을 보라. 각각의 진술에 해당하는 구체적인 쪽수는 괄호 안에 있다.

54) 나는 하느님이 고통받으실 수 없다는 교리를 존중하여 "하느님의 고통"을 은유적으로 해석한다.

4. 땅의 고통은 그 자체로 하느님과 인간의 관계가 깨졌음을 알려주는 주요한 지표이다.(96)
5. 땅과 그 위의 인간이 아닌 거주자는 하느님이 임명하신 심판의 증인이요 대리인이다.(100)
6. 하느님은 회복된 또는 "새로운" 창조를 이미 계획하고 계신다.(104)

그렇다면 예언자의 역할은 하느님의 백성이 지구와 가난한 이들의 울부짖음을 듣고 이에 응답하도록 권고하는 것이다. 예언자들은 끊임없이 하느님의 백성을 대면하여 동산의 인간(homo hortulanus)을 좀더 잘 살아내라고 요구한다.

데이비스가 정리한 원리들은 예언문학 전체에서 발견할 수 있다. 예를 들어, 예레미야에서는 백성이 언약을 어겼기 때문에 땅의 건강이 위협받는다고 선언한다.[55] 여기서 주님은 진정한 풍요의 신(fertility God)으로 제시되고, 예루살렘이 가난한 이들을 돌보지 못했을 때 가뭄의 망령이 등장한다(렘 5:20-28). 예레미야는 죄의 결과를 출애굽기에서 이집트를 괴롭혔던 "재앙들"의 파괴적인 특징을 떠올리게 하는 방식으로 기술한다. 예레미야는 이렇게 외친다.

> 나는 땅을 보았다. 땅은 황야이자 폐허이다…
> 나는 하늘을 보았다. 하늘은 그 빛이 사라졌다.
> 나는 산을 보았다. 산은 떨고 있었고,
> 모든 언덕은 뒤흔들리고 있었다.

---

55) Norman C. Habel, *The Land Is Mine: Six Biblical Land Ideologies* (Minneapolis: Fortress, 1995), 75-96쪽을 보라.

내가 보니 사람도 없고

하늘의 새들도 모두 달아나 버렸다.

내가 보니 동산의 땅은 황무지가 되었고

모든 도시는 허물어졌다.

야훼 때문이다. 야훼의 타오르는 분노 때문이다.(렘 4:23-26)[56]

게다가 예레미야는 땅이 하느님의 백성의 신실치 못함에 대해 스스로 통곡한다고 선언함으로써(렘 12:4) 땅의 주체적 역량을 은연 중에 인정한다.

또 다른 곳에서 미가는 예루살렘을 피와 불의로 세워진 도시로 바꿔놓았다고 선언하며 야곱과 이스라엘의 지도자들을 비판한다(미 3:10).[57] 이어서 미가는 그 결과로 예루살렘이 갈아엎어질 것이라고 선언한다(미 3:12). 미가의 이미지에 담겨 있는 것은 경고와 함께 희망의 메시지이다. 그 가르침은 분명하다. 예루살렘이 그 길을 고집한다면 몰락하게 될 것이다.[58] 그런데 하느님이 피의 도시를 갈아엎

---

56) 이 번역은 데이비스의 번역이다. Davis, *Scripture, Culture, Agriculture*, 10쪽을 보라.
57) 이러한 묘사는 최초로 인간의 피를 흘린 카인이 에녹을 세운 것을 떠올리게 한다.
58) 다시 말하지만 이러한 세계관을 오늘날로 옮겨올 때는 미묘한 차이를 고려할 필요가 있다. 근본적으로 여기서 성경의 세계관이 가리키는 것은 땅의 건강이 땅 위에 사는 인간 공동체의 건강과 얼마나 밀접하게 묶여 있는지 하는 것이다. 그런데 이 세계관은 또한 환경 재해로 고통받는 사람들이 그 곤경에 대한 책임을 져야 한다고 말하는 데 사용될 수도 있다. 역사 속 재난을 이런 식으로 해석하는 모든 해석학은 진지하게 의심해 봐야 하고 그 해석이 환경상의 불의든 다른 것이든 불의의 희생자를 희생양 삼는 기능을 하게 된다면 온전히 비난 받아야 마땅하다. 성경의 세계관에서 욥기와 시편 44편의 신학이 시편 1편의 신학을 가로막고 있음에 틀림없다.

으시는 이미지는 창세기 2-4장을 떠오르게 한다. 미가에서 하느님은 다시 한 번 땅을 일구는 동산지기로 묘사된다. 대니얼 스미스-크리스토퍼는 이 본문에서 하느님은 땅을 원래 목적으로 되돌리시고, 하느님의 길에 조율하는 사람들에게 땅을 넘기신다고 주장한다. 이 점에 대해 스미스-크리스토퍼는 다음과 같은 개리 스탄셀의 견해를 인용한다. "미가가 볼 때 유다 지방 농민들은 다시 땅을 돌보게 될 것이다. … 유다 지방 농민들은 빼앗겼던 땅을 되찾게 될 것이다. 그러므로 앞으로의 미래는 미가가 '내 백성'이라고 부르는 이들에게 있다."[59] 여기서 우리는 회복된 창조세계에 대한 예언자의 희망, 즉 지구와 가난한 이들 모두에게 기쁜 소식인 비전을 볼 수 있다.

창조세계를 새롭게 한다는 미가의 선포는 도시 건설자들의 칼과 창이 동산지기의 보습와 낫으로 변하는 시기에 대한 미가와 이사야의 비전과 일치하며(사 2:4; 미 4:3), 이에 대해 3장에서 언급한 바 있다. 3장에서 언급한 이 비전은 세상 모든 나라에서 인간의 소명이 회복되고 하느님의 형상이 치유된다고 말한다. 인간이 칼과 창을 보습과 낫으로 바꾸는 이미지는 하느님 사랑, 이웃 사랑, 지구 사랑이 제대로 일궈지고 보존되는 시기를 예견하는 것이다.

이는 또한 이사야의 친교에 대한 유명한 이미지인 평화로운 나라에도 해당된다(사 11:1-9). 자주 인용되는 이 본문에서 예언자는 하느님의 통치가 그 땅을 다스리게 되어 가난한 이들과 고통받는 이들이 돌봄을 받게 되는 시기에 대해 말한다. 그런 다음 예언자는 놀라운 언어로 이 통치의 평화로운 성격에 대해 묘사한다. 사자가 새끼 양과 함께 눕고, 표범이 새끼 염소와 함께 지내고, 암소와 곰이

---

[59] Daniel L. Smith-Christopher, *Micah: A Commentary* (Louisville, KY: Westminster John Knox, 2015), 125쪽.

나란히 풀을 뜯고, 어린아이가 독사와 장난치며 살무사와 함께 쉴 것이다. 이때에는 "바다를 덮는 물처럼 땅이 주님을 앎으로 가득할 것이다"(사 11:9).

평화의 나라에 대한 신탁의 언어가 워낙 익숙해서 종종 그 중요성을 단순히 추측하는 경우가 많다. 하지만 이 신탁의 의미는 복잡하고 꼼꼼히 따져볼 가치가 있다. 친교에 대한 이 비전은 여러 가치를 지니고 있으며, 하느님이 의도하신 평화가 실현될 세 가지 차원을 제시한다. 첫째, 이사야 11:1-9은 세상의 나라들이 서로 화해하게 될 시기를 가리킨다. 이러한 해석은 이 본문을 이사야 13:14의 빛 아래 읽을 때 분명해진다. 이 구절에서 땅 위의 여러 나라들이 상징적으로 구체적인 동물과 동일시된다(예를 들어, "쫓기는 사슴"과 "목자 없는 양"). 이런 동일시를 고려한다면 사자와 새끼 양 사이에 경험하는 친교는 전쟁 중인 나라들 사이에 경험하는 폭력의 종식을 의미한다.

둘째, 본문을 있는 그대로 읽으면 포식성 동물과 그 먹이 사이의 평화로운 관계에 대해 예언자가 기술하는 내용을 통해 창조세계를 괴롭히는 폭력이 종식될 시간을 기대하고 있다는 것을 알 수 있다. 이 해석을 따른다면, 이사야는 낙원과 같은 동산에 존재하던 조화를 회복하는 것을 예견하는 것이다. 죄의 저주 아래 창조세계가 신음하는 일은 더 이상 없을 것이다. 평화의 나라에 대한 세 번째 읽기는 두 번째와 밀접한 관련이 있지만, 창조세계 안에 명백히 드러난 평화의 특정 차원을 설명해 준다. 리처드 보컴의 설명처럼, 이사야의 예언에서 포식성 동물들(예를 들어, 사자, 곰, 살무사)은 야생이고 황야에 속하는 반면, 약한 동물들은 길들여져 있다. 이 점을 고려한다면, 11:1-9의 평화에 대한 비전은 황야가 세상의 길들여진 지역과 화해하게 되는 시기를 말하는 것이다.[60] 화해를 이렇게 이해하게 되면, 레위기에서 안식년을 인간과 가축과 야생동물이 줍는 자로서 평화롭게 땅 위에 공존하는 시기로 묘사하는 것을 떠올리게 된다.[61] 평화로운 나라에 대한 신탁의 세 번째 해석은 하느님이 피조물에게 요구하시는 특정 차원의 친밀한 교제를 제시하며, 한 번 더 구원 약속의 정치-생태론적 성격을 나타낸다.

예수와 약속

앞에서 살펴본 것처럼, 약속이라는 주제는 근본적인 단계에서 하느님, 이웃, 땅과의 친교 회복에 대한 희망을 언급한다. 유대인들의 상상력 속에서 이러한 삼중적 친교를 회복하는 것은 하느님의 백성이 동산지기의 정치적 생태론을 시행하도록 하느님의 요청을 받은 특정한 땅, 구체적 장소와 연결되어 있다. 따라서 유배기간 동안 친교 회복에 대한 희망은 특히 약속의 땅으로 돌아가 하느님의 백성이 다시 한 번 (그리고 좀더 온전히) 그 땅에서 하느님의 지혜에 부합하게 살게 된다는 희망과 연결되어 있었다. 이런 세계관 속에서 하느님, 이웃, 땅과의 친교에 대한 희망은 언약의 땅과 동일시

---

[60] "이 기대가 인간 세상과 위험한 야생동물 사이의 잘 알려진 적대감의 영향을 받고 있다는 점은 그 내용에 포식성 야생동물과 이들이 흔히 사냥하고 죽이는 일반 야생동물 사이의 평화에 대한 언급이 없고 포식성 동물과 이들이 가끔 공격하는 길들여진 동물 사이의 평화에 대해서만 언급한다는 사실을 통해 잘 알 수 있다"(Bauckham, *Living with Other Creatures*, 125쪽).

[61] 동산의 인간(*homo hortulanus*)이 보습과 낫을 칼과 창으로 바꾸고자 하는 유혹에 저항하기 위해서는 인간이 줍는 자의 위치를 차지하고서 자제를 실천하면서 쉬어야 한다.

되었다.

약속에 대한 그리스도교 개념은 전통적인 유대교 개념에서 명백히 벗어난다. 그리스도교 전통은 구원(salvation)과 속량(redemption)에 대한 약속이 예수를 통해 유일한, 되풀이할 수 없는, 더할 나위 없는, 돌이킬 수 없는 방식으로 성취되었다고 주장한다. 따라서 W. D. 데이비스가 주장하는 것처럼, 그리스도교의 사고 속에서 "특정 인격의 거룩함"이 "장소의 거룩함"을 대체하게 되었다.[62] 실제로 유대교가 약속의 땅에 초점을 두었던 것이 그리스도교의 사고 속에서는 예수 그리스도에 대한 강조로 대체되었다. 데이비스의 주장처럼, 그리스도교는 "거룩한 장소를 그리스도화 했다."[63] 예수 그리스도가 약속의 성취이기에, 어떤 장소를 거룩하게 하는 것은 인간 개인 또는 공동체와 그리스도의 관계이다. 그러므로 어떤 면에서는 그리스도교 세계관에서 모든 장소가 동질의 것이 된다.[64] 다시 말해서, 모든 장소가 잠재적으로 "약속의 장소," 즉 그리스도 안에서 성령의 사역을 통해 변화될 수 있는 장소가 될 수 있다.

그리스도교의 사고 속에서 장소의 거룩함이 인격의 거룩함으로 대체된 것의 역사적 영향은 다양하다. 그 중 데이비스가 언급하는 한 가지는 거룩함을 영적인 것으로 생각하는 경향이다.[65] 그리스도

---

62) W. D. Davies, *The Gospel and the Land: Early Christianity and Jewish Territorial Doctrine* (Berkeley: University of California Press, 1974), 368쪽.
63) 위의 책.
64) 여기서 식민주의의 시선과 실천 아래 장소가 동질화되는 방식에 대한 제닝스의 비판을 떠올리고 확인하는 것이 중요하다. 3장의 각주 16번을 참고하라. 여기서 내가 데이비스를 따라 말하는 동질성은 제닝스가 비판하는 대상과 같은 의미가 아니다. 여기서는 그저 모든 장소가 잠재적으로 동일하게 은혜를 누린다고 주장하는 것이다. 하지만 이러한 "동질성"은 다양성 속의 일치가 등장하도록 허용하는 방식으로 발전되어야 한다.

인들에게 하느님 사랑을 실천하는 것은 특정 장소를 사랑하는 것과 (그리고 그 장소를 구성하는 정치-생태론적 관계와) 본질적으로 밀접한 관련이 없기 때문에, 하느님 사랑은 특히 역사적 현실을 추상화하게 되기 쉽다. 실제로 거룩함을 영적인 것으로 간주함으로써 (the spiritualization of holiness) 하느님 사랑이 이웃 사랑과 땅 사랑으로부터 분리된 것으로 여기게 된다. 이런 식으로 개념이 영적인 것으로 만들어지면서, 약속 또한 (그리스도를 통한) 하느님과의 친교로만 이해하게 된다. 이런 까닭에 이웃과 땅과의 친교는 약속에서 하찮은 것으로, 또는 약속과는 무관한 것으로 여겨지게 된다.

1장에서 살펴본 것처럼 유심론자들(spiritualist)은 구띠에레즈와 다른 해방운동가들의 주장과는 달리, 그리스도교의 거룩을 실천하는 것을 역사적 현실로부터 추상화하려는 유혹을 받는다. 그리스도론의 관점에서 해방신학은 예수가 자신의 사회역사적 배경 안에서 하느님의 통치를 예언자적으로 시작한 것을 강조함으로써 왜곡된 유심론의 세계관을 극복하고자 한다.[66] 그렇다면 해방운동의 해석에서 그리스도화된 장소는 역사 속에서 하느님 통치의 사회윤리적 성격(즉 가난한 이들을 위한 우선적 선택)을 증언한다.

그리스도교 생태해방운동이 구원 역사를 읽는 데서 받는 도전은 그리스도 안에서 성취된 구원과 속량의 약속이 하느님 사랑과 이웃 사랑을 묶는 데에서 더 나아가 지구 사랑까지도 묶는 방식을 설명하는 것이다. 다시 말해서, 그리스도를 약속의 성취로 보는 생태해

---

[65] Davies, *Gospel and the Land*, 367쪽.
[66] *TL*, 97-105쪽과 *GoL*, 65-140쪽을 보라. 또한 Jon Sobrino, *Jesus the Liberator: A Historical-Theological Reading of Jesus of Nazareth* (Maryknoll, NY: Orbis Books, 1993)도 보라.

방운동의 해석은 하느님, 이웃, 땅 사이의 삼중 친교가 그리스도화된 장소를 제대로 구성한다는 것을 보여주어야 한다. 이를 위해 우리는 화육(성육신)과 예수의 하느님의 통치 선포를 정치적 생태론의 관점에서 이해해야 한다. 그런데 이러한 작업에는 분명한 어려움이 따른다. 성경에 대한 해방주의적 해석은 예수로 시작된 하느님의 통치 안에서 가난한 이들을 위한 우선적 선택을 분명하게 보여주는 풍부한 자료를 찾아낼 수 있지만, 지구를 위한 우선적 선택에 대한 증거는 훨씬 찾기 어렵다. 예를 들어, 데이비스는 복음서에 땅에 대한 구체적인 언급이 4번 밖에 안 나온다며 예수에게 땅이 구체적 관심사였을지 의문이라고 말한다.[67] 데이비스의 주장을 따라 우리는 예수가 제자들에게 하느님 사랑과 이웃 사랑의 관계에 대해 말할 때 땅 사랑이라는 주제는 언급하지 않았다고 말할 수 있다(눅 10: 27). 따라서 보컴의 주장처럼 "복음서를 피상적으로 읽으면 하느님 나라가 하느님과 인간의 관계에 관한 것일 뿐, 나머지 창조세계와는 아무 관계가 없다는 인상을 갖게 되기가 쉽다."[68]

하느님의 통치의 정치적 생태론

하지만 보컴은 복음서를 자세히 읽으면 (특히 전체 맥락에서 읽으면) 예수의 사명의 핵심에서 인간과 땅의 관계에 대한 관심을 찾아볼 수 있다고 주장한다. 보컴의 주장처럼, 복음서는 예수가 "하느님이 모든 것을 창조하셨을 뿐만 아니라, 인간뿐 아니라 당신의 피조물 모두를 관대하고 친절하게 돌보신다고 가르치는 히브리 성경

---

67) Davies, *Gospel and the Land*, 355-65쪽.
68) Bauckham, *The Bible and Ecology: Rediscovering the Community of Creation* (Waco, TX: Baylor University, 2010), 164쪽.

의 풍부한 창조신학"을 전제하고 있다고 제시한다.[69] 가장 중요한 것은 보컴이 이런 견해를 하느님의 통치에 대한 예수의 선포와 관련하여 전개한다는 점이다. 보컴의 주장처럼, 구약 안에서 하느님의 통치를 가장 자세히 기술하는 책은 시편이다. 하느님의 통치는 구원 역사에 대한 이 책의 읽기에서 중시한 삼중 관계(하느님, 이웃, 땅)에 부합하는 용어로 그려진다. 보컴은 이렇게 썼다.

> 시편에서 하느님의 왕권과 다스림은 피조물과 밀접한 관련이 있다. 하느님이 당신의 창조세계 전체를 다스리시는 것은 창조주로서다(시 103:19-22). 하느님의 다스림은 당신께서 만드신 모든 것, 인간과 다른 것들 모두가 해당되고(시 95:4-5; 96:11-13), 모든 피조물에 대한 돌봄의 책임으로 표현된다(시 145). 인간이 아닌 모든 피조물들은 현재 하느님의 다스림에 환호하고(시 103:12-22; 148) 모든 나라들은 미래에 그렇게 해야 한다(시 97:1). 왜냐하면 하느님이 세상을 심판하여 유죄 판결을 내리기도 하고 구원하기도 하러 오시기 때문이다(시 96:13; 98:9). 당신의 백성인 이스라엘의 역할은 모든 나라들에게 하느님의 왕권을 선포하는 것이다(시 96:3, 10; 145:10-12). 하느님이 심판하고 다스리러 오실 때 모든 피조물은 하느님의 출현에 기뻐할 것이다(시 96:11-12; 98:7-8).[70]

간단히 말해, 시편에서 말하는 하느님의 통치는 그 성격상 생태신정정치적(ecotheopolitical)이다. 보컴은 예수가 하느님의 통치를 시

---

69) 위의 책, 164-65쪽.
70) 위의 책, 165쪽.

작한 목적을 이에 따라 해석한다. 예수의 사명은 "창조세계 전체를 창조세계를 향한 하느님의 완벽한 뜻에 부합하도록 새롭게 하는 것이다."[71] 이러한 주장이 중요한 것은 (단순히 인간과 하느님 또는 인간과 이웃의 관계를 새롭게 하는 것과 달리) 창조세계를 새롭게 하는 것을 하느님의 통치를 선포하고, 시행하고, 구현하는 예수의 사명의 중심에 둔다는 것이다. 하느님의 통치를 시작하면서 예수는 창조세계가 새롭게 되는 것, 즉 인간과 하느님, 이웃, 땅과의 친교가 회복되는 것을 예고한다. 예수가 하느님의 통치를 선포하고, 시행하고, 구현하는 것을 확인하는 것은 예수의 사명이 동산지기의 소명에 의해 유지되는 삼중 친교를 회복하는 것이라고 확인하는 것이다. 이 점을 염두에 둔다면 복음서의 이야기 앞부분에 명백하게 드러나는 정치-생태론적 함의와 전제 일부를 끌어내는 것이 가능하다.

복음서는 예수 탄생 시기의 세상을 이사야의 회복 비전과는 반대되는 용어로 묘사한다. 하느님을 아는 지식이 땅을 가득 채우는 시기(사 11:9)와는 거리가 멀고, 누가에 따르면 예수가 태어난 시기는 로마제국이 인구조사를 통해 "온 세계"가 황제의 이치를 섬기도록 등록시키는 시기였다(눅 2:1).[72] 따라서 세상은 로마제국의 지식으로 가득 찼고 그 지식에 따라 질서가 부여되었다. 이 제국은 신약성경의 다양한 증언에 따르면, 이집트와 바벨론의 "건설자들"과 부합하는 것으로 여겨졌다. 이런 세상에는 그리스도화된 공간이 설 자

---

71) 위의 책, 166쪽.
72) 세상이 황제를 섬기도록 징집된다는 것은 인구조사에 대한 언급 자체에 암시되어 있다. 사무엘하에 나오는 다윗의 인구조사에 대한 월터 브루그만의 설명을 참고하라. 브루그만은 이렇게 썼다. "인구조사는 … 죄다." 인구조사는 "왕과 관료의 압제적인 권력을 강화시킨다." Walter Brueggemann, *First and Second Samuel* (Louisville, KY: John Knox, 1990), 351-52쪽을 보라.

리도, 하느님의 지혜를 위한 장소도 없는 것으로 보인다.[73]

예수 탄생 시기에 하느님의 지혜와 세상의 길 사이에 있던 긴장은 요한복음에 명확하게 정리되어 있다. 요한복음의 서문에서 요한은 예수를 하느님의 창조적 말씀(God's creative Word)이라고 하면서 그분을 통해 만물이 창조되었다고 말한다(요 1:1-3). 예수의 탄생으로 말씀이 "그를 알지 못하는" 세상 속에서 육신이 되었다(요 1:10).[74] 리처드 헤이스는 이렇게 썼다. "요한복음 서문은 창세기 1장에 대한 미드라쉬(a midrash)로 볼 때 가장 잘 이해할 수 있다. 즉 선재하고 창조적이고 신적인 로고스(*logos*)를 세상 속에서 집을 찾고 있는 신적 지혜라는 모티프와 연결하는 것이다(예: 집회서 24:3-8)."[75] 요한복음은 예수를 말씀과 하느님의 지혜 모두와 동일시한다.[76] 헤이즈는 계속해서 이렇게 썼다. "초기 유대교 전통이 지혜가 이스라엘 백성 가운데 또는 이스라엘 법 안에 현존했다고 인식한 것과 달리, 요한

---

73) 토머스 머튼은 이러한 상황의 묵시종말적 성격에 대해 언급했다. Thomas Merton, "The Time of the End Is the Time of No Room," in *Raids on the Unspeakable* (New York: New Directions, 1964), 65-78쪽을 보라.

74) 따라서 이 상황은 "요셉을 알지 못하는" 파라오가 일어선 출애굽기의 서두와 닮았다.

75) Richard Hays, *Echoes of Scripture in the Gospel* (Waco, TX: Baylor University Press, 2016), 310쪽.

76) 엘리자베트 쉬슬러 피오렌자는 지혜 그리스도론(Sophia Christology)이 요한복음에 내포되어 있지만 요한이 예수를 말씀과 동일시한 것 때문에 가려졌다고 주장한다. Elisabeth Schüssler Fiorenza, *Jesus: Miriam's Child, Sophia's Prophet: Critical Issues in Feminist Christology* (New York: Continuum, 1994), 150-54쪽을 보라. 이런 맥락에서 Elizabeth A. Johnson, *She Who Is: The Mystery of God in Feminist Theological Discourse* (New York: Crossroad, 1992), 96-99쪽도 보라. 데니스 에드워즈는 레이먼드 브라운의 주장을 따르면서도 헤이스의 주장과 비슷한 주장을 펼친다. Denis Edwards, *Jesus the Wisdom of God: An Ecological Theology* (Maryknoll, NY: Orbis Books, 1995), 42-43쪽을 보라.

은 로고스/지혜가 세상에서, 심지어 하느님의 백성 가운데서 거부당했다고 주장한다."[77] 따라서 복음서들은 그리스도가 오시는 것을 종말론적 중요성을 지닌 것으로 제시한다. "건설자들"의 계획을 섬기기 위해 징집되는 것처럼 보이는 세상이, 이제 하느님의 지혜의 성육신, 즉 우주(*kosmos*)의 진정한 이치가 육체가 되신 분과 맞대결하게 되었다. 사랑의 이치(요 3:16)에 부합하도록 세상을 섬기고 돌보려고 한 "사람"(요 19:5)인 예수가 자신을 높이기 위해, 땅과 땅으로부터 나오는 모든 것을 정복하는 세계 체제와 맞대결한 것이다.[78] (창세기 1장의 언어를 다시 상기시키는) 요한의 용어로 상황을 기술하자면, 하느님의 지혜의 빛이 세상에 들어와 반-창조적인 어둠의 세력(the anti-creational forces of darkness)과 맞대결한 것이다(요 1:5).[79]

이러한 맞대결은 세상의 극적인 변화를 예고하며, 그 내용이 누가복음 앞부분의 마리아의 송가에 표현되어 있다. 곧 태어날 아기의 사명을 기대하는 기도에서 마리아는 하느님이 역사 속에서 세상의 권세들을 전복시키신 방법을 떠올리며 이렇게 선포한다.

---

77) Hays, *Echoes of Scripture*, 310쪽.
78) N. T. 라이트는 요한복음 전체가 예수를 마지막 아담으로 묘사하면서 재창조 이야기를 들려준다고 주장한다. N. T. Wright, *The Ressurrection of the Son of God* (Minneapolis: Fortress Press, 2003), 669, 440쪽을 보라. 나는 아래에서 라이트의 주장을 좀더 자세히 다룰 것이다. "인간의 도시"의 성격에 대해서는 Augustine, *City of God*, XV.4-7에서 로마와 카인에 대한 아우구스티누스의 비판을 보라.
79) 앞에서 출애굽기의 이적과 기사에 대해 논의한 부분을 보라. 마가복음에서도 예수의 등장이 비슷하게 대립의 용어로 기술된다. 예수는 집에 있는 "힘센 자"를 묶는 도둑으로서 온다(막 3:27). Ched Myers, *Binding the Strong Man: A Political Reading of Mark's Story of Jesus* (Maryknoll, NY: Orbis Books, 2003), 164-67쪽을 보라. 생태해방운동의 차원에서 우리는 이 "집"(*oikos*)을 땅의 정치적 생태론(*oikologia*)의 용어로 해석할 수 있다.

전능하신 분께서 나에게 큰일을 하셨습니다.
그분의 이름은 거룩하고
그분의 자비는 대대로
당신을 경외하는 이들에게 미칩니다.
그분께서는 당신 팔로 권능을 떨치시어
마음속 생각이 교만한 자들을 흩으셨습니다.
통치자들을 왕좌에서 끌어내리시고
비천한 이들을 들어 높이셨으며
굶주린 이들을 좋은 것으로 배불리시고
부유한 자들을 빈손으로 내치셨습니다.
당신의 자비를 기억하시어
당신 종 이스라엘을 거두어 주셨으니
우리 조상들에게 말씀하신 대로
그 자비가 아브라함과 그 후손에게 영원히 미칠 것입니다. (눅 1:49-55)

브루그만은 마리아의 송가를 "반전의 시(the poetry of inversion)"라고 말한다.[80] 브루그만은 이렇게 말한다. "분명 이는 땅을 움켜쥐는 자들이 땅을 잃게 되고, 약속을 붙들고 있지만 힘이 없는 자들이 땅을 받게 되는 비전이다."[81] 그러므로 자신을 위한 공간이 없는 것으로 보이고, 용광로의 논리에 의해 전체적으로 계산되고 구성되는 것으로 보이는 세상 속에서, 하느님의 지혜인 소피아가 육체가 되어 새로운 정치적 생태론이 시작되도록 하였다.

---

80) Brueggemann, *Land*, 161쪽.
81) 위의 책.

평화의 안식의 시작

하느님의 통치가 시작됨으로써 창조세계가 새롭게 될 것이라는 기대가 마가복음 서두에 예수의 광야 체험에 대한 서술 속에 암시되어 있다.

[예수는] 광야에서 사십 일 동안
사탄에게 유혹을 받았다.
또한 들짐승들과 함께 지냈는데
천사들이 그의 시중을 들었다. (막 1:13)[82]

마가가 "광야"와 "사십 일"을 이중으로 언급한 것은 히브리인들이 이집트의 구조와 질병으로부터 탈출하는 동안의 광야 체험을 상기시킨다. 앞에서 살펴본 것처럼, 광야에서 하느님의 백성을 재형성한 것이 출애굽기 속 더 넓은 재창조 이야기의 일부이다.[83] 따라서 예수의 광야 체험에 대한 마가의 간결한 기술은 예수를 새로운 창조(a new creation)의 출현과 연결시킨다. 이런 출현은 이 복음서가 예수와 야생동물들의 관계를 기술한 대목에서 더욱 입증된다.

마가의 기술에서 사탄과 천사들이라는 등장인물 사이에서 예수와 관련한 야생동물들의 위치는 다소 모호하다. 사탄은 분명히 저항해야 할 적이고, 천사들 또한 명백하게 예수를 돌보는 우호적인 피

---

82) 리처드 보컴의 번역이다. Bauckham, *Living with Other Creatures: Green Exegesis and Theology* (Waco, TX: Baylor University, 2011), 75쪽을 보라.
83) "사십 일"에 대한 언급은 특히 시내산에서 모세가 사십 일 동안 하느님을 만난 일을 떠올려준다(출 34:28). Daniel J. Harrington, "The Gospel according to Mark," in *The New Jerome Biblical Commentary* (Englewood Cliffs, NJ: Prentice-Hall, 1968), 599쪽을 보라.

조물인 반면, 우리가 알 수 있는 것은 예수가 그저 야생동물들과 "함께" 있었다는 것뿐이다. 보컴은 예수와 야생동물들과의 관계를 분명히 하려면 세 가지 점을 고려해야 한다고 말한다. 첫째, 성경의 사고방식 안에서 일반적으로 말한다면, 야생동물들은 주로 인간의 안녕에 위협으로 여겨진다. 둘째, 야생동물들이 인간의 번성에 위협이 되는 것은 죄의 결과이고 인간이 동산에서 쫓겨난 결과이다. 이 점에 대해 보컴은 이렇게 썼다. "마가복음과 다른 곳에서 흔히 사용하는 '누구와 함께 있다'는 표현(3:14; 5:18; 14:67; 4:36 참고)은 가까운, 우호적인 관계를 의미한다."[84] 따라서 출애굽 당시의 광야 경험을 떠올리며 창조세계를 새롭게 하는 것을 기대하는 장면에서 마가는 예수가 이전에는 주로 적대적으로 이해했을 피조물과 우호적인 관계로 들어가는 것을 묘사한다. 이런 상황에서 예수가 야생동물들과 함께 있다는 것은 인간과 땅의 야생동물들과의 사이에 처음으로 침투해 들어오는 평화를 상징한다. 그렇다면 광야에서의 인간의 경험은 죄의 힘이 형성한 인간과 땅 사이의 관계를 뒤집기 시작하는 것이다.[85] 보컴의 주장처럼, "예수가 인간의 거주지 바깥 영역인 광야로 들어간 것은 인간이 아닌 피조물들과 메시아적인 관계를 맺기 위해서였다."[86]

예수의 야생동물 체험은 우리가 약속이라는 주제를 탐험할 때

---

[84] Bauckham, *Living with Other Creatures*, 76쪽.
[85] 보컴의 주장처럼 "마가복음에서 동물들과 함께 있는 예수의 이미지는 인간이 다른 생물들과 친하게 지낼 가능성에 대한 성경적 상징을 제공하는 것이다. 예수가 시작한 하느님 나라의 모든 면과 마찬가지로 그 완성은 종말론적 미래에 가서야 실현될 것이지만 현재에도 야생동물을 존중하고 그 거주지를 보호함으로써 상당 부분 기대할 수 있다." Bauckham, *Bible and Ecology*, 128-29쪽을 보라.
[86] Bauckham, *Living with Other Creatures*, 76쪽.

표면화되었던 두 가지 서로 관련된 순간을 떠올려준다. 가장 두드러진 것으로 예수가 야생동물들과 교감하는 방식은 이사야가 예언한 평화의 나라, 나라들 사이의 화해뿐만 아니라 세상의 인간 거주지역과 광야지역 사이의 평화를 떠올려준다. 또한 이와 연관된 것으로 예수의 광야 체험은 가축들과 야생동물 모두 (아마도) 인간과 마찬가지로 휴경지에서 음식을 줍도록 명령하는 레위기의 안식년 규정을 떠올려준다. 광야에서 하느님께 의존하는 사람처럼, 예수는 땅에서 줍는 사람으로서 야생동물들 옆에 자신의 장소를 정하고서 새로운 정치적 생태론의 침투, 즉 하느님 통치의 침투를 시작하였다.

희년 선포

예수가 야생동물들과 관계 맺는 방식은 동산의 도시, 즉 "도시"의 중심이 후배지로 복을 확장하는 그런 도시가 복구될 것을 기대하도록 한다. 앞에서 살펴본 것처럼, 예수가 태어난 시기에 세상은 용광로와 그 파괴적인 힘의 논리를 섬기게 되어 있었다. 그렇다면 예수가 야생동물들 사이에 평화롭게 존재하는 것은 세상의 공간을 구성하는 도시(정치-생태론적 체제)가 변화될 것을 기대하도록 한다. J. W. 로저슨과 존 빈센트는 예수가 하느님의 통치를 시작한 것을 대안 도시(an alternative city)를 건설하라는 요구로 이해할 수 있다고 주장했다.[87] 창세기에서 요셉에게 기대한 방식으로 예수는 당대의 정치적 생태론을 재구성하여 생명나무의 논리에 부합하도록

---

[87] J. W. Rogerson and John Vincent, *The City in Biblical Perspective* (London: Equinox, 2009), 52-81쪽을 보라. 해방운동의 입장에서 로저슨과 빈센트는 도시를 주로 사회적 '공동체'로 해석한다. 그럼에도 불구하고 나는 앞으로 설명하겠지만, 이들의 설명이 예수가 시작한 생태-사회적 공동체를 설명하는 데 적절하다고 본다.

하기 위해 노력했다. 자신을 이 작업에 헌신하면서 예수는 희년을 선포했다. 이 선포는 예수의 사명의 핵심에 있는 선포이다.

누가복음과 마태복음 모두 예수 사역의 시작을 희년 선언과 연결시킨다.[88] 이러한 연결은 누가복음에서 제일 명확하다. 누가복음에서 예수는 나사렛에 있는 회당에 들어가 회중에게 이사야 61:1-2을 선포한다. "주께서 받으실 만한 해"(역자주: 한글 성경은 대개 "주님의 은혜의 해"로 번역)를 언급하는 이 구절은 레위기에 처음 나오는 규정을 언급함으로써 희년의 도래를 묘사하는 것으로 잘 알려져 있다. 누가복음은 원래 형태를 약간 수정하였다.

> 주님의 영이 내 위에 내리셨다
> 주님께서 나에게 기름을 부어 주셨기에
> 가난한 이들에게 기쁜 소식을 전하라고.
> 주님께서 나를 보내시어 잡혀간 이들에게 해방을 선포하며
> 눈먼 이들을 다시 보게 하고
> 억압받는 이들을 해방시켜 내보내며
> 주께서 받으실 만한 해를 선포하게 하셨다. (눅 4:18-19)[89]

---

88) 데일 앨리슨은 마태복음과 누가복음에 모두 나오는 팔복 선언이 이사야 61:1-2에서 가져왔거나 이를 닮았다고 주장한다. 앨리슨은 또한 마태복음 11:1-6에서 예수는 이사야의 종말론적 예언자, 그 안에서 신탁이 성취된 자와 동일시된다고 주장한다. Dale Allison, *The Sermon on the Mount: Inspiring the Moral Imagination* (New York: Crossroad, 1999), 15-16쪽을 보라. 이 점에 대해 Ben Witherington III, *Matthew* (Macon: Smyth & Helwys, 2006), 118-23쪽도 보라.

89) 누가는 "하느님이 원수 갚으실 날"이라는 문구를 생략함으로써 본문을 변경하였다. 구띠에레즈는 누가가 이렇게 변경한 이유가 이 문구가 예수가 반대한 이방인을 향한 폭력성을 드러내기 때문이라고 주장한다. *GoL*, 7-8쪽을 보라.

이사야 두루마기 읽기를 마치면서 예수는 회중에게 이렇게 선포했다. "이 성경 말씀이 오늘 여러분이 듣는 가운데서 이루어졌습니다"(눅 4:21). 실제로 예수는 회당 안에 있는 회중들에게 자신이 "주께서 받으실 만한 해"를 시작하려고 왔다고 말했다. 희년을 선포하면서 예수는 하느님의 통치가 분명하게 드러나고 있다고 선언했다.

샤론 린지는 누가복음의 이 본문을 연구하면서 여기서 살펴볼 가치가 있는 여러 내용을 설명했다.[90] 첫째, 희년을 선포하면서 예수는 자신의 사명이 가난한 이들과 압제받는 자들을 위한 정의와 해방으로 특징지어질 것이라는 점을 분명히 했다. 린지는 전통적인 해방운동의 해석과 같은 입장에서 이렇게 썼다. "'가난한 이들'을 눈먼 자들이나 저는 자들이나 지체 장애인들—신체 질환과 사회적 배척으로 고통받는 사람들—과 포로나 감옥에 있는 사람들과 연결함으로써 압제받는 모든 사람을 포괄한다." 예수의 사역 목표는 고통받는 가난한 이들을 격려하는 것만이 아니라 "사람들의 환경을 실질적으로 변화시켜 이들이 새롭게 시작할 수 있는 기회를 누리도록 하는 것이었다."[91] 희년, 즉 하느님 통치의 실천은 비인간화하는 사회적 현실을 변화시킴으로써 개인과 공동체가 좀더 인간답게 살도록 하는 것이다.[92]

---

90) Sharon H. Ringe, *Jesus, Liberation, and the Biblical Jubilee: Images for Ethics and Christology* (Philadelphia: Fortress, 1985), 91-98쪽을 보라. 내가 여기서 언급한 주제들 외에도 린지는 희년의 종말론적 중요성에 대해서도 설명한다. 예수의 희년 선포의 함의와 관련하여 André Trocmé, *Jesus and the Nonviolent Revolution*, ed. Charles E. Moore (Maryknoll, NY: Orbis Books, 2004), 특히 13-41쪽; Paul Hertig, "The Jubilee Mission of Jesus in the Gospel of Luke: Reversal of Fortunes," *Missiology: An International Review* 26, no. 2 (1998): 167-79쪽을 보라.
91) Ringe, *Jesus, Liberation, and the Biblical Jubilee*, 93-94쪽.

둘째, 린지는 자신이 '방면(release)'이라고 번역한 '자유(liberty)'라는 용어의 중요성에 대해 다루면서 이 용어가 하느님의 절대 주권을 강조한다고 주장한다. 린지는 속박으로부터의 방면이 빚이나 감금이라는 경험적 형태로부터 뿐만 아니라 하느님 섬기기를 거부하는 우상적이고 자기 숭배적인 이데올로기로부터도 해당된다고 주장한다. 린지는 또 다음과 같은 중요한 주장도 했다. "하느님의 주권(sovereignty)을 말하는 희년의 이미지는 하느님이 모든 피조물보다 탁월함(primacy)을 말하는 것이라는 점 역시 제시하는 것이다."[93] 린지의 주장은 위에서 언급한 래드너의 설명을 통해 유용하게 확장될 수 있다. 희년은 모든 것이 하느님에게 되돌아가 하느님의 지혜에 부합하게 구성되고 사용되도록 하고, 그럼으로써 그 본래 목적으로 회복되도록 하기 위함이다. 이제 분명해졌듯이 감금(captivity)은 죄와 불의의 멍에 아래 사는 인간 개인과 공동체의 조건만을 말하는 것이 아니라 창조세계 전체의 조건을 말하는 것이다. 레위기의 신학이 분명하게 말한 것처럼, 하느님의 주권은 땅과 땅으로부터 나오는 모든 것에 대한 하느님의 통치에서 분명하게 드러난다. "땅은 내 것이다!"라고 주님은 선포하신다. 따라서 희년이 요구하는 해방은 땅이 지배(domination)의 정치적 생태론에서 해방되어, 땅과 땅에서 나

---

92) 린지는 또한 예수가 선포한 해방이 빚의 탕감(forgiveness)만이 아니라 죄의 용서(forgiveness)도 요구한다고 주장한다. 이런 이유로 불의로 고통받는 사람들은 압제자들을 용서하여 모두가 이 세상에서 좀더 자유롭게 살도록 할 것을 요구받는다. 린지는 용서(forgiveness)의 실천이 정의의 실천과 연결되어야 한다고 제대로 강조했다. 위의 책, 94-95쪽을 보라. 해방신학에서 용서와 화해의 위치에 대한 꼼꼼한 연구를 보려면 O. Ernesto Valiente, *Liberation through Reconciliation: Jon Sobrino's Christological Spirituality* (New York: Fordham University Press, 2016), 특히 154-91쪽을 보라.

93 Ringe, *Jesus, Liberation, and the Biblical Jubilee*, 96쪽.

오는 모든 것이 동산지기의 정치적 생태론으로 돌아가는 것이다.[94] 그렇다면 희년 선포는 지구를 위한 우선적 선택을 분명히 하라는 요구이다. (다음 항목에서 나는 이 주제로 돌아갈 것이다.)

마지막으로, 린지는 누가가 예수를 "희년의 전령(herald of the jubilee)"으로 그린다고 주장한다.[95] "주께서 받으실 만한 해"의 유형과 약속은 하느님의 통치를 시작하고 실행한 예수의 인격과 실천 안에서 실현된다. 따라서 하느님의 통치와 예수의 관계에서 확인할 수 있는 것은 희년과 예수의 관계에서도 확인할 수 있다. 예수는 희년의 성사(the sacrament of Jubilee)이다.[96] 래드너의 주장을 다시 떠올리자면, 예수는 희년의 원리에 따라 창조세계가 그 아래에, 그리고 그를 통해 모이고 조직되는 (함께 모이는) "머리(head)"로 나타난다. 내가 방금 희년에 대해 주장한 내용을 토대로 할 때, 예수를 희년과 동일시하는 것은 그리스도화된 공간이 가난한 이들을 위한 우선적 선택뿐만 아니라 지구를 위한 우선적 선택에 의해서도 구성되는 공간이라는 것을 확인하는 것이다.

---

94) 이 점을 지지하는 것으로 Trocmé, *Jesus and the Nonviolent Revolution*, 28-29쪽을 보라.
95) Ringe, *Jesus, Liberation, and the Biblical Jubilee*, 97쪽.
96) 예수를 희년과 동일시하는 것에 대해서는 Christopher R Bruno, *Jesus Is Our Jubilee… But How?: The OT Background and Lukan Fulfillment of the Ethics of Jubilee, JETS: Journal of the Evangelical Theological Society* 53, no. 1 (2010): 81-101쪽을 보라. 또한 Matthew Philipp Whelan, "Jesus Is the Jubilee: A Theological Reflection on the Pontifical Council for Justice and Peace's toward a Better Distribution of Land," *Journal of Moral Theology* 6, no. 2 (2017): 204-29쪽도 보라.

온유, 순종, 그리고 새로운 아담: 동산지기 예수 그리스도

예수는 희년을 선언하고 하느님의 통치를 시작함으로써 세상의 정치적 생태론을 변경하려 하였기에, 이런 변화의 비전을 팔복(the beatitudes) 선언에서 명확하게 표현하였다. 데일 앨리슨의 주장처럼, 팔복은 이사야의 희년 신탁에 근거한 것이다.[97] 그렇다면 하느님 통치의 성격을 이해하는 열쇠인[98] 팔복은 당연히 마리아의 송가에 나오는 "반전의 시(the poetry of inversion)"와 비슷하다. 둘 다 정치적 생태론의 반전과 재구성의 상황을 말한다. 즉, 슬퍼하는 사람들이 위로를 받고, "의로움에 주리고 목마른 사람들"이 흡족해지는 시기이다. 팔복은 세상이라는 동산이 더 이상 지배체제의 논리에 의해 계산되지 않고 하느님의 지혜에 따라 구성되는 시기에 대한 비전을 말한다. 물론 각각의 복이 하느님이 땅의 표면을 새롭게 할 것이라는 희망을 표현하고 있지만, 이들 선포 중 오늘날의 분석에 가장 관련이 큰 것은 마태복음에 유일한 내용이다. "행복하여라, 온유한 사람들! 그들은 땅을 차지할 것이다."

"온유한(praus)"의 뜻은 여러 세기에 걸쳐 지속된 성경 해석 논의의 대상이었다.[99] 구띠에레즈는 로마노 과르디니를 인용하며 온유함(meekness)이 "약함(weakness)"이 아니라 "강함이 부드러워진 것(strength become mild)"이라고 주장한다.[100] 그렇다면 온유함은 불의

---

[97] Allison, *Sermon on the Mount*, 15-16쪽.

[98] Brackley, *Divine Revolution: Salvation and Liberation in Catholic Thought* (Maryknoll, NY: Orbis, 1996), 126-27쪽을 보라.

[99] 팔복을 이해한 역사에 대한 심층 조사에 대해 Rebakah Eklund, *Happy Are the Hungry: The Beatitudes through the Ages* (잠정 제목, Eerdmans에서 나올 예정, 2019)를 보라. 마태의 삽입은 시편 37:11을 참고한 것으로 보인다. NAB는 이 구절을 이렇게 번역했다. "가난한 이들은 땅을 상속할 것이다." 시편 37편의 넓은 맥락은 마리아의 송가와 일치하는 반전의 상황을 말한다.

앞에서 체념하거나 소심해지는 것이 아니라 적극적 비폭력(active nonviolence) 같은 것을 의미하는 것이다.[101] 헤이스는 마태복음의 온유함을 "겸손(humility)"과 "온화함(gentleness)"을 가리키는 것으로 해석한다.[102] 그렇다면 온유함은 대결과 대조되는 것이 아니라 자만과 지배욕과 대조되는 것이다. 이러한 대조는 3장에서 처음 다루었던, 하느님의 지혜를 따라 섬김과 보호를 실천하는 동산지기와, 뱀의 지혜를 따라 지배를 실천하는 도시 건설자 사이의 대조를 떠올려준다. 따라서 앨리슨의 주장처럼, 온유한 사람들이 땅을 차지하는 것은 "아담과 하와가 잃어버린 지배"를 되찾는 것으로 이해할 수 있다.[103] 온유한 사람들이 땅을 차지할 것이라는 예수의 선포는 동산에 적합한 정치적 생태론이 회복되고, 땅이 하느님의 뜻을 아는 지식으로 가득 찰 것임을 암시한다. 따라서 하느님의 통치는 온유한 사람들뿐만 아니라 지구에게도 기쁜 소식이다. 교만한 자들과 난폭한 자들이 땅과 땅에서 나오는 모든 것을 더 이상 다스리지 못한다.[104] 대신 이사야의 평화에 대한 비전을 떠올리는 방식으로 겸손

---

100) Gutiérrez, *GoL*, 122쪽.
101) Warren Carter, *Matthew and the Margins: A Socio-Political and Religious Reading* (London: T&T Clark, 2000), 132-33쪽과 Michael H. Crosby, *Spirituality of the Beatitudes: Matthew's Vision for the Church in an Unjust World*, 개정판 (Maryknoll, NY: Orbis Books, 2005), 81-99쪽을 보라.
102) Hays, *Echoes of Scripture in the Gospels*, 153쪽.
103) Allison, *Sermon on the Mount*, 48쪽.
104) 앞에서 살펴본 것처럼 누가복음에서 "건설자들의 통치"는 로마제국의 인구조사 이야기에 암시되어 있다. 마태복음에서 이러한 통치는 황제의 봉신인 헤롯이 예수를 죽이고 현 정권을 보호하기 위해 베들레헴에서 두 살 아래의 남자아이들을 죽이라고 명령함으로써 무고한 자들을 대학살한 이야기 안에 처음으로 기술되어 있다. 그런데 여기서 마태복음의 이야기는 또한 정권이 온 세계를 등록할 수 없음도 지적하고 있다. 결국 왕이 대량 학살을 저지르게 된 것

한 자들, 즉 보습과 낫을 도구로 삼는 사람들이 지구의 정치적 생태론을 구성하게 될 것이다.

마태복음은 예수를 온유하다고 묘사하고(마 11:29, 21:5), 인간이 죄 때문에 잃어버린 친교 유형을 회복하는 원형으로 예수를 인식한다.[105] 마태가 예수를 이렇게 제시하는 것은 사복음서 전체에서 예수가 하느님의 뜻에 온전히 순종하는 것으로 묘사되는 것과 일치하는 것이다. 실제로 초기 그리스도교 신학자들은 복음서들의 예수 묘사를 근거로 예수의 순종적 성격을 강조하고 아담과 대조되는 인물(an antitype to Adam)로 제시했다.[106] 아담이 선악을 알게 하는 나무 열매를 먹지 말라는 제한에 불순종한 반면 (따라서 하느님, 이웃, 땅을 섬기기를 거부한 반면), 예수는 하느님의 뜻과 세상이라는 동

은 헤롯이 예수의 위치를 몰랐기 때문인 것이다. 이 점에 대해서는 Carter, *Matthew and the Margins*, 86쪽을 보라.

105) 마태복음 11:28-29에서 예수는 이렇게 선포한다. "고생하며 무거운 짐을 진 너희는 모두 나에게 오너라. 내가 너희에게 안식을 주겠다. 나는 마음이 온유하고 겸손하니 내 멍에를 메고 나에게 배워라. 그러면 너희가 안식을 얻을 것이다." 여기서 예수는 온유의 모형처럼 나타난다. 예수가 고생하며 무거운 짐을 진 사람들에게 안식을 제공한다는 것도 주목할 만하다. 학자들은 이 본문에서 예수가 자신의 길을 바리새인들의 율법주의와 비교하고 있다고 주장한다(Benedict T. Viviano, "The Gospel according to Matthew," in *The New Jerome Biblical Commentary*, 653쪽을 보라). 이것이 옳을 수도 있지만 '고생'과 '무거운 짐'은 이집트에서 히브리인들의 역경을 떠올려주기도 하며(출 1:14, 5:7-18), '안식'은 분명 안식일/안식년(Sabbath)을 언급하는 것이다. 그렇다면 여기서 예수의 선포를 출애굽기와 관련지어 읽는 것이 유익할 수 있다. 예수는 용광로의 사악한 요구로 억압받는 사람들에게 안식일/안식년의 안식을 제안하는 것이다. 특히 패트릭 밀러는 안식일/안식년 실천을 출애굽기 5:7-18의 문맥에서 이해해야 한다고 주장한다. Miller, "Human Sabbath," 87-88쪽을 보라.

106) Brandon Crowe, *The Final Adam A Theology of the Obedient Life of Jesus in the Gospel* (Grand Rapids, MI: Baker Academic, 2017)을 보라. 크로의 주장처럼 "예수는 순종을 통해 인생 전체에 걸쳐 구원을 이루었다"(17).

산을 섬기고 돌보라는 요청에 순종하였다. 따라서 예수의 겸손이 그를 이끌어 "하느님 통치의 반대" 세력들, 즉 땅을 삼키고 가난한 이들을 압제하는 세력에 맞서 비판하도록 하였고 결국에는 십자가에서 불의한 죽음을 당하게 되었다.[107] 그렇다면 십자가는, 예수의 하느님 통치 선포와 뒤이은 부활의 맥락에서 본다면, 지배체제를 구성하는 타락한 논리의 정체를 폭로하고, 또한 이를 통해 하느님의 진정한 지혜의 성격을 겉으로 드러내는 것이다.

순종을 통해 예수는 창세기에서 요셉에게 기대했던 내용을 성취한 것으로 드러났다. 예수는 하느님의 지혜에 충실한 정도가 아니고 실은 육체가 된 하느님의 지혜(the wisdom of God made flesh)이다. 예수는 하느님이 아담 때문에 잃어버린 것을 회복하시고 완성하시기 위한 "마지막 아담(the final Adam)"이다. 따라서 그리스도 사건, 즉 예수의 삶, 죽음, 부활은 죄의 권세로부터 세상을 해방하고 하느님이 처음에 의도하신 인간과 창조세계와의 친교를 회복시킨다. 복음서에서 이러한 견해는 요한복음의 첫 번째 부활 기사에 극적인 방식으로 암시되어 있다.

생태해방운동의 관점에서 볼 때, 복음서에서 예수를 아담과 대조되는 인물로 보는 것이 가장 의미심장하게 암시되어 있는 것은 요한복음의 첫 번째 부활 기사이며, 여기에는 암시적인 수사법이 눈

---

[107] 한 예로 제임스 콘은 (하느님 앞에서의) 겸손과 역사 속에서의 대결을 연결한다. 콘은 실질적으로 백인 우위의 논리로 구성된 세상에서 흑인들은 흑인을 배척하는 인종차별의 현실로 백인들과 대결함으로써 백인을 "섬길" 수 있다고 주장한다. James Cone, *God of the Oppressed* (Maryknoll, NY: Orbis Books, 2010), 137-38쪽을 보라. 콘의 사상과 미묘한 차이가 있는 개괄로 Andrew Prevot, *Thinking Prayer: Theology and Spirituality amid the Crises of Modernity* (Notre Dame, IN: University of Notre Dame Press, 2014), 280-325쪽을 보라.

에 띄게 많이 등장한다.[108] 창세기의 창조신학이 요한복음에서 예수를 묘사하는 데 핵심임을 기억하라. 예수는 육체가 된 하느님의 말씀/지혜이다. 이를 염두에 둘 때 요한복음의 첫 번째 부활 기사는 빛을 발한다. 특히 앞에서 살펴본 구원 역사에 대한 해석의 빛으로 읽을 때 더욱 그러하다.

요한복음의 부활 기사는 막달라 마리아가 "주간 첫날 이른 아침, 아직도 어두울 때에" 예수의 무덤을 보려고 나서는 이야기로 시작한다. 요한이 부활 기사의 초반 틀을 짜기 위해 사용한 그 두 가지 단어에 주목할 필요가 있다. 어둠과 첫날을 언급한 것은 창세기 1:1-2:3의 창조 이야기를 떠올려준다. 이 두 단어는 특히 요한복음에서처럼 함께 나오면, 창세기의 처음 창조 행위, 즉 창조 첫날 최초의 어둠 가운데 빛이 존재하도록 한 행위를 떠오르게 한다. 요한복음에서 예수는 "빛"과 동일시된다(요 1:5; 8:12). 이것이 서로 관련되는 이유는 요한복음의 부활 기사에서 막달라 마리아가 어둠의 심연으로부터 부활한 그리스도에게서 온전히 드러난 창조와 재창조의 빛으로 나아가기 때문이다. 그러므로 요한복음은 부활을 하느님의 새로운 창조가 침투하는 것으로 이야기한다. N. T. 라이트는 이렇게 주장한다. "요한에게 부활은 중요하다. 왜냐하면 요한은 뼛속 깊이 창조의 신학자이기 때문이다. 언제나 창조주와 피조물이 하나가 되는 지점이었던 말씀이 이제는 부활 안에서 창조주와 새로운 피조물이 하나가 되는 지점이다."[109] 공관복음서의 이미지를 빌려온다면,

---

108) 헤이스는 이렇게 썼다. "요한은 어두운 캔버스와 대조되어 밝게 빛나며 생각 속에 남아 있는, 신중하게 고안된 밝은 이미지의 대가이다. … 요한이 [구약의 내용을] 암시하는 방식은 단어와 문구를 연속으로 나열하는 것이 아니라 구약으로부터 이미지와 인물을 환기시키는 것이다." Hays, *Echoes of Scripture*, 284쪽.

부활은 희년의 정치적 생태론, 즉 새로운 창조의 결정적인 침투를 의미한다.

요한복음의 첫 번째 부활 기사의 재창조라는 주제는 막달라 마리아가 처음으로 부활한 예수를 만나는 것의 의미를 파악하는 배경을 제공한다. 이 만남에서 요한복음이 사용하는 창조 이미지는, 창세기의 첫 번째 창조 기사에서 두 번째 창조 기사로 옮겨간다. 즉 예수의 시체가 놓여 있던 무덤은 동산 가운데에 위치해 있다.[110] 마리아가 누군가 예수의 시체를 가져갔다고 생각하고 빈 무덤에서 울고 있을 때 부활한 예수를 만나지만 누군지 알아보지 못한다. 마리아는 처음 보았을 때 "동산지기"라고 생각하고(요 20:15) 혹시 주님의 시체를 가져갔는지 묻는다. 마리아가 예수를 알아보지 못했다는 것은 요한이 잘 사용하는 아이러니의 사례로 이해해야 한다.[111] 라이

---

109) Wright, *Resurrection*, 667쪽.
110) 이는 막달라 마리아가 부활한 예수의 정체성을 혼돈한 것에 암시되어 있다 (요 20:15). 동산이라는 상황과 관련하여 새뮤얼 웰스는 이렇게 썼다. "이날은 주의 첫째 날이고 동산 안에 남자와 여자가 있다. 이보다 더 창세기의 창조 이야기를 분명하게 세 가지나 언급할 수는 없다." Samuel Wells, *Power and Passion: Six Characters in Search of Resurrection* (Grand Rapids, MI: Zondervan, 2007), 177쪽. 에드워드 클링크는 요한복음에 대한 기념비적인 저서에서 요한복음의 피조물을 새롭게 함과 관련하여 아담과 예수의 관계를 강조하였다. Edward W. Klink III, *John* (Grand Rapids, MI: Zondervan, 2016), 823-86쪽을 보라.
111) 레이먼드 브라운은 요한의 아이러니 용례를 다음과 같이 정리했다. "예수를 반대하는 사람들이 예수에 대해 경멸적이거나, 냉소적이거나, 의심하거나, 적어도 자신들의 의도에 부적합한 진술을 할 때 이중 의미와 오해가 조합되어 등장할 때가 있는데, 아이러니라는 방식으로 이들 진술이 진실이거나 화자들이 깨닫지 못하지만 더 의미있는 경우가 있다." Raymond Brown, *An Introduction to the New Testament* (New York: Doubleday, 1997), 336쪽을 보라. 또한 Paul D. Duke, *Irony in the Fourth Gospel* (Atlanta: John Knox Press, 1985)도 보라. 브라운의 경우 요한복음이 창세기 2-3장의 동산

트의 주장처럼, "마리아는 올바른 유형의 실수를 하는 것이다."[112] 다시 말해서, 그 순간에는 이해하지 못했지만, 마리아가 예수를 동산지기로 인식한 것은 옳았다. 사실 예수는 동산지기이다. 예수는 동산의 인간(*homo hortulanus*)이며, 인간 소명의 완성이자 하느님 형상의 충만(the fullness of the image of God)이다.[113] 그렇다면 요한복음에서는 마지막 아담, 즉 부활한 그리스도에 의해 마지막 창조가 시작되는 것이다.[114]

요한복음의 부활 기사의 중요성을 살펴보기 위해 잠시 멈추는

을 언급한다는 생각을 거부한다. 브라운의 견해는 요한복음에서 동산에 사용한 단어가 70인역에서 에덴동산에 사용한 단어와 다르다는 사실에 근거한다. 하지만 브라운의 판단은 엄격한 역사 비평적 방법에 과도하게 의존하기 때문인 것 같다. 이 방법이 분명 중요하긴 하지만 신학적 해석에는 한계가 있다. 브라운의 접근법에 대한 안목 있는 비판으로 Robert F. Leavitt and Francis Schüssler Fiorenza, "Raymond Brown and Paul Ricoeur on the Surplus of Meaning," in *Life in Abundance: Studies of John's Gospel in Tribute to Raymond E Brown*, ed. John Donahue (Collegeville, MN: Liturgical Press, 2005), 207-37쪽의 논의를 보라.

112) N. T. Wright, *Twelve Months of Sundays – Year A* (London, UK: SPCK, 2002), 54-55쪽.

113) 이 점에 대해 존 서짓은 이렇게 썼다. "정말로 그랬다. 아담을 에덴동산에 둔 것은 동산을 관리하고 돌보라는 것이었다(창 2:15). 그런데 아담은 실패했고, 예수가 두 번째 아담, 진정한 인간이었다. 19:5(*idou ho anthrōpos*)은 이렇게 이해해야 한다. 예수는 거기서 빛나는 보라색 옷을 걸치고 있었다. (탈굼에 따르면) 아담이 죄 때문에 잃어버린 옷이다." John Suggit, "Jesus as Gardener: Atonement in the Fourth Gospel as Re-creation," *Neotestamentica* 33, no. 1 (1999): 167쪽을 보라.

114) 웰스는 이렇게 주장한다. "요한은 우리에게 새로운 아담과 하와를 제시하면서 타락의 치명적인 오류를 바로잡고 새로운 창조의 성격을 설명하고 있다. 이것은 매우 단순한 새 창조 이야기이다. 하지만 이전의 창조만큼이나 웅장하다. 겟세마네에서 제자들이 흩어져 숨었을 때 에덴에서 남자와 여자가 숨었을 때 넘겨졌던 것처럼 인간은 다시 한 번 넘겨졌다. 하지만 사흘 뒤에 복구되었고, 회복되었고, 변화되었다." Wells, *Power and Passion*, 177-78쪽.

게 좋겠다. 요한복음에서 우리는 창세기 2-3장의 함축된 하느님의 형상에 해당하는 함축된 새 아담 그리스도론(New Adam Christology)을 발견하게 된다. 창세기 2-3장에서 하느님은 인간을 창조하여 땅과 땅에서 나오는 모든 것을 섬기고 돌보도록 하신다. 이런 방식으로 섬기고 돌보면서 인간은 하느님의 지혜를 따르게 되고 하느님의 형상을 매우 깊이 닮게 된다. 이와 같은 요청과 반응이 창조세계를 "존속시켜" 인간이 하느님, 이웃, 땅과의 친교 안에서 살도록 한다. 인간이 섬기기를 거부한 데서 분명하게 드러난 죄는 하느님의 형상을 무질서하게 만들고, 창조세계를 교란하고 분열시키며 친교를 파괴한다. 요한복음에서 예수—육체가 된 하느님의 지혜—는 하느님 통치의 성사이자 인간 소명의 완성으로 나타난다. 그러므로 그리스도는 동산의 인간(*homo hortulanus*)이며, 하느님 형상의 충만이다. 따라서 예수는 창조세계를 하느님의 소망에 부합하도록 재구성하는 말씀으로 나타난다. 부활의 때에 소피아의 창조적 권능(the creational power of Sophia)은 창조 파괴의 세력들(the de-creational forces), 즉 섬기기를 거부하고 지배체제의 등장으로 세상에 풀린 창조 파괴의 세력들을 극복한다. 여기서 우리는 그리스도화된 공간이 가난한 이들과 지구 모두에게 기쁜 소식을 제공한다는 복음서들의 매우 놀라운 통고를 듣게 된다.

새로운 아담, 새로운 피조물, 새로운 예루살렘

요한의 부활 이야기를 이렇게 해석하는 것은 속량(redemption)에 대한 바울의 종말론적 비전과 잘 부합한다. 2장과 3장에서 잠깐 언급한 것처럼 바울의 신학적 비전은 그 범위가 우주적이다. 바울이 볼 때, 하느님은 그리스도를 통해 모든 피조물이 존재하도록 하셨고, 모든 피조물은 그리스도 안에서 계속 존속한다(골 1:15-20). 로마서에서 바울은 피조물의 속량에서 성령의 사역을 강조한다.

> 사실 피조물은 하느님의 자녀들이 나타나기를 간절히 기다리고 있습니다. 피조물이 허무의 지배 아래 든 것은 자의가 아니라 그렇게 하신 분의 뜻이었습니다. 그러나 그것은 희망을 간직하고 있습니다. 피조물도 멸망의 종살이에서 해방되어, 하느님의 자녀들이 누리는 영광의 자유를 얻을 것입니다. 우리는 모든 피조물이 지금까지 다 함께 탄식하며 진통을 겪고 있음을 알고 있습니다. (롬 8:19-22)

성령의 사역을 통해 하느님이 인간을 그리스도 안에서 입양한 것(롬 8:14-17)은 궁극적으로 모든 피조물이 죄의 권세로부터 해방될 시간을 가리킨다. 요한과 마찬가지로 바울이 볼 때, 부활은 모든 피조물이 하느님 안에서 완성되는 역사의 마지막 시대를 시작하는 것이다. 모든 피조물이 "하느님의 자녀들이 나타나기를" 간절히 기다리고 있다는 바울의 선언은 하느님의 통치 안에서 온유한 자들이 땅을 차지한다는 개념을 떠올려준다. 하지만 나는 바울의 생각을 더 깊이 살피지 않을 생각이다. 이에 대해서는 다른 곳에서 자세히 다루었다.[115] 대신 나는 요한복음의 부활 기사와 요한 문헌의 마지막

---

115) 예를 들어 David G. Horrell, Cherryl Hunt, and Christopher Southgate, *Greening Paul: Rereading the Apostle in a Time of Ecological Crisis* (Waco, TX: Baylor University Press, 2010), 63-85쪽을 보라.

책인 요한계시록이 설명하는 비전의 연결점을 살펴보고자 한다. 계시록에서 요한이 제시하는 부활의 종말론적 함의는 명백히 정치적 생태론의 용어로 제시된다.

계시록에서 밧모 섬의 요한은 죄, 지배, 죽음의 세력들, 즉 예수의 죽음과 부활 이후의 시기에 피조물 위에 계속 군림하는 세력들에 대한 하느님의 종말론적 승리의 비전을 말한다. 이들 세력들은 바빌론이라는 도시로 의인화되어 있는데, 바빌론은 로마제국을 상징하며 동시에 바빌론이라는 이름은 역사 속에서 동산지기의 지혜에 맞섰던 (제국주의) 건설자들(가장 두드러진 것은 바빌론 제국의 건설자들)의 정치적 생태론을 떠올려준다.[116] 죽음의 세력들에 대한 하느님의 승리는 바빌론의 파괴, 새로운 예루살렘의 재건, 땅의 갱신 등으로 나타난다. 실제로 밧모 섬의 요한은 마지막 아담의 성육신과 부활로 시작된 새로운 피조물의 완성을 예견한다.

---

116) 캐서린 켈러는 계시록 전체에서 작동하는 이항 대립식 수사법(the binary-oppositional rhetoric)과 이런 수사법이 이끌어내는 실천에 대해 비판적이다. 이 점에 대해 캐서린은 이렇게 썼다. "우리는 메시아의 해결책을 바라면서 결국 아무것도 하지 않는다. 우리의 사고가 계시록의 '도 아니면 모'라는 식의 논리에 갇혀 있기 때문이다. 즉 우리가 세상을 구할 수 없다면 될대로 되라지 하는 식이다. 구원 아니면 저주인 것이다." Keller, *Apocalypse Now and Then*, 14쪽. 분명히 하자면, 나는 켈러와 같은 입장이다. 하지만 성경 전체에 걸쳐 예언(prophecy)의 언어는 흔히 이분법적 논리(dichotomous logic)의 특징을 띠고, 죄가 세상의 정치적 생태론을 구성한 방식을 드러내는 역할을 한다. 내 생각엔 이러한 논리를 무시하거나 예언자적 증언을 무시하기보다는 예언자적 발언의 언어를 허용하되 구띠에레즈가 말한 "관상(contemplation)의 언어"가 끼어들도록 하는 것이 좋을 것 같다. 관상의 언어는 하느님의 숨겨짐, 역사의 모호성, 우리 자신의 욕구의 불투명성을 강조한다. 그러므로 이 언어는 점검하지 않을 경우, 광신과 운명론을 키울 수 있는 양자택일의 논리를 제한한다.

계시록의 대조적인 두 정치적 생태론과 하느님의 승리

바빌론과 그 멸망에 대한 기술은 계시록 17-19장에 있다. 거기서 요한은 "큰 도시" 바빌론이 살해(계 18:24)와 혼돈(계 17:4)에 기초하고 있다고 말한다.[117] 이러한 판단에 부합하여 선견자(the seer)는 바빌론의 정치적 생태론—가난한 이들과 땅 모두를 삼키는—을 전형적인 "용광로"로 제시한다. 바빌론을 이렇게 묘사하는 데서 핵심은 요한이 이 제국의 주변부에서 제국의 중심부인 로마로 옮겨지는 상품을 묘사하는 화물의 목록을 포함한 것이다.

땅의 상인들도 그 여자 때문에 슬피 울 것이다. 더 이상 자기들의 상품을 살 사람이 없기 때문이다. 그 상품은 금, 은, 보석, 진주, 고운 아마포, 자주색 비단, 진홍색 옷감, 온갖 향나무, 온갖 상아 공예품, 그리고 매우 값진 나무와 구리와 쇠와 대리석으로 만든 물품, 또 계피, 향료, 향, 몰약, 유향, 포도주, 올리브 기름, 고운 밀가루, 밀, 소, 양, 말, 마차, 노예 즉 인간들(*psychas anthrōpōn*)이다. (계 18:11-13)

물론 이 화물 목록이 에스겔서에 나오는 목록과 매우 비슷하지만(겔 13:9; 27:12-24) 보컴은 이 목록의 중요성을 이해하는 열쇠는 "항목들 대부분이 로마의 수입품 중 매우 비싼 것들이라는 것이다."[118]

---

117) 바빌론의 특징과 새로운 예루살렘의 대조적인 특징을 잘 정리한 것으로 Wes Howard-Brook and Anthony Gwyther, *Unveiling Empire: Reading Revelation Then and Now* (Maryknoll, NY: Orbis Books, 2000), 160쪽.

보컴은 이 목록이 "부자들의 저속한 사치심을 채워주는 사치품이었다"고 주장한다.[119] 계시록의 상품 목록 바로 뒤에 나오는 구절이 이 내용을 뒷받침해준다. 이 구절에서 요한은 바빌론에 대해 이렇게 썼다. "네 마음이 탐내던 익은 열매가 너에게서 사라지고 온갖 사치품과 화려한 명품들이 너에게서 없어져 다시는 그것들을 찾아보지 못할 것이다"(계 18:14).[120] 보컴은 이렇게 주장한다. "첫째 줄은 로마의 소비 중독을 알리고, 둘째 줄의 상품을 나열하는 데 선택된 두 단어는 로마의 사치가 얼마나 제멋대로 허세를 부리는지 보여준다."[121] 이는 왜 세상의 왕들, 상인들, 선원들이 바빌론의 멸망에 울며 애통해하는지를 어느 정도 설명해준다(계 18:9-19). 이들 세 권력 계층은 자신들의 부와 권세의 원천이 사라지는 것에 대해 낙담한다. 이들은 이 원천을 통해 스스로의 이름을 날려 왔기 때문이다(창 11:4).

계시록의 저자인 요한이 살던 시기에는 로마의 부에 대해 비판적 평가가 만연해 있었다. 검소함, 소박함 등 로마의 전통적인 덕목을 상실한 것에 대한 도덕가들의 푸념이 도미티아누스의 통치가 쇠퇴하던 시기에 확산되었다. 하지만 보컴은 요한의 예언이 도덕가들의 한탄과는 중요한 차이가 있다고 주장한다. 도덕가들이 이상적인 로마 문화의 가치를 잃는 것을 우려하는 반면, 요한이 로마의 경제

---

118) Richard Bauckham, *The Climax of Prophecy: Studies on the Book of Revelation* (London: T&T Clark, 2000), 366쪽.
119) 위의 책. 같은 맥락에서 데이비드 오니는 로마의 상류층이 시트론 와인 탁자에 5~6백만 달러에 상당하는 돈을 쓸 수 있었다고 주장한다. Aune, *Revelation, Word Biblical Commentary*, vol. 52 (New York: Zondervan Academic, 2017), 1000쪽.
120) 보컴의 번역이다. Bauckham, *Climax of Prophecy*, 368쪽을 보라.
121) 위의 책. 데이비스도 이러한 판단에 같은 입장이다. Davis, *Biblical Prophecy*, 130쪽을 보라.

에 비판적인 견해를 가지는 것은 이런 경제체제가 제국의 변두리에 있는 피지배 백성들에 대한 착취에 근거하고 있다는 점에 초점을 두고 있다. 보컴은 이렇게 말한다. "요한은 로마의 부가 제국으로부터 얻는 이익, 즉 제국 백성의 희생으로 누리게 되는 것이라고 보았다."[122] 보컴은 요한이 노예를 그 목록의 마지막에 둔 것이 노예제를 비난하려는 의도를 가질 뿐만 아니라 "화물의 목록 전체를 평하는 기능도 한다. 이는 로마의 전반적인 번영과 사치가 그 기반으로 하는 비인간적인 잔혹성, 인간 생명에 대한 경시 등을 드러낸다."[123] 클래리스 마틴은 이러한 견해를 더욱 강조하며 요한이 노예들을 "인간들(*psychas anthrōpōn*)"로 기술한 것은 로마가 보통 노예를 "몸들(*sōmata*)"로 규정하는 것과 대조를 이룬다고 주장한다. 마틴은 계시록에서 '*psychas anthrōpōn*'의 용례가 "계시록에서 로마의 이데올로기를 매우 강하게 비판하는 것 중 하나"라고 주장한다. 즉 로마가 "인간 영혼을 노예화하는 제국"이라는 것이다.[124] 다시 말해 요한의 환상에 따르면, 바빌론의 높아진 지위는 인간—하느님의 형상—이 비인간의 지위로 낮아짐을 기반으로 하는 것이다.

이 화물 목록은 바빌론이 자기 확장을 위해 가난한 이들을 착취하는 것뿐만 아니라 땅에 대한 착취도 지적한다.[125] 보컴은 화물 목

---

122) Bauckham, *Climax of Prophecy*, 368-69쪽.

123) 위의 책, 370쪽. Clarice Martin, "Polishing the Unclouded Mirror: A Womanist Reading of Revelation 18:13," in *From Every People and Nation: The Book of Revelation in Intercultural Perspective*, ed. David Rhoads (Minneapolis: Fortress, 2005), 100쪽을 보라. 이와 비슷하게 보컴은 이렇게 결론짓는다. "로마가 세계 각지로부터 온 사치품에 낭비하는 부는 그 지역을 정복하고, 강탈하고, 세금을 매김으로써 얻은 것이다. 로마가 잘 사는 것은 자신의 백성들의 희생 덕분이다"(*Climax of Prophecy*, 370쪽).

124) Martin, "Polishing the Unclouded Mirror," 100쪽.

록 중 여러 항목의 사치성을 제대로 강조하는데, 웨스 하워드-브룩과 앤서니 그위더는 항목 모두가 사치품으로 여겨지지는 않았다고 주장한다. 사치품이 아닌 항목이 존재한다는 점을 고려하면서 하워드-브룩과 그위더는 이렇게 결론짓는다. "이 목록은 바빌론을 그저 온 땅에서 사치품을 짜내는 도시로 그리는 것이 아니라 온 땅에서 모든 것을 가져오는 것으로 그리는 것이다."[126] 그렇다면 바빌론의 정치적 생태론은 반-희년(anti-jubilee)을 표명하는 것으로 보인다. 희년이 되면 모든 피조물이 더 이상 사용되지 않고, 그 근원으로 돌아가고, 안식이 허용되는데 반해, 바빌론의 정치적 생태론은 계속해서 피조물 전체에 대한 권리를 주장하고, 피조물을 징집하여 바빌론의 우상적 체제를 섬기도록 한다.[127] 그렇다면 이 도시의 몰락은 계시록 초반부에 선언된 심판을 명확히 하는 것이다. 바빌론을 전복시킴으로써 하느님은 "땅을 파괴하는 자들을 파멸시키신다"(계 11:18). 세상을 구성하는 방식, 즉 지구와 가난한 이들의 울부짖음을 야기하는 "큰 도시"의 지배적인 정치적 생태론은 하느님의 해방하는 행위를 통해 물거품이 된다.[128] 바빌론의 멸망은 용광로가 부여한 질서로부

---

125) 로싱에 따르면 "바빌론 환상은 전 지구적 삼림 파괴와 생태론적 제국주의를 포함하여 환경상의 불의를 예언자적으로 비판한다"(Rossing, "River of Life in God's New Jerusalem: An Ecological Vision for Earth's Future," in Rosemary Radford Ruether and Dieter Hessel, eds. *Christianity and Ecology* [Cambridge, MA: Harvard University Center for World Religions, 1998], 206쪽).

126) Howard-Brook and Gwyther, *Unveiling Empire*, 173쪽.(강조는 저자들이 한 것이다.)

127) 여기서 계시록의 수사법이 역사 속에서 로마의 지도 아래 진행된 삼림 파괴와 관련된 방식에 대한 로싱의 논의를 주목할 필요가 있다(Rossing, "River of Life," 211쪽).

128) 바빌론의 통치에 대한 반응으로서 지구와 가난한 이들의 한탄에 대해서는

터의 마지막 탈출을 나타낸다.

하느님의 통치에 반대하는 정치적 생태론이 패배하는 것은 하느님의 마지막 구원 행위의 한 차원일 뿐이다. 바빌론의 몰락은 하느님의 통치라는 정치적 생태론—새로운 예루살렘—의 완성과 밀접하게 연결되어 있다. 브라이언 블런트는 이렇게 썼다. "신학적으로 바빌론/로마에 대한 심판이 곧 새로운 예루살렘이라는 구원 도시를 실현하는 것이다. 비유적으로 이 둘은 동시에 일어난다. 이 둘은 똑같은 극적인 순간이다. 왜냐하면 이 둘은 똑같은 묵시종말적 행위의 서로 다른 면이기 때문이다."[129]

새로운 예루살렘의 실현은 바빌론의 종말론적 몰락과만 연결된 것이 아니라 피조물을 마지막으로 새롭게 하는 것과도 연결되어 있다(계 21장).[130] 바바라 로싱은 이렇게 주장한다. "오늘날 계시록에 대한 대중적인 생각과 달리 계시록에는 '휴거(rapture),' 즉 사람들을 땅에서 낚아채는 것에 대한 환상이 없다. 오히려 하느님이 땅으로 '낚아채여' '장막을 치고'(*skene, skenoo*) 우리와 함께 거하신다."[131]

로싱이 "어쩌나(alas)"로 번역한 *ouai*의 계시록의 용례에 대한 로싱의 논의를 보라. Rossing, "Alas for Earth! Lament and Resistance in Revelation 12," in *The Earth Story in the New Testament*, ed. Norman C. Habel and Vicky Balabanski (Cleveland: Pilgrim, 2002), 181-84쪽.

129) Blount, *Revelation*, 384쪽.
130) 밧모 섬의 요한은 새로운 창조세계 안에서 "더 이상 바다가 없다"는 것을 발견한다. 여기서 켈러는 그리스도교 사고 속의 **깊은 혼돈 공포증**(*tehomophobia*)이 사라졌다는 중대한 실례를 발견한다. 하지만 로싱과 데이비스가 주장하는 것처럼 계시록의 "바다"는 무역을 위해 바다에 의존했던 로마의 착취경제를 상징하는 것이다. 따라서 이들은 바다가 사라진 것을 하느님의 새로운 창조세계 안에서 제국주의적 지배의 정치적 생태론이 사라진 것으로 해석한다. Rossing, "River of Life," 212-13쪽, Davis, *Biblical Prophecy*, 133-42쪽을 보라. 또한 Bauckham, *Climax of Prophecy*, 374쪽도 보라.
131) Rossing, "River of Life," 214쪽. 이와 비슷하게 블런트는 이렇게 썼다. "요

그렇다면 새로운 예루살렘을 세우는 것은 하느님의 지혜에 따라 창조세계를 마지막으로 구성하는 것을 상징하는 것이다. 요한은 종말론적 도시를 정육면체 형태로 기술함으로써, 이 도시의 구조에 지혜가 담겨있음을 암시한다. 해리 마이어가 쓴 것처럼, 이 형태는 "동양 신화에서 정사각형 도시를 신의 질서와 연관짓는 것처럼 지구와 하느님의 올바른 관계를 나타낸다."[132] 따라서 새로운 예루살렘의 모양은 3장에서 살펴본 것처럼 생명나무에 부합하게 구성된 에덴동산의 지구 윤리적 성격을 떠올려준다. 새로운 예루살렘은 동산지기의 도시를 종말론적으로 완성하는 것이며, 그리스도—마지막 아담—의 마음과 뜻에 부합하도록 정돈된 정치적 생태론이다.

종말론적 도시의 성격은 추가 설명으로 강조되며, 이는 성경의 동산 이미지를 떠올려주고 창조세계의 궁극적 갱신과 완성을 나타낸다. 밧모 섬의 요한은 이렇게 썼다.

> 그 천사는 또 수정처럼 빛나는 생명수의 강을 나에게 보여 주었

한이 말하는 창조세계는 새롭기는 하지만, 이전의 것과 완전히 분리된 것이 아니다. 계 21:5에서 하느님이 모든 것을 새롭게 만든다고 하실 때 그 언어가 의도하는 것이 정확히 무엇인지를 아는 것이 중요하다. 하느님은 이전 것을 취하셔서 변화시키신다. 창조를 위한 다양한 재난과 싸움에서 일어나는 파괴로부터 하느님은 새로운 것을 엮어내실 것이다. 이전 것은 새 것의 구성 요소로 남을 것이지만 격렬히 변모될 것이다." 블런트는 계속해서 이렇게 말한다. "요한의 환상은 … 하느님의 선한 창조의 일부로서, 그리고 하느님의 웅대한 재창조의 위치로서 땅을 회복한다. 하느님과 어린양의 증인은 세상에서 도피하는 것을 꿈꾸지 않는다. 하느님과 어린양의 증인은 하느님과 함께 세상을 변화시킨다."(*Revelation*, 376-77).

132) Harry O. Maier, "There's a New World Coming! Reading the Apocalypse in the Shadow of the Canadian Rockies," in *The Earth Story in the New Testament*, 178쪽.

습니다. 그 강은 하느님과 어린양의 어좌에서 나와 도성의 거리 한가운데를 흐르고 있었습니다. 강 이쪽저쪽에는 열두 번 열매를 맺는 생명나무가 있어서 다달이 열매를 내놓습니다. 그리고 그 나뭇잎은 민족들을 치료하는 데에 쓰입니다. 그곳에는 더 이상 하느님의 저주를 받는 것이 없을 것입니다.(계 22:1-3)

여기서 요한은 새로운 예루살렘을 분명하게 에덴의 용어로 묘사한다.[133] 가장 놀라운 것은 이러한 묘사가 타락의 영향을 최종적으로 변화시킨 것을 나타내는 방식이다. 선악을 알게 하는 나무 열매를 움켜쥐고 내면화함으로써 인간의 삶은 창조의 목적인 삼중 친교로부터 소외되었다는 것을 기억하라. 죄는 인간과 하느님, 이웃, 땅 사이의 관계를 교란하였다. 죄의 결과로 땅은 저주를 받았다. 계시록의 극적인 순간에 하느님은 피조물과 화해하시고, 세상 전체를 다스리시며, 인간과의 친교를 복구하신다. 마찬가지로 나라들 사이에 만연하여 대대로 칼과 창에 의해 살고 죽었던 증오는 하느님의 지혜의 치유 능력을 통해 치유되고, 이웃 간의 친교가 복구된다. 마지막으로 죄의 결과로, 그리고 인간이 피조물로부터 소외되었음을 나타내는 기호로서 땅으로부터 태어난 저주는 사라진 상태로 돌아간다. 인간과 피조물 사이의 친교는 복구되고 새롭게 된 창조세계 안에 저주받은 것은 없다.

아마도 새로운 예루살렘에 대한 요한의 묘사 가운데 가장 주목

---

133) 여기서 흥미로운 것은 그리스도교 전통의 채색 사본에서 새로운 예루살렘을 어떻게 그렸는지에 대한 미카 키엘의 분석이다. Micah Kiel, *Apocalyptic Ecology: The Book of Revelation, the Earth, and the Future* (Collegeville, MN: Liturgical Press, 2017), 89-110쪽을 보라.

할 만한 것은 이름 지어진 나무가 둘 있다는 것이고, 이는 에덴동산에 이름 지어진 나무가 둘 있었다는 것을 떠올려준다. 그런데 새로운 예루살렘에는 선악을 알게 하는 나무의 소외시키는 힘은 쇠퇴한 반면, 강 양쪽에 심어진 생명나무로 대체되었다. 따라서 모든 것이 하느님의 지혜에 따라 구성되었다. 도시 자체가 속량되고 창조세계와 화해하게 되었다.

종말론적 해방, 그리고 땅과 땅에서 나오는 모든 것과의 화해라는 관점에서 볼 때, 계시록의 초기 환상에서 요한이 네 피조물(사자, 황소, 사람, 독수리)을 하느님의 거룩을 찬양하는 전체 피조물의 대표로 보고 있다고 하는 것이 적절할 것 같다(계 4:6-10).[134] 나아가 요한은 피조물의 찬양을 들을 때 하느님의 백성이 경외함으로 엎드려 이렇게 외치는 것을 본다.

> 주님, 저희의 하느님 주님은
> 영광과 영예와 권능을 받기에 합당한 분이십니다.
> 주님께서는 만물을 창조하셨고
> 주님의 뜻에 따라 만물이 생겨나고 창조되었습니다. (계 4:11)

계시록에서 하느님은 만물의 창조주이시며 또한 만물의 해방자이자 구원자이시다. 하느님이 처음부터 의도하신 정치적 생태론, 즉 하느님의 지혜 안에 거하는 사람들에 의해 오랜 세월에 걸쳐 증언

---

134) 보컴은 계시록이 에스겔의 이미지를 살짝 재가공했다고 말한다. 에스겔서에서 인간은 하느님을 찬양하는 동안 다른 피조물보다 우위에 있다. 반면 계시록에서 인간은 다른 피조물과 같은 단계에 있고 이는 모든 피조물 사이의 공통의 위엄과 소명을 나타낸다. Bauckham, *Living with Other Creatures*, 163-84쪽을 보라.

된, 그리고 예수 그리스도를 통해 종말론적으로 시작된 정치적 생태론이 그 완성에 이르게 되었다. 이것이 구원에 대한 그리스도인의 소망의 모습이다.

결론

이 책의 제2부에서 나는 하느님의 통치가 동산지기의 정치적 생태론, 즉 인간에게 하느님의 지혜에 부합하여 땅과 땅에서 나오는 모든 것을 일구고 돌보라고 요구하시는 하느님의 정치적 생태론이라고 주장했다. 인간이 창조의 목적인 삼중 친교를 유지하기를 거부함으로써 자신의 소명을 거절할 때 죄가 모든 피조물에게 침입한다. 섬기기보다 지배하고자 하는 욕구에 추동되는 인간은 스스로가 거짓된 정치적 생태론을 수립하여 착취하고 지배하려고 한다. 하느님은 이러한 현실을 직면하여 속박으로부터 하느님의 백성을 해방시킴으로써 지구와 가난한 이들의 울부짖음에 응답하시고, 인간이 동산의 인간(*homo hortulanus*), 즉 하느님의 형상을 다시 살아내고 피조물에게 축복이 되도록 하신다. 율법과 예언자들을 통해 하느님은 끊임없이 하느님의 백성이 동산지기의 길을 걷도록 인도하시고 죄의 권세로부터 피조물을 구원하고 속량시키신다. 하느님의 결정적인 구원 행위는 예수 그리스도―육체가 된 하느님의 지혜, 마지막 아담, 동산의 인간(*homo hortulanus*)의 충만―의 화육(성육신)과 부활을 통해 완성된다. 하느님의 종말론적 통치가 세상으로 침투해 들어와 피조물을 죄의 속박으로부터 해방시키고 하느님과의 평화로운 친교를 최종적으로 수립하는 것은 예수 그리스도를 통해서이다.

이 책의 제2부 내내 나는 세상 속에서 일하시는 하느님의 은혜의 해방적 성격을 반영하여 구원 역사를 이렇게 정치적 생태론의 관점에서 해석하는 것이 지금의 전 지구적 상황을 마주하는 교회 공동체의 신학적 사고에 영향을 미치는 데 필수라고 가정했다. 제3부에서 먼저 다룰 것은 세계화 프로젝트의 구조와 과정을 면밀히 살펴봄으로써 이러한 가정을 구체화하고, 이 프로젝트가 "거짓된 생태론"을 구성하는 방식을 보여주는 것이다. 제3부의 다음 과제는 앞서 말한 구원의 역사에 대한 해석을 사용 가능하도록 하여 세계화 프로젝트를 판단하고, 이러한 프로젝트의 상황 속에서 그리스도인들의 실천에 대한 비전에 영향을 미치는 데에 활용하는 것이다.

제3부

세계화되는 세상 속에서 그리스도인들의 실천

마태복음의 핵심 본문에서 예수는 제자들에게 묻는다. "여러분은 나를 누구라고 하겠습니까?" 이 질문에 시몬 베드로가 대답한다. "선생님은 살아 계신 하느님의 아들 그리스도이십니다"(마 16:15-16). 이 책의 제2부에서 나는 정경과 구원 역사의 넓은 상황에서 본다면 베드로의 답변을 예수가 인간의 소명을 완성한다는 것을 알리는 것으로 해석할 수 있다고 주장했다. 같은 이유로 예수는 동산의 인간(*homo hortulanus*)이고, 하느님 형상의 온전한 표현이고, 육체가 된 하느님의 지혜이다. 예수는 세상—즉 땅과 땅에서 나오는 모든 것—을 죄의 창조세계 파괴적(anti-creational)이고 지배적인 권세로부터 구원한 분이다.

이 책의 제3부에서 나는 앞에서 본 예수의 정체성 선포가 교회에 가지는 실용적 함의를 살펴볼 것이다. 제3부에서는 구원을 죄로부터의 해방으로, 인간과 하느님, 이웃, 땅 사이의 친교 회복으로 이해할 때 세상에서 구원의 성사가 되라는 부르심을 살아낸다는 것이 신앙 공동체에게 어떤 의미인지를 살펴본다. 그런 다음 이 책의 마지막 부분에서는 전 지구적 정치-생태론적 비상사태 속에서 그리스도교 제자도는 어떤 형태일 수 있는지 살펴본다. 이 과제를 수행하기 위해서는 세상에 대해, 세상이 어떻게 죄의 동력으로 구성되었는지에 대해 분명히 이해하는 것이 필요하다. 따라서 5장에서는 세계화 프로젝트와 그 선례에 의해 세상이 어떻게 형성되게 되었는지를 면밀히 살펴볼 것이다. 그런 다음 6장에서는 세상의 정치적 생태론의 형태에 대해 몇 가지 판단, 즉 하느님의 말씀을 앞에서 설명한 방식으로 해석한 것을 근거로 한 판단을 내리고 교회 공동체가 말씀의 빛으로 세상에 어떻게 응답할 수 있을지 살펴볼 것이다.

5장

전 지구적 비상사태의 발생과 지속

이 책의 서론에서 나는 대기과학자들이 세상이 흔히 인류세(the Anthropocene)라고 하는 새로운 지질학적 시대로 옮겨갔다고 주장한 다고 말했다. 이 시대는 인간이 지구 차원의 생물-물리학적 변화의 주된 요인이 된 시대이다. 나는 또 인류세에서는 신자유주의 세계화 프로젝트가 지구의 정치적 생태론을 구성하는 지배적 힘으로 작동 한다고 주장했다. 그렇다면 세계화 프로젝트는 세계의 사회경제적 형태를 형성하는 데에서도, 지구의 생물-물리학적 변화를 이끄는 데 에서도 주요한 역할을 한다. 오늘날 생태계 붕괴와 사회적 불평등이 라는 지구 차원의 비상사태는 세계화 프로젝트의 합법성에도 위기 를 야기한다. 그러므로 이런 비상사태와 세계화 프로젝트 간의 관계 를 이해하는 것이 중요하다. 하지만 그러기 위해서는 폭넓은 역사적 관점이 필요하다.

현재 상황은 세계화 프로젝트와 인류세의 출현으로 이끌던 지난 수십 년, 수백 년에 그 뿌리가 놓여 있다.[1] 리처드 터커가 쓴 것처

---

[1] 전 지구적 변화 담론에 대한 최신 글들을 잘 개괄한 것으로 Robin M. Leichenko and Karen L. O'Brien, *Environmental Change and Global-*

럼, "'세계화'와 그 사회-환경적 비용에 대한 논란은 비교적 새로운 주제이지만 그 현상 자체는 500년의 역사, 대륙간 무역망의 역사를 갖고 있다."[2] 세계화 프로젝트와 관련하여, 또 그보다 앞선 식민지 프로젝트 및 (경제)개발 프로젝트와 관련하여, 인류세의 등장과 이 시대의 독특한 특징에 대해 이해할 필요가 있다. 간단히 말해 엔리크 두셀이 말한 "500년간의 체제"(앞으로는 "500년간의 프로젝트")[3] 와 관련하여 현재의 전 지구적 비상사태를 이해하는 것이 필요하다.

    이 장에서 나는 인류세와 인류세에 특유한 정치적 생태론의 위기가 도대체 왜 되풀이되는 식민지 및 신식민지 지배체제의 산물인지를 설명할 것이다. 나는 또 이렇게 광범위한 착취 패러다임이 계속해서 현재 상황을 특징짓는다고 주장할 것이다. 심지어 "지속 가능한 개발"과 "생태학적 근대화"라는 언어가, 세계화 프로젝트가 지구와 가난한 이들의 울부짖음을 돌아보고 식민지 약탈의 상처를 싸맬 수 있다고 주장하는 때에도 말이다. 나의 목표는 500년간의 프로젝트를 역사적으로 살펴보는 것이 아니다. 나는 핵심 개념들과 역사적 사건들을 분석함으로써 식민지 프로젝트와 후대의 되풀이 과정에서 작용하던 정치-생태론적 착취의 일반적인 동력, 즉 지난 5세기

---

    ization: Double Exposures (New York: Oxford University Press, 2008), 13-41쪽을 보라.
2) Richard P. Tucker, *Insatiable Appetite: The United States and the Ecological Degradation of the Tropical World*, 축약판 (Lanham, MD: Rowman & Littlefield, 2007), 221쪽. 터커는 여기서 지금은 히스파니올라 섬으로 알려진 곳에서 크리스토발 콜론이 아라와크족과 접촉하면서 시작된 유럽의 식민지 프로젝트의 출현을 언급한다. 분명히 하자면 대륙 간 무역망의 역사는 이 만남보다 천 년이나 앞선다.
3) Enrique Dussel, *Ethics of Liberation in the Age of Globalization and Exclusion* (Durham, NC: Duke University Press, 2013), 39쪽. 두셀은 이 용어를 어느 글에서인지는 불명확하지만 아무튼 놈 촘스키에게서 빌려온다.

동안 반복 재생산되면서 깊게 상호 연결된 방식으로 지구와 가난한 이들을 착취했던 동력을 드러내기 위해 노력할 것이다. 내 주장을 펼치면서 나는 회칙 『찬미받으소서』(이후로는 LS)에 대한 분석을 확장하여 이 회칙에서 제기한 네 가지 핵심 용어에 초점을 맞출 것이다. (1) "기술 관료적 패러다임"의 출현, (2) 북반구가 남반구에게 진 "생태적 빚," (3) 세계화 프로젝트를 특징짓는 "거짓되거나 피상적인" 정치적 생태론, (4) 오늘날 세계화 프로젝트의 가치체계를 구성하는 "소비주의 문화."

500년간의 프로젝트의 기술 관료적 패러다임

프란치스코 교황이 정치-생태론적 위기의 역사를 추적할 때, 교황 자신이 "기술 관료적 패러다임(technocratic paradigm)"이라고 이름 붙인 것의 등장에서 그 기원을 찾았다는 점을 기억하라.[4] 프란치스코 교황의 주장처럼 "이러한 패러다임에서는 논리적 이성적 절차에 따라 외부 대상을 점진적으로 파악하여 지배하는 주체라는 개념이 나타납니다"(106). 교황에 따르면, 기술 관료적 패러다임이 칭송하는 이 주체는 세상에서 마주치게 되는 외부 객체를 소유하고, 지배하고, 통제하기 위해 과학적 형태의 회계를 활용한다. 기술 관료적 패러다임이 인간과 세상의 만남을 구체화하는 방식에 대해 언급하면서 교황은 이렇게 결론짓는다. "이는 마치 이 주체가 마음대로 조작

---

[4] 2장에서 나는 기술 관료적 패러다임의 이상적인 성격을 살펴보았다. 여기서 나는 이 체계가 지난 500년 동안 세계를 구성하면서 식민지와 신식민지의 이익에 복무했고 계속해서 복무하는 방식에 대해 살펴볼 것이다.

할 수 있는 무형의 실체를 마주하고 있는 것과 같습니다"(106).

교황이 가리키는 체계는 물론 전형적인 계몽주의 철학자인 프란시스 베이컨의 사상과 밀접하게 관련되어 있을 수도 있다.[5] 베이컨은 점점 더 만연하는 인간의 통제에 땅을 복종시키기 위해 귀납적 형태의 추론을 그렇게나 열심히 옹호했다.[6] 그럼에도 불구하고 기술 관료적 패러다임의 정치-생태론적 함의—이 체계가 땅과 땅에서 나오는 모든 것을 단지 "그것"[7]으로 환원시키는 경향을 포함하여—를 좀더 명확히 설명하기 위해서는 베이컨 너머를 볼 필요가 있다. 베이컨의 사상은 이 체계의 역사적 진보를 추적하는 데 별 도움이 되지 않기 때문이다. 여기서 20세기 사회 이론가인 칼 폴라니의 작업이 특히 도움이 된다. 폴라니의 19세기 및 20세기 사회 분석은 주로 경제적 기술관료 지배 사회가 등장하는 상황 속에서 인간과 자연의 운명에 관심을 두고 있다. 폴라니의 사상은 기술 관료적 패러다임의 상황 속에서 지구의 울부짖음과 가난한 이들의 울부짖음 사이의 관계를 조명하는 데 도움을 준다.[8]

---

5) 우리는 데카르트와 그의 요약하고 일반화하는 철학적 탐구방식도 포함할 수 있다. 데카르트의 프로젝트와 데카르트가 영감을 준 현대성의 형태에 대한 훌륭한 비판적 분석은 Stephen Toulmin, *Cosmopolis: The Hidden Agenda of Modernity* (Chicago: University of Chicago, 1992), 특히 1-88쪽을 보라.
6) Francis Bacon, *The New Organon*, ed. Lisa Jardine and Michael Silverthorne (New York: Cambridge University Press, 2010)을 보라. 캐럴라인 머천트는 베이컨의 언어와 방법론에 대해 탁월한 에코페미니즘적 비판을 제공한다. Carolyn Merchant, *The Depth of Nature: Women, Ecology, and the Scientific Revolution* (San Francisco: HarperSanFrancisco, 1990)을 보라.
7) 나는 마틴 부버가 "나-너"와 "나-그것"의 관계를 구분한 것을 언급하는 것이다. 나-그것의 관계에서 사람이 만나는 대상은 그저 도구적 가치로만 보일 뿐이다. Martin Buber, *I and Thou* (New York: Touchstone, 1970)을 보라.
8) 폴라니와 프란치스코 교황의 사상 사이의 유아성에 대한 초기 분석으로

시장사회와 기술 관료적 패러다임

칼 폴라니는 경제학에 관한 고전적인 작품인 『거대한 전환』(The Great Transformation)에서, 19세기와 20세기의 핵심적인 사건은 "시장사회(market society)"의 등장이었다고 주장한다.9) 폴라니의 설명처럼, 시장사회는 사회가 전통적으로 시장과의 관계에서 스스로를 구성했던 방식으로부터의 중요한 결별을 나타낸다. 전통적으로 시장은 사회와 문화의 더 넓은 관계적, 윤리적 구조 안에 "속해" 있었다.10) 프레드 블록은 폴라니의 사상에 대해 설명하면서, 시장의 가치는 "정치, 종교, 사회관계" 등 종종 충돌하는 가치와 우선순위에 제한되고 종속되었다고 썼다.11) 시장사회의 등장은 19세기 경제 자유주의의 출현으로 이어지면서 이 질서를 뒤집는다. 시장사회에서는 시장이 사회와 자연이라는 더 넓은 관계의 모판들(matrices)로부터 분리되어, 사회와 자연이라는 모판들을 자신 안에 포함시킨다. 폴라니의 설명처럼, 시장사회에서는 사회가 "시장의 부가물처럼 작동한다. 경제가 사회 규제에 속하는 것이 아니라 사회관계가 경제체제 안에 속한다."12) 따라서 "스스로 규제하는" 시장이 사회를 구성하는 유일한 수단이 되었고 가치는 가격을 통해 식별하게 되었다.13)

---

www.concordia.ca에 있는 Gregory Baum의 논문 "Tracing the Affinity between the Social Thought of Karl Polanyi and Pope Francis"를 보라.
9) Karl Polanyi, *The Great Transformation: The Political and Economic Origins of Our Time* (Boston: Beacon, 2001), 특히 35-135쪽.
10) 위의 책.
11) Fred Block, introduction to Polanyi, *Great Transformation*, xxiv.
12) Polanyi, *Great Transformation*, 60쪽.
13) 매슈 왓슨의 주장처럼, 폴라니가 볼 때 내재성은 "제도라는 수단을 통해 경제관계를 사회적으로 통제하는 것이고, 여기서 도덕적으로 충실한 방식으로 행동하도록 내재성과 사회적 의무를 연결할 수 있다. '시장'이 개인에게 온전

시장사회에서 사회와 자연의 모든 요소들은 이윤을 극대화하기 위해 도구처럼 구성될 수 있는 상품 형태로 환원된다.¹⁴⁾ 따라서 시장사회는 "기술 관료적 패러다임"의 효과적인 경제적 표현이다.

비록 자유 시장사회(liberal market societies)를 향한 움직임에는 경제성장률을 가속화하는 효과가 있긴 하지만, 폴라니는 이런 사회의 구조와 동력은 결국 적합하지 않고 유지될 수 없다고 주장한다. 시장사회는 실제로는 상품이 아닌 것, 즉 노동과 토지와 같은 생명 요소들을 상품화하려고 하기 때문이다.¹⁵⁾ 폴라니는 이렇게 말한다. "노동은 인간의 삶과 뗄 수 없는 인간 활동의 다른 이름일 뿐이며, 노동은 판매 목적이 아니라 완전히 다른 이유로 생산되는 것이며, 이 활동을 삶의 다른 부분으로부터 분리할 수 없고, 저장하거나 유통할 수도 없다." 같은 맥락에서 폴라니는 또 이렇게 말한다. "토지는 자연의 다른 이름일 뿐, 인간이 생산하는 것이 아니다."¹⁶⁾ 시장사회는 인간의 삶과 자연을 상품 형태로 환원시키는 과정에서 삶의 사회-생태적 구조를 가격 변화와 극단적인 가격 변동에 노골적으로 종속시킴으로써 이 구조를 붕괴시키는 위협이 된다. 실제로 억제되지 않을 경우, 시장사회의 동력은 땅과 땅에서 나오는 모든 것을 위협하는 무자비한 정치-생태론적 폭력을 용인하게 된다. 여기서 폴라니의 글을 길게 인용할 필요가 있겠다.

히 기능적인 특징을 부여하는 한 경제 활동의 도덕적 차원은 점점 더 소멸된다." Matthew Watson, *Foundations of International Political Economy* (New York: Palgrave, 2005), 153쪽.

14) Polanyi, *Great Transformation*, 71쪽.
15) 위의 책, 76쪽. 폴라니는 또한 돈을 "거짓 상품"이라고 말한다. 하지만 이 장의 논의를 위해 나는 토지와 노동에만 집중할 것이다.
16) 위의 책, 75쪽.

시장 체제가 인간과 인간의 자연 환경의 운명을 인도하는 유일한 요소가 되도록 허락하게 되면 … 결국 사회가 붕괴하게 된다. 왜냐하면 소위 "노동력"이라는 상품은 이 특이한 상품을 보유하게 된 인간 개인에게 영향을 주지 않고는, 제쳐 두거나, 차별 없이 사용되거나, 사용하지 않은 채 놔둘 수가 없기 때문이다. 인간의 노동력을 처분하는 과정에서 이 체제는 부수적으로 "인간"이 그 태그에 부착한 육체적 심리적 도덕적 실체를 처분하게 된다. 인간은 문화적 관습이라는 보호막을 빼앗긴 채, 사회적 노출의 영향으로 소멸된다. 인간은 악, 타락, 범죄, 기아 등으로 인한 극심한 사회적 혼란(social dislocation)의 희생자로서 죽어갈 것이다. 자연은 그 구성 요소들로 환원될 것이고, 주변 지역은 훼손될 것이고, 강은 오염될 것이고 … 음식과 원료를 생산할 능력은 파괴될 것이다.[17]

시장사회가 가하는 정치-생태론적 폭력에 관한 폴라니의 우려는 20세기 경제학자 조지프 슘페터의 사상과 관련하여 이해할 때 더욱 명확해질 수 있다. 슘페터는 자본주의 체제가 그 성격상 근본적으로 진화적(evolutionary)이라고 주장한다. 따라서 이런 역동적인 체제는 지속적인 경제성장과 기술혁신을 통한 꾸준한 사회 변화에 박차를 가하고, 이는 사회 변혁을 재촉하게 된다. 따라서 세상을 구성하는 데서 자본주의 시장경제는 계속적인 "창조적 파괴" 과정을 촉진하고 지속시킨다. 슘페터는 이것이 "내부로부터 경제 구조에 끊임없이 혁명을 일으키고 끊임없이 낡은 것을 파괴하고, 끊임없이 새로운 것을

---

17) 위의 책, 76쪽.

창조하는 산업의 돌연변이(industrial mutation) 과정"이라고 썼다.[18] 수익을 내는 혁신을 장려하는 자본주의 시장경제의 동력은 끝없이 혁신을 생산함으로써 끊임없이 세상을 파괴하고 재구조화한다.

분명히 슘페터가 묘사하는 창조적 파괴 과정은 지난 500년간의 프로젝트 과정 중에 경제성장에 박차를 가하고 세상에 수많은 혁신을 소개하는 데 중요한 역할을 수행해 왔다. 하지만 시장사회에서 인간 삶의 정치-생태론적 형태는 이제 이런 파괴적 창조성의 가차 없고 무자비한 과정에 야만적이고 옹호할 수 없는 방식으로 종속되어 있다. 이익을 위해 노동과 토지를 상품화함으로써 시장사회는 물려받은 사회경제적 건강 상태를 "끊임없이 파괴한다."

시장사회의 환원주의가 가진 잔인성에 대해 폴라니는 세상을 이런 식으로 구성하는 것은 결국 지속될 수 없다고 주장한다. 폴라니는 이렇게 썼다. 비록 노동과 토지 시장이 시장경제에 필수적이긴 하지만, "이런 악마 같은 공장(satanic mill)의 약탈에 맞서 프로젝트 조직뿐만 아니라 인간과 천연자원을 보호하지 않으면 어떠한 사회도 짧은 기간이라 할지라도 그러한 조잡한 허구의 영향을 견뎌내지 못할 것이다."[19] 이러한 견해와 같은 맥락에서 폴라니는 그 유명한 "이중 운동(double movement)" 개념을 제시한다.[20] 이 개념은 기술관료들이 시장을 사회로부터 분리하려는 운동이 어떻게 시장을 더 넓은 사회-생태적 모판에 재이식하려는 반대 운동을 만나게 되는지를 설명한다. 폴라니가 볼 때, 이중 운동의 후반부는 분리된 시장

---

18) Joseph Schumpeter, *Capitalism, Socialism, and Democracy*, 2nd ed. (Floyd, VA: Wilder, 2012), 95쪽.
19) Polanyi, *Great Transformation*, 76-77쪽.
20) 위의 책, 136-40쪽.

때문에 초래된 파괴로부터 사회를 보호하려는 사회적 반사작용(reflex)이다.[21] 따라서 블록은 이 반사작용을 이렇게 기술한다. "제한 없는 시장의 결과가 분명해지면서 사람들은 저항한다. 사람들은 파멸을 향해 절벽으로 행진하는 나그네쥐처럼 행동하길 거부한다."[22]

폴라니는 유럽에서 파시스트 정부들, 즉 국가의 이익을 보호하고 신화적인 과거의 영광을 되살리자는 강령을 가지고 권력에 오른 정권들이 들어서도록 기름을 부은 것은 시장사회의 약탈로부터 스스로를 보호하려는 사회의 절박한 반응이었다고 주장한다. 폴라니는 또 이렇게 주장한다. "파시즘의 승리가 사실상 불가피했던 것은 [경제적 자유주의가] 계획, 규제, 통제 등과 관련된 모든 개혁을 방해했기 때문이다."[23] 이 장의 끝부분에서 나는 폴라니의 이 마지막 주장으로 돌아가, 이것이 전 세계 역사 속에서 현재 상황에 대해 가지는 함의를 살펴볼 것이다.

기술 관료적 패러다임과 착취 구역

인간의 삶과 토지가 상품 형태로 환원되면 이들은 다양한 형태의 남용과 착취에 심하게 노출된다. 따라서 시장사회와 이러한 형태의 정치-생태론 구조를 지향하는 자유주의 경제의 노력에 대한 폴라니의 해석은 전 지구적인 정치-생태론적 비상사태의 출현과 진행, 그리고 이 비상사태와 기술 관료적 패러다임 사이의 관계를 설명하는 데 유용하다. 그럼에도 불구하고 지금까지 내가 제시한 것으로만

---

21) 이중 운동 후반부의 반사작용적 성격이 강조되어야 한다. 폴라니가 볼 때 실제로 계획되고 규정되는 것은 "자유 시장"인 반면 재이식을 향한 운동은 계획되지 않는다. 위의 책, 141-57쪽을 보라.
22) Fred Block, introduction to *Great Transformation*, xxv.
23) Polanyi, *Great Transformation*, 265쪽.

볼 때, 폴라니와 회칙 『찬미받으소서』의 설명은 전 지구적 비상사태 발생의 결정적인 중요성, 특히 이 비상사태와 지난 500년간의 식민지 프로젝트의 역사와 유산의 관계를 제대로 다루지 못한다. 그런데 제임스 콘이 이 관계를 제대로 부각시켰다. 땅에 대한 착취와 가난한 이들에 대한 착취의 연결성을 살펴보면서 콘은 이렇게 썼다. "아메리카 대륙에서 노예제와 차별로 이끌었던 논리, 아프리카에서 식민지화와 아파르트헤이트로 이끌었던 논리, 전 세계에 걸쳐 백인 우월주의가 지배하도록 이끈 논리"가 마찬가지로 지구와 생명계의 파괴로 이끌었다. 콘은 또 이렇게 썼다. "기계론적이고 도구적인 논리는 백인 세상의 우월성을 발전시키고 보호하는 데 기여하는지 여부에 따라 모든 것과 모든 사람을 정의한다."[24]

콘의 평가는 기술 관료적 패러다임의 특징인 도구적 논리의 등장을 추상적으로 논의하는 것이 충분치 않다는 것을 잘 보여준다. 또한 우리의 초점을 북반구에만 제한할 경우, 토지와 노동을 상품화하는 것을 시장사회의 역사적 발전 과정과 연결하는 것은 적절하지 않다. 오히려 우리는 기술 관료적 패러다임을 특징짓고 시장사회로 가려는 노력을 특징짓는 도구적 논리가, 인종차별주의 정권이 지난 500년간의 식민지 프로젝트를 통해 약탈하는 것을 돕는 데 이용된 방식에 대해 찬찬히 살펴봐야 한다. 식민주의와 신식민주의의 정치적 생태론 체제의 중심부와 주변부—즉 축적하고 즐기는 구역과 착취당하고 파괴되는 구역—의 관계에 초점을 맞추기 위해 이런 식으로 질문의 폭을 넓힐 때에만 우리는 오늘날의 전 지구적 비상사태의 역사적 뿌리를 제대로 설명할 수 있다.[25] 따라서 기술 관료적 패

---

24) James Cone, "Whose Earth Is It Anyway?" *Cross Currents* 50 (Spring/Summer 2000): 36.

러다임의 등장과 약탈의 관계를 설명하기 위해서는, 1장에서 처음 언급했던 "약탈"이라는 주제로 돌아가야 한다.

마카레나 고메즈-배리스는 약탈 현상—땅과 땅에서 나오는 모든 것을 훔치는 일—을 "착취적 자본주의(extractive capitalism)" 발전의 오랜 역사에 둔다.[26] 그에 따르면, 착취적 자본주의란 "토착민과 아프리카 후예의 땅에서 자원을 약탈함으로써 사회의 삶과 토지를 폭력적으로 재구성하는 도둑질, 차용, 강제 철거 등에 관여하는 경제 체제"를 말한다.[27] 이 체제의 논리에 부합하도록 구성된 세계의 정치적 생태론은 "토착민의 주권과 국가의 자치권을 제한하는 극심한 사회적 경제적 불평등을 지속적으로 영속화시킨다."[28]

세계화 프로젝트의 본질인 오늘날의 착취적 자본주의 체제는 식민지 프로젝트에 그 기원을 두고 있다. 이러한 맥락에서 콘의 견해를 반영하여 고메즈-배리스는 현재 체제가 "1500년대에 은, 물, 목재, 고무, 석유 등의 천연자원을 전 세계적 상품으로 변환한 식민지 자본주의에 의해 장착되었다"고 주장한다. 따라서 고메즈-배리스가

---

25) '중심부'와 '주변부' 개념은 세계 체제에 대한 이매뉴얼 월러스틴의 설명에서 기원한다. 여기서 월러스틴은 현대 자본주의 체제가 세계를 축적과 숙련된 노동 영역(중심부)과 착취와 비숙련 노동 영역(주변부)으로 구성하는 데 기여하는 방식을 설명한다. 세계체제 이론은 역사와 사회적 변화를 지나치게 경제의 관점에서 설명했다는 점과 역사와 사회에서 문화의 역할을 잘못 설명했다는 점 때문에 비판받았다. 나도 이들 비판에 동의하기는 하지만, 중심부와 주변부라는 월러스틴의 기본 개념은 지난 500년간의 프로젝트의 형태와 동력을 분석하는 데 여전히 유용하다. 세계체제 이론에 대한 유용한 소개로 Immanuel Wallerstein, *World-Systems Analysis: An Introduction* (Durham, NC: Duke University Press, 2004)을 보라.

26) Macarena Gómez-Barris, *The Extractive Zone: Social Ecologies and Decolonial Perspectives* (Durham, NC: Duke University Press, 2017).

27) 위의 책, xvii.

28) 위의 책, xviii.

볼 때 "착취주의는 식민지 자본주의와 그 이후, 즉 16세기의 출현으로부터 최근 40년간의 신자유주의의 민영화와 탈규제 과정, 진보적 국가들의 흥망 과정을 포함하여 현재까지 확장하여 참고한 것이다." 그렇다면 착취주의는 500년간의 프로젝트의 지속적인 동력에 필수적인 것이다.[29] 우리가 가장 분명하게 노출된 기술 관료적 패러다임의 진정한 성격을 발견하게 되는 것은 고메즈-배리스가 "착취 구역(the extractive zone)"이라고 명명한 공간 안에서다. 그는 착취 구역이 "자본주의가 삶을 상품으로 환원시키고, 제한하고, 변환하기 위해 행하는 폭력"을 가장 잘 드러낸다고 말한다.[30] 다시 말해, 시장사회의 조건이 가장 잘 실현되는 곳은 지난 500년간의 프로젝트의 주변부, 즉 착취 구역 내부라는 것이다.

착취 구역에 대한 고메즈-배리스의 설명은 시장사회의 파괴적 성격에 대한 폴라니의 분석을 강조하고 동시에 폴라니의 분석에서 주요 약점을 드러내는 데 기여한다. 앞에서 언급한 것처럼 폴라니가 볼 때, 경제적 해방은 인간의 삶과 자연세계를 노동과 토지라는 상품 형태로 환원하고 그런 다음 시장체제에 의해 구성될 수 있도록 하는 방향으로 인도되었다. 하지만 폴라니의 설명에 따르면, 인간이 자신의 삶의 생태 환경을 적어도 기능적인 면에서 상품화하는 환원 과정을 거부할 것이기 때문에, 시장사회는 완전히 실현되거나 유지될 수 없다. 더 중요한 것은, 폴라니가 볼 때 인간 공동체는 체제를 재구성하기 위한 노력으로 자신들의 정치적 주체성을 활용함으로써 시장사회가 구현되는 것을 거부한다. 하지만 이 "이중 운동"이라는 이론을 전개하면서, 폴라니는 시장사회의 등장을 거부하는 사람들

---

[29] 위의 책, xvi.
[30] 위의 책, xix.

이 그 사회에서 "시민"의 지위를 차지한다고 가정했다. 다시 말해 폴라니는 시장사회를 거부하는 운동은 통치 당국이 인정하는 정치경제적 권리를 가진 사람들이 주도하게 되는 것을 당연시하였다.

그런데 착취경제의 주변부 구역에서 약탈 때문에 자신의 삶이 상품의 형태로 환원된 사람들은 "시민"의 상태를 유지하지 못하고 "피지배자" 신분으로 강등된다. 엘로라 드르농쿠르가 정의하는 것처럼, 피지배자는 "정치경제적 삶이 강압적이고 비민주적인 제도에 갇혀 정당한 절차를 누릴 권리도 없고, 강제 노동 관습에 취약하고, 부를 축적할 기회도 확실히 부족한" 사람들이다.[31] 구띠에레즈의 용어인 "비인간(nonperson)"과 기능적으로 동등하다고 여길 수 있는 피지배인의 상태로 강등된 착취 구역의 사람들은 폴라니가 불가피하다고 여긴 "이중 운동"의 두 번째, 즉 대항하는 차원을 시작하고 유지하는 데 필요한 정치적 역량이 부족하다.[32] 그 결과 시장사회의

---

[31] Ellora Derenoncourt, "The Historical Origins of Global Inequality," in *After Piketty: The Agenda for Economics and Inequality*, ed. Heather Boushey et al. (Cambridge, MA: Harvard University Press, 2017), 492쪽. 드르농쿠르는 시민과 피지배인에 대한 구분을 Mahmood Mamdani, *Citizen and Subject: Contemporary Africa and the Legacy of Late Colonialism* (Princeton, NJ: Princeton University Press, 1996)에서 빌려온다. 맘다니의 글에서 주요 관심사는 오늘날 아프리카의 권력 구조에 있는 식민 잔재를 드러내는 것으로서, 이들 구조가 계속해서 도시(시민)/교외(피지배인)로 나뉘는 특징을 갖게 되는 방식에 특히 주목한다.

[32] '시민'과 '피지배인'을 구분하면서, 또 상대적으로 제한된 정치적 역량을 언급하면서 나는 피지배인으로 강등된 사람들에게 주체성이 없다거나 상품화와 착취과정을 거부할 수단이 없다고 주장하는 것이 절대 아니다. 다양한 지배체제에 종속된 사람들이 수많은 전향적인 방식으로 이들 체제를 전복했다는 것은 문서로 잘 기록되어 있다. 그럼에도 불구하고, 착취 구역 안의 착취되고 소외된 사람들의 주체성은 이들 역사적 현실을 특징짓는 방대한 권력 격차 문제를 해결하지 못한다. 500년간의 프로젝트와 이 프로젝트와 함께 자라난 전 지구적 정치-생태론적 비상사태의 역사적 발전을 이해하기 위해서는 이런 권력

상태는, 체제의 중심 영역에 대해 주변부인 착취 구역에서 가장 충분히 구체화된다.[33] 착취 구역 안에서 인간의 삶과 그 모든 생태학적 차원은 매우 쉽게 토지와 노동이라는 상품 형태로 환원된다. 실제로 효율과 양이라는 두 측면 모두에서 착취과정을 최대화하여 역사를 인류세의 출현으로 이끄는 것은 주변부에 있는 땅과 인간의 삶을 토지와 노동으로 환원하는 것이다.

"후배지"에서 "도시"로 토지와 노동을 착취하기

500년간의 프로젝트의 흡혈귀 같은 성격을 강조하면서 에두아르도 갈레아노는 이 프로젝트의 역할이 라틴아메리카를 "노출된 혈관 지역(region of open veins)"으로 환원하는 것이었다고 주장한다. 이 점에 대해 상술하며 에두아르도는 이렇게 썼다. "처음 발견할 때부터 우리 시대까지 모든 것이 유럽의―또는 후대에 미국의―자본으로 바뀌었고, 그렇게 멀리 떨어진 권력의 중심부에 축적되었다." 갈레아노는 계속해서 폴라니가 시장사회를 비판하는 것과 같은 방식으로 이런 견해를 강조한다. "모든 것, 즉 땅과 땅에서 나오는 과일과 풍부한 광물, 사람들과 사람들의 일하고 소비하는 능력, 천연자원과 인간 자원"이 상품으로 바뀌었다.[34] 마찬가지로 "각 지역의 생산 수단과 계급 구조가 자본주의라는 포괄적인 변속 장치에 맞추

격차에 주목해야 한다.

33) 분명히 하자면, 여기서 주장하는 것은 식민지 프로젝트 또는 그 안의 착취 구역이 시장사회 그 자체를 구성하는 역할을 했다는 것이 아니다.(이를 위해서는 식민지 프로젝트 또는 착취 구역 안에서 시장이 기능한 방식에 대한 조사가 필요한데, 이는 이 연구의 범위를 넘어서는 것이다.)

34) Eduardo Galeano, *Open Veins of Latin America: Five Centuries of the Pillage of a Continent* (New York: Monthly Review Press, 1997), 3쪽. 강조는 내가 한 것이다.

는 방식으로 외부에 의해 연속적으로 결정되었다."³⁵⁾ 시인이 된 역사학자인 갈레아노는 여기서 식민지와 신식민지 지역에서 착취를 돕기 위해 채택된 기술 관료적 패러다임의 핵심을 포착한다.

갈레아노의 주장처럼, 라틴아메리카, 그 사람들과 땅을 자본으로 바꾸려는 노력은 1492년의 접촉으로부터 시작되었다. 이 부분은 크리스토발 콜론이 스페인의 페르디난드 왕과 이사벨라 여왕에게 보낸 편지에서 자신이 히스파니올라 땅을 처음 마주했던 내용을 기술한 대목에 잘 드러나 있다. "황금은 가장 훌륭하고, 그래서 자기 상자를 황금으로 채우는 사람은 세상에서 원하는 것은 무엇이든 할 수 있을 것입니다."³⁶⁾ 콜론은 자신의 왕실 자본가에게 그 섬의 토착민인 아라와크 사람들을 스페인 왕을 위해 쉽게 정복할 수 있다고 장담한다. "50명만 있으면 그들 모두를 복종시킬 수 있고, 무엇이든 원하는 것을 시킬 수 있습니다."³⁷⁾ 여기 콜론의 초기 진술에서, 15세기 도미니코회 수사인 바르톨로메 데 라스 카사스가 스페인 침략의 "두 발(two feet)"이라고 명명했던 것, 즉 약탈 정권을 섬기기 위한 전쟁과 노예화의 잔재를 볼 수 있다.³⁸⁾

식민지 착취과정은 스페인의 위탁 체제(encomienda system)를 만들면서 처음으로 공식화되었다. 콜론은 이 체제를 구성하는 데 핵심 역할을 하였다.³⁹⁾ 스페인의 침략전쟁에 이어 이 체제가 수립되면서

---

35) 위의 책.
36) Cristóbal Colón, *Textos y documentos completos de viajes, cartas, y memorials, ed. Consuelo Varela* (Madrid: Alianza, 1989), 327쪽.
37) 위의 책, 33쪽.
38) 이 점에 대해 *LC*, 99쪽을 보라. 최초의 진입과 관련하여 라스 카사스의 생각을 구띠에레즈가 분석한 것은 *LC*, 2부와 3부를 보라. 두 번째 진입과 관련하여 라스 카사스의 생각을 구띠에레즈가 설명한 것은 *LC*, 4부와 5부를 보라.

스페인 침략자들은 최소한 유럽의 관점에서는 라틴아메리카의 땅과 토착민들에 대한 합법적 권위를 부여받게 되었다. 위탁 체제가 "변화 과정"을 통치한 초기의 일부 내용이 라스 카사스의 역사 책에 기록되어 있다. 유명한 『인디오의 역사』라는 글에서 라스 카사스는 땅에서 귀한 광물을 착취하기 위해 토착민의 노동력을 착취한 방식을 기술하고 있다.

> 산들이 수천 번이나 바닥에서 꼭대기로 꼭대기에서 바닥으로 뒤집혔다. [일꾼들은] 땅을 파고, 바위를 가르고, 돌을 옮기고, 흙을 등에 지고 날라 물에 씻는다. 그리고 금을 씻는 사람들은 줄곧 물속에서 몸을 구부리고 있어야 하기에 허리가 끊어질 듯하다. 광산이 물에 잠길 경우 최악의 작업은 아래에서 대야로 물을 퍼다 밖으로 내던지는 일이다.[40]

토착민들의 강요된 노동은 그칠 줄 몰랐다. 위탁자(encomendero)가 할당량으로 요구하는 만큼을 생산하지 못하는 노예들은 고문과 죽음을 당해야 했고, 이런 관습은 식민지와 신식민지의 착취 역사 내내 반복되며 발전하였다.[41]

스페인이 라틴아메리카를 약탈한 일은 유럽대륙에서 전쟁이 확

---

39) 콜론은 1499년 히스파니올라에서 동료 스페인 사람에게 첫 번째 엥꼬미엔다를 직접 부여했다. Lynne Guitar, "Encomienda System," in *The Historical Encyclopedia of World Slavery*, vol. 1, ed. Junius P. Rodriguez (Santa Barbara: ABC-CLIO, 1997), 250쪽을 보라.
40) Bartolomé de Las Casas, *Historia de las Indias*, vol. 2, ed. André Saint-Lu (Caracas: Biblioteca Ayacucho, 1986), 57쪽.
41) 고문 기술의 발전에 대해서는 앞으로 다루게 될 "추친 체제"에 대한 에드워드 뱁티스트의 설명을 보라.

산되는 데 발판 역할을 하였다. 케네스 포머란츠의 설명처럼, 소위 신대륙이라는 곳에서 가져온 금과 은은 "북서 유럽의 경제 중심으로 떠오르는 지역을 스페인이 침공하여 거의 성공할 뻔했던 것을 포함하여 수많은 전쟁에 자금을 댔다."[42] 동시에 귀금속이 스페인과 다른 유럽 지역으로 유입되면서, 식민지 프로젝트의 입안자들이 원하는 것을 지원하기 위해 더욱 다양한 원재료를 충당할 수 있도록 식민지 체제의 주변부에서 착취과정을 확장하고 다양화하는 데 투자하게 되었다. 또한 포머란츠의 주장처럼, 약탈한 금과 은은 결국 "아메리카 대륙에 노예를 공급하기 위한 비용 대부분"을 충당하는 데 사용되었다.[43] 이제 우리는 여러 대륙에 걸친 식민지 프로젝트의 정치적 생태론 안에서 발달하는 착취의 악순환을 분별할 수 있게 되었다. 식민지 권력을 위해 토지를 징수한 것은 노동력을 징발하기 위한 자금을 대는 역할을 했고, 이는 식민지 권력이 더욱 광범위하고 종합적으로 땅을 착취하도록 하였다.

식민지 개척자들이 초기에 착취 프로그램을 공식적 통제 아래 두고자 하는 노력을 실행하면서 스페인 식민지의 위탁 체제는 단일 작물을 대규모로 경작하는 정교한 체계가 등장하기를 기대했다. 이러한 체계는 라틴아메리카 땅을 "환금작물용" 밭으로 전환함으로써, 그리고 착취과정을 능률화함으로써 식민지 개척자들의 경제적 이윤을 증가시켰다. 단일 작물 경작은 땅에서 나는 상품을 심고, 추수하고, 포장하고, 운송하는 데 효율성을 높일 수 있었다. 포머란츠는 이

---

[42] Kenneth Pomeranz, *The Great Divergence: Europe, China, and the Making of the Modern World Economy* (Princeton, NJ: Princeton University Press, 2000), 270쪽.
[43] 위의 책, 271쪽. 포머란츠의 주장처럼, 유럽의 상인들은 아시아의 상품과 교환하기 위해 은을 사용했고, 이는 노예가 된 인간을 구입하는 데 사용되었다.

렇게 썼다. "대부분의 경작지에서 한두 가지 수출품에 집중함으로써 무역 면에서 획기적 발전이 가능했다. 대서양 횡단 운송비용이 중대한 기술 변화가 없었음에도 18세기 중에 대략 50% 정도 줄었다."[44] 따라서 단일 작물 농업 체계는 착취과정을 최적화하는 데 기여하였고, 이러한 최적화를 통해 식민지 프로젝트의 중심 지역에는 부가 더욱 축적되게 되었다.

잘 알려진 것처럼, 단일 작물 농업은 여러 면에서 생태계에 해를 끼쳤다. 한 가지만 예를 들자면, 카리브 지역의 설탕 농장이 미친 영향을 언급하며 터커는 이렇게 썼다. "많은 지역에서 사탕수수를 심기 위해 급속하게 원시림을 없앴다. 다른 지역에서는 사탕수수가 이전의 농작물과 목초지를 대체했다." 터커는 사탕수수가 수많은 식물과 동물의 삶을 바꾸었다고 주장한다. 터커는 이렇게 결론짓는다. "여러 지역에서 사탕수수즙을 끓이고 일꾼들의 음식을 조리하느라 사탕수수밭보다 높은 곳에 위치한 비탈의 목재들이 서서히 사라져 갔다."[45] 요약하자면, 터커는 식민지 프로젝트의 주변부에 있는 땅을 상품으로 전환하려는 계속되는 노력 속에 땅이 고갈되도록 압박을 받는 방식을 기술한다.

식민지 프로젝트에서 환금작물 농업의 등장은 기술 관료 논리의 영향력 아래에서 정치-생태론적 파괴의 양상을 불러왔다. 그런데 이

---

44) 위의 책 267쪽.
45) Tucker, *Insatiable Appetite*, 7-8쪽. 20세기까지 브라질의 '조나 다 마타'에서의 토지와 노동 사이의 관계에 대한 미묘한 차이가 있는 분석에 대해서는 Thomas D. Rogers, *The Deepest Wounds: A Labor and Environmental History of Sugar in Northeast Brazil* (Chapel Hill: University of North Carolina Press, 2010)을 보라. 로저스는 브라질에서 단일 작물 농업이 등장하게 된 데에 외부의 힘이 작용한 것에 대해서는 관심이 덜하다. 하지만 로저스의 분석은 인간과 인간이 경작하는 토지의 얽힌 관계를 잘 보여준다.

러한 착취의 양상은 식민지 개척자들이 자기들이 침략한 세계에 탐욕스런 욕망을 처음 풀어놓으면서 시작되었다. 윌리 제임스 제닝스의 주장처럼, 스페인 침략자들은 라틴아메리카의 자연계를 구성하는 생태계의 미묘한 차이에 주목하지 않았고 처음부터 이 생태계에 자신들이 가진 이미지를 적용했다.[46] 그러면서 이들은 토착 경관을 극심하게 재구성하였고 인간 공동체를 동요시켰다. 초기의 악명 높은 이런 적용 사례로는 가축화한 발굽 동물(양, 돼지 등)을 오늘날 멕시코의 메스키탈 계곡에 도입한 것이다. 발굽 동물들은 그 지역을 초토화했다. 엘리너 멜빌은 이들 동물을 도입한 결과로 "한때 비옥했던 평지는 메스키트가 장악한 사막 관목이 밀집하여 뒤덮었고, 가파른 언덕은 나무가 사라졌고, 산록 지대는 침식되어 도랑이 되었다."[47] 양을 방목함으로써 전통적 농업 형태가 파괴되었고, 그 결과 "새롭고 전혀 농사에 걸맞지 않은 지대가 형성되어 토착민들은 주변화되고 소외되었고, 이들이 대대로 누리던 자원은 훼손되거나 사라졌으며, 이들이 생산 수단에 접근하는 것도 제한되었다."[48] 따라서 발굽 동물을 도입한 것은 토착 생태계만이 아니라 사람들에게도 악영향을 끼친 것이다. 멜빌의 주장처럼, "양이 단지 사람을 대체한 것이 최종 결과이긴 하지만 … 그게 다가 아니다. 양은 사람을 추방했다. 속담에도 있듯이 양이 사람을 먹어버렸다."[49]

---

46) Willie James Jennings, *The Christian Imagination: Theology and the Origins of Race* (New Haven, CT: Yale University Press, 2010), 65–118쪽에서 이 부분이 강조되었다.

47) Elinor G. K. Melville, *A Plague of Sheep: Environmental Consequences of the Conquest of Mexico* (New York: Cambridge University Press, 1997), 39쪽.

48) 위의 책, 40쪽.

49 위의 책, 39쪽.

무지와 부주의로 발굽 동물을 도입함으로써 초래된 정치-생태론적 황폐화는 현재까지 계속해서 합리화해 온 파괴 방식의 전조였다. "양이 사람을 먹었다"면, 착취적 단일 농법은 식민지 프로젝트 안에서 유럽의 중심부를 칭송하기 위한 자금을 대기 위해 전체 문화, 사회, 생태계를 삼켰다.[50] 발굽 동물을 도입한 것과 착취의 기술 관료적 패러다임 사이의 공통점은 둘 다 식민지 개척자들의 이미지 속에 세상을 개조하는 전조가 된다는 점이다. 500년간의 프로젝트의 시작부터 이 땅의 정치적 생태론은 식민지 개척자들의 욕구에 부합하도록 구성되었다.

식민지 프로젝트의 초기 수십 년 동안 나타난 일반적 착취 형식은 다음과 같이 정리할 수 있다. 라스 카사스가 "영광에 대한 우상 숭배적인 탐욕과 욕구(an idolatrous greed and desire for glory)"라고 부르곤 했던 것에 의해 연료가 채워지는 착취와 지배를 향한 충동은 생산 할당량이라는 다소 엉뚱한 표현으로 처음 자신을 드러냈다.[51] 그런데 이런 착취 충동은 곧바로 당시 등장하던 기술 관료적 패러다임의 특징이었던 "합리적" 통제 형식으로 진보하여 체제의 주변부에서 땅을 토지라는 상품 형태로 체계적으로 환원하였다. 토지는 식

---

[50] 이 현상에 대한 폭넓은 비판적 설명은 Galeano, *Open Veins of Latin America*, 59-133쪽을 보라. 식민지 주변부의 땅을 착취한 결과로 주변부의 부 역시 창출되었다는 점을 언급해야만 한다. 하지만 이러한 부 창출은 심하게 불균형하게 분포되는 경향이 있었다. 산업화 이전 사회의 착취 비율을 조사하면서 브랑코 밀라노비치는 유럽의 식민 정권 대다수가 "'착취 기술'을 끝까지 밀어붙였다"는 것을 발견했다. 게다가 밀라노비치는 이들 정권이 그동안 세계가 경험하지 못한 경제적으로 가장 불평등한 지리상의 구역을 만들었다는 것과, 그 과정에서 수백 년 동안 반복될 불공정한 정치 생태 환경의 양식도 수립했다는 것도 발견했다. Branko Milanovic, *The Haves and the Have Nots* (New York: Basic, 2011), 198-202쪽을 보라.

[51] Gutiérrez, *Las Casas*, 420-43쪽을 보라.

민지 프로젝트의 근본적 목적에 부합하도록 더욱 정밀하게 구성되었다. 즉 땅의 자원과 부를 착취하고 이를 유럽의, 나중에는 북미의 권력 중심에 집결시켰다.

식민지 프로젝트의 주변부에서 땅을 착취 가능한 "토지"라는 상품으로 환원하는 것은 500년간의 프로젝트의 초기에 유럽의 지배가 등장하는 데 필수였다. 포머란츠는 유럽이 프로젝트의 주변부에서 토지를 자신들 것으로 전용한 것은 근대의 새벽에 유럽의 식민지 세력과 나머지 세상 사이의 (자기가 이름 붙여 유명해진 용어인) "커다란 분기점"을 이루는 중요한 원인이라고 주장했다. 식민지 토지에 대한 유럽의 탐욕스런 식욕과 절박한 필요에 대한 충격적인 사례로서 포머란츠는 1830년에 영국은 국경 밖에서 2천 5백만~3천만 에이커에 이르는 토지를 활용하여 목화, 설탕, 목재를 수입했다는 점을 들었다.[52] 영국이 포머란츠의 표현처럼 "유령 토지(ghost acre)"를 전용했다는 것은 영국의 국경 안쪽에는 경작 가능한 땅이 천 7백만 에이커 밖에 없었다는 점에서 특히 주목할 만하다. 따라서 대영제국이 전례 없는 수준의 경제성장을 유지하기 위해서는 민족국가의 경계 안에서 동원 가능한 토지보다 45~75%가 더 필요했다. 포머란츠가 분명하게 주장하는 것처럼, 유럽의 중심이 등장한 것은 고도로 개선된 약탈 방식 덕분이었다.

노예제, 인종차별, 그리고 기술 관료적 패러다임

기술 관료적 패러다임은 식민지 프로젝트의 주변부에서 땅을 약탈하는 데 체계적인 근거를 제공하는 역할을 했다. 이 체계는 또한

---

52) Pomeranz, *Great Divergence*, 276쪽.

착취 구역에서 인간의 삶을 노동으로 환원하기 위한 노력 속에 더욱 많이 채택되었다. 이를 가장 잘 보여주는 것은 식민지 프로젝트의 재산노예제도(chattel slavery)의 발달이다. 이 제도는 15세기 이후 식민지 프로젝트를 유지하는 데 없어서는 안 될 역할을 했다.[53] 여기서 나는 19세기 미국의 노예제도 혁신에 초점을 맞출 것이다. 하지만 식민지 프로젝트의 인간 노예화 체계가 지속적으로 좀더 포괄적 형태의 "합리적 통제" 아래로 들어간 방식을 살펴보기 전에, 식민지 프로젝트 초기에 피부가 검거나 갈색인 사람들에 대한 인종차별이 등장한 것에 대해 언급하는 것이 중요하다.

이브람 켄디는 특정 인간 집단에 대한 혐오나 무지로 인한 편견이 인종차별 이데올로기를 야기하고, 이 이데올로기가 인종차별적 착취와 지배체제를 만든다는 것은 널리 수용된 견해라고 주장한다. 하지만 미국에서의 인종차별 개념의 등장에 대한 탁월한 연구를 통해 켄디는 이런 식의 해석이 인종차별을 당하는 인간에 대한 착취가 역사 속에서 실제로 발전해 온 내용을 자주 뒤집는다고 주장한다. 실제로는 인종차별 노선에 따라 규정된 착취 행위와 착취 정책을 실행한 것이 인종차별 이데올로기를 일으키고, 이 이데올로기는 혐오에 따른 무시를 낳게 된다. 이런 의미에서 켄디는 이렇게 썼다.

---

53) 에릭 윌리엄스는 자본주의와 노예제의 관계에 대한 기초적인 설명에서 재산 노예 제도가 영국의 산업혁명에 자금을 대는 데 필수였다는 것과, 그 결과 산업화는 노예제도를 구시대의 것으로 만들었지만 여전히 인종차별적 노선에서 노동력 착취는 계속되었다는 두 가지 주장을 전개했다. Eric Williams, *Capitalism and Slavery* (Chapel Hill: University of North Carolina Press, 1944)를 보라. 윌리엄스의 주장과 관련된 주제의 역사 자료가 최근 갱신되었다. 예를 들어 *Slavery's Capitalism: A New History of American Economic Development*, ed. Sven Beckert and Seth Rockman (Philadelphia: University of Pennsylvania Press, 2016)를 보라.

"최고 권력자들이 수백 만 흑인의 삶에 영향을 끼치는 차별정책을 제정하고, 옹호하고, 허용할 때 … 인종차별주의자의 생각은 대개 그 결정에 영향을 주지 않는다. 인종차별 정책은 대개 경제적, 정치적, 문화적 이기심에서 솟아난다."[54] 켄디가 볼 때, 흑인에 대한 인종차별 이데올로기 구축의 원동력이 된 것은 피부가 검거나 갈색인 사람을 착취하는 데에 대한 사회 권력의 합의였다.[55]

식민지 프로젝트에서 인간 노예화 체계가 등장한 것에 관한 켄디의 주장은 착취적 식민주의 과정이 어떻게 그때 이후로 현대에 만연했던 피부가 검거나 갈색인 사람들에 대한 인종차별 이데올로기가 등장하는 데 촉매 역할을 했는지를 설명하는 데 도움이 된다. 식민화된 주변부 땅에서 부와 천연자원을 착취하기 위해서는 엄청난 노동력을 지불해야 했는데, 특히 초기 식민지시대 산업화 이전 상황에서 그러했다. 그런 상황에서는 노예화된 인간의 노동이 약탈을 지원하기 위한 노동을 구성하는 데 선호되는 방식이었다. 라틴아메리카 토착민이 유럽의 풍토병에 취약했기 때문이, 이들을 사용하는 비용이 노예화라는 사악한 요구를 통해 얻는 이익보다 크다는 것이 드러나자, 유럽의 약탈체제 뒤에 있던 입안자들은 착취과정에 필요한 노동력을 갖추기 위해 아프리카 대륙으로 눈을 돌렸다. 이러한 전환이 식민지 프로젝트의 흑인에 대한 인종차별 이데올로기를 만들어 냈고, 이 이데올로기는 라틴아메리카에 대한 약탈을 최적화

---

54) Ibram X. Kendi, *Stamped from the Beginning: The Definitive History of Racist Ideas in America* (New York: Nation, 2016), 9-10쪽.
55) 2장에서 다룬 용어를 사용하자면, 켄디의 역사 해석이 역사적 현실의 사회구조적 단계가 사회의 문화적/심리적 형태를 형성하기 위한 촉매라고 주장한다는 점에 주목할 필요가 있다. 동시에 켄디가 볼 때, 역사적 현실의 이 두 차원이 서로에게 필요조건이 된다는 점은 분명하다.

하는 데 필요한 이미 시작된 인간 노예화 체계를 정당화하려고 하였다.

앞에서 이미 논의한 것처럼, 노예노동은 식민지 프로젝트의 초창기부터 활용되었다. 착취적 식민주의의 입안자들이 노예제 체계를 실행한 근본적인 이유는 많은 부분 이 체계가 공급할 수 있는 노동력에 대한 통제 정도 때문이었다. 에드워드 뱁티스트의 지적처럼, 노예화된 인간을 "노동"으로 여기는 개념의 씨앗은 아리스토텔레스가 노예화된 인간을 "수단 … 살아있는 도구" 등으로 묘사한 데서 분명히 볼 수 있다. 뱁티스트의 말처럼, 아리스토텔레스의 묘사를 통해 "노예는 주인의 … 뜻이 구체화된 것이라는 생각이 공식적으로 인정"되었다.[56] 서양의 지배적인 생각에서 노예화된 인간은 노예 상인/노예 주인의 요구에 따르는 노동 수단일 뿐이다.

아리스토텔레스가 묘사한 내용이 미국의 노예 주인들이 노예화된 사람을 가리킬 때 사용하는 언어에 비슷하게 반영되어 있다. 처음에는 노예 주인들이 노예화된 인간을 "머리"라고 했다가, 1800년대 초에는 "손"이 지배적 호칭이 되었다. 이런 언어의 전환은 중요하다. 뱁티스트는 이렇게 썼다. "'손'은 '노예'라는 상품의 이상적 형태였다. 백수정(white crystals)이 '사탕수수'라는 상품의 이상적 형태인 것처럼 말이다. 판매될 사람들은 상품이었다. 양도 가능하고, 쉽

---

[56] Edward, E. Baptist, *The Half Has Never Been Told: Slavery and the Making of American Capitalism* (New York: Basic, 2014), 101쪽. 분명히 하자면 아리스토텔레스 시대의 노예제도는 근대 미국의 재산노예제도와는 달랐다. 실제로 오늘날의 '노예'(slave)라는 용어는 아리스토텔레스보다 한참 뒤에 (슬라브족 출신 사람을 나타내는) 'Slav'에서 유래하였다. 그럼에도 불구하고 뱁티스트가 아리스토텔레스를 인용한 것은 여기서 노예 상인/노예 주인들과 재산노예제도의 의도를 기술하기에 적합하다.

게 팔리고, 중요한 것은 백인 프로젝트가가 직접 다루기 쉽도록 효과적으로 제공된다는 것이다."[57] 요약하자면, 지시 대상인 '손'은 노예화된 인간이 노예 주인들의 '수단,' '살아있는 도구'—시장사회와 기술 관료적 패러다임의 이상적인 인간(최소한 생산과 관련하여)—라는 아리스토텔레스의 견해를 전달하는 것이다.[58] 식민지 프로젝트의 입안자들이 볼 때, 노예화된 인간은 근본적으로 착취를 위한 도구였다. 아실 음벰베는 흑인에 대한 인종차별 이데올로기의 등장과 재산 노예제도의 등장 사이의 연결점에 대해 논하면서 이렇게 주장했다. "흑인을 생산하는 것은 복종이라는 사회적 고리와 착취하는 몸 … 최대의 이익을 착취하기 위해 많은 노력을 기울이는 몸을 생산하는 것이다."[59] 노예 주인들은 노예체계를 통해 일정 수준의 통제가 가능했기에 더 낮은 임금으로 더 긴 노동 시간과 더 높은 생산성을 얻을 수 있었다. 인간 노예화가 인종차별 이데올로기를 통해 "정당화"되어 착취과정이 더 효율적이고 더 수익성 좋게 되었다.

분명히 말하지만, 노예제도 체계는 노예화된 인간을 "노동"의 범주로 환원하는 데 온전히 성공하지 못했다. 노예화된 인간의 경험에 대한 20세기 문헌에 잘 증언된 것처럼, 극도로 비인간화하는 노예제도 체계에 대한 저항이 차고 넘쳤다.[60] 이런 저항은 탈출 시도와 노골적 반항으로부터 몰래 일을 느리게 한다든가 (목화 더미에 돌

---

57) 위의 책.

58 뱁티스트는 노예 상인/노예 주인들이 노예화된 가족을 해체하도록 만드는 중요한 근거가 그러한 해체를 통해 노예가 된 개인이 강제 노동에 더욱 유순해진다는 것이라고 주장했다. 위의 책, 106쪽을 보라.

59) Achille Mbembe, *Critique of Black Reason* (Durham, NC: Duke University Press, 2017), 18쪽. 강조는 음벰베가 한 것이다.

60) 이 점이 뱁티스트가 *The Half Has Never Been Told*의 여러 부분에서 강조한 내용이다.

을 집어넣는 등의) 태업, 그 외 끔찍하게 모욕적인 상황 속에서 서로를 돌보는 인간적인 공동체를 형성하게 만든 수많은 작은 행위 등등 다양한 형태를 띠었다.[61] 노예 상인/노예 주인들의 의도에도 불구하고 노예화된 인간들은 다양한 방식으로 자신들이 "손"이라는 별칭으로 축소되는 것을 거부했다.

하지만 바로 이러한 노예화된 인간들의 다양한 형태의 저항 때문에 식민지 노예제도의 입안자들은 더욱 포괄적 통제체계를 수립하여 가능한 한 인간을 착취과정을 수행하는 도구로 환원하고자 했다.[62] 케이틀린 로즌솔의 주장처럼, "자신들을 위한 공간을 원했던 [노예화된] 사람들은 폭력, 두려움, 사회적 공포 등을 함께 엮은 종합적이고 때로 양적인 정보 체계를 직면했다."[63] 이들의 저항에 담긴 용기를 좀더 온전히 이해하기 위해서는 "노예화된 사람들이 살아남고자 했던 체계를 이해할" 필요가 있다.[64] 로즌솔의 주장처럼,

---

61) 예를 들어 John W. Blassingame, *The Slave Community: Plantation Life in the Antebellum South* (New York: Oxford University Press, 1979)와 Stephanie M. H. Camp, *Closer to Freedom: Enslaved Women and Everyday Resistance in the Plantation South* (Chapel Hill: University of North Carolina Press, 2004)를 보라.

62) 이 점에 대해 케이틀린 로즌솔은 이렇게 썼다. "통제와 저항은 상반되지 않는다. 통제는 저항 부족을 나타내는 것이 아니고 동의를 나타내는 것도 절대 아니다. 재산노예제도를 제대로 설명하려면, 역사가들은 노예 문화를 낭만적으로 그리거나 그 범위를 과장하지 않은 채 그 활력을 인식할 필요가 있다. 노예화된 사람들이 성취한 것은 놀랍지만, 동시에 폭력과 감시체계에 의해 심하게 제한되기도 하였다. 저항 시기의 중요성을 이해하기 위해서는 노예화된 사람들이 살아남고자 했던 체계를 이해할 필요가 있다." Caitlin Rosenthal, *Accounting for Slavery: Masters and Management* (Cambridge, MA: Harvard University Press, 2018), 194쪽.

63) 위의 책.

64) 위의 책.

식민지 노예 체계는 노예화된 사람들의 노동력을 더욱 통제하고 효율성과 전반적인 생산성 향상에 박차를 가하기 위해 기술 관료적 패러다임의 본질인 회계 논리와 도구처럼 다루기를 점점 더 많이 활용하게 되었다.

이 점이 가장 확실하게 드러난 것은 1793년에 조면기(cotton gin)가 발명되자 이에 대한 반응으로 미국에서 노예제도를 수정한 대목이다. 급성장하던 식민지 프로젝트에서 조면기의 발명은 결정적인 순간이었다. 조면기 덕택에 목화 생산자들은 자신들이 기르고 추수하는 목화 전부를 손질할 수 있었고, 다듬은 목화를 세상에 훨씬 많이 공급할 수 있게 되었다. 그 결과 세계 경제 대부분을 변화시킬 수 있을 것이라 여겨질 정도였다. 그런데 이러한 가능성을 실현하기 위해서는 미국에서 재배하는 목화의 양을 늘릴 필요가 있었다. 결국 조면기는 처음에 심고 재배해서 수확한 목화만 손질할 수 있을 뿐이었다. 19세기에 들어설 즈음에 목화를 재배하는 일은 여전히 노예화된 노예의 노동력에 전적으로 의존하고 있었다. 따라서 조면기가 선사하는 감질 나는 약속을 이루기 위해서 노예 주인들은 자신들이 "손"으로 여기는 인간들로부터 생산성을 향상시킬 필요가 있었다. 이러한 곤경이 결국 "압박하는 체계," 즉 목화 생산에 혁명을 일으킨 사회공학 체계를 시작하도록 이끌었다.

압박하는 체계는 조면기의 약속을 성취하기 위한 노력의 일환으로 노예화된 인간의 생산성을 향상시키기 위해 감시, 폭력, 능률화된 노동의 측면에서 혁신을 결합하였다. 밭에서 일하는 노동자들은 지속적인 감시 아래에 놓였고, 해 뜰 때부터 "너무 어두워 목화와 잡초를 구분할 수 없을 때까지" 일해야 했다.[65] 점심식사는 생략되었다. 농장에서의 작업은 거의 일정해졌다. 압박하는 체계에서 노예화된 사람들은 거의 모두 심고, 잡초를 제거하고, 끝을 분간할 수 없을 정도로 늘어선 목화를 따는 똑같은 작업을 해야 했다. 일부 쇠약한 사람들만이, 밭에서 일하는 노예화된 사람들이 밤에 해야 할 분량을 위해 수용소에 남아 있었다.

노예화된 사람들 각자의 생산량은 꼼꼼하게 기록되었다. 이들이 개개인의 하루 할당 생산량을 채우지 못하면 노예 주인들은 늦어도 그날 밤에 폭력으로 고문했다. 뱁티스트는 이렇게 썼다. "[고문과] 단순히 가학적 행동의 중요한 차이는 아마도 고문의 목적이 '진실'을 끌어내기 위한 것이라는 점이다." 뱁티스트는 또한 노예화된 사람을 고문한 결과 실제로 "남자나 여자나 아이가 딸 수 있는 최대의 무게"라는 진실을 끌어냈다고 말한다. 일단 이러한 자료가 확인되고 나면 "고문하는 사람은 노예화된 사람의 생각을 다시 한 번 촉구하여 더 많은 양을 생산하도록 강요했다. … 이것이 많은 농장주들과 감독들이 심지어—어쩌면 특히 더—가장 빠른 일꾼에게 채찍질한 이유이다."[66] 그래서 노예 주인들은 생산성 향상을 최대화하기 위해 고문을 "합리적으로" 조정하였다.

실제로 노예 주인들은 자신들이 택한 회계방식을 통해 자신들의 노동 최적화 방식이 원하는 목표를 성취했음을 확인할 수 있었다. 로즌솔은 이렇게 썼다. "수량화라는 부드러운 힘이 채찍이라는 강력한 힘을 보완하였다. 체계적 회계방식이 노예 농장에서 번성할 수 있었던 것은 재산노예 원리에도 불구하고가 아니라 그 원리 덕분이었다. … 회계를 통해 인간(human figure)은 종이 위의 숫자(figure)가 되었고 인간은 더 이상 손 이상으로 보이지 않게 되었다."[67] 여기서

---

65) Baptist, *Half Has Never Been Told*, 118쪽.
66) 위의 책, 139-40쪽.

우리는 착취적 식민주의를 섬기는 기술 관료적 패러다임과 인간 삶의 상품화의 충만한 잔인함이 전시된 것을 보게 된다.

노예 주인들의 혁신은 실제로 그들이 원한 결과를 가져왔다. 미국의 대농장들 가운데 압박하는 체계가 널리 채택됨으로써 효율과 생산량 면에서 놀라운 상승효과가 일어났다. 19세기 초반에 노예 주인들은 보통, 노예화된 사람 한 명이 토지 5에이커만큼 일할 수 있다고 계산한 반면, 19세기 중반에 와서는 이 숫자가 10에이커로 두 배가 되었다.[68] 동시에 밭일 하는 노예들은 자신들에게 할당된 토지에서 더욱 효율적으로 일하게 되어, 거의 비슷한 시기 동안 노예화된 사람들이 하루에 수확하는 목화의 평균 양이 거의 네 배가 되었다.[69]

압박하는 체계를 구현하고 이 체계가 노예화된 사람들의 노동력에서 착취하는 생산성이 향상되면서 성장하는 미국과 세계 경제에 중대한 경제적 혜택을 공급하게 되었다. 이 혜택은 이들 경제 체제 전반에 걸쳐 다양한 방식으로 울려 퍼졌다. 뱁티스트는 이렇게 썼다. "진짜 목화의 가격이 낮아지면서 그 이익이 자본의 형태로 더 효율적인 공장 설비, 신산업 작업 계층에 대한 더 높은 임금, 공장 소유주, 노예 부리는 사람, 정부의 수익 등으로 재투자되었다."[70] 게다가 막 시작한 영국의 섬유 산업화 체계의 안정성이 미국의 목화 생산 확대에 달려 있었고, 따라서 "섬유 산업 초기에 목화 섬유가

---

67) Caitlin Rosenthal, "Slavery's Scientific Management: Masters and Managers," in *Slavery's Capitalism: A New History of American Economic Development*, ed. Beckert and Rockman, 86쪽.
68) Baptist, *Half Has Never Been Told*, 117쪽.
69) 위의 책, 126-27쪽.
70) 위의 책, 128쪽.

부족하게 되면 가속 중인 모든 성장 곡선이 꺾였을 것이다."[71] 착취 구역에서 노예화된 사람들의 삶이 노동으로 대거 환원되지 않았다면, 식민지 프로젝트의 유령 토지가 프로젝트의 중심부에 위치한 나라에 공급한 자원이 중심부와 주변부 사이의 거대한 차이를 만들기에 부족했을 것이다. 결국 대부분의 세계는 미국의 "손"으로 딴 목화로 만든 천으로 옷을 입게 되었고, 자기들이 뿌리지 않은 것으로부터 유익을 거두게 된 셈이다.

우리는 이제 콘의 선언문의 역사적 진실을 더 잘 파악할 수 있는 지점에 와 있다. 500년간의 프로젝트는 그 시작부터 체제의 주변부에서 다르게는 살아갈 수 없는 시장사회의 조건을 만들고 유지하는 기능을 했다. 그 프로젝트의 목적은 주변부로부터 부와 노동력 착취를 최적화하고 이를 식민지 프로젝트의 중심 영역에 집중시키기 위해 주변부의 땅과 인간의 삶을 토지와 노동이라는 상품으로 환원하는 것이었다. 이런 착취과정은 기술 관료적 패러다임의 본질인 도구적 논리의 지배를 받았으며, 수세기에 걸친 생태계 파괴와 사회경제학적 착취과정의 시발점이 되었다. 동시에 이런 착취과정은 피부가 검거나 갈색인 사람들에 대한 인종차별 이데올로기를 불러일으켰는데, 이는 유럽 백인의 식민지 프로젝트를 구성하는 이미 융합된 착취 유형을 정당화하려는 것이었다. 이런 인종차별 이데올로기는 오늘날 세계의 정치적 생태론을 구성하는 데 두드러진 요소로 남아서 많은 것들 가운데 특히 노동시장을 형성하고, 또한 지역적 차원과 전 세계적 차원에서 생태계를 파괴한다.[72]

---

71) 위의 책, 82쪽.
72) 인종과 계급에 관하여 Etienne Balibar and Immanuel Wallerstein, *Race, Nation, Class: Ambiguous Identities* (London: Verso, 1991), 29-36쪽을 보라.

500년간의 프로젝트 중에 땅을 토지로 환원한 일은 또한 요한 록스트롬이 정의한 다양한 지구 위험 한계를 넘어서는 과정의 시작이기도 하였다. 땅의 경작 가능한 다양한 지역을 착취주의의 두드러진 특징인 단일작물 농업을 위한 토지로 전환한 일은 500년간의 프로젝트 중 주된 토지 관리 방식이 되었다. 전 지구적 차원에서 이런 과정은 "토지 체계 변화"를 주도하여 인간의 토지 변경이 "안전한 운영"의 한계점을 넘어설 위험이 점점 더 커지는 지경에 이르렀다. 게다가 인간의 토지 변경은 이제 여섯 번째 대멸종의 주된 요인 중 하나가 되었고, 이로써 건강한 생태계를 위해 필요한 생물 다양성이 위협받게 되었다.[73] 착취적 토지정책은 또한 화석연료를 추가로 착취하도록 함으로써 현재의 기후변화 비상사태로의 길을 열었다.

이와 다른 맥락에서 로즌솔은 현대의 회계 및 노동 통제에 관한 기술 관료적 패러다임이 적어도 부분적으로는 노동력 착취를 최대화하려는 노예 주인들에 의해 발달한 기술과 기획으로부터 자라났다고 주장했다. 오늘날 이와 같은 현대식 통제 체계는 기술의 진보와 유례없는 부의 축적에 대한 열망과 결합하여 노동자에게서 노동을 착취하려는 목적으로 시간을 더욱 압축하여 구성한 사회 가속 현상을 재촉한다.[74] 기술 관료적 패러다임의 논리에 부합하여 작동

전 지구적 환경 정의 문제에 관하여 David Naguib Pellow, *Resisting Global Toxics: Transnational Movements for Environmental Justice* (Cambridge, MA: MIT Press, 2007)를 보라.

73) 종의 멸종이 증가할 것이라는 재앙적 사례는 곤충 군집의 개체수를 통해 볼 수 있다. 프란치스코 산체스-바요와 크리스 A. G. 위크휘스는 최근 문헌에 대한 평가를 통해 대략 40% 정도의 곤충 종들이 멸종에 직면해 있다고 주장했다. 그리고 토지 변경이 이러한 현상의 주된 요인이다. Francisco Sánchez-Bayo and Kris A. G. Wyckhuys, "World-wide Decline of Entomofauna: A Review of Its Drivers," *Conversation Biology* 232 (2019): 8-27쪽을 보라.

하는 오늘날의 기술과 관리 전략은 더욱 만연한 방식으로 인간의 삶을 끊임없는 생산과 소비의 실천으로 환원하기 위해 공모한다.[75]

마지막으로 착취적 식민주의는 지난 5세기 동안 제도화되어 재생산된 전 지구적 불평등과 착취 유형의 구조를 수립하였다. 토지와 노동에 대한 약탈이 북반구와 남반구 사이의 "커다란 차이"가 처음 시작되도록 만들었다면, 약탈의 유형을 제도적으로 위임하여 관리함으로써 500년간의 프로젝트를 거치며 이 차이가 계속 유지되게 되었다. 따라서 고메즈 배리스의 문구를 떠올려 보면, 착취적 식민주의의 "다음 생(after lives)"은 계속 살아있는 셈이다. 나는 이제 기술 관료 착취주의의 착취 유형을 좀더 자세히 살펴보려고 한다.

생태적 빚과 불평등한 교환

2장에서 언급했던 것처럼 프란치스코 교황은 『찬미받으소서』에서 "현실적인 '생태적 빚'은 특히 남반구와 북반구 사이에 존재한다"고 주장했다. 교황은 이 빚이 "특정 국가들이 장기간에 걸쳐 천연자원을 지나치게 이용한 사실" 때문에 생긴 것이라고 주장했다(51항). 프란치스코 교황의 판단은 이 장의 앞부분에서 주장한 것과 일

---

[74] Harmut Rosa, *Social Acceleration: A New Theory of Modernity* (New York: Columbia University Press, 2013), 151-94쪽을 보라.

[75] 분명히 하건대 나는 노예제의 공포와 현대의 삶의 일반화된 본질 사이의 등가성을 제안하고 싶지 않다. 그러한 등가성은 어떤 것이라도 격렬하게 거부되어야 한다. 여기서 내 요점은 노예 주인들이 발전시킨 관리 및 회계 방식이 현대의 관리 기술에 채택되었고 이는 인간의 삶을 노동이라는 상품으로 환원하는 데 기여했다는 것을 단순히 주장하는 것이다.

치한다. 그래서 나는 여기서 이 생태적 빚이 수세기 동안 유지되도록 한 그 성격과 동력을 좀더 깊이 살펴보려고 한다.

우리가 살펴본 것처럼 식민 초기에 중심부가 주변부를 약탈함으로써 초기의 "기본 재산"이 형성되었고, 이를 통해 중심부는 스스로를 발전시킬 수 있었다. 하지만 이 초기 기본 재산은 스스로 유지될 수 없었다. 드르농쿠르는 역사 속에서 불가피하게 발생한 경제적 충격들 때문에 기본 재산을 그대로 둘 경우 그 이익이 무가치할 만큼 축소될 수밖에 없었다고 주장한다.[76] 드르농쿠르는 그 이후 몇 십 년 또는 몇 백 년 동안 기본 재산을 유지하고 확장하는 데서 사회-정치적 제도들의 중요성을 강조한다. 제도들은 초기 기본 재산으로 형성된 "불균형을 유지하도록" 해주는 세계의 정치적 생태론을 구성할 수 있었다.[77] 다시 말해, 제도들과 기관들이 기존 권력의 이익에 복무함으로써 역사 속에서, 심지어 경제적 충격들에 직면해서도 불평등을 공고히 하며, 심지어 그 확장을 촉진시킨다.[78] 따라서 드르농쿠르는 이렇게 결론짓는다. "초기의 기본 재산이 단기적으로 또 중기적으로 전 지구적 불평등에 영향을 미치기는 하지만, 장기적으로는 제도들의 영향만 남게 된다."[79]

---

[76] Derenoncourt, "Historical Origins of Global Inequality," 491–511쪽.

[77] 1장에서 조지 케넌의 다음과 같은 주장을 보라. "다가오는 시대에 우리의 실제 과제는 우리의 국가안보에 명백한 손실 없이 지금과 같은 불평등의 위치를 유지하도록 해 주는 관계 형태를 고안하는 것이다. … 우리는 우리가 오늘날 이 타심과 세계를 향한 자선 행위라는 사치를 감당할 수 있다고 우리 자신을 속일 필요가 없다"(1장 각주 89).

[78] 나오미 클라인의 연구는 경제적 충격들을 기존 권력이 이용할 경우 불평등을 확장할 수 있다고 주장한다. Naomi Klein, *The Shock Doctrine: The Rise of Disaster Capitalism* (New York: Picador, 2007)을 보라.

[79] Derenoncourt, "Historical Origins of Global Inequality," 494쪽. 드르농쿠르가 특별히 생태적 빚만이 아니라 일반적인 경제적 불평등에 관심을 두었다

남반구에 부과된 생태적 빚이 단순히 멀어지는 과거의 산물이 아니라 500년간의 프로젝트 과정 내내 지속적으로 유지되던 역동적인 현상이라고 주장한다는 점에서 드르농쿠르의 주장은 중요하다. 스티븐 벙커와 폴 시캔텔은 이러한 동력의 일부 성격을 파악하고서 이렇게 썼다. 500년간의 프로젝트의 중심 영역에 있는 나라들은 무역에 대한 지배권을 놓고 경쟁하면서 착취과정을 유지하려는 목적으로 "자국 내에서 더욱 강력한 기술, 재정 제도, 국가 체계 등을 새롭게 발달시켰다." "[중심부 국가들은] 해외에서 원재료 시장과 수송 체계를 재구성하여 국내의 혁신을 보완하고 더욱 강력하게 만들었다."[80] 따라서 북반구의 중심부 국가들은 초기의 식민 착취과정을

는 점을 언급할 필요가 있다. 제도들이 불평등을 공고하게 만들 능력이 있다는 사례로서 드르농쿠르는 남북전쟁의 결과로 노예제가 폐지되면서 남부의 가장 큰 기본 재산이 사라진 방식을 인용한다. 남부 경제에 끼친 이 어마어마한 충격에도 불구하고 노예 주인들은 이후 수십 년 동안 권력과 부를 유지할 수 있었다. 물론 제도는 물려받은 기존상태를 재생산하려는 경향이 있다. "착취적 제도는 긴 그림자를 드리운다"고 드르농쿠르는 썼다. 드르농쿠르의 이런 주장은 Daron Acemoglu, Simon Johnson, and James Robinson, "The Colonial Origins of Comparative Development: An Empirical Investigation," *American Economic Review* 91, no. 5 (2001): 1369-1401쪽의 주장을 따른 것이다. 여기서 저자들은 착취적 식민주의가 처음 뿌리를 내린 지역에서 약한 제도들이 지속되는 경향이 있다고 주장한다. 이들 지역의 정치경제적 민간 제도들의 영구적인 약점은 지속되는 착취 프로그램에 지속적으로 취약하게 만든다. 예를 들어, 드르농쿠르는 500년의 프로젝트 기간 중 착취적 식민주의가 처음으로 그 뿌리를 내린 지역들이 신뢰할 만한 수입 관세 체계를 개발하는 데서 세계의 다른 지역들보다 뒤처지는 경향이 있다고 주장한다. 수입 관세가 지역의 이익과 복지를 증진시키고 보호할 수 있는 제도를 유지하는 데 필요한 수익을 창출하는 데 반드시 필요하다는 점에서 이는 주목할 만하다. 따라서 기본 재산의 측면이든 제도적 건강의 측면이든, 초기의 결함이 시간에 걸쳐 재생산되는 경향이 있었다.

80) Stephen G. Bunker and Paul S. Ciccantell, *Globalization and the Race for Resources* (Baltimore: Johns Hopkins University Press, 2005), 224쪽.

통해 지배체제를 수립한 이후 땅에 대한 정치적 생태론을 구성하는 방식을 혁신하고 수정하는 오래된 과제에 착수했다. 중심부 국가들은 강제로 얻은 초기 기본 재산인 권력과 자본을 세계의 자원에 대한 자신들의 소유권을 보호하고 확장하는 데 사용했다. 『찬미받으소서』에서 프란치스코 교황은 이러한 동력의 지속되는 성격을 지적하며 생태적 빚이 깊은 역사적 뿌리를 가지고 있을 뿐만 아니라 무역에서 계속되는 "상업적 불균형"과도 연결되어 있다고 주장했다(51항). 여기서 교황은 학자들이 흔히 "생태학적으로 불공평한 교환"이라고 언급하는 현상을 언급한다.[81]

앤드루 조르겐슨에 따르면, 생태학적으로 불공평한 교환은 "더 발달한/더 강한 나라들과 덜 발달한/덜 강한 나라들 사이의 비대칭적 권력 관계"의 발생과 유지로 정의할 수 있다. "이 관계에서 전자들은 거래 형태와 다른 연관된 구조적 특성을 통해 후자들을 희생시켜 균형이 맞지 않는 이익을 거둔다."[82] 세계의 강한 국가들이 얻었던 "균형이 맞지 않는 이익"에는 주변부에서 자원을 착취하는 능력과 유리한 교환 비율로 주변부에 쓰레기를 떠넘기는 능력이 포함된다. 따라서 생태학적으로 불공평한 교환의 이익과 불이익은 경제적 생산성과 생태학적 건강의 측면에서 드러나게 된다. 그 결과 생태학적으로 불공평한 교환의 특징인 상업적 불균형은 북반구 세력

---

81) 이 담론을 잘 정리한 것으로 Alf Hornborg and Joan Martinez-Alier, eds., "Ecologically Unequal Exchange and Ecological Debt," *Journal of Political Ecology* 23 (2016): 328-491쪽을 보라.

82) Andrew K. Jorgenson, "The Sociology of Ecologically Unequal Exchange, Foreign Investment Dependence and Environmental Load Displacement: Summary of the Literature and Implications for Sustainability," *Journal of Political Ecology* 23 (2016): 335쪽.

들에 의한 주변부의 토지와 노동 약탈을 지속하게 된다.

　조르겐슨의 정의에 분명히 드러난 것처럼, 생태학적으로 불공평한 교환은 프로젝트의 중심부와 주변부에 있는 나라들 사이에 존재하는 지속되는 약탈의 결과이다. 호안 마르티네즈-알리에는 이러한 힘의 차이를 강조하며 생태학적으로 불공평한 교환이라는 개념은 "[주변부의] 정치적 역량의 빈곤과 부재"를 강조하는 데 목적이 있다고 주장한다.[83] 이 개념은 "지역에 영향을 덜 주는 재생 가능한 다른 상품을 수출한다든가, 수출품 가격에서 외부 효과(externalties, 생산과 소비과정에서 발생하는 오염 등 생태적 손실을 회계에 포함시키지 않는 방식)를 내부화한다든가 하는 다른 대안이 주변부에 부족하다"는 점을 설명해 준다.[84] 마르티네즈-알리에가 볼 때, 생태학적으로 불공평한 교환이라는 역사 속 현상은 다양한 형태의 정치경제적 강압으로 나타났다. 그렇다면 이 현상은 투키디데스가 넓은 정치 영역에서 자유의 허상 같은 성격에 대해 발견한 내용, 즉 "강자는 하고 싶은 것을 하고 약자는 해야 하는 것을 한다"는 말의 진실성을 증명해 준다.[85] 실제로 조겐슨과 브렛 클라크는 높은 경제발전과 강한 군사력 사이의 상관관계를 볼 때 강압적인 군사 개입은 생태학적으로 불공평한 교환이 온전하게 유지될 수 있도록 보장하는 위협으로 언제나 잠복하고 있다는 점을 보여준다고 주장한다.[86]

---

83) Joan Martinez-Alier, "The Ecological Debt," *Kurswechsel* 4 (2002): 6쪽. 강조는 마르티네즈-알리에가 한 것이다.
84) 위의 책. 마르티네즈-알리에는 또한 생태학적으로 불공평한 교환을 인식한다고 해서 무역에서 엄격한 지역 생태적(bioregional) 접근을 요구하지 않는다고 주장한다. 그렇지만 힘의 비대칭에 대한 반응을 요구함과 동시에 외부 효과에 대한 더 나은 설명을 요구하기는 한다.
85) Thucydides, Peloponnesian War (Letchworth: Temple, 1914), 394쪽.
86) 조겐슨과 클라크는 분석을 통해 "경제적으로 발달하고 군사적으로 강력한

조르겐슨, 클라크, 마르티네즈-알리에의 작업이 생태학적으로 불공평한 교환 현상을 영속화시키는 비대칭 역학 관계를 표면화시켰다면, 이 현상에 대한 알프 혼버그의 분석은 그 교환을 통해 잃은 것과 얻은 것을 분명히 하는 데 도움을 준다. 혼버그의 주장처럼, 지금도 계속되고 있는 북반구의 남반구 약탈은 근본적으로는 후자로부터 전자로 생산적 에너지를 체계적으로 이전하는 것으로 해석할 수 있다. 북반구를 구성하는 국가들의 사회적 신진대사는 이들 국가들이 생산할 수 있는 양보다 더 많은 에너지를 필요로 한다.[87] 따라서 북반구 국가들은 자기들의 "고도로 발달된" 사회적 신진대사를 유지하는 데 필요한 천연자원을 확보하기 위해 계속해서 남쪽을 의지하게 된다. 이들 자원들은 에너지, 물자, 상품 등으로 변환되어 이익을 남기고 시장에서 팔리게 된다.

혼버그의 통찰 중 핵심은 시장에서 거래되는 물자의 교환가치와 생산 잠재력 사이에 흔히 반비례 관계가 있다는 점이다. 따라서 대개 완성된 물건과 상품에 대해 "가치가 더해졌다"고 생각하기 쉽지만, 동시에 이들의 생산 잠재력이 돌이킬 수 없도록 감소하기도 한다. 가치에 대한 이러한 이해(또는 오해) 탓에 남반구에서 착취된

나라들이 무역에서 유리한 고지를 점하고 유지할 수 있었고 이를 통해 전 지구적 환경 영역을 과도하게 이용하게 되었으며 이는 덜 발달한 수많은 나라들의 국내 소비 수준을 억제하였다"고 주장했다. Andrew K. Jorgenson and Brett Clark, "The Economy, Military, and Ecologically Unequal Relationships in Comparative Perspective: A Panel Study of the Ecological Footprints of Nations, 1975-2000," *Social Problems* 56 (2009): 642쪽을 보라.

[87] Alf Hornborg, *The Power of the Machine: Global Inequalities of Economy, Technology, and Environment* (Walnut Creek, CA: Alta Mira, 2001), 9-156쪽과 Alf Hornborg, *Global Ecology and Unequal Exchange: Fetishism in a Zero-Sum World* (New York: Routledge, 2011), 6-26쪽을 보라.

자원이 영속적으로 저평가된다. 마찬가지로 이런 비대칭적인 자원 이전 결과로 20세기 말에 "세계 에너지에서 미국이 차지하는 비중이 25%인 반면, 세계 인구의 20%는 자기 몸의 신진대사를 제대로 유지하는 데 필요한 에너지를 충분히 얻지 못한다."[88]

혼버그에 따르면, 500년간의 프로젝트의 역사 동안 생태학적으로 불공평한 교환 현상은 적어도 중심부의 입장에서 볼 때는 지속적으로 모호하게 되었다. 이런 은폐 현상은 부분적으로는 착취/폐기 현장과 소비/향유 현장 사이의 공간적 거리 때문인데, 이 거리 탓에 사람들이 이 현상을 서로에게 연결시키기가 어렵게 된다.[89] 하지만 혼버그는 이러한 은폐가 가능했던 원인이 단순히 공간적 거리만은 아니라고 주장한다. 생태학적으로 불공평한 교환이 모호하게 된 것은 현대성의 지배적인 사회적 사고가 산업기술 기계를 바라보는 방식 안에 존재하는 이데올로기의 반전(ideological inversion)도 한 원인이다. 혼버그의 주장처럼, 현대의 피지배자들은 산업기술 능력에 집착하며 그러는 중에 기계는 그 자체로 생산적이라고 오해하게 된다.[90] 다시 말해 현대의 피지배자들은 자기들의 기술이 근본적으로 생산적이라고 믿기 때문에, 이들은 중심부에 집중되어 산업기술을 키우는 데 사용되는 에너지의 흐름을 무시할 수 있게 된다.

산업기술에 대한 집착과 관련하여 혼버그는 현대성이 산업기술

---

88) Hornborg, *Power of the Machine*, 28쪽.
89) Andrew K. Jorgenson, "Global Social Change, Natural Resource Consumtion, and Environmental Degradation," in *Global Social Change*, ed. Christopher Chase-Dunn and Salvatore Babones (Baltimore: Johns Hopkins University Press, 2006), 181-82쪽.
90) 혼버그는 전근대의 피지배자들이 통치자에게 권력을 부여했던 것과 비슷하게 현대의 피지배자들은 기계에 권력을 부여한다고 주장한다(Hornborg, *Power of the Machine*, 1-11쪽).

에 생산능력을 부여하는 방식과 돌로 수프를 끓인 떠돌이에 관한 유명한 유럽 동화를 비교한다. 혼버그는 그 동화를 이렇게 말한다.

> 떠돌이는 겨우 허락을 받아 부엌에 들어갈 수 있었다. 하지만 주인아주머니는 떠돌이에게 음식을 베풀 마음이 없었다. 떠돌이는 주머니에서 돌 하나를 꺼내더니 수프를 끓이게 물 한 냄비만 달라고 했다. 주인아주머니는 궁금해져서 요구를 들어주었다. 잠시 후, 떠돌이는 물을 휘젓다가 조심스럽게 맛을 보더니 밀가루를 약간만 넣으면 맛이 좋아질 것 같다고 했다. 주인아주머니는 흔쾌히 밀가루를 조금 내주었다. 그 다음 떠돌이는 비슷한 방식으로 아주머니를 속여 하나씩 다른 재료를 추가했고 마침내 아주머니는 돌로 끓인 수프의 맛에 놀라게 되었다.[91]

혼버그의 주장처럼, "수프 속의 돌은 전형적인 집착의 대상이다. 이 돌은 우리의 주의를 넓은 맥락에서 (좁은) 사고의 중심으로 전환시킨다."[92] 혼버그가 볼 때, 이야기 속에서 돌의 기능과 현대에 산업 기계의 기능은 똑같다. 이들은 모두 사람들의 관심을 집착 대상이

---

[91] Hornborg, *Power of the Machine*, 151쪽. 강조는 혼버그가 한 것이다. 이 이야기의 또 다른 버전이 사회정의 운동을 하는 사람들 사이에 널리 알려져 있다. 이 버전에서는 공동체의 다양한 회원들이 각자가 가진 음식이 개인 자신을 위해서도 부족한데도 돌로 만든 수프의 재료에 보태게 된다. 그런데 공동체 구성원 모두가 수프 냄비에 재료를 보태자 공동체 전체가 먹을 수 있는 수프를 끓일 수 있게 된다. 그러므로 이 버전에서는 자원의 공정한 분배를 통한 공동 번영의 가능성을 강조하는 것이다. 물론 혼버그의 해석은 다른 교훈을 준다.

[92] 위의 책. 강조는 혼버그가 한 것이다. 혼버그는 또한 현대에 기계에 집착하는 경향과 전근대 사회에서 황제에게 집착하는 경향의 유사성을 언급하며 이들이 해당 사회의 복지를 유지하는 데 필요한 물건을 생산할 수 있는 능력이 있는 신으로 숭배된다고 말한다. 위의 책, 65-87, 131-53쪽을 보라.

기능하도록 허용하는 넓은 맥락에서 멀어지게 한다. 산업기계의 경우 넓은 맥락은 자원 착취를 위한 전 지구적 네트워크로 구성되어 있다. 오늘날의 역사적 현실에 대한 설명에서 체계적인 착취과정이 가려질 때 산업기계는 그 자체로 생산적이라는 평판을 얻었다. 이러한 생각은 기술발전이 전 세계로 확장될 수 있는 이익의 "풍요로움"을 낳을 수 있다는 인상을 심어주었다. 실제로 기술의 진보는 생태-사회적 비상사태에 의해 제기된 문제를 다룰 열쇠가 되었다.

혼버그는 이렇게 주장한다. 기술의 진보에 대한 이러한 견해의 근본적인 문제는 기계가 한 번도 그 자체로 생산적이었던 적이 없었다는 것이다. 기계는 언제나 생산해낼 수 있는 것보다 더 많은 생산적 에너지를 공급해 주어야 했다. 적어도 부분적으로는 이것이 산업화하는 영국이 마음대로 할 수 있는 생산 가능한 유령 토지를 수백 만 에이커나 필요로 했던 이유이다. 식민지 체계의 중심부에서 발전을 촉진하는 데서 산업기계는 산업사회의 사회적 신진대사를 유지하기 위해 복잡한 착취체계에 의지했다. 이와 같은 생태학적으로 불공평한 교환 과정은 500년간의 프로젝트 내내 지속되었으며, 인류세(Anthropocene)를 향해 가도록 비대칭적 압력을 행사했고, 심지어 이 비대칭조차 다양하게 합법화되거나 무시되거나 은폐될 정도였다.[93]

---

93 에드워드 바비어는 세계 경제가 확장된 자원 사용과 강화된 형태의 생태적 결핍의 진정한 비용을 직면하는 대신 자연 자본의 가격을 체계적으로 낮게 책정했다고 주장한다. 이렇게 가격을 낮게 매긴 결과 미래 세대는 심각한 형태의 생태 오염과 경제적 불평등과 씨름해야 할 것이라고 바비어는 주장한다. Edward Barbier, Nature and Wealth: Overcoming Environmental Scarcity and Inequality (New York: Palgrave Macmillan, 2015), 123-64쪽을 보라.

세계화 프로젝트: 거짓되며 피상적인 (정치적) 생태론

　1장에서 나는 20세기 중반에 식민지 프로젝트가 붕괴했다고 주장했다. 미국이 주도하는 서구 세력들은 그 대신 떠오르는 (경제) 개발주의 패러다임 위주로 세계를 구성하려고 애썼다. 따라서 해리 트루먼 미국 대통령이 미국이 개발 프로젝트를 시작해야 한다고 요청한 후 20년 안에 UN은 1960년대를 "개발의 10년"이라고 선언했다. 개발 프로젝트의 방패 아래 기술적 근대화는 예상대로 주변부 내에 중심부의 사회경제적 조건을 재현했다.

　하지만 1970년대가 되자 개발 프로젝트에 대해 두 가지 유형의 비판이 제기되었는데, 둘 다 생태학적으로 불공평한 교환과정이 지속되는 것과 관련하여 이해할 수 있다. 1장에서 언급한 것처럼, 라틴아메리카 전역에서 있었던 중요한 대중운동들이 개발 패러다임을 뒤로 밀어내면서 그 유효성에 대해 질문을 던졌고, 개발 프로젝트가 미국의 제국주의와 착취정책과 얽혀있다고 주장했다. 구띠에레즈의 표현을 빌리면, 이들 운동에서 가난한 이들의 울부짖음은 중심부의 신식민주의 권력에 의해 구성된 패권의식 속으로 "침입했다."[94] 그리고 이러한 침투를 통해 개발 프로젝트가 진정 더 공정한 세상을 구성하는 것을 목표로 하는지에 대해 의문을 제기했다.

　동시에 비록 중심부에서 나오긴 했지만, 지구의 "울부짖음"도 공명을 얻기 시작했고, 중심부의 패권주의적 확신에 더욱 의문을 제기했다. 이 두 번째 침입의 핵심 변곡점은 1972년에 『성장의 한계』

---

94) *PPH*, 38쪽.

(*The Limits to Growth*, 이후로는 *LTG*)를 출판한 때다.[95] 그 책에서 로마 클럽의 후원을 받아 도넬라 메도스가 이끈 연구팀은 현재 상태의 경제성장은 생태계에 지속 불가능한 피해를 입히고 있다고 주장했다. 이 팀의 주장 중 놀라운 것은 만약 지구의 "인구, 산업화, 오염, 식량 생산, 자원 고갈 등에 아무런 변화가 없이 계속된다면" 지구가 감당할 수 있는 성장의 한계점을 21세기 말경이면 넘어서게 될 것이라는 것이다. 이 시나리오대로면, "인구와 산업 용량 모두에서 갑작스럽고 통제 불가능한 쇠퇴"가 일어날 것이다.[96]

하지만 중요한 것은 『성장의 한계』는 이 책 자체가 경고한 지구의 암울한 미래를 향해 가는 길이 완전히 확정된 것은 아니라고 주장한다는 점이다. 전반적인 "생태적 경제적 안정"의 미래가 연장된 미래로 지속되도록 이 길을 변경할 수 있다. 하지만 이 보고서는 또한 세계가 재앙의 길로 너무 내려가는 것을 막기 위해서 필요한 대규모 정치-생태론적 변화를 취하기 위한 시간이 상당히 짧다고 경고한다. 만약 개발 프로젝트의 현재 궤도가 성장을 향한 "안이한

---

[95] Donella Meadows et al., *The Limits to Growth: A Report for the Club of Rome's Project on the Predicament of Mankind* (New York: Universe Books, 1972). 북반구의 생태학적 의식이 싹튼 것은 분명 『성장의 한계』가 나오기 전부터였다. 『성장의 한계』보다 10년 정도 먼저 출판된 레이철 카슨의 『침묵의 봄』이 여러 면에서 북반구에서, 적어도 미국에서 환경운동이 형성되는 데 촉매 역할을 했다. Rachel Carson, *Silent Spring* (1962; New York: Houghton Mifflin, 2002)을 보라. 그렇지만 『성장의 한계』는 유례가 없던 세계적인 반응을 일으켰다. 로마 클럽(The Club of Rome)의 연구 역시 경제적 건강과 생태학적 건강 사이의 긴장 관계에 유례없이 주의를 집중했다. 『성장의 한계』는 구띠에레즈의 *Teologia de Liberation*이 출판된 1971년과 그 영역판인 *A Theology of Liberation* (Maryknoll, NY: Orbis Books)이 출판된 1973년 사이에 출판되었다.

[96] Meadows et al., *LTG*, 23-24쪽.

태도(business as usual)"로 유지된다면 인간 문명의 미래는 더욱 위태로워질 것이다. 따라서 "가난한 이들의 울부짖음"이 500년간의 프로젝트 속 비대칭 성장의 문제를 전면에 드러냈다면, "지구의 울부짖음"은 이 프로젝트가 끝없는 부의 확장으로 향하는 것에 의문을 제기했다. 여기서 메도스와 동료들은 세계의 정치적 생태론을 구성하기 위한 "안이한" 접근에서 시급히 벗어나야 한다고 주장했다. 이들은 지구 생태계의 한계에 대한 반응으로 세계의 정치적 생태론을 재구성해야 하고, 또한 현시대에 부를 좀더 공정하게 분배하기 위해 노력해야 한다고 주장했다. 물론 경제학자들과 정치가들이 『성장의 한계』의 여러 주장을 비판하고 일축하긴 했지만, 이 보고서가 전 세계의 중요한 생태학적 담론을 위한 촉매 역할을 했다는 점은 부인할 수 없다.[97] 그 결과 1970년대를 지나며 인간이 세계를 구성한 방식이 만연한 사회경제적 불평등뿐만이 아니라 생태학적 건강에 대해서도 응답해야 한다는 것이 점점 더 분명해졌다.

하지만 개발 프로젝트는 지구 차원의 공평과 건강이라는 두 가지 요구 앞에서 자신을 정당화할 필요가 없었다. 왜냐하면 환경에 대한 우려가 전 지구 차원에서 일어나던 때와 같은 시기에 개발 프로젝트의 동력은 세계화 프로젝트의 동력에 그 자리를 내주게 되었기 때문이다. 개발 프로젝트의 특징이 "국가 경제성장 전략"이었다면, 세계화 프로젝트는 국가간 경제적 경계와 무역장벽을 약화하고 제거하는 방식으로 세계경제 구조를 재구성하는 성장전략으로 정의

---

[97] Peter Passell et al., "The Limits to Growth"를 보라(https://www.nytimes.com). 『성장의 한계』가 출판되고 40년이 지난 후 그레이엄 터너는 인간이 지구 환경에 미치는 영향이 『성장의 한계』가 말한 "안이한 태도" 모델을 따르고 있다는 점을 경험으로 알 수 있다고 주장했다. Graham Turner, "Is Global Collapse Imminent?" MSSI, sustainable.unimelb.edu.au를 보라.

할 수 있다. 간단히 말해, 세계화 프로젝트는 신자유주의 신조라고 정의할 수 있다.[98] 세계화 프로젝트 입안자들은, 터져 나오기 시작한 지구와 가난한 이들의 울부짖음 앞에서 그 타당성을 유지해야만 했다. 바로 여기서 신자유주의가 세계를 구성한 것을 정당화하기 위한 방법으로 지속 가능한 개발(sustainable development)이라는 용어가 정치경제적 담론에 등장하게 된다.

정당화인가 모호하게 만들기인가?

"지속 가능한 개발" 개념은 1987년에 나온 『우리 공동의 미래』(*Our Common Future*)라는 UN 보고서를 통해 유명해졌다.[99] 이 보고서는 주저자인 그로 브룬틀란의 이름을 따라 "브룬틀란 보고서"로도 알려져 있으며, UN은 복합적인 정치-생태론적 비상사태가 형성되고 있다는 전 지구적 우려가 커짐에 따라 이 보고서를 요청하게 되었다. 보고서는 경제발전을 목표로 하는 정책과 생태계의 건강을 유지하고자 하는 정책 사이의 가능한 갈등을 검토한다. 보고서는 저개

---

98) 신자유주의의 사회구조적 차원에 대해 논하면서 필립 맥마이클은 경제적 자유화가 "국가 발전의 사회적 목표를 격하시키는 반면 세계경제에의 참여를 증가시킨다(관세 축소, 수출 장려, 금융 규제 철폐, 해외 투자 규정 완화)"고 주장한다. Philip McMichael, *Development and Social Change: A Global Perspective* (Los Angeles: Pine Forge, 2008), 158쪽. 강조는 맥마이클이 한 것이다. 애덤 코츠코는 신자유주의 형태가 사회구조적 차원 너머로 확장하여 사회의 모든 단계의 강요된 중개, 경쟁, 복종 등의 위에 구축된 "응집된 도덕적 질서"를 구성한다고 주장했다. Adam Kotsko, *Neoliberalism's Demons: On the Political Theology of Late Capital* (Stanford, CA: Standard University Press, 2018), 89-96쪽을 보라.

99) Gro Harlem Brundtland, ed., *Our Common Future: The World Commission on Environment and Development*, http://www.un-documents.net.

발과 생태계 파괴의 위기에 맞서기 위해 "고통스런 결정을 내려야 한다"고 주장한다.[100] 브룬틀란 보고서는 이를 인정한다면, "미래 세대가 자신들의 필요를 충족시킬 수 있는 가능성을 훼손하지 않은 채 현재의 필요를 충족시키는" 형태의 개발로 정의하는 "지속 가능한 개발"로 돌아설 것을 요구한다.[101]

세계가 "고통스런 결정"을 직면해야 한다는 사실 앞에서 브룬틀란 보고서는 부의 생산과 생태학적 안정 사이의 긴장관계를 암묵적으로 인정한다. 다시 말해 이 보고서는 지속 가능한 미래, 곧 인간과 지구의 번영을 보장하는 미래는 단순히 경제성장에 대해 무비판적인 프로그램에 기초할 수는 없다고 주장하는 것으로 보인다. 하지만 이러한 견해는 이 문서의 핵심 용어에 덧붙여진 특히 모호한 정의 때문에 약화되었다. 브룬틀란 보고서의 "지속 가능한 개발" 개념은 의도적으로 불충분한 결정을 내렸다. 정확히 무엇이 현재와 미래의 필요를 결정하는지가 분명하지 않은 것이다. 허먼 데일리의 말처럼, 이 개념의 의미는 "폭넓은 합의를 허용할 수 있을 정도로 충분히 모호하여" 이 보고서가 채택될 것이라는 점은 충분히 예상 가능했다.[102] 물론 이것이 정치적으로 약삭빠른 움직임일 수도 있지만 이 개념의 의미가 충분히 결정되지 않은 것은 조작에 취약하다는 의미가 될 수도 있다. 실제로 데이비드 하비는 정확히 이 부분을 우려하여 지속 가능한 개발이라는 용어가 "경제권력을 지배하는 형태에 대한 또 다른 종잡을 수 없는 표현으로 너무 쉽게 와전될 수 있

---

100) 위의 보고서, no. 3.30.
101) 위의 보고서, no. 3.27.
102) Herman Daly, *Beyond Growth: The Economics of Sustainable Development* (Boston: Beacon, 1996), 2쪽.

다. 이 개념은 다국적 기업들이 세계의 모든 자원을 관리하기 위해 전 지구적 약탈을 합법화하는 데 사용될 수 있다"고 주장한다.[103] 레슬리 스클레어에 따르면, 위기에 처한 결과 지속 가능한 개발 개념은 브룬틀란 보고서의 여파로 "이 논의에 참여한 사람 모두가 얻고 싶어하는 상처럼 보이게" 되었다.[104] 물론 승자가 이 개념의 기능적 정의를 결정하게 된다.[105]

길버트 리스트는 이 용어의 모호성이 세계화 프로젝트의 패권세력에 의해 남용되기 쉽도록 남겨진 방식을 언급하면서, 지속 가능한 개발이라는 개념을 두 가지 명백히 다른 방식으로 해석할 수 있다고 주장한다. 하나는 지속 가능한 개발을 "생태계에 의해 태어날 수 있는, 그래서 오랜 기간 지속할 수 있는 생산단계를 의미하는 것으로 해석하는 것이다. 재생산 능력이 생산량을 결정하고 따라서 '지속 가능성'은 외부에서 주어진 특정 조건 하에서만 유지되는 과정을 의미한다."[106] 다시 말해 이 관점에서는 "지구의 한계들"을 침해하지 않기 위한 생산에 강조를 두고 있다.[107]

하지만 다른 관점에서는 지속 가능한 개발이 완전히 다른 결과를 낳는 방식으로 해석된다. 리스트의 주장처럼, 이 두 번째 관점은 경제성장이 현재와 미래의 필요를 충족시키는 데 필요하다고 전제

---

103) David Harvey, "What's Green and Makes the Environment Go Round?" in *The Cultures of Globalization*, ed. Fredric Jameson and Masao Miyoshi (Durham, NC: Duke University Press, 1998), 343쪽.
104) Leslie Sklair, *The Transnational Capitalist Class* (Oxford: Blackwell, 2001), 200쪽.
105) 위의 책.
106) 위의 책, 192쪽.
107) 지구의 한계 개념에 대해서는 Johan Rockström et al., "A Safe Operating Space for Humanity," *Nature* 461 (2009): 472-75쪽을 보라.

한다. 따라서 지속 가능한 경제성장에 우선순위가 놓이고, 성장이 끼치는 부정적인 생태학적 영향에 대한 우려는 성장의 필요성보다 뒷전으로 밀리게 된다.[108] 이 용어를 이렇게 해석하는 것에 대해 리스트는 이렇게 썼다. "생태계의 생존 여부가 '개발'의 한계를 설정하는 것이 아니라 '개발'이 사회의 생존 여부를 결정한다."[109] 따라서 리스트는 이렇게 결론짓는다. "두 해석은 동시에 이치에 맞기도 하고 모순되기도 한다. 왜냐하면 두 모순된 기의(signified)가 똑같은 기표(sifnifier)에 해당되기 때문이다."[110] 리스트가 보기에는 지속 가능한 개발을 어떻게 정의하느냐가 세계화 프로젝트에서 지속 가능한

---

[108] 자본의 근본적 특성에 대한 칼 마르크스의 주장을 떠올려 보라. 마르크스는 "자본의 진전에 대한 장벽은 정복해야 할 사건처럼 보인다. … 자본이 100에서 1000으로 증가하게 되면, 이제는 1000이 출발점이 되어 여기서 다시 증가를 시작해야 하는 것이다. 10배, 1000% 증가가 아무것도 아닌 것이 된다." Karl Marx, *Grundrisse: Foundations of the Critique of Political Economy* (New York: Penguin, 1973), 143쪽을 보라. 존 벨라미 포스터, 브렛 클라크, 리처드 요크는 이러한 특성 때문에 지구 위험 한계를 침해하지 않기 위한 정치적 생태론을 구성하는 데 어려움이 있다고 주장한다. John Bellamy Foster, Brett Clark, and Richard York, *The Ecological Rift: Capitalism's War on the Earth* (New York: Monthly Review, 2010), 13-49쪽을 보라. 마이클 노스코트가 제대로 주장한 것처럼, 포스터와 동료들이 정치적 생태론의 기초로서 마르크스에 대해 지나치게 긍정적인 견해를 유지했다는 점은 주목할 필요가 있다. Michael Northcott, *A Political Ecology of Climate Change* (Grand Rapids, MI: Eerdmans, 2013), 144-53쪽을 보라.

[109] Gilbert Rist, *The History of Development: From Western Origins to Global Faith*, 4판 (New York: Zed Books, 2014), 193쪽.

[110] 위의 책. 리스트는 이 두 가지 정의의 차이점을 과장하고 있다. 지구나 생태계가 감내할 수 있는 한계는 변할 수 있다. 따라서 '개발'이 다양한 방식과 정도로 생태학적 한계를 재형성할 수 있는 것이다. 앞으로 다루겠지만 더 문제가 되는 것은 "지속 가능한 개발"에 특권을 부여하는 방식이 현재 지구가 받고 있는 잠재적으로 지속 불가능한 스트레스를 알기 어렵게 하는 "윈-윈" 전략이 등장하도록 이끈다는 점이다.

개발의 기능적 의미를 파악하는 성장의 필요성에 특권을 부여한다. 리스트는 이렇게 썼다. "아무리 미끼가 유혹하더라도 현재 진행 중인 것에 대한 환상을 가져서는 안 된다. 실제로 지속하고자 하는 것은 '개발'이지, 생태계나 인간 사회가 견딜 수 있는 수용력이 아니다."[111] 여기서 어려운 선택이라는 과제는, "안이한" 접근을 채택하라는 권고에 의해 계속 연기된다.

지속 가능한 개발과 패권 권력

리스트의 입장을 둘러싼 주제에 대해 더 깊이 연구하는 것은 이 책의 범위를 벗어나는 것이다. 그렇지만 지속 가능한 개발 개념이 모호하게 만드는 구조 역할을 주로 해왔다는 리스트의 주장을 확인시켜 주는 몇 가지 주장을 나열하는 것은 가능하다. 마이클 골드먼은 세계은행(World Bank)에 대한 연구에서 최근 수십 년 동안 세계은행은 환경에 관한 지식을 세계에서 가장 많이 생산해내고 있다고 주장한다. 따라서 세계은행은 인간 경제와 환경의 관계에 대한 현대의 이해를 형성하는 데 핵심 역할을 수행하고 있는 것이다. 골드먼은 따라서 세계은행이 이 관계에 대해 특정 입장을 옹호하는 것이 매우 중요하다고 주장한다. 세계은행의 환경부서 소속 경제학자 중 한 명이 골드먼과의 인터뷰에서 이런 견해를 제대로 설명하였다. "WDR 92(환경을 특집으로 다룬 매우 영향력 있는 〈1992 세계개발보고서〉) 저자들이 보고 내용의 초안을 작성하고 있을 때 그들은 나를 불러 내 작업 중 '윈-윈' 전략의 사례에 대해 물었습니다. 내가 뭐라고 할 수 있었겠습니까? 그런 순수한 형태는 존재하지 않죠. '윈

---

111) 위의 책, 194쪽. 리스트의 주장 중 이렇게 지속된 성장이 계속해서 자연에서 비대칭이라는 것은 언급하지 않았다.

-윈'이 아니라 거래가 존재하는 겁니다. 하지만 그들은 사실이 아닌 믿음에 근거하여 윈-윈의 세계를 보고 싶어 했습니다."[112]

따로 떼어놓고 보자면, "윈-윈 전략"이라는 개념은 성장이 환경에 대한 부정적인 영향을 모호하지 않은 방식으로 축소하는 것과 긍정적으로 관련될 수 있다고 주장한다. 물론 긍정적인 관련이 발생하는 사례가 있긴 하지만, 이러한 사례들은 골드먼이 인터뷰한 경제학자가 분명히 했던 것처럼 뚜렷한 것과는 거리가 멀다. 그러므로 브룬틀란 보고서가 지속 가능한 개발이 "고통스런 결정"을 요구한다고 인정한 것을 "윈-윈 전략"이 무색하게 만드는 것으로 보인다는 점은 문제다.[113] 세계은행은 고통스런 결정 대신에 거래의 실재를 억압하면서 모호하지 않은 (따라서 단일화된) 선으로서 경제성장을 제시하는 지속 가능한 개발 개념을 옹호한다.[114] 골드먼의 연구는

---

112) Michael Goldman, *Imperial Nature: The World Bank and the Struggle for Justice in the Age of Globalization* (New Haven, CT: Yale University Press, 2005), 128쪽.

113) 나는 아래에서 경제성장과 환경에의 영향을 분리하는 과제에 대해 논할 것이다. "윈-윈" 이데올로기를 보급하는 것은 어떤 지역이 먼저 경제적으로 발전하면서 경제가 환경에 끼치는 영향이 증가하게 되는데 어느 수준까지 발전이 이루어지면 환경에 끼치는 부정적인 영향이 정체하다가 감소하게 된다는 이론과 밀접한 관련이 있다. 이 이론은 "환경 쿠즈네츠 곡선(environmental Kuznets curve)"으로 시각적으로 잘 파악된다. 이 곡선은 수직 축이 환경에 끼치는 영향을 나타내고 수평 축이 경제성장을 나타내는 평면에서 "뒤집힌 U자" 모양으로 나타난다. 환경 쿠즈네츠 곡선과 관련된 이 이론은 논쟁의 소지가 있다. 물론 이런 현상이 발생한 것으로 보이는 일부 단발적인 사건이 있긴 하지만, 환경에 끼치는 영향이 감소한 것인지 아니면 이 영향이 다른 지역으로 밀려났을 뿐인지가 불명확하다. 그리고 환경 쿠즈네츠 곡선이 기술하는 현상이 전 세계 차원에서 발생했다는 증거도 없다. Nebojsa Nakicenovic et al., "Global Commons in the Anthropocene: World Development on a Stable and Resilient Planet," *International Institute for Applied Systems Analysis* (2016): 10-12쪽을 보라. www.jstor.org.

세계은행의 피고용인들이 그 이데올로기를 따르도록 하는 은행의 구조에 장착된 몇 가지 장치를 드러낸다. 따라서 골드먼은 세계은행이 만들어내는 환경 관련 지식이 "발견, 창의성, 반박의 과정이라기보다는 일종의 생산에 대한 동의"라고 결론짓는다.[115]

허먼 데일리가 세계은행의 환경과에서 일하던 시절의 경험에 대한 이야기는 골드먼의 주장에 대한 사례 역할을 한다.[116] 데일리는 세계은행의 〈1992 세계 개발 보고서〉 발간을 위해 일하는 동안 동료들과 나눈 일련의 대화에 대해 이야기하며 이렇게 썼다. "초기 문안에는 '경제와 환경의 관계'라는 제목의 도표가 들어있었다. 거기에는 '경제'라는 라벨이 붙은 사각형, '입력'이라는 라벨이 붙은 들어오는 화살표, '출력'이라는 라벨이 붙은 나가는 화살표가 있었다. 그게 다였다." 데일리는 이 도표가 경제와 환경의 관계를 제대로 담지 못한 것이라며 이의를 제기했다. 데일리는 기존의 사각형 옆에 네모 하나를 그리고 '환경'이라는 라벨을 붙여야 한다고 주장했다. 데일리는 "경제는 환경의 하부체계이며, 원자재의 원천이며 '쓰레기를 내보내는 싱크대로서' 환경에 의존하고 있다"고 강조하고 싶었던 것이다. 데일리에 따르면, 그 다음 문안에서는 처음의 도표에 네모가 추가되어 있었지만 라벨은 없었다. 데일리는 네모에 '환경'이라는 라벨을 붙이지 않음으로써 이 네모는 그저 장식으로 보일 뿐이었고 경제와 환경의 관계를 정확히 전달하는 데 실패한 것이라고 주장하며 다시 한 번 반발했다. 데일리는 또 이렇게 썼다. "그 다음 문안에서

---

114) 은행 내 다양한 제도적 장치와 압력이 지속 가능한 개발 담론과 관련하여 단일한 목소리를 내도록 기능하는 방식을 분석하는 골드먼의 연구는 계속된다. 위의 책, 100-180쪽을 보라.
115) Goldman, *Imperial Nature*, 148-49쪽.
116) Daly, *Beyond Growth*, 6쪽.

는 도표 전체가 빠졌다."[117] 데일리의 이야기가 분명하게 밝히는 것처럼, 세계은행의 종잡을 수 없는 공간 안에서 고통스런 결정이라는 과제는 말 그대로 삭제될 수밖에 없다.

그런데 세계은행이 지속 가능한 개발이라는 용어를 자체 기관 안에서 통제하는 방식보다 더 문제가 되는 것은 이 영향이 그 벽 너머로 확장된다는 점일 것이다. 골드먼에 따르면, "세계은행은 환경에 대한 개념, 자료, 분석 틀, 정책 등을 주로 생산하는 것과 아울러 유명 NGO들, 과학 기구들, 차입국들, 북반구 원조 기구들 등과 팀을 이뤄 세계에서 가장 강력한 환경 운동가가 되었다."[118] 세계은행이 언제나 권력을 차지하는 이런 동맹에서는 외부의 비판이나 다른 생각의 가능성이 꺾이게 된다. 골드먼은 이렇게 주장한다. "세계은행이 생산하는 형태의 환경 관련 지식은 빠르게 패권적이 되어 수많은 비판을 무장해제하여 삼켜버리고, 그 영향력의 영토를 확장하며 신자유주의 정책의 범위와 힘을 효과적으로 확대한다."[119] 골드먼의 설명에 따르면, 패권의 순간이 도달했고, 지배 연합이 지속 가능성 담론을 통제하게 되어 무엇이 지속 가능한 개발인지를 아무도 묻지 않는 상태가 되어버렸다.[120]

---

117) 이와 비슷하게 골드먼과의 인터뷰에서 데일리는 이렇게 주장했다. "세계은행이 개발을 통한 풍요가 환경에 좋은 것이라는 개념을 믿고 있기 때문에 이것이 어떻게 사실이 아닐 수 있는지를 들여다보는 것이 불가능하다. 우리 중 일부가 〈1992 세계 개발 보고서〉를 통해 그 부분을 호소하려고 했지만 그들은 몇 쪽조차 허락하지 않았다. 우리는 심지어 노벨상 수상자 두 명을 주요 기고자로 내세워 별도의 문서로 '소수 의견'을 발간하려고도 해 봤지만 은행의 외무과 검열관들은 수용하지 않았다. 세계은행은 다른 의견을 내기 어려운 곳이다." Goldman, *Imperial Nature*, 143쪽.
118) 위의 책, 180쪽.
119) 위의 책.
120) 골드먼은 안토니오 그람시의 "패권(hegemony)" 개념에 의존한다. 이 개념

분명히 하자면, 골드먼은 "세계가 세계은행 총재에 의해 운영된다고 주장하는 것이 아니라, 전 세계 정치경제의 중심에 엘리트 권력 네트워크가 있고, 그 네트워크의 재생산에 세계은행이 깊이 관여하고 있다고 주장하는 것이다."[121] 세계은행은 현재 세계의 지속 가능한 개발 담론을 형성하는 폭넓은 권력망(web of power) 안의 한 마디(그렇지만 중요한 마디)일 뿐이다. 그러므로 세계은행에 대한 골드먼의 연구를 이 전 세계 네트워크의 개념적 틀 안에 위치시키는 것이 도움이 된다.

스클레어는 세계화 프로젝트에 대한 분석을 통해 프로젝트 체계의 구조와 동력은 그가 초국적 자본가 계급(Transnational Capital Class)—세계화 기업의 엘리트들, 선출직 공무원들, 관료들로 구성되는 계급—이라고 명명한 것에 의해 결정된다고 주장한다.[122] 스클레어에 따르면, 초국적 자본가 계급은 지속 가능한 개발 개념을 "주요 산업"으로 변화시키는 한편, 이 개념을 공동선(the common good)에 대한 논의로부터 멀어지게 하였다.[123] 그 과정에서 초국적 자본가 계급은 전 세계 경제성장이라는 과제에 의문을 제기하는 환경운동

은 종잡을 수 없는 (따라서 문화-심리적인) 통제를 이야기하며, 지배 연합 또한 이 통제 안에서 "싸움이 격해지는 질문을 제기한다." Antonio Gramsci and Nathan Hoare, *Selections from the Prison Notebooks of Antonio Gramsci* (New York: International, 1971), 182쪽을 보라.

121) 위의 책, 12쪽.
122) Sklair, *Transnational Capitalist Class*, 17–23쪽.
123) 스클레어는 데일리와 캅이 지속 가능한 개발과 동일시하며 요청한 공동체 경제는 "흔적도 없이 사라졌고," 반면 지속 가능한 개발은 세계의 집단 사고를 지배하게 되었다고 주장한다. 위의 책, 200쪽. 또한 Herman E. Daly and John B. Cobb, Jr., *For the Common Good: Redirecting the Economy Toward Community, the Environment, and a Sustainable Future* (Boston: Beacon, 1989)도 보라.

을 성공적으로 침묵시켰다. 따라서 "고통스런 결정"이라는 현실을 인식하는 지속 가능성 개념은 지속 가능한 개발을 고도 산업화(hyper-industrialization)와 나란히 놓는 이론에 밀려나게 되었다.[124] 실제로 스클레어는 1990년대가 되자 "'지속 가능한' 전 세계 소비자 자본주의" 형태가 담론을 지배하게 되었다고 주장한다.[125] 그 정신은 캐나다의 식품 유통업체인 로블로(Loblaw)의 환경 담당 이사가 다음과 같이 잘 말해주고 있다. "우리가 이 지구를 훼손하면서 많은 돈을 벌었다면, 지구를 청소하면서도 많은 돈을 벌 수 있습니다."[126] 따라서 초국적 자본가 계급은 골드먼이 세계은행의 신앙 한가운데서 발견한 "윈-윈 이데올로기"와 완전히 일치하는 지속 가능한 개발 개념을 구성하였다. 지속 가능한 개발 담론이 초국적 자본가 계급에 의해 흡수되는 정도를 보며 스클레어는 "밀렵꾼"이 "사냥터지기"가 되었다고 의심하게 되었다.[127]

지금까지의 논의는 세계화 프로젝트가 지구의 울부짖음에 효과적으로 응답했는지에 대해 의문을 제기했고, 브랑코 밀라노비치의 세계화에 대한 분석은 이 프로젝트가 가난한 이들의 울부짖음을 적절히 돌보았는지에 대해 의문을 제기했다. 밀라노비치는 경제학에서의 논의가 너무 자주 세계화 현상을 역사 속에서 순전히 자비로운 힘으로 제시하는 "한없이 낙천적인" 개념의 지배를 받고 있다고 주장한다.[128] 밀라노비치는 주류 경제학자들이 "첫 번째 세계화"

---

124) 위의 책, 201쪽.
125) 위의 책, 206쪽.
126) 위의 책, 253쪽 각주 33.
127) Sklair, *Transnational Capitalist Class*, 202쪽.
128) Branko Milanovic, "The Two Faces of Globalization: Against Globalization as We Know It," *World Development* 31, no. 4 (2003): 667-83쪽.

(1870년부터 1914년까지의 자유주의 세계화 시기)에서 작동한 힘을 조사했을 때 그들이 세계 총생산의 증가와 노동의 자유로운 이동을 강조하면서 첫 번째 세계화가 세계를 구성함에 있어 착취, 노예화, 그 밖의 다른 형태의 식민지 지배를 위한 사회적 기술과 얽혀 있다는 점은 감췄다고 주장한다. 밀라노비치는 이렇게 썼다. "제국주의와 식민주의의 전성기는 보편적 성장의 시기와 가난한 나라들이 따라잡는 시기로 보이도록 만들어졌다."[129]

경제사에서 세계화를 명백하게 자비로운 힘으로 제시하는 경향은 이 학문이 신자유주의 세계화 프로젝트를 분석하는 데까지 확장되었다. 밀라노비치는 20세기로 들어서면서 주류 경제학자들은 경험 증거를 조작하여 신자유주의를 '(선진국) 경제 따라잡기'를 위한 힘—세계의 경제적 불평등을 줄이기 위해 명백히 노력하는 힘—으로 제시하려는 경향을 보였다고 주장한다. 밀라노비치는 자신의 경험 자료를 제시하면서 1980년대와 90년대에 세계화 프로젝트는, 그보다 수십 년 앞선 경제 프로그램과 정책들보다, 경제적 따라잡기와 전반적 빈곤 감소를 촉진하는 데 실제로 덜 성공적이었다고 주장한다.[130] 가장 문제가 되는 것으로 밀라노비치는 비록 경제학자들이 학술 논문을 통해 치밀하게 수식(제한)하는 말로 자유주의 및 신자유주의 세계화에 대한 칭송을 드러내더라도—그런 수식이 과해 종종 자신들의 칭찬성 주장을 심하게 약화시킨다—정치가들은 그런 수식들은 무시한 채 경제학자들의 칭송 멘트를 활용할 것이라고 주장한다.[131] 그 결과 세계적 엘리트들은 계속해서 자신들의 이야기에

---

129) 위의 책, 668쪽.
130) 위의 책, 670-76쪽.
131) 예를 들어, 부자들과 가난한 이들이 무역 자유화를 통해 "하나를 사면, 하나

서 세계화 프로젝트의 희생자들의 현실을 숨긴 채 그저 긍정적인 용어로만 세계화를 잘못 말하게 된다.

프란치스코 교황 역시 리스크, 스클레어, 밀라노비치 같은 사상가들이 제기한 이런 우려와 의심을 공유한다. 앞에서 살펴본 것처럼 프란치스코 교황은 세계화 프로젝트가 전 지구적 비상사태의 정치-생태론적 차원에 적절히 응답할 수 있는지 의심스러워하며, 세계화 프로젝트의 생태론을 "자기만족과 경박한 무책임을 부추기는 거짓되거나 피상적인 생태론"이라고 부른다(59항). 요컨대 프란치스코 교황은 세계화 프로젝트를 통해 촉진된 좋은 삶에 대한 비전이 현재 우리를 둘러싼 정치-생태론적 비상사태를 회피/외면하는 결과를 낳는 은폐 속에 내포되어 있다고 주장한다. 프란치스코 교황은 이러한 회피가 "우리가 현재의 생활양식과 생산과 소비의 방식을 유지하게 해 줍니다"라고 썼다(59항). 그 결과 세계화 프로젝트의 동력은 계속해서 지구와 가난한 이들의 울부짖음뿐만 아니라 이들의 울부짖음에 적절히 응답하기 위해 고통스런 결정을 내려야 하는 과제까지 억압하는 역할을 한다. 따라서 세계화 프로젝트의 지속 가능한 개발 체제 안에서 특권을 부여받은 사람들은 "악행들을 알아채고 인식하지 않으려 하고, 중요한 결정을 뒤로 미루고, 아무 일도 벌어지지 않을 것처럼 행동하는 것과 같은 인간의 자기 파괴적인 악행들을 조장하는 길입니다"(59항)라고 교황은 우리에게 경고한다.[132]

기부"(one for one)를 얻게 된다는 주장에 대한 밀라노비치의 논의를 보라(위의 책, 667-68쪽).

132) 이 대목에서 프란치스코 교황의 주장은 기후변화 비상사태에 주목하고자 하는 현재의 시도가 의미 있는 행동을 마냥 연기하는 만연한 도덕적 타락 때문에 고충을 겪고 있다는 스티븐 가디너의 견해와 일치한다. Stephen Gardiner, *The Perfect Moral Storm: The Ethical Tragedy of Climate Change* (New

세계화 프로젝트의 거짓 생태론 폭로하기

세계화 프로젝트의 안이한 접근 태도를 정당화하는 데 기여하는 모호하게 만드는 구조는 다양하다. 기후변화를 부정하는 산업의 노골적인 거짓말과 북반구가 남반구에게 진 생태적 빚을 세계화 프로젝트가 인식하지 못하는 것은 제쳐 두더라도, 세계화 프로젝트와 전 지구적 비상사태의 관계가 공적 담론에서 계속해서 모호해지는 방식이 적어도 세 가지 있다.[133] 여기서 나는 (1) "강한" 지속 가능성과 "약한" 지속 가능성의 구분, (2) 지속 가능성과 관련하여 기술적 효율의 한계와 모호성, (3) 세계화 프로젝트의 성장전략과 민주주의의 불안정화 사이의 연관성 등이 물밑으로 사라지게 된 것에 대해 살펴볼 것이다.

지속 가능한 개발

공공영역에서 지속 가능한 개발에 대해 일반적으로 호소하는 것은 "약한 지속 가능성"과 "강한 지속 가능성" 개념의 차이를 가리게 된다.[134] 약한 지속 가능성을 옹호하는 사람들은 지구의 천연자본(즉 세계가 보유한 천연'자원')을 약탈하는 일이, 소비되는 천연자원

York: Oxford, 2011), 301-97쪽을 보라.

133) 기후변화를 부인하는 것과 거대 담배 회사 간의 연관성에 대해서는 Naomi Oreskes and Eric M. Conway, *Merchants of Doubt: How a Handful of Scientists Obscured the Truth on Issues from Tobacco Smoke to Global Warming* (New York: Bloomsbury, 2011)을 보라.

134) 이 두 입장에 대한 포괄적인 연구는 Eric Neumayer, *Weak versus Strong Sustainability: Exploring the Limits of Two Opposing Paradigms* (Northampton: Edward Elgar, 2013)를 보라.

과 동등하거나 더 큰 가치를 가진 인적 자본을 생산하고 축적하는 것으로 천연자본 고갈을 대체할 때까지 유지될 수 있다고 주장한다.[135] 다시 말해서, 축적된 인적 자본의 가치가 고갈된 천연자원과 훼손된 생태계의 잃어버린 가치와 같거나 그 이상이면 그 경제는 "지속 가능하다"고 판단할 수 있다. 약한 지속 가능성을 옹호하는 사람들은 인적 자본을 기술혁신과 유해한 생태계 파괴를 '해결'하는 데에 투자할 수 있다는 입장을 근거로 이런 주장을 펼친다.[136] 마르크스와 엥겔스의 말이 약한 지속 가능성의 입장을 좀더 설명할 수 있을 것 같다. 이 입장을 옹호하는 사람들이 볼 때, 자본축적의 과정은 어느 주어진 집(*oikos*) 안에서 형성되어 상속된 정치-생태론적 관계 유형을 "공중분해"시킬 뿐 아니라 "대기(air)"를 거주 가능한 새로운 정치-생태론적 형태로 바꾸는 힘을 인간에게 부여한다.[137] 인

---

135) 위의 책, 22-25쪽.

136) 위의 책, 52-78쪽. 이런 견해는 환경 경제학자 디터 헬름이 인간의 창의성을 비논리적으로 칭송하는 데서 나타난다. Dieter Helm, *Natural Capital: Valuing the Planet* (New Haven, CT: Yale University Press, 2015), 240-41쪽. 디터의 기술에 대한 낙천성과 인류세의 미래에 대한 밝은 전망을 "인류의 시대"에 대한 캐스린 유소프의 분석과 비교해 보라. Kathryn Yusoff, *A Billion Anthropocenes or None* (Minneapolis: University of Minnesota Press, 2019), 23-64쪽을 보라.

137) 마르크스와 엥겔스는 자본주의 사회의 탄생이 자본주의 이전 시기의 상속된 가치체계와 사회 유형에 끼친 영향을 기술할 때 이 문구를 사용한 것으로 유명하다. 그들은 이렇게 썼다. "빠르게 얼어버린 고정된 모든 관계는 오래되고 유서 깊은 일련의 편견 및 의견 등과 함께 휩쓸려가고, 새롭게 형성된 모든 관계들은 굳어지기 전에 한물 간 것이 되어 버린다. 단단한 것들은 모두 공중분해되고, 거룩한 것들은 모두 세속적인 것이 되고, 인간은 마침내 자신의 실제 삶의 상태와 자기 종족과의 관계를 냉철하게 직면하게 된다." Karl Marx and Friedrich Engels, "The Communist Manifesto," in *Manifesto: Three Classic Essays on How to Change the World*, intro. Armando Hart (New Melbourne: Ocean, 2005), 33쪽. 약한 지속 가능성 옹호자들이 볼 때 자본축

적 자본이 증가하자 사회가 세계를 꾸준히 새롭게 하는 힘이 생겨
났고, 따라서 인간의 시도가 지속될 수 있었다. 이것이 오늘날 세계
화 프로젝트의 논리이다.

강한 지속 가능성 체계를 지지하는 사람들은 인적 자본을 생산
한다고 해서 생명계의 활력을 심각하게 해치지 않은 채 자연 자본
의 손실을 지속적으로 대체할 수 있을지 의문을 품는다. 이 견해를
지지하는 사람들은 일부 형태의 생태계 파괴는 되돌릴 수가 없고
일부 형태의 자연 자본은 재생 불가능하다고 강조한다. 강한 지속
가능성을 지지하는 사람들은 마찬가지로 인간이 생태계 파괴의 해
로운 영향을 적절히 파악하는 것이 (따라서 적절히 가격을 매기는
것이) 가능할지 의문을 품는다. 따라서 강한 지속 가능성을 지지하
는 사람들은 자연 자본의 재고를 약탈하는 것을 제한하는 정책을
요구한다.[138] 이들이 우려하는 것은 자본 축적 과정이 집(*oikos*)에서
형성되어 상속된 정치-생태론적 형태를 "공중분해"시킬 수 있는 반
면, 이러한 형태가 미래 세대에게 덜 아름답고 덜 강력하고 거주하
기에 덜 적합한 형태로 대체될 것이라는 점이다. 자연 자본과 인적
자본이 교환 가능하다고 제시되었을 때 강한 지속 가능성을 지지하
는 사람들은 보존을 실천하는 데 뿌리를 둔 윤리를 요구하며 자제
할 것을 경고한다.[139]

적은 상속된 생태 유형을 쓸어버리고 이를 "개선된" 관계 유형으로 대체하는
데 활용될 수 있다.
138) Neumayer, *Weak versus Strong Sustainability*, 25-29쪽. 또한 불확실성
가운데 자연 자본을 보존하는 것에 대한 노이마이어의 논의도 보라.
139) 게다가 강한 지속 가능성의 견해에서 볼 때 약한 지속 가능성 체계는 그 견
해가 치명적으로 인간 중심적인 것으로 보인다. 이 체계 안에서 인간은 단순히
만물을 측량하는 존재가 아니라 모든 척도의 총합이기도 하다. 이런 맥락에서
약한 지속 가능성 체계는 세상의 생명을 노동과 토지라는 상품으로 지속적으

강한 지속 가능성 체계와 약한 지속 가능성 체계를 지지하는 사람들 사이의 불일치에 대해 여기서 온전히 판결을 내릴 수는 없다. 하지만 약한 지속 가능성을 지지하는 사람들도 세계화 프로젝트가 세계를 지속 가능한 개발을 위한 원조 아래 구성하는 방식이 계속될 수 있는지에 의문을 품는다는 점은 언급할 가치가 있다. 세계화 프로젝트 입안자들이 지속 가능한 개발이라는 용어로 호소하지만 이 프로젝트의 현실은 심지어 약한 지속 가능성 체계의 기준도 충족하지 못한다. 예를 들어, 저명한 환경 경제학자인 디터 헬름은 신자유주의 세계화 프로젝트의 정치적 생태론이 잠재적 재앙인 두 가지 방식에서 세계의 자연 자본에 적절한 가치를 매기지 못했다고 주장한다. 첫째로, 세계화 프로젝트는 재생 가능한 자원의 가치를 잘못 매겼다. 경제학자들과 정책 입안자들은 재생 가능한 자원이 스스로 재생된다는 점 때문에 하찮은 가치를 할당하는 경향이 있었다.[140] 하지만 헬름은 이런 식으로 가격을 매기게 되면서 재생 가능한 자원이 스스로 재생할 수 있는 한계를 초과하는 방식으로 인간의 경제가 재생 가능한 자원을 착취하도록 위협하는 상황을 초래했다고 주장한다. 재생 가능한 자원이 지나치게 저평가되었기 때문에 실제로 마치 이들이 무가치한 것처럼 착취되고 있다.[141]

둘째로, 헬름은 세계화 프로젝트가 재생 불가능한 자원 약탈로

로 환원하는 것으로 세상을 보는 방식을 권장한다. 세계화 프로젝트의 논리를 특징짓는 약한 지속 가능성 체계 아래에서 온 세계는 이제 전세계적 자본 축적을 섬기는 데에 동원되고 있으며 이러한 동원이 지역과 지역 공동체에 어떤 영향을 끼치는지에 대해서는 거의 관심이 없다.

140) 명백한 사례로서 산소가 풍부한 대기의 경우, 분명 인간의 삶에 없어서는 안 되는 것인데도 그 양이 풍부하고 자연적으로 재생되기 때문에 경제적 가치는 전혀 없다.

141) Helm, *Natural Capital*, 242-43쪽.

착취한 부를 제대로 투자하지 못했다고 주장한다. 헬름은 착취한 부를 "자연 자본 기금"에 넣어 두어 미래 세대가 안정된 정치적 생태론 체계를 유지하는 데 필요한 자본을 확보할 수 있도록 해야 한다고 주장한다. 하지만 이렇게 하지 않은 채, 착취한 부는 현재 단기 충족을 위해 지속 불가능한 비율로 낭비되고 있다. 따라서 헬름은 이렇게 결론짓는다. "우리는 이 (재생 불가능한 자원의) 풍부함을 사탕가게에 있는 아이들처럼 고갈시켰다. 재고는 약탈당했고 미래 세대에 대한 생각은 거의 없거나 전혀 없었다." 헬름에 따르면, 이런 식의 방탕한 소비는 현실을 제대로 보지 못하게 했고, 실제보다 상황이 좋게 보이도록 만들었다. "이는 마치 집안의 은을 팔면서 그 결과로 더 부유해졌다고 여기는 것과 같다."[142] 헬름의 견해를 따르면, 심지어 약한 지속 가능성 체계의 기준으로 보더라도, 세계화 프로젝트의 정치적 생태론은 지속 가능한 미래를 위한 기준을 충족하지 못한다.[143]

생태학적 근대화

앞에서 살펴본 것처럼, 세계화 프로젝트 입안자들은 이 프로젝트가 "윈-윈" 시나리오에 호소하여 세계를 구성하는 방식을 정당화하고자 애썼다. 이 시나리오에서는 경제성장을 생태적 건강 및 안정

---

142) 위의 책, 243쪽. 헬름의 비유에 한계가 있긴 하다. 역사적으로 식민지 및 신식민지 체제의 지속되는 착취과정을 볼 때 이 집안의 증조부가 훔친 은을 이제 그 방탕한 후손이 짧은 즐거움을 위해 저당잡히는 것이다.

143) 2005 새천년 생태계 평가 위원회(Millennium Ecosystem Assessment) 보고서에 따르면, 이들이 조사한 생태계의 대략 60%가 "파괴되었거나 지속 불가능하게 사용되었다." 보고서의 "Summary Findings"를 보라. https://www.millenniumassessment.org.

과 긍정적으로 연관지을 수 있다. 세계화 프로젝트가 세계를 구성하는 방식의 정당성을 입증하는 과정에서 생태학적 근대화라는 용어가 등장하게 된다. 생태학적 근대화 담론의 핵심에는 생산과정이 점점 효율적으로 되면서 경제성장이 무한정 증가할 수 있다는 사고가 자리잡고 있다. 팀 잭슨의 설명처럼, 생태학적 근대화는 인간의 혁신을 통해 경제생산이 "자재 투입량에 점점 덜 의존하게 되고" 따라서 "생태학적 한계를 넘어서지 않고서도, 또는 자원을 고갈시키지 않고서도, 경제가 계속 성장할 수 있다"고 주장한다.[144] 결과적으로 경제성장은 환경에 끼치는 부정적인 영향으로부터 분리할 수—"떼어낼(decoupled)"—수 있다는 주장이다.

그런데 생태학적 근대화에 호소하는 것은, 적어도 특정 정치 담론에서는, 보통 "상대적 분리"와 "절대적 분리"의 차이를 무시하게 된다. 하지만 이 구분은 중요하다. 잭슨이 이들 용어를 정의한 것에 따르자면, 상대적 분리는 "경제생산의 단위당 생태학적 중요도의 감소"를 말하는 반면, 절대적 분리는 "자원에 끼치는 영향이 절대적인 의미에서 감소하는" 시나리오를 말한다.[145] 잭슨의 주장처럼 "경제활동이 생태학적 한계 안에 머물기 위해서 반드시 필요한 것"은 절대적 분리이다. 예를 들어, 탄소 배출과 관련하여 기술혁신을 통해 경제성장의 단위당 탄소를 적게 배출하는 기계를 만드는 것으로는 충분하지 않다. 우리가 대기 중 탄소 농도의 지구 위험 한계를 존중

---

144) Tim Jackson, *Prosperity without Growth: Economics for a Finite Planet* (New York: Earthscan, 2009), 67쪽. 생태학적 근대화 담론에 대한 훌륭한 소개로는 Arthur Mol, *Globalization and Environmental Reform: The Ecological Modernization of the Global Economy* (Cambridge, MA: MIT, 2001), 17-46쪽을 보라.

145) Jackson, *Prosperity without Growth*, 67쪽.

한다면, 경제가 계속 성장하도록 하면서도 동시에 지구 전체의 탄소 배출을 줄이는 효율을 얻는 것이 필요하다.[146]

경제성장이 대기 중 탄소 농도에 끼치는 영향의 추세에 대한 평가를 통해 잭슨은 최근 몇 십년간 상대적 분리가 꾸준히 증가했다는 증거를 발견했다. 다시 말해, 세계경제는 탄소 방출량과 관련하여 "적은 것으로 더 많이" 할 수 있었다. 이것을 긍정적인 신호로 받아들일 수도 있지만, 잭슨은 상대적 분리를 통해 얻은 이익이 인간의 활동이 대기 중 탄소 농도 권장량 한도를 넘어서지 못하도록 막는데 필요한 절대적 분리를 초래하는 데 필요한 수준까지 충분히 이르지 못했다고 주장한다. 실제로 잭슨은 세계경제가 필요한 만큼의 분리를 만들어 내기 위해서는 "지금처럼 더 많은 탄소를 배출하면서 앞을 향해 달려가는 유형의 경제와는 완전히 다른 유형"이 필요하다고 주장한다.[147] 이런 이유로 잭슨은 지구가 세계화 프로젝트의 안이한 태도의 경제를 지속할 수 있을지에 의문을 제기한다. 잭슨은 경제성장이 생태계에 끼치는 해로운 영향을 보상하고 결국은 극복하기 위해 기술적 해결책에 온전히 의존하는 접근법은 "심히 부적절하다"고 주장한다.[148]

잭슨의 분석이 기후변화 비상사태에 온전히 초점을 맞추고 있다는 점을 떠올린다면, 잭슨의 판단은 특히 정신이 번쩍 들게 한다.

---

146) 위의 책, 67-68쪽. 이 감축은 IPCC의 안정화 목표인 450ppm을 충족하기 위해 필요한 것이다. 탄소 배출의 경우 전체적으로 2050년까지 50~85% 감축이 필요하다.
147) 위의 책, 81-82쪽.
148) 위의 책, 82쪽. 분명히 하자면, 잭슨은 기술혁신이 계속될 필요성을 부정하지 않는다. 다만 전 지구적 위기에 적절히 대응하기 위해서는 효율 개선과 다른 형태의 생태학적 근대화가 필수라고 주장한다. 하지만 잭슨은 안이한 접근 태도로부터 분리된 상황에서 이러한 노력을 수행해야 한다고 주장한다.

잭슨은 다른 지구 위험 한계가 지속적인 경제성장에 부과하는 도전들에 대해 고려하지 않았다. 다시 말해, 효율 증가를 통해 기후변화 비상사태를 적절히 다룰 수 있다고 해도, 효율성 향상만으로 세계화 프로젝트가 여섯 번째 대멸종이나 계속되는 바다의 산성화와 같은 전 지구적 비상사태와 관련된 다른 차원에 어떻게 응답할 수 있도록 하는지가 불분명하다. 간단히 말해 전 지구적 비상사태에 적절히 대응하기 위해 효율성 향상에 의존하는 것의 어려움은 잭슨의 분석이 제시하는 것보다 더 두드러지게 되었다.[149]

이 모든 것을 고려할 때, 지난 40년 동안 세계 정치적 생태론의 여러 추세가 지구의 생태적 건강에 더 많은 관심을 촉구하고 있다는 것이 놀랍지 않다. 트럼프 행정부의 어리석은 부인주의(denialism) 한가운데서 2018년 말에 발표된 미 연방정부의 "제4차 국가 기후 평가"는 인간에 의한 기후변화가 인류의 건강과 생명을 새롭게 고조된 위험으로 이끌 것이라고 주장한다. 이러한 위험에는 물 부족 사태, 전염병 증가, 경제성장 억제, 대규모 생태계 붕괴, 농업 생산 감소 등도 포함된다. 특히 이 보고서는 가난해진 공동체들과 토착 공동체들이 심각하게 균형이 맞지 않는 방식으로 이들 해로운 영향을 경험하게 될 것이라고 주장한다.[150] 이와 비슷한 우려를 담아

---

[149] 분리와 관련하여 더 생각해야 할 것은 "제번스 역설(Jevons paradox)" 또는 "반동 효과(rebound effect)"의 가능성이다. 즉 끊임없는 성장을 목표로 하는 자본주의 체제에서 에너지 효율 향상은 이윤이 계속해서 생산에 재투자되기 때문에 더 큰 자원 약탈로 이어진다는 것이다. William Stanley Jevons, *The Coal Question: An Inquiry Concerning the Progress of the Nation, and the Probable Exhaustion of Our Coal Mines* (New York: Augustus M. Kelley, 1905), 152쪽을 보라. 이 잠재적 역설에 대해 잘 개괄한 것으로 Blake Alcott, "Jevons' Paradox," *Ecological Economics* 54, no. 1 (2005): 9-21쪽을 보라.

[150] "Fourth National Climate Assessment, Volume II: Impacts Risks, and

UN 기후변화에 관한 정부간 협의체(IPCC)도 미국의 보고서보다 한 달 먼저 보고서를 발표하면서, 세계가 기후변화의 파괴적인 영향을 완화하고자 한다면 중요한 정치-생태론적 변화를 구현하는 데 대략 10년 정도 남았다고 경고했다.[151] 그러므로 세계화 프로젝트가 지구의 울부짖음에 적절히 대응하고 있다는 견해는 조심하는 것이 현명하다.

물질적 불평등과 민주주의

20세기 말에 세계의 경제적 불평등이 가속화되었고, 오늘날 전 세계에 걸쳐 수십억 명에게 계속 영향을 끼치는 심각한 가난을 놓고 볼 때, 세계화 프로젝트의 사회경제적 동력에 비판적인 사람들 입장에서 태평스럽게 (그리고 문맥을 벗어나) "이 경제는 (사람을) 죽입니다"라는 프란치스코 교황의 주장을 인용하면서 세계화 프로젝트를 완전히 거부하는 것은 유혹적이다.[152] 그런데 가난과 불평등이 세계적으로 줄어드는 최근 추세는 그런 사람들을 잠시 멈추도록 한다. 세계화 프로젝트의 출현 이후 세계의 가장 가난한 사람들의 삶이 획기적으로 개선되었다는 증거를 인식하는 것은 중요하다. 지난 40년간 세계적으로 극단적 빈곤이 줄어들었다.[153] 게다가 지난

Adaptation in the United States"를 보라. https://nca2018.globalchange.gov/.
151) "Summary for Policymakers of IPCC Special Report on Global Warning of 1.5℃ Approved by Governments"를 보라. https://www.ipcc.ch.
152) 프란치스코 교황, 〈복음의 기쁨(*Evangelii Gaudium*)〉, 53항. http://w2.vatican.va.
153) 예를 들어 Jeffrey Sachs, *The Age of Sustainable Development* (New York: Columbia University Press, 2015), 141쪽을 보라. 이 기간 동안 인도와 중국에서 가장 많이 빈곤층이 감소하였다.

5세기 동안 세계의 물질적으로 부유한 지역과 가난한 지역의 빈부 격차가 더 심해지다가(이 격차는 20세기 동안에 가속화되었다), 지난 20년 동안 세계경제 불평등이 축소되기 시작했다.[154] 이 부분은 인정해야 한다. (극단적 빈곤에 처한 인구는 1990년 19억 명에서 2018년 6억 5천만 명으로 감소했지만, "최근의 여러 연구들은 코로나 팬데믹 이후 앞으로 몇 년 동안 7천만~4억 3천만 명이 다시 극단적 빈곤에 처해질 것으로 예상한다.")[155]

그럼에도 불구하고 세계화 프로젝트가 가난한 이들의 울부짖음에 도덕적으로 건전하거나 사회적으로 지속 가능한 방식으로 대응하고 있다는 견해에 의문을 품을 만한 이유들이 있다. 첫째, 가난을 제거하고 전 세계적 차원에서 불평등을 감소시키는 과제는 최소한 생태계의 생명력을 위협하기도 하고 급증하는 생태 위기로 위협을 받기도 하는 것으로 보이는 성장률을 여전히 요구한다. 그런데 이런 우려를 넘어 불평등과 관련한 최근의 추세를 더 자세히 다룰 필요가 있다. 이 책의 서론에서 간단히 언급한 것처럼 북반구와 남반구 사이의 전반적인 경제적 불평등이 감소된 것과 거의 같은 시기에 초부유층의 경제적 이익은 역시 역사상 유례가 없을 정도로 치솟았다. 사스키아 사센은 이렇게 썼다. "지난 20년간 세계 상위 1%의 부는 60% 증가했다. 그 상위 1% 중 가장 부유한 '1000억 달러를

---

[154] Christoph Lakner and Branko Milanovic, "Global Income Distribution: From the Fall of the Berlin Wall to the Great Recession," World Bank Policy Research Working Paper 6719를 보라. documents.worldbank.org/curated/en/914431468162277879/pdf/WPS6719.pdf. 세계의 경제적 불평등이 줄었음을 보여주는 라크너와 밀라노비치의 유명한 "코끼리 그래프"는 보고서의 31쪽에 나온다.

[155] 편집자주: Fareed Zakaria, *Ten Lessons For A Post-Pandemic World* (New York, NY: W. W. Norton & Company, 2020), 151, 154쪽을 보라.

보유한 사람들은 2012년에 2400억 달러가 재산으로 추가되었다. 세계의 빈곤을 네 차례나 끝낼 수 있는 액수다.'"[156]

전 세계 엘리트들 사이에서 부가 폭발적으로 증가한 것과 동시에 경제적으로 발전한 나라들의 대다수 인구의 상대적 경제 복지에는 주목할 만한 하락이 있었다. 〈2018 세계 불평등 보고서〉는 미국과 유럽의 하위 90%의 실질 소득 증가가 주변부와 전 세계 엘리트들이 경험한 소득 증가에 비해 상대적으로 억제되었다고 주장했다. 사실상 경제성장을 분배한다는 것이 500년간의 프로젝트의 영구한 중심 지역 안의 중산층과 하위층을 "짜내는" 역할을 한 것이다. 이런 현상들, 즉 초부유층의 발생, 세계적 불평등 축소, 핵심 지역 노동 계층의 부 억제 현상은 여러 요소들 가운데 신자유주의의 논리를 따르는 다양한 아웃소싱(outsourcing) 형태에 함께 묶인 채로 서로 연관되어 있다. 사센의 주장처럼, 21세기 초반에 500년간의 프로젝트 동안 전통적으로 축적의 장소였던 지역들이 "추방(expulsion)"의 장소로 바뀌었다. 즉 부와 부에 따르는 사회적 안정성이 이제는 추방되고, 전 세계 엘리트들을 더욱 부유하게 만드는 것을 목표로 하는 정책에 의해 인도된다.[157]

전 세계의 경제적 빈곤과 북반구와 남반구 사이의 불평등이라는 현재 추세와 관련한 어려움은 그것이 사라지고 있다는 것이 아니다.

---

156) Saskia Sassen, *Expulsions: Brutality and Complexity in the Global Economy* (Cambridge, MA: Belknap Press of Harvard University Press, 2014).

157) 위의 책, 특히 1-54쪽. 이러한 현상을 고려하여 세계에서 가장 앞장서서 세계화를 옹호하는 사람들 중 하나인 제프리 삭스조차 공개적으로 세계화 프로젝트를 재고할 필요가 있다고 발언하였다. Sachs가 WBUR와 On Point에서 인터뷰한 "Economist Jeffrey Sachs on Globalization's Risk"를 보라. https://www.wbur.org.

문제는 초부유층의 엄청난 번영과 동시에 중심지 내 다수 인구의 부가 도려내졌다는 데 있다. 이런 추세는 세계화 프로젝트가 근본적으로 엘리트들의 이익에 복무하는 방향으로 향하고 있고, 또한 약탈의 역사를 교정하거나 세계적 불평등에 대응하지는 않는다는 사실을 지적하고 있다. 이러한 동력도 물론 문제지만, 이들은 더욱 급박하게 세계를 위협하는 또 다른 세계적 추세와 서로 연결되어 있다. 바로 권위(독재)주의의 등장이다.

오늘날 불평등과 권위주의의 동력이 어떻게 관련되어 있는지를 이해하기 위해 폴라니의 이중 운동 이론으로 돌아가면 많이 배울 수 있다. 폴라니가 생각하기에, 유럽에서 권위주의 정권이 등장한 것과 20세기에 세계대전들이 발발한 것이 모두 19세기 유토피아적 자유주의 경제의 시장사회라는 이상에 그 뿌리를 두고 있다는 점을 기억하라. 넓은 사회관계라는 모판에서 시장을 제거하려는 자유주의 프로젝트는 북반구의 "시민들"을 시장사회의 잔인함에 노출시키는 결과를 낳았다. 이러한 노출의 결과 북반구의 시민들은 자본주의의 창조적 파괴로부터 자신을 지키기 위한 행동으로 응답했다. 이를 위해 시민들은 독재자에게 의존했는데, 이들 독재자들은 민족주의와 백인 우월주의라는 끈끈한 동맹 감정을 부추겼고 보호무역 경제 정책을 시행하였다. 이와 같은 전개가 결국 세계 대전이 발발하려는 토양에 씨를 심은 것이다.

폴라니의 이론화의 빛에서 본다면, 최근의 지정학적 전개는 특히 우려스럽다. 영국의 유럽연합 탈퇴, 미국에서 트럼프가 대통령에 당선된 것, 유럽과 미국에 걸친 극우주의와 백인 민족주의 감정의 명백한 등장 등, 이 모든 것은 이중 운동의 보호무역주의의 반응과 일치한다. 물론 이들 현상의 원인은 말할 나위 없이 복합적이긴 하지만, 신자유주의 세계화의 유토피아적 비전이 이제는 20세기("첫 번째 세계화" 시대)의 자유주의가 초래한 사회 상태를 되풀이하고 있다는 것이 세계적인 추세임을 우리가 알아차릴 수 있게 되었다. 한 예로, 밀라노비치는 전통적인 중심부 국가들 사이에서 국가간 부의 불평등이 커짐에 따라 인종차별적 민족주의가 출현하게 되고, 또한 이 지역에서 과두정 정권(oligarchical regimes)이 더욱 견고해진다고 우려한다.[158] 이런 맥락에서 로버트 커트너는 세계가 신자유주의 세계화 프로젝트에 대한 반발로 전 세계적으로 민주적 제도들과 그 이상을 뒤엎을 것으로 위협하는 상황으로 진입했다고 주장한다.[159] 폴라니의 분석은 다시 한 번 무서울 정도로 선견지명이 있었다.

20세기의 대변동을 21세기에는 피할 수 있다고 생각하면서도 커트너는 낙관적이지 않아서 비극적인 결과의 가능성을 최소화하기 위해서는 이른 시일 내에 국가간 경제적 불평등을 축소하는 것이 필수라고 주장한다. 따라서 국내의 불평등을 해소하기 위한 정부 정책이 구현되지 않는 한, 앞으로 수십 년 동안 이런 불평등이 계속될 것이라는 토마 피케티의 예언을 생각하면 당황스럽다.[160] 게다가 〈2018 세계 불평등 보고서〉는 국내의 불평등 추세가 계속해서 "안

---

158) Branko Milanovic, *Global Inequality: A New Approach for the Age of Globalization* (Cambridge, MA: Belknap Press of Harvard University Press, 2016), 192-211쪽.
159) Robert Kuttner, *Can Democracy Survive Global Capitalism?* (New York: W. W. Norton, 2018).
160) 잘 알려진 것처럼 피케티는 이러한 가능성의 이유가 자본의 수익률이 성장률을 앞지르는 역사적 경향 때문이라고 주장한다. Piketty, *Capitalism in the Twenty-First Century* (Cambridge, MA: Harvard University, 2017), 특히 2부를 보라. 피케티는 또한 전 세계 엘리트들("상위 1%")이 세계 인구의 대다수를 뒤처지게 만드는 과두 체제의 분기에 대해서도 우려한다(위의 책, 463-67쪽).

이한 궤도"를 유지한다면, 이러한 불평등 추세는 남반구에서 거둔 경제적 부에서의 이익을 앞지를 것이고, 앞으로 30년간 세계의 불평등을 한 번 더 증가시키게 될 것이라고 주장한다.[161] 따라서 세계 경제가 수렴하는(따라잡는) 최근의 추세의 맥락에서 보더라도 현재 상태의 세계화 프로젝트가 지속 가능한 방식으로 가난한 이들의 울부짖음을 돌아볼 수 있을지는 의문이다. 오히려 전례 없이 생태학적으로 불안정한 전 지구적 상황에서 신자유주의 세계화가 20세기의 재앙을 21세기에 풀어놓을 준비가 된 것으로 보인다.

소비주의 문화 이데올로기: 지속 불가능한 것을 존속시키기

이 장에서 나는 착취의 장소와 즐기는 장소 사이의 공간적 거리, 기술에 대한 집착, 지속 가능한 개발에 대한 공허한 설명 등이 모두 현재 세계가 직면하고 있는 복합적인 정치-생태론적 비상사태의 심각성과 현재 세계화 프로젝트가 이 비상사태에 대응하지 못하는 무능력 모두에 관심을 갖지 못하도록 만들었다고 주장했다.[162] 이처럼 모호하게 만드는 동력에 마지막 한 가지 요소를 추가할 수 있겠다. 그것은 의도적인 무지(외면)이다. 카리 노가드가 기후변화 부인에

---

[161] *World Inequality Report 2018*, part 5를 보라. https://wir2018.wid.world/part-5.html.

[162] 물론 이런 주의 분산과 은폐는 특히 사회경제적 특권의 영역에서 효과적이었다. 이런 특권은 너무나 흔히 인식의 빈약으로 해석된다. Sandra Harding, "Standpoint Epistemology (a Feminist Version): How Social Disadvantage Creates Epistemic Advantage," in *Social Theory & Sociology: The Classics and Beyond*, ed. Stephen P. Turner (Cambridge, MA: Blackwell, 1996), 146-60쪽을 보라.

대한 연구에서 주장하는 것처럼, "우리는 진짜로 알고 싶어 하지 않는다."[163] 특히 세계화 프로젝트에 의해 구성된 세계에서 특권을 지닌 사람들이 무지를 수용하는 것은 놀랍지 않다. 결국 이런 비상사태의 규모와 이 비상사태가 예고하는 비극은 생각을 압도하는 힘을 지니고 있다. 그럼에도 불구하고 무지를 수용하는 것은 단순히 이런 비상사태에 맞닥뜨릴 때의 일반적인 두려움과만 관련된 것이 아니며 일반적인 사회적 타성으로 환원될 수도 없다. 물론 이 두 가지 모두 중요한 요소이긴 하지만 말이다. 도리어 의도적인 무시 현상은 소비주의라는 문화 체계에 의해 세계관과 욕구가 형성된 사람들 안에서 일어나는 특정한 실존적 위협과 관련하여 이해할 필요가 있다.

2장에서 살펴본 것처럼, 회칙 『찬미받으소서』는 현재의 정치-생태론적 비상사태가 세계화 프로젝트가 보급한, 전 세계적으로 새롭게 등장하는 "소비주의 문화"와 깊게 얽혀 있다고 주장한다. 소비주의에 대한 이 회칙의 비판을 설명하면서 나는 세계화 프로젝트에 대한 스클레어의 이론화에 의지하였다. 스클레어가 보기에 자신이 "소비주의 문화 이데올로기"라고 명명한 소비주의 문화는 생산과 소비 사이클이 계속 확장되도록 하는 방식으로 인간의 욕구를 형성하고자 노력하는 세계화 프로젝트 입안자들이 주도한 것이다. 따라서 소비주의 문화 이데올로기는 훌륭한 삶은 물건을 소비하는 데 있는 것이며, 인간이 "온전히 살아있기 위해서는" 소비해야 한다고 주장한다.[164] 그렇다면 소비문화는 인류가 집단적으로 생태계에 부과하

---

163) Kari Marie Norgaard, "'We Don't Really Want to Know': Environmental Justice and Socially Organized Denial of Global Warming in Norway," *Organization & Environment* 19, no. 3 (2006): 347-70쪽.

164) 분명 모든 생물은 살아가기 위해 소비해야 한다. 하지만 스클레어는 이것을 말하는 것이 아니라 사치품 소비를 말하는 것이다. 예를 들어 Leslie Sklair, "The

는 물질적 부담을 증가시키고 가속화시킨다.

더욱이 소비주의 문화 이데올로기는 기술 관료적 패러다임에 내재된 도구적 논리를 특별히 파괴적인 방식으로 보급한다. 존 카바노의 주장처럼, 소비주의 문화는 인간에게 다른 인간을 "상품 형태"로 환원하라고 가르친다.[165] 그렇게 인간관계의 성격과 관련하여 소비주의는 개인적인 "나-너" 관계를 깎아내리면서 "나-그것" 관계를 높이고 표준화한다. 소비주의 문화 이데올로기는 인간이 친밀할 가능성과 돌보는 능력을 손상시키는 방식으로 인간의 욕구를 훈련시킨다. 인간은 (그리고 다른 피조물도) 누군가의 만족을 위해 조작되는 물건으로 여겨진다. 따라서 이러한 문화 이데올로기는 끊임없는 소비를 칭송할 뿐만 아니라 이웃과 땅에 대한 관심을 둔화시키는 왜곡된 이기심을 격려한다.

스클레어의 분석으로 돌아오면, 소비문화가 이상적 인간이라는 가공의 인물형을 구성하는 역할을 한다는 것이 명백하다. 이런 가공의 이상을 "소비하는 인간(*homo consumens*)"이라고 할 수 있다.[166]

Transnational Capitalist Class and the Discourse of Globalization," *Cambridge Review of International Affairs* 14, no. 1 (2000): 67-85쪽을 보라.

165) John F. Kavanaugh, *Following Christ in a Consumer Society: The Spirituality of Cultural Resistance* (Maryknoll, NY: Orbis Books, 1991), 특히 54-115쪽을 보라.

166) 나는 에리히 프롬이 만든 용어를 빌려왔다. 소비하는 인간이 소비주의 문화 이데올로기 안에서 이상화된 가공의 인물형을 가리키는 데 사용될 수 있지만, 프롬의 의도는 주체의 이러한 구성을 높이려는 것이 아니라 신비성을 제거하려는 것이라는 점을 알아야 한다. 프롬에 따르면, 소비하는 인간과 관련된 이미지가 매혹적이고, 강력하고, 들뜨게 하는 것으로 보일 수 있지만, 이러한 이미지는 깊은 불안, 파괴적인 자기애 경향, 내재된 근심 등을 숨긴다. 간단히 말해, 프롬은 소비하는 인간은 자신의 자유가 소비하는 자유로 축소된 소아화된 주체라고 주장한다. Erich Fromm, *The Revolution of Hope: Toward a Humanized Technology* (New York: AMHF, 2010), 48쪽을 보라.

소비주의 문화 이데올로기는 소비하는 인간을 충만한 인생의 최고 사례로서 칭송하고, 그러면서 인간의 욕구가 이러한 이상을 살아내기를 갈망하도록 만든다. 이런 맥락에서 인간이 세계의 정치-생태론적 비상사태에 직면하여 의도적으로 무지를 선택하는 가장 깊은 이유가 명백해진다. 이 비상사태는 소비자인 인간의 가공의 이상과 자신의 욕구가 일치하는 사람들에게 삶의 의미가 무엇인지를 묻게 만든다. 정치-생태론적 비상사태라는 현실은 소비하는 인간의 이미지를 살아내는 (또는 적어도 살아내려 애쓰는) 인간들에게 정체성의 위기를 만든다. 다시 말해, 악화되는 비상사태로 인해 지구에 가해진 피해를 통해, 유행하는 문화 이데올로기가 형성한 인간들의 삶의 모습이 피상적인 가짜라는 것이 드러난다. 또한 이러한 피해를 통해 이들이 꿈꾸는 훌륭한 삶 역시 사기라는 것이 드러난다. 이런 이유로 위에서 언급한 타자들 중에서 세계화 프로젝트의 문화적 환경의 영향 아래 있는 사람들은 이런 비상사태와 그에 따른 피해를 무시하는 태도를 고수한다.[167]

마지막으로, 이 장을 마무리하기 전에 소비주의 문화 이데올로기가 어떻게 500년간의 프로젝트에 만연한 인종차별주의를 지속시키는지 간단히 살펴보는 것이 중요하다. 이 문화 이데올로기는 세계화 프로젝트의 사회구조적 현실과 상호 연관되어 존재한다. 세계화 프로젝트의 입안자들과 제도들은 소비주의 문화 이데올로기와 그에 따른 소비하는 인간이라는 이상화된 인물형을 적극적으로 권장하며, 역으로 문화 이데올로기는 세계화 프로젝트가 전반적으로 계속해서

---

[167] 의도적이라는 용어도 소비주의 문화가 인간의 자유를 축소하고 사람들을 중독에 빠지게 만드는 소비 형태를 더 권장한다는 사실에 의해 어느 정도 제한할 필요가 있다. 소비자 입장에서 무시는 의도적이기보다는 욕구의 산물이다.

작동하도록 보장하는 방식으로 세계화 프로젝트의 생산 및 소비 동력에 활력을 불어넣는다. 실제로 인류세(Anthropocene), 즉 신자유주의 세계화에 의해 현재 구성된 세계는 소비하는 인간을 위해 만들어졌으며 소비하는 인간 안에서 존속한다. 그렇다면 소비하는 인간이 단순히 온전히 추상적인 방식으로 소비자 인간만을 가리키는 것이 아니라는 점을 깨닫는 것이 중요하다. 이 인물형(persona)은 역사적으로 흑인에 대한 인종차별 노선을 따라 구축된 것이다.

제임스 데이비스의 주장처럼, "사람들이 소비사회에 대해 생각하고 글을 쓴 방식이 인종 개념을 유지하고 백인 우월주의에 대한 전제를 재생산하는 데 도움이 되었다."[168] 데이비스는 소비주의 문화 이데올로기에서 백색이 "암묵적으로 보편적 인간을 대표한다"고 주장한다.[169] 세계화 프로젝트가 가장 "온전히 살아있다"고 칭송하는 인간은 암묵적으로 백인 소비자다. 그렇다면 소비주의 문화 이데올로기는 최소한 역사적으로는 물질적 약탈이라는 전 지구적 체계에 연료를 공급한 것뿐만 아니라, 500년간의 프로젝트의 출현과 함께 등장한 인종차별주의라는 사회적 상상을 지속시키기도 했다.[170]

---

168) James Davis, *Commerce in Color: Race, Consumer Culture, and American Literature, 1893-1933* (Ann Arbor: University of Michigan Press, 2007), 12쪽.
169) 위의 책, 28쪽.
170) 예를 들어, 벨 훅스는 소비문화가 흔히 전통적인 백인 우월주의의 문화적 경계를 넘어서기도 하지만 그 목적은 (백인이 아닌) 타자를 백인 (특히 남성)이 소비할 수 있는 집착 대상으로 환원하려는 것이다. bell hooks, "Eating the Other: Desire and Resistance," in *Eating Culture*, ed. Ron Scapp and Brian Seitz (Albany: State University of New York Press, 1998), 181-200쪽. 소비문화는 친밀함을 위한 조건을 만드는 것을 돕는 대신 문화 제국주의 형태를 제시하여 백인 소비자가 "권력과 욕구의 서사적 환상으로서의 제국주의적, 식민주의적 여행"을 재현하도록 부추긴다. 따라서 소비문화는 자신이 파괴한 것을

따라서 소비하는 인간은 신식민주의 피지배자로 해석해야 한다.

결론

500년간의 프로젝트는 세계를 인류 역사에서 전례가 없었던 전 지구적 비상사태라는 극심한 고통으로 몰아넣었다. 이 프로젝트가 이런 일을 하게 된 것은 프로젝트의 중심부와 주변부 지역 사이에 커다란 차이를 만드는 데 연료를 공급하고, 주변부에서 생명을 노동과 토지라는 상품으로 환원한 인종차별주의와 착취적 식민주의 및 신식민주의 정권을 통해 세상을 구성하였기 때문이다. 500년간의 프로젝트는 피부가 검거나 갈색인 사람들에 대한 인종차별 이데올로기를 구축하여, 주변부에서 생명을 파괴하는 것을 정당화하였다. 착취적 식민주의에 의해 처음 형성된 차이는 생태학적으로 불평등한 교환과정을 통해 다양한 방식으로 유지되었고, 500년간의 프로젝트의 역사 내내 계속해서 펼쳐졌다. 이런 과정들은 프로젝트의 시작부터 현대에 이르기까지 줄곧 땅과 땅에서 나오는 모든 것을 약탈하도록 하였고, 식민주의 정권을 착취적 신식민주의 정권으로 전환시켰다.

최근 몇 십 년 동안 세계화 프로젝트는 세계를 신자유주의 이데올로기의 명령에 부합하도록 구성하게 되었다. 오늘날의 세계화 프로젝트는 지속 가능한 개발과 생태학적 근대화에 호소함으로써 그

변태적으로 갈망하는 것, 즉 레나토 로살도가 "제국주의 향수"라고 명명한 것에 깊이 스며들어 있다. Renato Rosaldo, *Culture and Truth: The Remaking of Social Analysis* (Boston: Beacon, 1993), 69-74쪽을 보라.

정당성을 유지하고 있다. 하지만 이런 호소는 이런 비상사태의 복잡성과 프로젝트가 이런 비상사태를 제대로 돌보지 못하는 점을 모호하게 만들고 가리는 역할을 한다. 동시에 세계화 프로젝트는 과소비, 약탈, 인종차별 이데올로기를 지속시키는 방식으로 인간의 욕구를 형성하는 전 세계적 문화 이데올로기를 생산한다. 그 결과 세계화 프로젝트는 이 프로젝트가 땅과 땅에서 나오는 모든 것을 구성하는 방식에서 안이한 태도를 계속 유지하도록 만든다. 오늘날 세계는 위기에 처해 있고, 시간은 점점 짧아진다. (〈2021 경향포럼: 기후위기의 시대 - 생존 가능한 지구로 가는 길〉에서, 제러미 리프킨은 단적으로 인류가 기후위기에 대응할 희망은 남아 있지만, "면도날만큼 얇은 시간만 남았다"고 날카롭게 지적했다.)[171]

---

171) 편집자주: 경향신문, 2021년 6월 24일.

6장

인도적인 세상 증언하기

세계화 프로젝트와 더 넓게는 500년간의 프로젝트를 구성하는 다양한 현상들은 어떤 이론으로도 설명할 수 없을 만큼 복잡하다. 이들 프로젝트는 착취적 식민주의로부터 워낙 다양한 방식으로 물려받은 것이 많기 때문에 한 가지로 설명하는 것이 불가능하다. 또한 세계화 프로젝트와 정치-생태론적 비상사태의 관계는 종합적인 설명을 불가능하게 한다. 책의 한 장 정도(즉 이 책의 5장)로 축약된 단일 연구로는 이 주제에 대해 전체를 아우르는 설명을 제시할 수 없다. 이런 점을 고려한다면, 현재의 세계화 프로젝트에 대한 모든 판단은 당연히 부분적이고, 불완전하고, 개정 가능성이 있다.[1] 이 프로젝트를 바라보고 판단하려면 세상 속에서 그리스도인들의 실천의 올바른 모습을 비판적으로 성찰하기 위해 다른 새로운 식견과 관점을 접하는 지속적 노력이 필요하다.[2] 지속적 성찰은 신앙 공

---

[1] 이는 신학이 사회과학에 관여하는 모든 경우에 해당된다. Gustavo Gutiérrez, "Liberation and Development: A Challenge to Theology," in Gustavo Gutiérrez, *The Density of the Present: Selected Writings* (Maryknoll, NY: Orbis Books, 1999), 특히 128-35쪽을 보라. (이후로는 *DoP*.)

[2] 나는 카다인 추기경(Cardinal Cardijn)에 의해 설립되고 이후 자유주의 신학

동체가 시대의 징조를 읽는 방식과 관련해서 뿐만 아니라 하느님의 말씀을 해석하는 방식과 관련해서도 필요하다.

앞서 많은 경고가 있었지만, 지금 이 시기에 하느님 말씀에 비추어 시대의 징조를 새롭게 평가하는 것이 가능하다. 세계화 프로젝트를 계시의 빛에서 판단함으로써, 이 프로젝트에 의해 형성된 세계 안에서 그리스도인들의 실천이 취해야 할 형태를 설명할 수 있다.[3] 따라서 이 장에서는 500년간의 프로젝트(식민지, 개발, 세계화 프로젝트 포함)의 정치적 생태론이 세계를 구성하였고 계속해서 구성하고 있는 방식에 대한 비판적 평가를 제공한다. 그런 다음 유토피아 사상과 관련된 위험 및 오늘날 신자유주의 세계화에 대해 분명하게 정의된 대안이 부족하다는 점 등에 비추어 세계화 프로젝트에 적절한 응답을 형성하기가 어렵다는 점으로 전환한다. 마지막으로 세계화 프로젝트의 구조를 협의하고, 생태학적 해방의 영성을 일구고, 안식 준수라는 급진적 표현을 회복하는 등의 예언자적 개혁론을 끌어안음으로써 생태해방운동의 실천을 전개하는 삼중 접근법을 제시하면서 마무리할 것이다.

방법의 영향을 받은 노동 청년회(Young Christian Workers)의 신학적 참여인 "관찰-판단-실천" 방법을 언급하고 있는 것이다. 이그나시오식 인식과 관련하여 이 방법을 잘 설명한 것으로 Jim Sheppard, "'See, Judge, Act' and Ignatian Spirituality," *The Way* 56 (2017): 102-11쪽을 보라.

3) 구띠에레즈의 신학에 익숙한 사람이라면 그가 해방신학 방법을 정의하는 방식과 나의 표현 사이의 미묘한 차이를 발견할 수 있을 것이다. 잘 알려진 것처럼 구띠에레즈는 신학을 하느님의 말씀에 비추어 실천(즉 그리스도인의 실천)을 비판적으로 성찰하는 것으로 정의한다. 나는 비판적 성찰이 실천을 구성하고 인도하는 데 도움을 줄 수 있다고 강조한다. 둘의 차이는 강조 방식이다. 하느님의 말씀에 비추어 시대의 징조를 판단하는 과제는 (이 장에서 수행할 것이다) 세계화 프로젝트의 논리에 복종하는 실천에 대한 암묵적인 비판적 성찰이다. 따라서 이 장에서도 말씀에 비추어 실천을 비판적으로 성찰한다.

세계화 프로젝트: 하느님의 말씀에 비추어 판단하기

500년간의 프로젝트는 지구 위에서 인간의 삶을 포함하여 전반적인 삶이 구성되는 방식이 헤아릴 수 없을 만큼 변화한 것에 대해 증언한다. 이들 변화 중 많은 부분을 긍정적으로 판단할 만한 근거들이 있다. 현대식 약이 출현하면서 고통이 경감되었고 수많은 인간의 생명이 너무 일찍 죽지 않게 되었다. 전 세계 부의 생산과 기술 혁신이 폭발적으로 가속화되면서 수많은 사람을 비참함에서 건져냈다. 또한 종종 과장되기는 했어도, 민주적 제도의 등장은 수많은 사람들에게 과거 어느 때보다도 큰 수준의 정치적 역량을 제공했다. 동시에 최근에는 인간의 존엄성에 대한 관심이 세계 정치 담론의 영역에서 중요하게 등장했다. 특정 관점에서 볼 때, 500년간의 프로젝트의 역사를 "해방의 역사"로 해석하는 것이 가능하다.[4] 그리스도교 계시의 언어를 사용하자면, 그런 입장에서 볼 때 근대화 프로젝트는 생명나무 주변에 구성되어 이전에 없던 방식으로 인간을 번영으로 이끄는 것으로 보인다. 이런 관점에서 이 프로젝트의 열매는 "선하고" "보암직해" 보인다(창 3:6).

그런데 창세기에서 생명나무가 선악을 알게 하는 나무와 밀접하게 얽혀 있고 서로 혼동되는 것은 우연이 아니다. 악은 선을 흉내

---

4) 이런 유형의 견해에 대한 비판적인 시선으로 요한 밥티스트 메츠는 이렇게 썼다. "우리 해방된 사회에서 흔히 잊혀지거나 억압된 자유, 즉 다른 사람의 고통을 대신 당할 자유와 이방인의 고통에 대한 예언자적 부르심에 귀를 기울일 자유를 돌아볼 자는 누구인가?" Johann Baptist Metz, *Faith in History and Society: Toward a Practical Fundamental Theology* (New York: Herder and Herder, 2007), 90쪽을 보라(이후로는 *FHS*).

낼 수 있고, 인간의 판단은 타락했기에 선한 것을 악하다고 할 수 있고, 악한 것을 선하다고 할 수 있다. 근대화가 가진 해방의 차원을 무시하면 안 되겠지만, 그렇다고 그 결과가 비인간화와 파괴적 이데올로기(가장 두드러진 것으로 흑인을 반대하는 인종차별주의와 여성 혐오)와 얽혀 있는 점, 지배와 약탈의 체계와 동맹을 맺은 점을 덮어줄 수는 없다. 실제로 5장에서 중요하게 다룬 관점에서 볼 때, 500년간의 프로젝트의 정치적 생태론은 성경의 "용광로" 이미지와 연결할 수 있다. 성경의 카인 성이나 바벨 성과 마찬가지로 이 계속되는 프로젝트는 불의하고 지속 가능하지 않은 정치적 생태론을 수립하고 지지한다. 이 프로젝트는 끊임없이, 때로는 잔인하게 하느님이 인간에게 바라시는 친밀함과 친교 관계를 파괴한다.[5] 근대화가 "맬서스의 함정(Malthusian trap)"을 빠져나올 수 있었던 것은 약탈, 노예화, 고문, 문화 퇴화 및 근절, 수많은 생태계 및 생물 형태에 대한 모독과 소진을 통한 자금 조달 덕택이었다.[6] 도구적 이성에 대한 칭송과 착취 및 진압 과정을 통해 "자신들을 위해 이름을 낸" 사회와 공동체는 이러한 현실과 그 유산을 거의 제대로 인식하거나 돌아보지 못했다. 오히려 너무나 많은 곳에서 이 고통의 역사는 묻혀 있었다. 성경의 비유를 수정하면, 현대 세계화 프로젝트의 기초는 모래 위(마 7:24-27)가 아니라 공동묘지 위에 놓여 있다. 그것은 집(oikos)을 짓기에는 마찬가지로 불안정한 땅이다.

그럼에도 불구하고 세계화 프로젝트는 오늘날 합법성의 아우라

---

5) 이러한 주장을 할 때 이 프로젝트가 친밀한 관계를 손상시키긴 했지만 이 프로젝트 이전에도 "온전한" 친교가 존재한 적은 없었다는 점을 인식하는 것이 중요하다. 5장에서 언급한 "제국주의 향수"를 피하는 것이 필요하다.

6) Edward E. Baptist, *The Half Has Never Been Told: Slavery and the Making of American Capitalism* (New York: Basic, 2014), 112쪽을 보라.

를 전파한다. 단순히 이 프로젝트가 기초한 고통의 역사를 덮음으로써 그렇게 하는 것이 아니라 드러나는 정치-생태론적 비상사태를 돌아보는 데 실패하고 있는, 또는 실패하게 될 방식을 애매하게 만듦으로써 그렇게 한다. 이렇게 계속해서 지구와 가난한 이들의 울부짖음을 덮고 꺾음으로써 전 세계 정치적 생태론 전체를 지배하는 다양한 동력을 유지시킨다. 이제는 심지어 전통적으로 "건설자들"이 지배한 공간 안에서도 이들 동력은 건설자들이 "평화"라 명명한 것의 정면을 파괴할 것처럼 위협하고 있다.—백인 우월주의적 권위주의의 출현을 통해서든, 징발 기술의 발달을 통해서든, 여러 지구 위험 한계의 쇠퇴를 통해서든 말이다.[7] 오늘날의 파라오는 이미 그들 주변에서 전개되는 생태학적 심판의 징조들과 함께 등장한다. 이런 관점에서 파악한다면, 현대의 세계화 프로젝트의 정치적 생태론은 생명나무가 아닌 선악을 알게 하는 나무 주변에서 구성된 것으로 이해된다. 따라서 이런 정치적 생태론의 열매는 그것이 아무리 보암직해 보이더라도 소외를 예고하는 것이다.

세계화 프로젝트가 "이집트"의 용광로처럼 선악을 알게 하는 나무 주변에서 구성된 것이라면, 전 세계 수많은 사람들이 이 프로젝트를 특징짓는 간교한 논리를 섬기도록 인도되었다는 것 역시 사실이다. 한편으로는 사람들이 세계화의 지속 불가능한 구조를 구성하는 상품과 자본의 흐름에 징집되어 참여함으로써 이런 복종이 분명하게 드러난다. 다른 한편으로는 세계화 프로젝트가 영향을 끼치는 영역 안에 존재하는 사람들의 정체성과 욕구를 형성하는 방식을 통해 드러난다. 이 두 번째 내용은 인간이 된다는 것이 무엇을 의미하

---

7) 물론 건설자들의 "평화"에 만연한 경제적, 문화적, 생태학적 폭력이 권력의 주변부에 있는 사람들에게 보인지는 오래 되었다.

는지에 대한 최고의 사례로서 소비하는 인간(*homo consumens*)이라는 인간형이 선포되는 방식을 통해 가장 기본적으로 목격된다. 소비주의 문화 이데올로기는 그 식민주의 유산과 힘을 합쳐 "이집트에 대한 향수"를 전 세계에 전파하는 역할을 하며, 공동체의 문화적 사고를 재형성하고 이들 공동체를 구성하는 사람들의 생각을 교정하여 소비하는 인간(*homo consumens*)이 온전히 살아있는 인간으로 칭송받도록 한다.[8] 세계화 프로젝트가 구성하는 이상적 공간 안에서 소비하는 인간은 "하느님의 영광"으로 칭송받는다.

더 나아가 500년간의 프로젝트를 겨냥한 판단은 인류세 자체로 확장되어야 한다. 결국 이 지질학적 시대가 존재하도록 박차를 가한 것은 식민지 개발 프로젝트이며, 현재 이 시대를 구성하는 것은 세계화 프로젝트이다. 인류세는 500년간의 프로젝트의 시대로 이해할 때 가장 잘 이해할 수 있다. 이 지질학적 시대는 인종차별주의, 약탈, 그리고 인류세가 출현하는 데 연료를 공급한 지배를 위한 다양한 정치적 생태론과 분리해서는 제대로 파악할 수 없다. 실제로 "인류세"(Anthropocene, 인간의 시대)라는 포괄적 용어 자체가 은폐를 수행한다. 이 용어는 이 시대가 밀고 들어오도록 몰아붙인 인간의 형태가 성경적-유형론적 용어로 "도시 건설자"라는 사실을 감춘다. 역사 용어로 "인간의 시대"는 신식민지 백인 우월주의자들의 시대라고 이해하는 것이 더 적절하다. 왜냐하면 캐스린 유소프의 주장처럼, "피부가 검거나 갈색인 사람들의 죽음이 모든 인류세 기원 이야기의 전제 조건이고, 이 지질학의 문법과 필기구(graphia)는 현대의 피지배자와 이에 대응하는 식민주의 정착민들을 생산하는 정권을 구

---

8) 5장을 보라.

성하기 때문이다."⁹⁾

　오늘날 세계의 정치적 생태론은 회개가 필요하다. 그럼에도 불구하고 내가 방금 주장한 방식으로 앞에서의 판단을 이야기하는 것의 위험성은 분명하다. 그 위험이란 세계를 완전히 타락하여 절대 구제 불가능한 것으로 제시하는 것이다. 따라서 이러한 비난을 철회하지 않는다면, 그리고 말끝을 흐리지 않는다면, 현 상황을 "마니교식"으로 표현하는 것을 피하고 또한 모든 역사 속 상황을 형성하는 모호성을 유지하기 위해서 이들 판단을 네 가지 방식으로 맥락화해야 한다.¹⁰⁾ 이 장의 서두에서 제기된 두 가지 점을 여기서 다시 반복할 수 있겠다. 첫째, 앞에서 제기된 비판들은 부분적 정보와 발전하는 해석 방법에 기초한 것이다. 따라서 이들은 추가 성찰에 대해 열려 있어야 한다. 둘째, 근대화 프로젝트는 수많은 방식으로 고통을 완화하는 혁신과 창조적 노력을 양산해 왔다. 이 둘째 문제는 제

---

9) Kathryn Yusoff, *A Billion Black Anthropocenes or None* (Minneapolis: University of Minnesota Press, 2018), 66쪽. 유소프의 판단 역시 여성 혐오의 동력까지 확장될 수 있다.

10) 일반적으로 "마니교식"이란 말은 3세기에 "마니"가 주장한 이원론적 이단을 가리킨다. 여기서 나는 이 용어에 대한 이그나시오 엘라꾸리아의 자유주의적 접근에 의지하였다. 엘라꾸리아는 "마니교식"이라는 용어를 무비판적으로 절대적으로 가난한 자를 선으로, 부유한 자를 악으로 동일시하는 견해를 가리키는 데 사용한다. 엘라꾸리아가 자본의 문명화를 확고히 비판하긴 하지만 그래도 엘라꾸리아가 보기에 이렇게 차이를 무시한 입장은 거부되어야 한다. 엘라꾸리아의 "마니교식" 용례를 보려면 Ignacio Ellacuría, "The Crucified People: An Essay in Historical Soteriology," in *Ignicio Ellacuría: Essays in History, Liberation and Salvation*, ed. Michael E. Lee (Maryknoll, NY: Orbis Books, 2013)을 보라. 자본의 문명화에 만연한 병에 가장 초점을 둔 엘라꾸리아의 논의를 보려면 "Utopia and Prophecy in Latin America," in *Mysterium Liberationis: Fundamental Concepts of Liberation Theology*, ed. Ignacio Ellacuría and Jon Sobrino (Maryknoll, NY: Orbis Books, 1993)을 보라.

거될 수 없는 것이다. 세계화 프로젝트는 선악을 알게 하는 나무 주변에서 구성되었지만, 모호한 방식으로 생명나무에 계속해서 참여한다.[11] 섬기려는 욕구와 섬기기를 거부하는 욕구는 적어도 한마디로 요약하는 방식으로는 구분하기가 쉽지 않다.

셋째, 세계 속에서, 그리고 역사에 걸쳐 인간 공동체가 다양한 형태로 착취와 지배 논리를 거부해 왔고, 땅과 땅에서 나오는 모든 것과 창조적인 관계 안에서 살아가는 방식을 증언했다는 점을 기억하는 것이 중요하다.—심지어 카이사르의 인구조사 때에도 베들레헴의 어떤 마구간은 세지 않고 넘어갔다. 마지막으로, 생물 존재의 특성 자체가 "일굼과 돌봄"의 명확한 실천이 나타나는 것을 허용하지 않는다는 것을 인식해야 한다.[12] 열역학 제2법칙을 따르는 엔트

---

11) 이는 세계화 프로젝트의 정치적 생태론을 지배하는 사회경제적 구조에 대해서 뿐만 아니라 그 기저의 정신에 대해서도 그러하다. 앨버트 보그만의 주장처럼, "지배하려는 욕구는 권력의 욕망이나 인간의 순수한 제국주의로부터 그저 솟아나오는 것이 아니다. 그것은 처음부터 질병, 기근, 고통 등으로부터 인류를 해방하고 교육, 예술, 체육 등으로 삶을 부유하게 하려는 목적과 연결되어 있다." Albert Borgmann, *Technology and the Character of Contemporary Life: A Philosophical Inquiry* (Chicago: University of Chicago Press, 1984), 36쪽을 보라. 물론 자연을 세속화하는 것과 더불어 이 정신은 셀 수 없을 만큼의 인간을 비인간화하였다.

12) 이 책 전반에 걸쳐 나는 "생태학적 위기"를 설명하기 위한 방법으로 충적세의 대기 상태를 사용했다. 다시 말해, 생태학적 위기는 홀로세의 상태로부터 멀어지는 움직임, 즉 인간 사회에 재앙적 결과를 예고하는 움직임으로 이해할 수 있다. 그런데 충적세에 호소하는 것은 결국 실용적인 호소이다. 충적세는 "자연"과 동일시할 수 없다. 또한 궁극적인 "의무"를 제시할 수도 없다. 반면 제럴드 맥케니의 주장처럼, 우리가 자연으로 개념화하는 것에 대한 변호는 그 개념화와 관련된 이점(good)에 대한 변호와 연결되어야 한다. "자연을 잃게 되면 자연에 의존해 있거나 자연과 분리할 수 없는 특정 이점(goods)을 잃게 되고, 결국 자연에 대한 변호는 이들 이점(goods)에 대한 주장과 변호의 형태를 띄어야 한다." Gerelad McKenny, "Nature as Given, Nature as Guide, Nature as Natural Kinds: Return to Nature in the Ethics of Human

로피 세계에서 죽음과 손실은 불가피하다. 인간에게는 일굼과 돌봄의 모든 행위가 모호하기 쉽고, 희생되거나 약화되기 쉽다.[13] 모든 형태의 정치적 생태론은 모호하게 지배적이면서 창조적이다. 새로운 예루살렘을 수립하는 것은 인간의 영역 밖의 일이다. 이 종말의 도시를 온전히 실현하는 것은 역사의 범주 너머에 있다.

이데올로기, 유토피아, 그리고 동산지기의 삶

새로운 예루살렘이 역사 속에서 온전히 드러날 수 없다는 점을 인식한다고 해서, 이 종말론적 도시의 통합생태론을 증언해야 하는 신앙 공동체의 책임이 경감되는 것은 아니다. 또한 이러한 인식이 역사 속 모든 프로젝트가 선과 악을 드러내는 데 동일했다고 말하는 것도 아니다. 구띠에레즈의 주장처럼, 하느님의 통치라는 종말론적 약속은 계속해서 "역사 속 실재(an intrahistorical reality)"이며 "공정한 사회를 위한 노력은 그 자체로 구원 역사의 중요한 한 부분이다."[14] 마찬가지로 존 소브리노가 강조하듯이, 하느님의 통치는 모

Biotechnology," in *Without Nature: A New Condition for Theology*, ed. David Albertson and Cabell King (New York: Fordham University Press, 2010), 177쪽. 맥케니는 인간의 본성(nature)에 대해 논하는 과정에 자신의 주장을 펼친 것이다. 그렇지만 넓게 환경의 의미로 자연(nature)으로 보더라도 의미가 통한다.

13) 이것이 리사 시데리스가 그리스도교 생태신학을 비판하면서 암묵적으로 드러낸 부분이다. Lisa H. Sideris, *Environmental Ethics, Ecological Theology, and Natural Selection* (New York: Columbia University Press, 2003), 특히 3장과 3장을 보라.

14) Gustavo Gutiérrez, *A Theology of Liberation: History, Politics, and Salvation* (Maryknoll, NY: Orbis Books, 1973), 96-97쪽(이후로는 *TL*).

든 사회적(즉 정치 생태적) 질서를 상대화할 뿐만 아니라 그 타당성을 판단하는 수단도 제공한다.[15] 이 책을 통해 개진된 관점에서 볼 때, 넓은 의미에서 이 타당성은 인류의 역사 속 프로젝트가 지구와 가난한 이들의 울부짖음을 듣고 응답한 방식에 따라 측정된다. 이런 까닭에 세계화 프로젝트가 세계의 정치적 생태론을 구성하는 방식은 대화를 요구하며 회복을 필요로 한다.

세계가 21세기 중반으로 향해 가는데도 해방의 언어와 실천은 구띠에레즈가 1970년대 초기에 처음으로 개발 프로젝트로부터의 "철저한 단절"을 요구했던 때처럼 오늘날에도 여전히 전 세계 상황과 밀접한 관련이 있다. 오늘날의 담론에서 지속 가능한 개발이라는 용어는 너무나 자주 "소심한 미봉책과 동의어처럼" 보인다. 이 용어는 세계의 생명을 지속시키는 것에 대해 "결국은 역효과를 낳는" 정책을 지속적으로 가리킨다. 따라서 동산지기의 삶, 즉 땅과 땅에서 나오는 모든 것을 섬기고 돌봄으로써 하느님의 형상(*imago Dei*)을 살아내는 것은 세계화 프로젝트의 정치적 생태론으로부터 돌아설 것을 요구한다.

해방이라는 용어는 이 세계의 전 지구적 정치적 생태론이 구성된 해로운 방식을 예리하게 거절하는 것을 나타내는 데 사용된다. 이 용어는 세계화 프로젝트의 "거짓되고 피상적인" 정치적 생태론의 악한 차원을 비판하고, 지구와 가난한 이들의 울부짖음에 적절히 대

---

15) 소브리노는 이렇게 썼다. "하느님 나라의 이상은 원론상 특정 사회 발전 속에 하느님 나라가 얼마나 있는지를 측정하는 데 도움을 준다. … 하느님 나라는 확실히 [사회 프로젝트를] 상대화하지만 또한 그 프로젝트를 **평가**하며, 이것은 매우 중요하다." Jon Sobrino, *Jesus the Liberator: A Historical-Theological Reading of Jesus of Nazareth* (Maryknoll, NY: Orbis Books, 1993), 115쪽. 강조는 소브리노가 한 것이다.

응하려면 인간 경험의 사회구조적, 문화적/심리적, 신학적 단계에서 대화가 필요하다고 주장한다. 오늘날 인류세가 분명하게 "동산지기의 시대"를 닮으려 한다면, 세계화 프로젝트가 세계의 정치적 생태론을 구성하는 방식에서 근본적인 변화가 절대적으로 필요하다. 이런 맥락에서 자연 자본을 저평가하고, 공익에 적게 투자하는 세계화 프로젝트의 구조적 불균형을 지적할 필요가 있다. 또한 지속 가능한 개발 담론을 지배하고 전 세계 초부유층 엘리트들의 필요와 관심에 복무하도록 세계화 프로젝트를 구성하는 방식을 모호하게 만드는 "윈-윈 이데올로기"를 직시하고 그 정체를 드러내는 것이 필요하다. 500년간의 프로젝트가 착취주의와 관련하여, 그리고 흑인에 대한 인종차별 이데올로기를 만든 것과 관련하여 남긴 파괴적 유산의 관점에서 볼 때, 동산지기의 시대는 배상의 정치적 생태론(a political ecology of reparation)으로 구성되어야 한다. 이 정치적 생태론은 북반구와 남반구 사이에 발생한 생태적 빚을 갚는 것뿐만 아니라, 약탈 현상을 꾸준히 정당화해 온 백인 우월주의라는 문화적/심리적 구조를 거부하기도 한다. 많은 점에서 이 작업은 국가 및 국가간 협력과 정치운동을 요구할 것인데, 대다수 작업은 지역 차원에서도 시작할 수 있다. 할 일은 많다.

그런데 비록 오늘날의 현재 상태에서 변화해야 할 긴박한 필요가 있다고 느끼는 대목이 구띠에레즈가 『해방신학』을 쓰던 상황과 일치하는 대목이 많지만, 중요한 대목에서 두 상황이 서로 다른 점이 있기도 하다. 구띠에레즈가 첫 작품을 쓰던 때는 라틴아메리카 민주사회주의 운동의 형태로 당시 상황에 대한 분명한 대안이 떠오르고 있다는 것이 감지되고 있었다. 이반 페트렐라의 주장처럼 "구띠에레즈가 볼 때, 사회주의는 해방에 부속된 역사적 과제였다. 해방에는 역사 속에서 꿈꾸고 시행할 수 있는 특정 정치경제적 내용이 있었다."[16] 따라서 구띠에레즈가 요구한 "철저한 단절"은 분명한 출발점과 분명한 도착점을 가진 것으로 여겨졌다.(분명히 하자면, 나는 여기서 "도착"이라는 의미를 한정된 의미에서 사용하였다. 구띠에레즈는 결코 사회주의와 하느님의 통치를 동일시하지 않았다. 구띠에레즈는 사회주의를 종말론적 완성의 도착으로 보지 않았다. 오히려 사회주의는 지속적으로 새로운 형태의 해방 실천을 요구하는 계속되는 역사 속 여행에서 실현 가능한 어떤 도착점으로 기능하는 것이다.) 내가 주장한 것처럼, 오늘날 세계화 프로젝트의 근본적인 패러다임의 변화가 필요한 충분한 이유가 있다. 하지만 1970년대 라틴아메리카의 상황과는 달리, 어떤 유형의 역사적 프로젝트가 세계의 정치적 생태론을 구축해야 하는지에 대해 한정된 의미에서도 분명한 착륙 지점이 없다. 신자유주의적 자본주의라는 세계 지배체제에 대한 대안들은 아직은 미숙하고, 잠깐 있다 사라지거나, 아니면 걱정스럽도록 권위적이다.

현재 상황이 하느님 통치의 통합생태론을 증언하기가 힘들다는 점은 구띠에레즈가 『해방신학』에서 이데올로기와 유토피아의 역할에 대해 성찰한 방식을 살펴봄으로써 좀더 부각될 수 있다. 내가 1장에서 언급했던 것처럼, 구띠에레즈는 이데올로기를 주로 세계를 해석하는 왜곡된 방식―극단적인 경우 현실을 뒤집는 (그래서 선을 악이라 부르고 악을 선이라 부르는) 해석 방식―으로 이해한다. 이

---

[16] Ivan Petrella, *The Future of Liberation Theology: An Argument and Manifesto* (London: SCM, 2006), 81쪽. 페트렐라가 제대로 강조한 것처럼 이것은 결코 구띠에레즈가 총체적 해방을 사회주의 형태의 정부 출현으로 환원하였다고 주장하는 것이 아니다.

런 의미에서 이데올로기는 역사적 현실을 곡해하는, 세계에 대한 가공의 해석을 만들어내고 유지한다.[17] 게다가 이런 가공의 관념은 사실은 변화가 필요한 불의한 권력체계가 유지되도록 지원한다. 변화와 이에 따른 해방을 실천하려면, 이데올로기적 주장의 정체를 드러내고(고발 행위), 또한 세계가 마땅히 이렇게 구성되어야 한다는 창조적 비전을 제공할 수 있는(예보 행위) 유토피아적 비전이 필요하다. 따라서 유토피아적 상상력은 변화를 위한 해방의 실천을 형성하고 추진한다.

그런데 유토피아적 상상력에는 그 자체로 위험과 어려움이 따른다. 우선 폴 리쾨르의 주장처럼, 이 상상력은 세상으로부터의 도피를 야기하는 자기도취적 몽상 형태로 옮겨갈 위험이 있다.[18] 가장 심한 경우, 실현 불가능한 목표가 마비된 환상의 대상이 될 때 왜곡된 유토피아적 상상력은 실천의 쇠퇴로 이끌 수도 있다. 그렇다면 유토피아적 상상력은 이데올로기적 상상력만큼이나 해방신학의 현실적인 목표에 위협이 될 수도 있다.

물론 구띠에레즈도 유토피아적 상상력의 이런 위험에 대해 우려를 표한다. 구띠에레즈는 "유토피아"라는 용어가 "환상," "현실감 부

---

[17] 구띠에레즈는 이렇게 썼다. "이데올로기는 수립된 질서를 보존하는 기능을 자발적으로 완수한다"(*TL*, 137쪽).

[18] 리쾨르가 볼 때, 유토피아 사상의 이런 부정적 면은 유토피아 사상이 분명하게 드러난 세 가지 차원의 하나일 뿐이다. 유토피아 사상은 역사를 바꾸고 수립된 정권의 정당화 계획에 의문을 제기하는 생산적 역할도 할 수 있다. 리쾨르의 주장처럼, 유토피아 사상이 기능하는 세 차원은 이데올로기가 세계 속에서 기능하는 방식을 (대조적 방식으로) 반영하는 기능을 한다. Paul Recoeur, *Lectures on Ideology and Utopia*, ed. George H. Taylor (New York: Columbia University Press, 1986)를 보라. 리쾨르의 개요에 대해 잘 요약한 것으로 Paul Ricoeur, "Ideology and Utopia," in *From Text to Action: Essays in Hermeneutics* (New York: Continuum, 2008), 300-316쪽을 보라.

족," "비합리성"을 특징으로 하는 세계관을 나타낼 수 있다고 주장한다.[19] 그런데 구띠에레즈가 강조하는 것처럼, 신학 용어로 하느님의 통치가 종말론적으로 실현된 것과 동일시할 수 있는 유토피아의 적절한 기능은 역사 속 프로젝트들이 지향하는 궁극적 목적(*telos*)으로 정의할 수 있다.[20] 이러한 지향은 현실적이고, 이들 프로젝트가 역사 속에서 유(eu)-토피아(topias)—좋은 장소—를 표현하도록 이끈다.[21] 유토피아적 상상력이 세상 속에 유-토피아를 이루는 데 실패한다면, 그 상상력은 반드시 점검하고 재검토해야 한다. 구띠에레즈는 이렇게 썼다. "오로지 실천적 행동에서만 비로소 고발과 예보가 성취된다. 우리가 유토피아는 곧 역사의 추진력이요, 기존 질서의 전복이라고 이야기하는 것도 이러한 의미에서이다. 사실상 유토피아라는 것은 현시점에서 행동을 유발하지 않는다면, 그것은 현실도피에 불과하다." 이 지점에서 구띠에레즈는 리쾨르를 인용하며 이렇게 주장한다. "각 시대에 부여되는 가능성들을 구체적으로 타진하지 못할진대 유토피아는 하나의 기만에 그친다."[22] 따라서 구띠에레즈에 따르면 통치 체제에 대한 고발은

---

[19] Gutiérrez, *TL*, 135쪽.

[20] 따라서 구띠에레즈는 이렇게 썼다. "물론 하느님 나라를 공정한 사회 수립과 혼동해서는 안 되지만, 그렇다고 그런 사회에 무관심하다는 뜻은 아니다. … 오히려 하느님 나라를 선포함으로써 공정한 사회를 건설하려는 염원을 이 사회에 계시하며, 사회가 스스로 미처 예견하거나 탐색하지도 않은 차원과 길을 발견하도록 인도하는 것이다"(*TL*, 134-35쪽).

[21] u-topia(없는 장소)와 eu-topia(좋은 장소)를 구분한 것은 소브리노다. 그럼에도 이러한 구분은 유토피아적 상상력에 대한 구띠에레즈의 견해를 설명하는 데 도움이 된다.

[22] Gutiérrez, *TL*, 136쪽(『해방신학』, 272-73쪽).

더 인간다운 생활 조건을 창조하려는 노력과 활동에서 우러나온 것이 아니라면, 참되지도 심오하지도 못한 것이다. … 유토피아는 필연적으로 새로운 사회의식을 조성하고 새로운 인간관계를 확립하기 위한 참여와 투신을 가져오지 않으면 안 된다. 그렇지 못할 경우 기존 질서에 대한 배격은 하나의 공론일 따름이요, 미래에 대한 예보 역시 일종의 환상임을 벗어나지 못할 것이다. 진정한 유토피아 사상은 정치적 활동을 요청하고 풍부하게 하며, 거기에 참신한 목표를 설정해 준다. 아울러 이런 정치적 활동을 통해서 정당성이 입증되는 것도 이 유토피아 사상이다. 유토피아 사상이 과연 어떤 결실을 내느냐는 정치활동과 어떤 관계를 가지느냐에 달려 있다.[23]

요컨대 유토피아적 상상력의 유효성은—따라서 해방에 대한 요청의 정당성은—실천을 통해 입증되는 것이다. 만약 이 상상력이 역사적 현실 안에서 의미 있는 변화를 만들어 내지 못한다면, 이는 개혁론의 이상적인 버전과 동일한 것이다. 둘 다 결국은 비생산적인 것이고, 전 지구적 비상사태에 대응하지 못하는 것이다.

물론 이데올로기적 왜곡의 위험이 반세기 전과 같이 지금도 불길하게 남아 있지만, 오늘날 유토피아의 왜곡된 버전의 위험성은 구띠에레즈가 획기적인 작품을 쓰던 때보다도 더 분명하게 존재한다. 그 이유는 그리스도인들의 생태해방운동 실천이 역사 속에서 모델로 삼을 만한 분명히 정의된 역사적 프로젝트가 없기 때문이다. 따라서 유토피아적 상상력이 오늘날 진부한 현실 도피로 빠질 위험성

---

23 위의 책. 강조는 내가 한 것이다.

이 분명히 있다. 철저한 단절에는 흔히 말하는 "아무 데도 연결되지 않은 다리(bridges to nowhere)"를 건설하도록 부추길 위험이 따른다. 그러므로 그리스도인들의 실천은 한정된 의미에서 더욱 광범위한 패러다임의 변화를 일으키는 구체적인 개혁 작업을 포함해야 한다.

세계화 프로젝트의 정치-생태론적 지형은 다양한 방식으로 총체적 회개(an integral metanoia)를 요구하지만, 이러한 단절은 오직 점진적 변화라는 어렵고, 확실치 않고, 때로 단편적인 작업을 통해서만 성취할 수 있다.[24] 실제로 신앙 공동체는, 또는 회칙 『찬미받으소서』의 프란치스코 교황의 발언 범위를 고려하여, 지구 위에 사는 모든 사람들은, 동시에 두 가지 패러다임에 참여하도록 요청받는다. 이 책의 제2부에서 말한 것처럼, 이 패러다임은 "출애굽 패러다임"과 "요셉 패러다임"으로 설명할 수 있다. 출애굽 패러다임은 철저한 단절에 대한 요청을 중시하며, 하느님의 백성이 이집트의 "도시" 형태 밖으로 도망쳐 새로운 창조세계, 즉 새로운 정치적 생태론으로 이동한 것을 떠올려준다. 반면에 요셉 패러다임은 창세기 마지막 부분의 요셉의 활동을 떠올려주고, 변화를 외치는 현존 구조 안에서 그 구조를 통해 일하면서도 그 구조를 변화시키는 작업의 필요성을 강조한다.[25] 결국 요셉은 철저히 도시에 뿌리박힌 채로 남았다. 하

---

[24] 개혁론을 표현하는 것은 구띠에레즈의 초기 작품에서도 완전히 낯설지 않다. 구띠에레즈는 『해방신학』에서 백성들이 광야에서 "성공과 실패로 점철된 **점진적** 교육"을 받아야 했다고 주장한다.(175쪽, 강조는 내가 한 것이다.)

[25] 요셉 패러다임은 들로레스 윌리엄스의 생존 패러다임과 유사점이 있다. 브루스 달버그가 요셉의 정치-생태론적 개혁을 노아가 방주를 짓기 위해 노력한 것에 비유한 것을 기억하라. 티모시 고린지는 생태학적으로 지속 가능하고 사회적으로 공정한 공동체를 구축하는 작업을 방주 건설에 비유한다. Timothy Gorringe, "On Building an Ark: The Global Emergency and the Limits of Moral Exhortation," *Studies in Christian Ethics* 24 (2011): 23-34쪽을 보라.

지만 하느님의 지혜에 대한 신의를 고수하면서 요셉은 타락한 도시를 새로운 창조세계로 변화시켰고, 이를 통해 그 도시의 정치적 생태론을 회복시켰다. 따라서 세계화 프로젝트의 영역 안에서 마지막 아담을 모방하는 것, 다시 말해서 그리스도교의 제자도를 실천하는 것은 요셉과 모세를 모델로 삼는다.

세계화 프로젝트의 영역 안에서 동산지기의 길

출애굽 패러다임과 요셉 패러다임 모두를 살아내는 생태해방운동의 실천은 적어도 현실적인 차원에서는 윌리스 젠킨스가 옹호한 예언자적 실용주의(prophetic pragmatism)와 일치한다. 젠킨스는 코넬 웨스트를 따라 이러한 접근법을 "'혁명적인 의도로 시작은 하지만 대개 개혁적인 결과를 얻는, 그리고 언제나 공상적인 전망을 가지는 비극적 행동'을 일구기 위해 전수된 전통과 함께 일함으로써 재앙에 대한 집단적 경험을 직면하기 위해 '해방을 위한 사회적 실험주의(emancipatory social experimentalism)'에 특권을 부여하는" 어떤 것으로 정의한다.[26] 오늘날의 세계 상황에서 생태해방운동 실천의 성격

---

[26] Willis Jenkins, *The Future of Ethics: Sustainability, Social Justice, and Religious Creativity* (Washington, DC: Georgetown University Press, 2013), 9쪽, 그리고 Cornel West, *The American Evasion of Philosophy: A Genealogy of Pragmatism* (Madison: University of Wisconsin Press, 1989), 214, 229쪽. 이 책의 주장을 통해 제기된 입장은 *Future of Ethics*의 젠킨스의 입장과 확실히 다르다. 젠킨스는 세계의 실천적-윤리적 변화를 달성하기 위한 방법으로 우주론에 의지하는 것에 의구심을 가진다. 젠킨스는 우주론으로 시작하는 대신 윤리에 대한 문제 기반 접근법을 주장하며, 세계가 직면한 문제와 도덕적 반성의 자리로서 그 문제에 대한 이미 진행 중인 대응을 중요시한

을 분명히 하기 위한 방법으로서 이러한 정의로부터 세 가지를 강조할 수 있겠다. 첫째, 시대의 징조를 읽음으로써 생태해방운동 방법은 세계화 프로젝트의 비참한 결과를 적절히 부각시켜 상황의 긴박성을 표면으로 드러낼 수 있다. 둘째, 이와 같은 세계 해석 방식을 따른다면, 생태해방운동 실천은 오늘날의 정치-생태론적 질서 안에서 지구와 가난한 이들의 울부짖음에 대응하기 위한 근본적인 패러다임의 변화를 초래하려는 의도로 구성된다. 셋째, 생태해방운동 실천은 정치-생태론적 개혁을 그것이 줄기차게 계발해 온 예언자적 유토피아 비전과 일치하도록 수용하고 활용함으로써 정치적 생태론에서 필요한 전환을 초래하기 위해 노력한다. 이런 접근 방법은 이데올로기와 유토피아 각각의 위험들 사이에서 그 진단과 지향의 임계점(criticality), 그리고 그 전략들의 실용성(practicality) 모두 안에 굳건히 머묾으로써 갈 길을 모색한다.[27]

페트렐라의 작업은 세계화 프로젝트에 의해 규정된 상황 속에서 생태해방운동 실천을 구성하기 위해 나아갈 전반적인 길을 설명하

다. 젠킨스는 문제 기반 접근법을 주장하면서 이를 우주론적 접근법과 대조시킨다.(사실 우주론적 접근법은 젠킨스의 이전 책 *Ecologies of Grace*를 특징짓는 것이다.) 젠킨스가 볼 때 우주론적 주장은 허용할 수 있고 생산적일 수 있는 잠재성이 있지만(Jenkins, *The Future of Ethics*, 특히 4장을 보라) 젠킨스가 추천하는 윤리적 접근법 안에서 이 주장은 부차적인 것이다. 이 책에서 내가 선호하는 것은 우주론과 실천의 관계를 서로가 지속적으로 상대방을 점검하는 해석학적 순환의 일부로 여기는 것이다. 따라서 물론 내가 "가장 흥미로운 신학적 생산물은 가장 압도적인 문제와 대면함으로써 나온다"(Jenkins, *Future of Ethics*, 83)는 젠킨스의 주장에 동의하지만, 동시에 나는 '문제'를 구성하는 것은 다양한 문화적, 우주적, 신학적 평가에 의해 언제나 이미 묘사된 문제 그 자체라고 강조하고 싶다.

27) 실제로 어떤 생산적인 개혁적 접근 방법은 라틴아메리카 기초 공동체 형태에 그 뿌리를 두고 있다. 이 점에 대해서는 Petrella, *Future of Liberation Theology*, 56-60쪽을 보라.

는 데 도움이 된다. 페트렐라는 라틴아메리카 해방신학이 자본주의, 그리고 자본주의 세계화 프로젝트로 구성된 세계를 획일적으로 보는 경향이 있었다고 비판적으로 주장한다. 페트렐라는 해방운동가들이 전통적으로 세계 자본주의를 체제의 "심층 구조"를 강조하는 것으로 해석하는 쪽으로 끌렸다고 주장한다. 게다가 이러한 해석은 세계 자본주의체제를 명백히 악한 요소를 갖춘 것으로 제시한다.[28] 페트렐라에 따르면, 해방운동 담론은 세계 자본주의를 다듬어 벼릴 수도 없고 구제할 수도 없는 것으로 여기는 경향이 있다.

페트렐라가 해방신학의 경향에 대해 인식하는 것에는 문제가 있다. 내가 주장한 것처럼, 온갖 실패에도 불구하고 세계화 프로젝트

---

[28] 물론 페트렐라의 비판이 해방신학 내의 일반적 경향에 대한 중요한 경고 역할을 하는 것은 맞지만, 그 주장은 종종 초기 해방운동의 사고가 변화하는 상황에 대해 발언하도록 역동적으로 계승되어왔고 그럴 수 있다는 점을 간과한다. 또한 페트렐라는 종종 거짓 근거에 기초해서 자신의 주장을 확장하기도 한다. 예를 들어, 페트렐라는 성정모를 따라 마태복음에 나오는 카이사르의 동전에 대한 질문에 대한 구띠에레즈의 해석을 구띠에레즈의 신학이 사회비판적 분석과 동떨어진 사례로 인용한다.(Petrella, *Future of Liberation Theology*, 81-82쪽을 보라.) 이 비판의 문제점은 구띠에레즈가 『생명이신 하느님』에서 사회 분석을 통한 비판적 대화로 여겨질 수 있는 성경 해석을 제시하고 있다는 점이다. 마태복음 이야기를 오늘날의 정치 프로그램과 결부시키는 것은, 성정모와 페트렐라 모두 적절하다고 여기는 것 같지만, 아무리 좋게 보더라도 시대착오이다. 페트렐라(그리고 성정모)의 방법의 근본적 문제는 해방신학의 과제를 비판적 사회분석으로 축소함으로써 하느님의 말씀을 비판적으로 성찰하는 과제를 지워버렸다는 점이다. 따라서 페트렐라의 설명에 따르면, 그리스도교 계시를 성찰하는 데 어려움이 있는 해방신학은 모두 무의미하게 되어 역사로부터 단절된다. 이 부분이 페트렐라의 설명이 잘못된 대목이다. 해방신학이 구체적인 역사적 프로젝트를 전개하기 위해 초기의 작업 원동력을 회복하는 것이 필요하다고 주장하는 것과 해방신학이 그런 프로젝트 전개로 축소되어야 한다고 주장하는 것은 별개이다. 후자가 바로 페트렐라가 결국 주장하는 (그리고 내 생각엔 틀린) 것이다. 이러한 주장을 가장 직설적으로 전개한 것은 Petrella, *Beyond Liberation Theology: A Polemic* (London, SCM, 2012)이다. 또한 *The Future of Liberation Theology*의 2장에도 있다.

의 목적과 수단은 여전히 모호하다. 그런데 페트렐라가 비판하는 자본주의에 대한 획일적인 마니교식 견해는 자본주의에 대한 분명하고 바람직한 대안이 없는 세계 상황 속에서 특히 문제가 된다. 그런 관점에서 본다면, 현재 상황 속에서 해방운동의 실천이 나아갈 분명한 목적지가 없는 것으로 보일 뿐만 아니라, 사회 변혁을 위한 작업을 시작할 출발점도 분명하지 않아 보인다. 현재의 세계화 프로젝트가 변경할 수도 없고 완전히 무질서하다면, 프로젝트 안에서 변화될 부분이나 좋은 쪽으로 인도될 만한 것이 아무것도 없다. 다시 말해 자본주의를 이렇게 한마디로 요약해 놓고 보면, 현재 질서 안에서 해방운동의 실천이 의미 있는 변혁을 향한 고된 여정을 시작할 만한 거점이 보이지 않게 된다. 세계를 이렇게 보는 방식에 따르면, 유일한 선택지는 후퇴하며 저항하면서, 지속 불가능한 체계가 스스로의 무게로 붕괴되는 것을 기다리는 것뿐이다.[29] 그 결과 페트렐라는 군림하는 세계 질서를 품는 방식과 동맹을 맺은 해방운동 담론은 세계를 변혁시키려는 생산적 목표를 가진 역사적 프로젝트를 구축하고 이와 연대하는 것으로부터 분리되는 경향이 있었다고 주장한다. 오히려 이들 담론은 지배질서에 대한 부정적인 비판을 제기함으로써 과도한 신념을 가지게 되는 문제가 있었다. 다시 말하지만, 여기서 직면해야 할 위험성은 지구와 가난한 이들에 대한 우선적 선택을 분명하게 하는 실천으로부터 물러나는 것이다.

자본주의를 이처럼 한마디로 요약하고 부정적으로 해석하는 것과는 대조적으로 페트렐라는 자본주의 체제와 민주 정부 모두를 개혁하고 재구성하는 다양한 방식을 인식하고 부각시키는 해방운동의

---

[29] 이런 견해에 반대하며 페트렐라는 좀더 명민한 "제도적 상상"을 일굴 것을 요청한다. Petrella, *Future of Liberation Theology*, 93-120쪽을 보라.

정치적 사고를 일굴 것을 주장한다.[30] 이러한 정치적 사고는 우리가 "제도들의 변경 가능한(contingent) 성격을 인정할 것"을 요구한다. 신자유주의 정치적 생태론을 통일되고 변경할 수 없는 현상으로 보는 대신, "세계를 해방신학자들이 추구하는 세상을 창조하기 위해 섞일 수 있고 이동 가능하고 재구성할 수 있는 수많은 작은 블록들로 구성된 것으로 보아야 한다."[31] 세계화 프로젝트를 심층 구조로 해석하는 것에 반대하여 페트렐라는 사회 제도들의 조건적 성격을 강조하는데, 이 제도들의 헌장과 사명은 개혁과 변화가 가능한 (때로는 보잘것없는) 정치 동맹에 의존한다.[32] 그렇다면 이러한 정치적 상상력은 "안정 기간과 전환 또는 변화 기간 사이의 구분을 완화시켜서 모든 기간 동안에 존재하는 갈등을 더 잘 인식하도록 해 준다." 이러한 인식의 결과로 해방운동의 실천은 "혁명(한 구조에서 다른 구조로의 완전한 변화)도 개혁(기존 구조의 인간화)도 아닌 혁명적 개

---

30) 위의 책, 69-92, 121-43쪽.
31) 위의 책, 111쪽.
32) 여기서 페트렐라의 견해는 스클레어의 세계체제 개념과 일치한다.(물론 스클레어는 페트렐라보다 자본주의 개혁의 가능성에 덜 열려있다.) 그런데 500년간의 프로젝트의 오랜 역사에 걸쳐 형성된 세계 자본주의의 심층 구조를 무시하는 것에 대해 주의하는 것이 중요하다. 예를 들어, 이매뉴얼 월러스틴의 세계체제에 대한 설명이 그 구조주의 때문에 과도한 신념을 가지게 되고 문화가 세계적으로 힘의 배열을 형성하고 유지하는 데서 수행하는 역할을 무시할 수 있지만, 오랜 시간에 걸쳐 고착되어 다루기 힘들어 보이는 구조의 존재를 무시하는 것은 세계에서 실제적이고 효과적 변화를 일으키기 위한 어려움을 과소평가하는 것이다. 예를 들어, 페트렐라는 민주정권에 대한 단순한 절차적 접근보다는 참여민주주의의 가능성을 제대로 주장한다.(Petrella, *Future of Liberation*, 46-68쪽을 보라.) 하지만 참여민주주의를 실천하는 것은 이런 형태의 민주주의를 시작하는 데 필요한 시간을 빼돌리는 가차 없는 사회 가속화 현상(세계화 프로젝트의 구조적 요소) 때문에 점점 더 위협을 받고 있다. 변화에 대한 낙관주의는 역사 속 비극을 감지함으로써 억제되어야 한다.

혁(revolutionary reform) 유형의 변화"[33])에 우선순위를 두게 된다.

물론 모든 개혁 프로젝트 유형 안에 내재된 모호성은 언제나 생태해방운동 실천의 진실성, 중요성, 효율성을 손상시키는 위협이 된다. 비생산적인 개혁주의(reformism)를 구성하는 전략으로부터 혁명적 개혁 전략을 구분하는 명확한 방법이 없기 때문에 개혁 프로젝트들이 전자로 옮겨갈 위험은 언제든 존재한다. 이러한 위험에 대한 응답으로 생태해방운동 실천을 형성할 때 "부정적 비판"의 유용성을 거듭 주장할 수 있다. 세계화 프로젝트의 정치적 생태론을 변화시키려는 작업의 일환으로 생태해방운동 담론은 이 프로젝트를 정당화하는 이데올로기적 주장을 폭로하는 과제로 반드시 지속적으로 돌아가야 한다. 개혁 프로젝트가 "도시의 평화"(렘 29:7) 안에 거하면서 그 평화 증진을 위해 일하는 것을 목적으로 한다면, 개혁주의의 예언자적 교정 수단은 공동체에게 도시가 스스로 회개하고 돌아서야 도시의 평화가 정당화되고 지속 가능하게 된다고 알려야 한다.[34]

---

33) Petrella, *Future of Liberation*, 108쪽.
34) 루크 브레더튼은 개혁주의 정치론을 신앙생활에 적합한 것으로 잘 정리하여 주장하였다. 그러면서 루크는 위 예레미야의 구절을 자기 주제를 구성하는 구절로 취하였다. 그런데 브레더튼의 설명과 처방이 위험한 것은 실은 도시의 평화가 긴급한 회개와 변화가 필요한 폭력의 역사와 구조를 감추는 방식을 소극적으로 다룬다는 점이다. 그렇다면 오히려 요나가 니느웨라는 도시를 마주한 이야기가 신앙 공동체가 세계화 프로젝트와 담판 짓는 방식에 대해 좀더 적절한 사례를 제공하는 것일 수도 있다. 신앙 공동체는 파멸을 향해 무모하게 돌진하고 있는 도시의 회개를 위해 일해야 한다. 이 차이는 시간에 대한 문화적 설명의 용어로 제시될 수도 있다. 도시의 평화를 추구하기 위한 자신의 처방에 따라 브레더튼은 **평상시**를 살아낼 것을 주장한다. 이 예배의 시기가 그리스도인 공동체의 기도와 실천을 형성하도록 한다. 아래에서 바로 언급하겠지만 이와 반대로 생태해방운동의 정서는 요한 밥티스트 메츠가 옹호한 묵시종말적 의미의 시간이 그 특징을 더 적절히 말해준다. 메츠에게 모든 순간은 하느님의 변혁적 힘과 심판이 역사로 뚫고 들어오는 관문이다. 평상시를 묵시종말적 시

생태해방의 영성 유지하기: 동산지기의 태도

생태해방신학은 계승된 지배 구조가 합법화하는 간계를 드러냄으로써 예언자적 개혁 프로젝트를 제대로 안내하기 위해 비판적인 질문의 수위를 높여야 한다. 동시에 생태해방운동 담론은 생태해방 영성에 양분을 공급하여 세계화 프로젝트의 영역 안에서 인간의 욕망을 올바로 인도해야 한다.[35] 동산지기의 실천이 역사 속에서 효과적으로 분별되고 지속되려면 인간과 인간 공동체는 소비하는 인간(*homo consumens*)이라는 문화적/심리적 굴레로부터의 해방을 위한 계속되는 싸움에 참여해야 한다. 여기서 인간을 소비하는 인간이라는 문화적/심리적 제약으로부터 해방시키고, 인간이 동산의 인간(*homo hortulanus*)을 살아내도록 안내하는 과정에서 세 가지 태도를 일구는 것이 필요하다. 첫째는 계속되는 500년간의 프로젝트를 구성하는 고통의 역사의 관점에서 죄책감과 속죄의 필요성을 깨달아

간 안에 항상 존재하는 것으로 이해하는 것이 좋다. 그렇게 하지 못하면 메츠가 말하는 진화의 시간을 진보의 모조 형이상학으로 특징짓는 무관심에 따라 평상시를 구성하는 위험을 감수하는 것이다. 세계화에 대한 충실한 응답에 대한 브레더튼의 설명은 Luke Bretherton, *Christianity and Contemporary Politics: The Conditions and Possibilities of Faithful Witness* (Malden, MA: Wiley-Blackwell, 2010), 175-209쪽을 보라. 평상시에 대한 설명은 위의 책, 192-99쪽을 보라. 진화의 시간에 대한 메츠의 비평은 Metz, *FHS*, 156-65쪽을 보라.

35) 존 소브리노가 그리스도교 영성을 그리스도로부터 역사를 펼치는 것에서 그 기원을 찾음으로써 "하느님 통치를 구축하고," "예수가 행한 것"을 "예수가 행한 대로" 실천하는 데 헌신하는 삶으로 잘 설명했다. Jon Sobrino, *Spirituality of Liberation: Toward Political Holiness* (Maryknoll, NY: Orbis Books, 1988), 7쪽을 보라.

인정하는 것이다.[36]

요한 밥티스트 메츠는 역사의 희생자들의 운명에 대한 책임을 인식하고 수용함으로써 인간의 정체성을 구축할 필요가 있다고 강조하였다.[37] 메츠가 이런 주장을 내세우게 된 것은 현대성의 주체(그리고 그 탈현대적 후계자)가 고질적인 숙명론(fatalism)을 특징으로 한다는 자신의 견해 때문이다. 이러한 숙명론은 역사의 유산과 계속되는 사회 형태에 대한 도덕적 책임을 지라는 명령에서 인간을 사면해 주는 것처럼 보인다. 이러한 사면의 결과 인간은 "무관심 숭배(the cult of apathy)"와 "비정치적인 삶"으로 쉽게 물러난다.[38]

메츠가 무관심의 속박(bondage to apathy)이 상당 부분 현대의 고통의 역사를 은폐하는 데서 비롯된다고 주장한 점은 중요하다. 역사의 희생자들의 목소리를 인식하는 대신 현대 역사는 근본적으로 일종의 진보, 즉 해방의 역사로 여겨진다. 역사를 이런 식으로 해석할 경우, 그 기능 속에서 인간을 방해할 것, 세계가 구성된 방식에 의문을 제기할 것은 아무것도 없다. 이런 역사 해석을 특징으로 하는 사고 안에서 작동하게 되면, 인간은 세계화 프로젝트 입안자들이 제공하는 "고기 가마 곁에 앉아서"(출 16:3) 활기 없는 삶을 계속 살게

---

36) 내가 죄를 강조하는 이유는 세계화 프로젝트에서 미국 백인 남성이 상당한 특권을 누리게 되는 사회적 위치에 대한 생각 때문이다. 그럼에도 모든 사람이 가난한 이들과 땅에 대한 우선적 선택을 인정해야 하고 자신의 욕구가 식민지 지배의 악한 논리를 따르는 방식을 점검해야 한다는 점은 여전히 사실이다.
37) 이는 절대적 의미에서의 책임이 아니라 고통의 원인으로서의 인간의 죄성과 세상 속에서 도덕적 힘을 규정할 수 있는 인간의 능력을 강조하는 한정적 의미에서의 책임이다. 메츠의 인간학에 대한 훌륭한 연구로 J. Matthew Ashley, *Interruptions: Mysticism, Politics, and Theology in the Work of Johann Baptist Metz* (Notre Dame, IN: University of Notre Dame, 1998)를 보라.
38) Metz, *FHS*, 157쪽.

될 것이다.[39]

그러므로 죄책감과 속량의 필요성 모두를 인식하는 것은 역사 속에서 활력을 불어넣는 힘이 되어 현대성의 마법과 소비하는 인간을 기술 관료적 패러다임의 논리에 매혹시키는 마법을 깨뜨린다. 그런 다음 이 깨뜨림은 생산적인 유토피아적 상상력이 등장할 수 있는 공간을 창조하고 유지한다. 메츠는 이렇게 썼다. "정치적 상상력이 기술적 힘들에 유일회적으로 흡수되지 않고 피할 수 있는 것은 그 상상력이 역사 속에서 축적된 고통에 대한 기억에서 자라나는 것들에 저항할 도덕적-종교적 사고와 힘을 유지할 때뿐이다."[40] 그렇다면 고통을 기억한다는 것은 위험한 기억들(dangerous memories), 즉 인간이 현 상황을 편하게 느끼는 것을 방해할 수 있는 기억이다. 이러한 전복적 형태의 기억은 허버트 마르쿠제의 주장처럼, "주어진 사실들로부터 분리되는 모드, 주어진 사실들의 편재하는 힘을 잠시나마 파괴하는 '조정' 모드(a mode of mediation)이다."[41]

인류세의 입안자들이 자신들의 프로젝트가 진전하는 것에 기뻐한 반면, 역사의 희생자들의 위험한 기억들은 우리에게 "문명화의 모든 기록이 동시에 야만성의 기록"이라는 점을 상기시킨다.[42] 착취와 약탈에 대한 기억, 노예화된 인간, 황폐화된 생태계, 학살, 전쟁, 땅과 땅에서 나오는 모든 것에 대한 끊임없는 소비 등에 대한 기억

---

39) 메츠는 이렇게 썼다. "회복의 역사가 없는 해방의 역사는 추상적인 성공의 역사, 추상적인 승자의 역사로 드러나게 되며, 이는 반쪽짜리 자유의 역사로서, 소위 역사의 주체로서의 해방자 인간(homo emancipator)에게 자신을 정당화하고 면책하게 해주는 완벽한 체계를 제공하는 것이다"(*FHS*, 120쪽).
40) 위의 책, 101쪽.
41) 위의 책, 178쪽에서 재인용.
42) Walter Benjamin, "Theses on the Philosophy of History," in *Illuminations*, ed. Hannah Arendt (Fontana/ Collins, 1973), 255-66쪽.

등은 500년간의 프로젝트 표면의 고요함이라는 겉면을 부수어버리는 역할을 한다. 메츠의 주장처럼 "고통을 기억하는 것은 우리로 하여금 세상이라는 공공극장을 바라보도록 만드는데, 그 극장을 만들고 찾아온 사람들의 관점에서뿐 아니라 정복당한 희생자들의 관점에서도 바라보게 한다."[43] 따라서 소비주의 문화 이데올로기와 진보에 대한 약속 모두가 인간을 "비인간성의 잠(the sleep of inhumanity)"으로 되돌리려고 시도하며 유혹하는 곳에서, 고통받는 타인에 대한 위험한 기억은 인간을 깨우고, 인간이 하느님께 계속 희망을 두며 깨어 있도록 간청한다.[44]

인간을 깨어있도록 독려하는 데서 위험한 기억들은 두 가지 작업을 수행한다. 우선 이들 기억은 세상이 속량받아야 할 필요성을 고통스럽게 드러낸다.—사실 온전한 속량은 인간의 능력을 넘어서는 일이다.[45] 따라서 위험한 기억들은 고통스런 탄식과 간절한 기대 속에 계속해서 하느님께 돌아서도록 만들고 그리스도인 공동체는

---

[43] Metz, FHS, 102쪽.

[44] "비인간성의 잠"에 대해서는 Jon Sobrino, *The Principle of Mercy: Taking the Crucified People Down from Their Crosses* (Maryknoll, NY: Orbis Books, 1994), 1-14쪽을 보라. 메츠에게 그리스도 사건이라는 위험한 기억은 그저 고통과 죽음에 대한 것이 아니라 부활의 소망에 대한 것이기도 하다. 깨어 있을 필요에 대해서는 Ched Myers, *Who Will Roll Away the Stone? Discipleship Queries for First World Christians* (Maryknoll, NY: Orbis Books, 1999), 387-409쪽을 보라.

[45] 메츠가 볼 때 죽은 사람들과 정복당한 사람들에 대한 기억의 경우 특히 그러하다. 이들의 고통은 역사를 미화한다고 해서 정당화될 수 없는 것이다. 오직 하느님만이, "과거가 고정되지 않은 그 분만이" 정복당한 사람들의 삶을 속량할 수 있다. Johann Baptist Metz, "Theology in the Struggle for History and Society," in *Expanding the View: Gustavo Gutiérrez and the Future of Liberation Theology*, ed. Marc Ellis and Otto Maduro (Eugene, OR: Wipf and Stock, 2010), 98쪽을 보라.

"주 예수여 오시옵소서!"라고 요청하게 된다. 그렇게 위험한 기억들은 역사 속으로 들어와 피조물을 구원한다.[46] 다른 한편으로 위험한 기억들은 인간이 역사의 희생자들과 연대하도록(이웃과 땅을 향해 돌아서도록) 소환한다. 고통의 기억들은 "행동을 지향하게" 된다.[47] 소비하는 인간을 비인간성의 잠에서 깨우는 데서 땅과 땅에서 나오는 모든 것을 지배하는 것에 대한 위험한 기억들은 인간을 동산지기이신 하느님 앞에서 책임감 있게 살도록 소환한다. "주 예수여, 오시옵소서!"라는 요청은 "나를 따르라!"는 예수의 요청과 밀접하게 관련되어 있다.[48] 따라서 메츠의 주장처럼, 고통의 역사에 대한 기억을 일구는 목적은 "우리 주변에 만연한 비인간성과 우리에게 가능한 인간성 사이의 간극을 줄이는 것이다."[49] 이 책의 용어로 표현한다면, 죄책감과 속량의 필요성을 깨달아 인정하는 것이 소비하는 인간(*homo consumens*)과 동산의 인간(*homo hortulanus*) 사이의 간극을 메우는 삶의 변화를 이끌어내고 유지시키는 것이다. 이런 깨달음과 인정은 정련하는 불 역할을 한다. 즉 성령이 이 불을 통해 인간의 지배 도구를 연대의 보습과 낫으로 개조한다. 인간의 죄책감의 깊이를 인식하는 것은 또한 역사와 구원의 진정한 주체가 하느님이라는 것을 부각시키는 역할을 한다.

기억의 현실적이고 정치적인 성격에 대한 구띠에레즈의 생각은 연대를 촉진하는 능력을 더욱 강조한다. 구띠에레즈는 이렇게 썼다. "기억한다는 것은 누군가 또는 무언가를 마음속에 두거나 보살피는

---

46) Metz, *FHS*, 163쪽.
47) 위의 책, 179쪽.
48) 위의 책, 163쪽.
49) 위의 책, 107-8쪽.

것이다. 우리가 기억하는 것은 행동하기 위해서다. 행동이 없다면 기억은 의미가 없는 것이다. 일종의 머리만 발달한 운동선수가 되는 격일 뿐이다."[50] 구띠에레즈가 기억의 근본 목적이 하느님의 기억을 우리 것으로 만드는 것이라고 주장한 것은 중요하다. 바울의 언어로 말한다면 "그리스도의 마음"을 살아내는 것이다. 그리스도의 마음이란 2장에서 언급한 것처럼 "가장 잊혀진 사람들 … 에 대해 아주 생생하게 기억하는 것이다."[51] 메츠와 마찬가지로 여기서 기억은 승자의 역사에 의해 악하게 구성된 인간 삶의 문화적/심리적 차원을 깨부술 뿐만 아니라 인간이 회개와 제자도를 통해 응답하도록 몰아붙이기도 한다. 기억에 대한 구띠에레즈의 개념을 다시 한 번 이 책의 틀에 넣어 본다면, 그리스도의 마음을 살아내는 것은 하느님이 통치하는 희년을 선포하고, 시작하고, 구현하는 마지막 아담(the Final Adam)의 마음속으로 들어가는 것이다.[52] 죄책감을 깨달아 인정하도록 수련하는 것은 지구와 가난한 이들의 울부짖음을 듣고 응답하는 데, 그리고 동산지기의 길을 분별하는 데 반드시 필요하다.

기억에 대한 논의에서 구띠에레즈는 권력에 의해 비인간으로 여겨지는 사람들의 고통 주변에 군집한 위험한 기억들뿐만 아니라 역사 속에서 하느님의 해방 사역(계몽주의의 해방 개념과 동일시할

---

50) Gutiérrez, "Memory and Prophecy," in *The Option for the Poor in Christian Theology*, ed. Daniel Groody (Notre Dame, IN: University of Notre Dame Press, 2007), 19쪽.
51) 위의 책. 구띠에레즈가 볼 때 성찬식(영성체)이 신앙 공동체가 하느님의 기억을 자신의 것으로 만들도록 소환한다. 이런 맥락에서 메츠의 정치신학과 대화를 나누는 것으로 Bruce T. Morrill, *Anamnesis as Dangerous Memory: Political and Liturgical Theology in Dialogue* (Collegeville, MN: Liturgical Press, 2000)을 보라.
52) 희년에 대한 논의는 Gutiérrez, "Memory and Prophecy," 22-23쪽을 보라.

수 없는 해방 사역)을 떠올려 주는 즐겁고 희망적인 기억들을 일구는 것의 중요성을 강조한다. 여기서 구띠에레즈의 강조점이 생태해방영성의 두 번째 중요 요소인 하느님 사역의 선함을 인식함으로써 감사를 경험하고 일구는 것을 표면으로 드러낸다.

감사하는 태도는 세상에 대한 하느님의 사랑을 경험하는 데서 나온다. 이 점에 대해 구띠에레즈를 길게 인용해 본다.

> 해방의 영성은 은혜의 무상성(gratuitousness)을 생생하게 파악하고 느끼는 것이라야 한다. 주님과의 친교, 만인들과의 교제는 무엇보다 하나의 선물이다. 바로 여기서 해방의 보편성과 철저성이 생긴다. 이 선물은 결코 수동적으로 받아들이기만 하라는 것이 아니고 정신 차리고 깨어 있을 것을 요구한다. 이 깨어서 지키는 태도야말로 성경의 일관된 주제의 하나다: 주님을 만나 뵙기 위해서는 그분의 말씀에 귀기울이고 적극적 자세를 갖추어야 하며, 또 그분의 뜻에 충실하고 선업을 행해야 하며, 받은 바 능력을 선용해야 한다. 그러나 우리들 개인 및 공동체의 실존 근저에는 하느님의 자기전달이라는 선물, 당신 친교의 은혜가 있다는 것을 알면, 우리 생은 감사의 정으로 넘치게 된다.[53]

구띠에레즈가 볼 때 구원을 미리 경험하는 것, 즉 내가 죄로부터 해방되어 하느님, 이웃, 땅과 친교를 나누는 것으로 정의한 것은 무관심과 이기심 모두로부터 인간을 흔들어 떨어뜨리는 역할을 한다. 따라서 죄책감과 마찬가지로 감사도 소비하는 인간의 문화적/심리

---

53) Gutiérrez, *TL*, 118-19(『해방신학』, 234-35쪽).

적 제약을 방해한다. 이와 비슷하게 감사를 경험하는 것은 변화에 대한 요청의 기반이 되고 이를 유지시킨다.[54] 구띠에레즈 사상의 미묘한 의미 차이를 제대로 파악한 제임스 니콜로프의 설명처럼, "구띠에레즈는 삶이라는 선물 안에서 특히 구체화된 하느님의 사랑이라는 대가 없는 선물이 그 선물을 받아들이는 사람 안에서 감사하는 마음을 깨울 수 있다고 굳게 믿었다. 그런데 감사는 선물에 대해 생각하는 것에서 멈추지 않고 반대급부로 사랑하고픈 욕구를 일으킨다."[55] 따라서 하느님의 사랑을 떠올림으로써 감사를 경험하는 것은 제자도의 삶의 근본이다.

구띠에레즈는 자신의 글 전반에 걸쳐 역사 속에서 하느님의 해방 사역을 기억할 때뿐만 아니라 창조세계라는 선물을 떠올리고 묵상할 때에도 감사가 하느님에 대한 인간의 적절한 응답이라고 강조한다.[56] 특히 이 마지막 면에서 구띠에레즈가 감사를 강조하는 것은 『찬미받으소서』의 입장과 일치한다. 여기서는 감사의 (만물을 당연시하는 생각을) 방해하는 능력이 프란치스코 교황의 회칙의 핵심 주제이다. 프란치스코 교황이 볼 때 창조세계를 선물로 인식하는 데에서 오는 감사는 자연을 그저 "해결해야 할 문제"로 바라보는 기술 관료

---

[54] 구띠에레즈는 이렇게 썼다. "성경 계시의 핵심인 하느님 사랑의 무상성(無償性)이 신자의 행동 모델이다. 이것이 헌신을 통해 역사 속에서 하느님 사랑의 상징이 되는 예수의 제자 공동체의 길을 안내하는 기억의 가장 중요한 내용이다"(Gutiérrez, "Memory and Prophecy," 22쪽).

[55] James Nickoloff, *Gustavo Gutiérrez: Essential Writings*, ed. James B. Nickoloff (Minneapolis: Fortress, 1996), 149쪽.

[56] 예를 들어 구띠에레즈는 이렇게 썼다. "유용성은 하느님 활동의 일차적 이유가 아니다; 하느님의 창조적 숨결은 아름다움과 기쁨에서 영감을 받는다. 욥은 야훼와 더불어 경이로운 창조세계를 노래하도록, 그리고 창조세계의 근원이 곧 무상으로 자유로이 베푸시는 하느님의 사랑임을 잊지 말도록 초대받는다." *OJ*, 75쪽(『욥에 관하여』, 181쪽)을 보라.

적 시선을 파괴한다.[57] 감사하는 태도는 기술 관료적 세계관을 약화시키며 신앙 공동체가 "세상은 감사와 찬미로 관상해야 하는 기쁜 신비입니다"라고 고백하게 한다(『찬미받으소서』, 12항).[58] 이런 방식으로 보면, 소비하는 인간의 강박으로부터 인간의 욕구를 해방시킬 수 있게 된다고 프란치스코 교황은 주장한다. 2장에서 언급한 것처럼, 감사를 일구게 되면 인간을 피조물과의 친밀함으로 재설정한다. 마찬가지로 2장에서 언급한 것처럼, 실제로 섬김과 돌봄을 실천하는 데 적절한 근거가 되는 것은 세상을 감사함으로 수용하는 것이다. 진실한 감사는 죄책감을 인식하는 것과 마찬가지로 세계화 프로젝트의 형태를 규정하는 비인간성과 하느님이 인간을 부르시는 인간성 사이의 간극을 줄이는 역할을 한다.

감사, 그리고 죄책감을 인식하는 것은 모두 하느님의 뜻에 협력하는 것에 열려있음을 보여주는 겸손한 태도와 영적 가난을 일구는

---

[57] 메츠가 다른 곳에서 주장한 것처럼 "[통제하는 과학 지식]에 의해 주로 결정되는 사회에서 인간이 스스로를 알고 위로하는 다른 방식들, 즉 고난, 고통, 슬픔, 아울러 기쁨과 장난은 기능적이고 파생적인 방식으로만 작동한다. 이들의 인지적 중요성은 대개 저평가된다."(Metz, *FHS*, 106쪽. 강조는 내가 한 것)

[58] 죄책감의 범주가 정의와 가장 밀접한 관련이 있다면, 감사의 범주는 미와 가장 밀접한 관련이 있다. 죄책감을 인식하게 되면 속량을 위해 외치게 되는 반면 미를 인식하게 되면 그 대상을 보호하고 돌보려는 반응을 일으킨다. 로베르토 고이주에타의 주장처럼, 미와 정의는 서로 분리하여 이해할 수 없다. 이 둘은 서로 참여하며 해방운동의 영성과 실천을 제대로 인도한다. 로베르토는 미/정의의 실천과 온전히 도구화된 행함(poiesis) 사이의 차이는 집을 짓는 것과 가정을 꾸리는 것의 차이와 비슷하다고 주장한다. Roberto Guizueta, *Caminemos con Jesus: Toward a Hispanic/Latino Theology of Accompaniment* (Maryknoll, NY: Orbis Books, 1999)를 보라. 고이주에타의 비유는 생태학의 어원이 집(*oikos*)이라는 점에서 생태해방운동의 입장에서 특히 놀랍다. (감사가 그 구성 요소인) 미/정의를 실천하는 것은 세상을 가정처럼 살아내고 순전히 도구적인 이유로 다스려지는 전체주의화한 통치체제의 공포에 저항하는 데 필수적이다.

데에서 나온다. 이제는 분명해졌겠지만 겸손한 태도는 동산지기의 소명, 즉 이웃과 땅을 돌봄으로써 하느님을 섬기려는 마음으로 표현되는 부르심에 내재되어 있는 것이다. 가장 근본적으로 겸손한 자세는 인간에게 자신이 하느님이 아니라는 점과 스스로를(하물며 세상을) 구원할 주체가 될 수 없다는 점을 상기시킨다. 마찬가지로 겸손은 그리스도의 마음을 살아내고 동산지기의 길을 아는 것과 관련하여 어떤 주장이든 상대화하는 역할을 한다. 스스로를 드러내시는 하느님은 또 여전히 감추어져 말로 표현할 수 없다(세상의 불투명성과 우리 자신의 의도는 말할 것도 없고). 따라서 겸손을 일구게 되면 인간이 동산지기의 길로 여기는 모든 실천이 비-절대화되고, 그 실천에 의문을 제기하며, 인간이 하느님의 신비로 돌아가게 된다.

실천에서의 겸손은 또한 신앙 공동체가 "도시"와 교섭하는 것의 유효성에 대해 꾸준히 질문을 던진다. 이러한 태도는 개혁적(또는 혁명적) 정치를 불안정하게 하여 공동체로 하여금 정치의 유효성과 그 증언의 진실성에 의문을 던지도록 한다. 여기서 마리아와 마르다가 예수를 만난 누가복음 이야기에 대한 구띠에레즈의 해석이 도움이 된다(눅 10:38-42). 누가의 이야기에서 마르다는 일상의 일에 발목이 잡혀 있어서, 섬기고자 하는 마음이 반드시 따라야만 하는 일종의 우상이 되어버렸다.[59] 반대로 마리아는 겸손하게 예수에게 향함

---

59) Gutiérrez, *God of Life*, 169-90쪽을 보라. 여기서 해방신학자 구띠에레즈가 마르다보다 마리아를 중시했다는 점이 눈에 띈다. 그리스도교 전통에는 이 두 인물 각자와 이들 사이의 관계의 의미에 대해 오랜 기간에 걸쳐 다양한 해석의 역사가 존재한다. 전통적으로 마리아는 관상 및 기도와 동일시되며, 마르다는 행동과 동일시된다. 마이스터 에크하르트를 필두로 예수의 발언을 뒤집고 마르다가 섬김을 통해 그리스도인의 삶을 가장 잘 수행한 사람이라고 주장하는 일련의 사고가 등장하였다. *Meister Eckhart: The Essential Sermons, Commentaries, Treatises and Defenses*, ed. Edmund Colledge and Bernard

으로써 하느님의 지혜가 자기 자신과 매일 반복되는 집안일 너머로 자신을 움직이도록 허용하였다. 여기서 겸손은 일상에서 수용된 사고방식의 논리 너머로 마리아를 움직이는, (일상을) 방해하는 힘 역할을 한다. 비슷한 방식으로 겸손한 태도는 신앙 공동체가 길이신 분에게로 돌아섬으로써 세계화 프로젝트의 모호한 세계 속에서 하느님의 형상을 살아내는 방식을 좀더 주의 깊게 분별하도록 하는 역할을 계속해야 한다. 겸손은 인간의 감각이 하느님의 부르심과 동산지기의 소명을 깨닫도록 깨우고 또 깨운다.

    종합하면 겸손, 죄책감, 감사의 태도가 인간과 신앙 공동체를 소비하는 인간(*homo consumens*)을 규정하는 문화적/심리적 굴레로부터 해방시키고 인간을 동산지기의 자유로 이끈다. 이들 태도는 실천의 성격과 내용이 달라지도록 하고 공동체가 도시의 무기를 섬김의 도구로 변경하여 동산의 인간(*homo hortulanus*)을 더욱 잘 살아내도록 계속해서 격려한다. 또한 이러한(언제나 계속되는) 문화적/심리적 변화 과정을 통해 동산이라는 도시에 더 잘 맞추어진 문화가 등장하게 된다.

제자도와 안식 실천

    생태해방영성을 일구는 것은 하느님을 향한 열린 태도는 말할 것도 없고, 문화적 경계를 유지하고, 공동체가 세계화 프로젝트의

McGinn (New York: Paulist, 1981), 177–81쪽을 보라. 구띠에레즈가 마리아의 선택을 우위에 둔다는 것은 구띠에레즈가 이해하는 제자도에서 관상의 삶이 매우 중요하다는 점을 보여준다.

구조 및 동력과 교섭해왔던 궤적을 해방하기 위해 필요하다. 그렇지만 일반화하여 받아들일 경우 죄책감, 감사, 겸손 등의 태도는 세계화 프로젝트의 활동에 효과적으로 맞서는 데 필요한 해방운동의 원동력과 유토피아적-예언자적 비전을 지속하기에 충분하지 않을 것 같다. 소비주의 문화 이데올로기의 무자비한 맹공격, 사회적 가속화 경험, 그리고 또 다른 세계화의 동력은 공동체의 인간이 이집트에 대한 향수 속에서 동산지기의 삶을 유지할 수 없을 것처럼 보이게 한다. 세계화 프로젝트의 끊임없는 압박 가운데 그리스도인 제자도의 (일상을) 방해하고 변화하는 작업은 우리를 지치게 만들고 유토피아적 상상력이 약화된 것처럼 보이는 결과를 낳는다.[60] 따라서 생태해방영성의 좌표가 인간을 하느님의 형상(*imago Dei*)을 살아내도록 효과적으로 안내한다 해도 그 좌표를 지정하는 것으로는 충분하지 않다. 동산지기의 삶을 살아내려는 헌신이 지속적으로 의식적으로 새롭게 되어야 한다. 그러한 헌신을 새롭게 하기 위해서는 죄책감, 감사, 겸손 등의 변화시키는 능력이 안식 준수를 수반해야 하고, 또한 안식 준수를 통해 전달되어야 한다.

4장에서 언급한 것처럼 지구와 가난한 이들을 위한 우선적 선택은 안식 준수의 구성 요소이고, 안식 준수는 땅과 땅에서 나오는 모

---

[60] 세계화 프로젝트의 문화적 환경이 동산지기에 적합한 태도를 상품 형태로 환원하는 역할을 하여 이들 태도가 인간의 변화에 영향을 주는 대신 카타르시스를 일으키는 의식의 일부로 소비되는 항목이 될 것이라는 주장은 그럴듯하다. 이런 맥락에서 소비문화가 종교적 정체성을 수용하고 활용하는 방식에 대한 빈센트 밀러의 설명을 보라. Vincent Miller, *Consuming Religion: Christian Faith and Practice in a Consumer Culture* (New York: Bloomsbury, 2003)을 보라. 또한 Christian Smith and Melinda Lundquist Denton, *Soul Searching: The Religious and Spiritual Lives of American Teenagers* (New York: Oxford University Press, 2005), 특히 160-71쪽.

든 것이 안식하는 데 반드시 필요한 실천이다. 여기서 나는 안식 준수가 시대의 이데올로기 균질화를 약화시키는 대신 역사를 구원할 하느님의 힘에 대한 공동체의 희망을 앞세운다는 내용을 덧붙인다.[61] 따라서 거룩한 날을 준수하는 것은 신앙 공동체의 절박한 기대를 기반으로 하고, 인간이 동산의 인간(*homo hortulanus*)을 더욱 잘 살아내고 새로운 예루살렘을 증언하는 과제의 긴박성을 지속적으로 깨닫도록 하는 것이다. 이렇게 안식을 준수하게 되면 공동체는 자기만족의 위험과 예언자적 개혁론의 전략 및 전술을 침묵시키거나 압도하도록 괴롭히고 위협하는 피로에 맞설 수 있게 된다.

안식 준수는 제자도의 삶(영적 가난과 연대의 실천을 일구는 삶)이 시작되는 임시 장소가 된다. 칼 바르트는 안식 실천의 근본 원리는 (바르트가 "포기하는 믿음[renouncing faith]"이라고 부르는) 하느님께의 복종이라고 주장한다.[62] 생태해방운동의 개념 구조 안에서 안식 준수에 요구되는 포기는 소비하는 인간(*homo consumens*)의 길과 세계화 프로젝트를 섬기는 방향을 포기하는 것이다. 이 프로젝트와의 철저한 단절의 필요를 재확인하고 동산지기의 소명에 대한 헌신을 되살리고 칭송하게 되는 것은 안식 실천 안에서, 안식 실천을 통해서다.[63] 안식의 변모하는 순간에 실천적 개혁의 전술과 전략

---

[61] 예를 들어 Abraham Heschel, *The Sabbath* (New York: Farrar, Straus and Giroux, 2005), 94–101쪽을 보라.
[62] 바르트는 이렇게 썼다. "안식 계명은 하느님에 대한 신앙을 요구하는데, 이는 인간의 포기, 즉 자기 자신 및 자기가 생각하고 계획하고 초래하고 성취하는 모든 것에 대한 포기를 야기한다. 안식 계명은 일반적 태도의 차원에서만이 아니라 안식일을 다른 날과 구분하는 세상 속 구체적인 활동 및 비활동의 차원에서도 이러한 포기하는 신앙을 요구한다"(Karl Barth, *Church Dogmatics*, ed. Geoffrey M. Bromiley and T. F. Torrance [Edinburgh: T&T Clark, 1956-75], III.4, 59쪽).

은 명백히 상대화되고 불완전한 것으로 판단된다.

게다가 비록 안식일이 일주일의 구별된(그리고 고귀한) 시간이긴 하지만, 다른 모든 시간 역시 같을 것을 요구한다. 바르트의 주장처럼 "일요일에 스스로를 포기하는 믿음을 가진 사람이라면 주중에도 같은 믿음을 가질 것이다."[64] 안젤라 카펜터는 여기서 더 나아가, 안식일이 부과한 방해와 한계가 "하느님의 포괄적 요구를 계속해서 반복하는 역할을 한다. 모든 시간은 하느님께 속한다. … 하느님은 인간의 모든 삶이 하느님을 위한 자유가 되고, 하느님 앞에서의 책임이 되도록 모든 시간을 요구하신다."[65] 그러므로 거룩한 날을 준수하는 것은 공동체가 세계화 프로젝트가 창조세계를 구성하는 방식에 대해 교섭하면서, 예언자적 날카로운 칼끝을 유지하도록 계속해서 촉구한다.

안식 준수의 차원

안식 준수의 성격을 기술할 때, 휴식과 절제, 자비와 저항과 연

---

[63] 이런 의미에서 바르트는 이렇게 썼다. "교회 공동체는 스스로가 무뎌지거나 예배가 어둡고 우울해지도록 허용해서는 안 된다. 교회 공동체는 사탄이나 자본주의나 공산주의나 전반적인 인간의 어리석음과 사악함의 주권이 아닌, 하느님의 사랑하는 아들의 나라 안에서의 하느님의 주권 아래 그 주권을 선포해야 한다. 교회 공동체는 교회가 모일 때 언제나 판단, 공격, 비판 등과 함께 하느님이 인간에게 보내는 분명하고 명확한 긍정도 있다는 점에서 그 구성원들과 세상에 대한 책임을 볼 수 있어야 한다"(위의 책, 69쪽).

[64] 위의 책, 72쪽.

[65] Angela Carpenter, "Exploitative Labor, Victimized Families, and the Promise of the Sabbath," *Journal of the Society of Christian Ethics* 38, no. 1 (2018): 87쪽.

대, 분별, 소집, 기념 등 다섯 가지 서로 관련된 차원을 나열할 수 있다. 먼저 휴식과 절제의 차원부터 살펴보자. 5장에서 언급한 것처럼 소비주의 현상과 그 현상이 찬양하는 인물형은 인간 존재의 문화적/심리적 영역 안의 눈부시고 억제되지 않는 탐욕스런 욕구를 찬양하는 데서 기술되어 있다. 이러한 탐욕스런 욕구는 안식 실천의 중심에 있는 절제의 제자도와 날카로운 대조를 이룬다.

휴식과 절제

첫째로 안식일은 절제를 일굼으로써 소비주의 문화 이데올로기로부터 의도적이고 분별 가능한 단절을 명령한다. 여기서 안식을 실천하는 것은 인간과 인간 공동체가 땅과 땅에서 나오는 모든 것에게 휴식을 허용하도록 줍는 사람의 태도를 살아낼 것을 촉구한다. 물론 이러한 태도는 공동체의 상황 속에서 몇 가지 구체적인 표현 형태를 가질 수 있고, 따라서 공동체 스스로가 자신의 특정 상황에 적합한 안식 실천을 분별해야 한다. 그럼에도 여기서 금식이라는 일반적인 원리를 제시할 수 있다. 분명 이 원리는 안식일 동안 공동체가 먹는 방식을 형성하는 데서 절제를 훈련하도록 제안한다.[66] 이와 비슷하게 줍는 사람의 태도를 다시 살아내는 것은 땅이 휴식할 가능성이 더 높아지도록 거룩한 날에 공동체의 연료 소비와 물건 소

---

66) 예를 들어 고기 생산과 관련된 환경 비용과 하느님이 인간에게 동물의 고기를 먹도록 허용한 것은 만연한 죄 때문에 양보한 것이라는 신학적 견해를 함께 고려할 때 안식일 동안 채식이나 비건을 실천해볼 수 있다. 이와 관련하여 크리스토퍼 카터는 인종차별적 신식민주의 문화에 저항하여 이를 변화시키기 위한 방법으로 흑인 그리스도교 교회에서 "흑인 비건 운동"을 실천하자고 요청한다. Christopher Carter, *The Spirit of Soul Food: Race, Faith, and Food Justice* (Campaign: University of Illinois Press, 미발간), 특히 "Practice: Soul-full Eating"이라는 제목의 단락을 보라.

비를 결정해야 한다. 또한 세계화 프로젝트의 논리가 지배하는 공간에서 중독 형태의 오락과 사회적 가속화 현상을 더욱 몰아붙이는 행위로부터 휴식하는 것도 중요하다.[67]

자비와 저항과 연대

안식 준수가 절제와 휴식의 규율을 통해 유지되긴 하지만, 이것이 이들 규율로 환원될 수는 없다. 지배적인 정치적 생태론이 지구와 가난한 이들을 가차 없이 고갈시키는 세상에서 안식일은 고통받는 이들의 필요를 치유하고 돌보는 시간이어야 한다(막 3:4). 안식 준수는 적극적인 연대와 자비의 규율을 요구한다. 따라서 자비의 일을 안식 준수의 필수 요소로 여기는 것이 타당하다. 마찬가지로 안식 준수에 합당한 연대 행동은 환경적 불의에 맞서 단체로 저항할 것을 요청한다. 안식일이 인간과 하느님, 이웃, 땅과의 친교에서 나오는 평화라는 선물을 증언하는 것을 의미한다면, 친교가 없는 경우 울부짖음을 통해 안식일에 탄식, 대결, 저항의 행동을 만나게 된다. 실제로 안식일에 휴식의 규율을 일구면서도 연대와 자비의 규율을 돌아보는 데 실패한다면, 휴식은 그저 중산층의 이기적인 여가 정도로 여겨질 뿐이다.

분별

안식 실천이 하느님 앞에서 자기 포기의 시간이라면 분별의 시간이기도 해야 한다. 거룩한 날을 준수한다는 것은 하느님의 지혜의

---

[67] 여기서 안식일은 엘라꾸리아가 "가난의 문명화"라고 명명한 것에 좀더 확실히 들어가는 사례가 된다. Ellacuría, "Utopia and Prophecy in Latin America," 특히 309-25쪽을 보라.

성격을 묵상하고 하느님의 신비 앞에 선 인간에게 지혜가 요구하는 것을 묵상하는 것으로 구성되어야 한다. 동시에 분별 작업은 복잡한 세상을 구성하는 정치-생태론적 정책, 프로그램, 이데올로기 등에 대해 철저히 연구하고 분석하는 것으로 구성되어야 한다. 이와 같은 이유로 안식일의 분별에는 세계화 프로젝트의 주변부로 쫓겨난 사람들의 울부짖음과 희망과 기쁨에 귀를 기울이는 쉽지 않은 일 역시 포함될 수 있다. 그러한 분석과 귀기울임은 역사적 현실의 구체성 안에서 지구와 가난한 이들의 울부짖음을 증언하는 그리스도인의 모습을 명확히 하는 데 필요하다. 요약하자면, 안식일은 (그리스도인들의 실천의 모습을 계속해서 명확히 하기 위해) 하느님의 말씀에 비추어 시대의 징조를 읽어야 하는 지속적인 과제에 특별한 관심을 부여하는 시간이다.

소집

이 책 전반에 걸쳐 나는 동산지기의 소명이 소집(convocation), 즉 세상과 충실하게 연대하여 사는 제자 공동체로 함께 부르심이기도 하다고 강조했다. 따라서 안식 실천은 공동으로 거룩함으로 부르신 것을 명령으로 여기고 실천으로 옮기는 시간이다.[68] 여기서 안식일을 준수하라는 요청의 집합적 성격을 강조하는 것이 의미가 있는 것은 안식 준수가 그리스도인들의 생태해방영성에 중요한 것과 같은 이유로 고립된 인간이 혼자서 거룩한 날 준수를 지속할 수 있을지 의문이기 때문이다. 안식 준수는 동산지기의 길을 분별하고 살아내는 과제에 헌신한 다른 사람들의 지원과 식견과 책임 등을 요구

---

[68] 이 점은 바르트가 기본적으로 동의하는 부분이다. Barth, *Church Dogmatics*, III.4, 69-70쪽을 보라.

한다. 실제로 친밀함 속에 함께 모이는 바로 그 행동이 소비문화와 사회적 가속화의 파편화하고 고립시키는 체계에 반하는(against) 증언을 하기 때문이다.[69] 휴식이라는 과제, 자비와 환경적 정의의 일, 분별의 실천 등은 서로 지원하는 제자들과 선한 뜻을 가진 사람들의 공동체를 통해 더 잘 지속될 것으로 보인다. 그렇다면 안식 준수는 메데린(Medellín) 이후 형성되기 시작한 라틴아메리카의 기초 공동체 형성을 처음으로 촉진한 원동력을 회복하도록 초대해야 하는 책임이 있다.[70]

축하

마지막으로 여기서 표면에 드러난 안식 준수의 모든 차원—휴식과 절제, 자비와 저항과 연대, 분별, 소집—은 축하와 즐거운 희망의 행동으로 여겨져야 한다는 점을 덧붙여야겠다.[71] 그리스도인의 관점에서 공동체는 근본적으로 부활에 대한 증거와 하느님의 권능이 역사 속으로 침투하여 강한 자를 결박하고 죄의 권세에 의해 (다양한 정도로) 구성된 세상을 변화시킨다는 희망에 대한 약속으로서(막 3:22-30) 안식 준수라는 종합적인 실천으로 들어가라고 부름을 받았다. 바르트가 자신의 주장을 강조하며 쓴 것처럼, "우리의 일상이 주간의 거룩한 날로 약간 방해를 받는 것은 세계 역사의 일상이 부활의 날로 커다란 방해를 받는 것과 동일하다. 물론 상징으로서만 그런 것이지만, 그럼에도 불구하고 우리가 주목해야 하는 구체적인 상징으

---

69) 5장을 보라.

70) Marcello de C. Azevedo "Base Ecclesial Communities," in *Mysterium Liberationis: Fundamental Concepts of Liberation Theology*, ed. Ignacio Ellacuría and Jon Sobrino (Maryknoll, NY: Orbis Books, 1993), 636-53쪽.

71) Barth, *Church Dogmatics*, III.4, 68-69쪽 참조.

로서 그러하다."⁷²⁾ 그렇다면 그리스도인 공동체의 입장에서 안식 실천은 죄의 권세에 대한 하느님의 최종 승리를 기쁘게 희망하는 것에서 나오는 것이며 부분적으로 이 희망을 반영하는 것이다.

안식 증언을 촉진하고 지속시키는 기쁨은 부활과 부활의 원천인 종말론적 희망에만 연결된 것이 아니라, 역사 속에서 희년이 표현되는 것에 대한 희망과도 연결되어 있다. 4장에서 언급한 것처럼 레위기 전승을 고려할 때 안식 실천은 희년 준수—안식 준수의 정치적 생태론보다 훨씬 더 견고한 군림하는 정치적 생태론에 대한 방해—에서 정점에 이른다. 세계화 프로젝트의 힘에 의해 구성된 오늘날의 정치적 생태론 상황에서 희년에 대한 희망은 세계 정치적 생태론의 근본적인 변화를 간절히 기대한다. 희년은 땅과 땅에서 나오는 모든 것이 악한 착취주의의 짐과 기술 관료적 패러다임의 일차원적 논리와 소비주의 문화 이데올로기를 통해 전달되는 지배욕 등에서 풀려나는 시간이다. 희년은 또한 백인 우월주의, 여성혐오, 땅의 황폐화 등 제국주의의 유산과 정직하게 대결하여, 비판하고 회개하는 시간이다. 하느님 통치의 침투인 희년에 대한 희망은 또한 온유한 자가 땅을 상속받는 날, 혁신의 도구를 사용하여 지구와 가난한 이들을 섬기는 날, 하느님의 지혜가 도시 구성의 원리로 서는 날을 바라본다. 이와 같은 즐거운 희망을 중심에 둔 채 안식을 실천한다면, 예언자적 개혁이 용광로의 정치적 생태론에 무의식중에 연료를 공급하는 비생산성으로 빠지지 않도록 막을 수 있다. 오히려 성령과의 협력을 통해 안식 준수는 새로운 예루살렘의 종말론적 도래와 더욱 깊게 공명하는 정치적 생태론의 침투를 소망하고, 이에 활력을 불어

---

72) 위의 책, III.4, 64-65쪽.

넣는 역할을 계속하게 된다. 이런 식으로 거룩한 날 준수는 생태해방영성의 축(the axis) 역할을 하는 동시에 세계화 프로젝트의 정치적 생태론을 변화시키고자 하는 예언자적 개혁 실천의 비판적 칼끝을 새롭게 하는 역할을 한다.

결론

신앙 공동체가 세상 속에서 구원의 성사(a sacrament of salvation)가 되라는 부르심에 제대로 응답하려면, 세계화 프로젝트가 지배욕 때문에 땅과 땅에서 나오는 모든 것을 그 불의하고 지속 불가능한 방식에 복종하도록 하는 복합적인 방식에 맞서 이를 폭로해야 한다. 동시에 신앙 공동체는 지구와 가난한 이들의 울부짖음이 흘러나오는 장소와의 자비로운 연대로 응답해야 한다. 이와 같은 제자도의 과제는 복잡하고 어려운 것이다. 세계화 프로젝트의 정치적 생태론을 변경하는 것을 목표로 하는 해방운동의 실천은 온건한 방식이라 할지라도 그 출발점에서 명확한 도착점을 지정할 수가 없다. 게다가 이 실천이 추구하는 길은 모호함의 구름에 가려 있다. 세상에는 비판할 거리가 너무나 많고, 일구어야 할 것이 너무나 많고, 돌보아야 할 것이 너무나 많고, 회복해야 할 것이 너무나 많다. 교회 공동체는 이러한 회오리 속으로 뛰어들어, 이 바람이 생명의 호흡으로 활성화될 것을 기대해야 한다. 이와 같은 제자도의 길을 따라 교회 공동체는 도시의 논리가 아무리 매혹적으로 보인다 해도 그 거짓 논리를 분별하고 이에 저항하며 하느님의 형상을 더욱 잘 살아내야 하는 과제를 안고 있다.[73]

이 책의 앞부분에서 언급한 것처럼, 예수를 동산의 인간(*homo hortulanus*, 하느님, 이웃, 땅과 올바르게 화해하는 사람)으로 가장 분명하게 언급한 것은 요한복음의 첫 번째 부활 이야기이다. 거기에서, 이미 창세기의 창조 언어로 틀이 짜여진 환경 속에서, 마리아는 예수를 "동산지기"로 인식한다. 이러한 인식은 내가 주장한 것처럼 생태해방운동의 구원론적 틀 안에서 신학적 인간학과 그리스도론을 연결하는 기초 역할을 한다. 하느님 지혜의 성육신인 예수는 죄의 소외시키는 힘으로부터 세상을 해방하여 피조물을 새롭게 하고 하느님, 인간, 땅 사이의 친교를 회복한다.

이 책을 마무리하면서 나는 요한복음의 첫 번째 부활 이야기의 재창조라는 주제가 마리아와 예수의 만남으로 끝나지 않는다는 점을 주장해야겠다. 오히려 이 주제는 예수가 다른 제자들에게 나타나면서 다시 등장한다. 나는 이 나타남에서 요한복음의 인간학적-그리스도론적 상징이 교회론적 방향으로 표현되었다는 것을 발견하게 된다. 예수가 문이 닫힌 방에 모여 있는 제자들을 만날 때 이야기 화자는 다시 한 번 "주의 첫째 날"이었다고 말한다.(십자가 사건으로 제자 공동체가 어떤 두려움, 의심, 공포를 겪었든 상관없이 이들

---

73) 예를 들어, 칼 라너는 그리스도 사건이 세상 자체를 신성시하는 일을 시작한다고 주장한다. Karl Rahner, "Dogmatic Questions on Easter," in *Theological Investigations*, vol. 4 (New York: Seabury, 1974), 126쪽을 보라. 또한 Denis Edwards, *Ecology at the Heart of Faith: The Change of Heart That Leads to a New Way of Living on Earth* (Maryknoll, NY: Orbis Books, 2006), 86-94쪽에 있는 라너의 피조물을 위한 종말론의 중요성에 대한 생각도 보라. 나는 (브라이언 로비네트의 용어를 써서) 라너의 "성취의 문법"이 다양한 반전의 문법에 의해 방해되고 보충되어야 한다고 덧붙이는 바이다. 이 마지막 부분에 관해 Brian Robinette, *Grammars of Resurrection: A Christian Theology of Presence and Absense* (New York: Herder and Herder, 2009), 특히 2부를 보라.

은 다시 모였다.) 공동체가 다시 모인 것을 보고 예수는 "성령을 받으라" 하고 말하며 그들에게 숨을 불어넣었다.[74] 여기서 예수는 제자들의 공동체를 동산의 인간(*homo hortulanus*)으로 재형성한다. 교회 공동체는 그 소명을 다시 한 번 받아들임으로써, 땅과 땅에서 나오는 모든 것을 일구고 돌보는 과제로 부름을 받는 것이고, 하느님, 이웃, 땅과의 친교를 회복하는 해방 작업에 참여하는 것이다. 이러한 일에 참여하는 것이 바로 부활을 실천하는 것이다. 즉 세상에서 구원의 신비를 경험하고 이를 증언하는 일인 것이다.

---

74 산드라 쉬나이더스의 주장처럼 "'숨을 불어넣다'라는 동사는 신약에 한 번 나오는 단어로서 70인역에 실질적으로(substantively) 단 두 번 나온다. 창세기 2:7에서 하느님은 첫 번째 창조에서 흙으로 만든 피조물에 생명을 불어넣으셨고 그 결과 첫 번째로 생명을 가진 인간이 된다. 에스겔 37:9-10에서 하느님은 에스겔에게 '뼈들이 살아나도록', 즉 이스라엘 백성들이 재창조되도록 마른 뼈에 숨을 불어넣으라고 명하신다. 이제 부활절 장면에서 예수는 새로운 창조의 행위로서 새로운 언약이 약속한 성령을 불어넣는다. Sandra Schneiders, Jesus Risen In Our Midst: Essays on the Resurrection in the Fourth Gospel (Collegeville, MN: Liturgical Press, 2013), 49-50쪽.

맺음말

    이그나시오 엘라꾸리아는 잘 알려진 것처럼 세상이 비인간의 상태로 좌천시킨 사람들을 "십자가에 못박힌 사람들," 즉 죄가 세상을 구성해 왔고 계속해서 구성하고 있는 방식의 결과로 부당하게 죽임을 당한 사람들이라고 묘사했다.[1] 마태복음 25장에 나오는 "열방 심판" 이야기처럼, 엘라꾸리아가 이렇게 지칭함으로써 "여기 있는 가장 보잘것없는 사람"과 그리스도를 동일시하게 된다. 이들은 자기 몸에, 바로 그리스도의 몸에 "세상의 죄" 표식, 즉 십자가 표식을 지니고 있다. 이러한 동일시를 바탕으로 엘라꾸리아는 신앙 공동체가 묵상 기도로 들어가 상상 속에서 스스로를 십자가 아래 십자가에 못박힌 사람들 앞에 두라고 요청한다.[2] 십자가에 못박힌 사람들의

---

1) Ignacio Ellacuría, "The Crucified People: An Essay in Historical Soteriology," in *Ignacio Ellacuría: Essays in History, Liberation and Salvation*, ed. Michael E. Lee (Maryknoll, NY: Orbis Books, 2013), 195-224쪽을 보라.
2) 여기서 엘라꾸리아는 이냐시오의 『영신 수련』의 첫째 주 "십자가 밑에서의 대화"를 역사화하고 있다. 이 대화에서 이냐시오는 수도자에게 자신을 상상 속에서 십자가 밑에 두고 이렇게 질문하라고 요청한다. "내가 그리스도를 위해 무엇을 하였습니까? 내가 그리스도를 위해 무엇을 하고 있습니까? 내가 그리스도를 위해 무엇을 해야 합니까?" Ignatius of Loyola, *The Spiritual*

부당한 고통을 묵상하면서 엘라꾸리아는 신앙 공동체가 대화를 구성하여 이렇게 물어야 한다고 말한다. "이들을 못박는 데 나는 무엇을 하였습니까? 이들을 살리기 위해 나는 무엇을 해야 합니까?"[3] 엘라꾸리아에게 이런 대화는 그리스도인 제자도의 출발점 역할을 한다.

내가 서론에서 언급한 것처럼 브뤼노 라투르는 오늘날 자연이 "두드러진" 범주로 인식되고 있다고 썼다.[4] 라투르는 자연의 역동적인 성격과 자연 질서 형태가 세계의 문화적 사회적 형태와 밀접하게 얽힌 방식을 강조하고자 하였다. 만약 자연이 다른 일반화된 본질에 의해 정의되는 것만큼이나 역사성, 우연성, 그리고 수많은 치환에 의해 정의되는 두드러진 범주라면, 라투르의 지칭은 이 용어를 사용하는 데서 그의 의도 너머까지 확장할 이유로서 적절하다. 오늘날 인간이 지구와 그 생태계에 족적을 남기고, 이를 체계화한 결과 자연 세계가 죄의 표식, 즉 십자가의 표식을 지니고 있다는 것이 명확해졌다. 실제로 이 책 전반에 걸쳐 강조한 대목 하나는 비인간에 대한 죄의 영향이 지구에 대한 죄의 영향과 밀접하게 얽혀 있다는 점이다. 요컨대 십자가에 달린 사람들은 생명나무, 창조의 나무에 달린 것이다. 그렇다면 엘라꾸리아의 권고처럼, 십자가에 달린 사람

Exercises and Selected Works, ed. George E. Ganss (Mahwah, NJ: Paulist Press, 1991), 138쪽을 보라. 『영신 수련』에 대한 엘라꾸리아의 해석에 대해 잘 논의한 것으로 J. Matthew Ashley, "A Contemplative under the Standard of Christ: Ignacio Ellacuría's Interpretation of Ignatius of Loyola's Spiritual Exercises," *Spiritus* 10, no. 2 (2010): 192-204쪽을 보라.

3) Kevin Burke, *The Ground Beneath the Cross: The Theology of Ignacio Ellacuría* (Washington, DC: Georgetown University Press, 2000), 26쪽.

4) Bruno Latour, *The Politics of Nature: How to Bring the Sciences into Democracy* (Cambridge, MA: Harvard University Press, 2004), 48-49쪽.

들을 마주할 때 교회 공동체는 지구도 함께 마주하면서 우리가 십자가에 못박기 위해 무엇을 해 왔는지, 새로운 피조물의 부활을 증언하기 위해 우리가 무엇을 해야 하는지를 물어야 한다. 이를 염두에 둘 때 이 책의 주장을 형성하는 데 지대한 영향을 끼친 구띠에레즈의 말로 책을 마무리하는 것이 적절한 듯하다. 그는 이렇게 말한다.

> 또 우리가 지적인 자기만족감을 갖거나, 그리스도교의 해박하고 진보된 새 사상을 지녔다는 승리주의에 도취되어서도 안 된다. 정말 새로운 것이 있다면 날마다 성령의 은혜를 다시 받는 것이다. 성령은 우리에게 사랑할 힘을 주신다. 사랑한다는 것은, 구체적 차원에서는 그리스도가 우리를 사랑한 그 온전한 사랑으로 참다운 인간적 박애를 건설하는 것이요, 역사적 차원에서는 그리스도가 우리를 사랑한 그 온전한 사랑으로 불의의 질서를 전복시키는 것이다. 파스칼의 유명한 구절처럼, 우리가 전개하는 모든 정치신학, 희망신학, 혁명신학, 해방신학도 결국 착취당하는 계급과 진지하게 유대를 가지는 구체적 행위 하나에도 미치지 못한다. 실상 이 모든 신학도 신앙과 희망과 사랑의 행위, 즉 인간을 비인간화하는 모든 것에서, 인간이 아버지 하느님의 뜻에 따라 사는 길을 저해하는 모든 것에서부터 인간을 해방하고자 적극적으로 참여하는 행동 하나에도 미치지 못할 것이다.[5]

---

5) Gustavo Gutiérrez, *A Theology of Liberation: History, Politics, and Salvation* (Maryknoll, NY: Orbis Books, 1973), 174쪽.

지구와 가난한 이들의 울부짖음은 그리스도, 즉 마지막 아담을 따르고자 하는 이들에게 지배를 위한 칼과 방패를 동산지기의 보습과 낫으로 바꾸는 일에 더 온전히 헌신할 것을 요구하며, 또한 땅과 땅에서 나오는 모든 것과의 연대로 더 깊이 들어갈 것을 요구한다. 이런 구체적인 행동 하나가 그 행동을 정당화하기 위한 신학보다 더욱 가치가 있다.